KB266256

최소한의 기획 공식

최소한의 기획 공식

최소한의 기획 공식

기획자, 마케터를
지름길로 안내하는
초간단 프레임워크

야스오카 히로미치, 도가시 가오리,
이토 도모히사, 오가타 다카히사 **지음**
이정미 **옮김**

RHK
알에이치코리아

당신을 위한 지름길

"내가 더 멀리 보았다면 그건 거인의 어깨 위에 올라서 있기 때문이다."

과학자 아이작 뉴턴의 말입니다. 과거의 사람들이 쌓은 지식과 지혜를 바탕으로 생각하면 더욱 멀리 내다볼 수 있다는 뜻입니다.

이는 과학뿐만 아니라 직장인의 업무에서도 마찬가지입니다. 우리가 매일 직면하는 업무상 문제는 그 자체로는 새로울지도 모르나, 이를 효율적으로 해결하기 위한 해법은 다른 사람들이 이미 만들어 놓은 경우가 많습니다.

장기나 바둑에 빗대어 생각해 보면 이해하기 쉽습니다. 바둑에는 최선으로 여겨지는 수의 모음인 정석이 존재합니다. 정석을 알면 백지 상태에서 일일이 검토해 놓는 것보다 훨씬 빠르게 이길 수 있습니다. 시간과 노력을 아끼면서 결단을 내릴 수 있습니다. 물론 정석을 따른다고 해서 반드시 이기는 않습니다. 그러나 정석을 기반으로 보다 발전된 전략을 빠르고 쉽게 생각해 낼 수 있습니다.

비즈니스에서 이런 정석은 경영학 이론으로 체계화되었습니다. 이 책에서는 경영학자와 실무자들이 개발한 정석, 다시 말해 실제 업무 현장에서 활

용할 수 있는 수많은 프레임워크를 정리하고 그 본질을 설명합니다. 좋은 아이디어를 내기 위한 발상법, 시장에서 고객의 니즈를 발견하고, 사업을 기획하고 제안하며 개선하는 방법 등이 나옵니다. 독자 여러분이 곧바로 실전에서 활용할 수 있도록 구체적인 사례와 실천법도 소개합니다.

'과거에 만들어진 프레임워크가 지금도 유용할까?'라고 회의적으로 생각하는 분도 있을지 모릅니다. 물론 과거의 것을 쓴다고 해서 반드시 잘된다는 이야기는 아닙니다. 하지만 효과가 확인된 프레임워크들을 다양하게 활용하고, 그것을 바탕으로 비판적으로 사고함으로써 새로운 문제도 더욱 깊이 이해할 수 있습니다. 경우에 따라서는 아무도 몰랐던 프레임워크를 여러분이 발견할 수도 있습니다. 실제로 최신 기획, 마케팅 이론은 기존의 이론을 기초로 삼아 연구와 실천을 반복하는 가운데 계속 업데이트됩니다.

이 책에서는 다양한 프레임워크 중 저자들이 특히 중요하다고 생각하는 55가지를 엄선해 설명합니다. 그중에는 기존 프레임워크를 더욱 발전시킨 것, 쓰기 편리하도록 통합한 것도 있습니다. 이제까지 경영학을 공부해 본 적이 없는 분, 경험이 적은 직장인도 실무에서 활용할 수 있도록 가능한 한 쉽게 설명합니다.

각 프레임워크의 활용법을 이해하신 뒤에는 부디 하나라도 실천해 보시기 바랍니다. 과거 사람들이 만든 프레임워크를 가지고 아무도 본 적 없는 미래를 만들어 나가기 바랍니다. 새로운 미래를 개척해 나가는 것은 여러분의 몫입니다.

목차

1장
센스 없이도 아이디어는 만들어진다

2장

고객 니즈는 발견하는 것이다

먹히는 기획에는 공식이 있다

6장

실행 속에서 개선한다

이 장에서는 **아이디어를 더 잘 떠올리게 해주는 발상법**을 소개한다. 아이디어나 콘셉트는 타고난 재능이나 감각이 있어야 나온다고 생각하기 쉽지만, 꼭 그렇지는 않다. 이 장에서 소개할 프레임워크를 제대로 활용하면 누구나 혁신으로 이어질 만한 아이디어를 만들 수 있다.

세상에는 발상법이 정말 많지만, 여기서는 그중에서도 특히 유명하고 바로 써먹기 쉬운 것들만 골라 담았다.

센스 없이도 아이디어는 만들어진다

■ 기본적 프레임워크

'브레인스토밍' '마인드맵' 'KJ법'은 기본이 되는 아이디어 발상법이다. 브레인스토밍은 의견을 내고, 마인드맵은 가시화하고, KJ법은 정보를 정리하며 좋은 아이디어를 낸다.

■ 기존 제품 또는 서비스를 변형하는 프레임워크

'무작위 자극 발상법' '결점·희망사항 열거법' '속성 열거법' '오스본 체크리스트' '리프레이밍'은 이미 존재하는 제품이나 서비스의 요소를 변형하는 발상법이다. 무작위 자극 발상법은 무관한 것들의 요소를 조합해 아이디어를 창출한다. 결점·희망사항 열거법, 속성 열거법, 오스본 체크리스트, 리프레이밍은 요소의 일부를 변경해 아이디어를 창출한다. 각각 난이도가 다르므로 적절히 사용한다. 난이도가 높을수록 더 많은 요소를 더 복잡하게 변형할 수 있다.

■ 다른 분야에서 발상을 시작하는 프레임워크

'아날로지 사고'는 완전히 다른 분야에서 발상의 시작점을 빌려온다. 서로 다른 분야를 비교해서 공통점과 차이점을 찾아내는 아날로지를 통해 아이디어를 창출한다.

■ 규칙과 상식을 의심하는 프레임워크

'트레이드온 사고' '전제 파괴'는 세상의 규칙과 상식을 의심함으로써 아이디어를 창출하는 발상법이다. 트레이드온 사고는 서로 상반되는 것끼리 공존할 수 없다는 상식을 의심하고, 전제 파괴에서는 암묵적인 규칙을 의심하며 그것을 해소하기 위한 아이디어를 창출한다.

■ 미래지향적으로 아이디어를 창출하는 프레임워크

'나인 윈도우즈' '시나리오 플래닝'은 미래지향적으로 아이디어나 콘셉트를 창출하는 발상법이다. 나인 윈도우즈에서는 과거와 현재를 가지고 미래를 추측함으로써 아이디어를 창출한다. 시나리오 플래닝에서는 가정 속의 미래를 기준으로 현재를 생각하며 아이디어를 창출한다.

■ 최근 주목받는 프레임워크

'디자인 사고' '예술 사고'는 최근 주목받는 아이디어 발상법이다. 디자인 사고는 작업 공정을 바탕으로 아이디어를 창출한다. 예술 사고는 예술품 제작 공정을 바탕으로 탄생했다.

그림 | 아이디어 창출 프레임워크의 상대적 위치

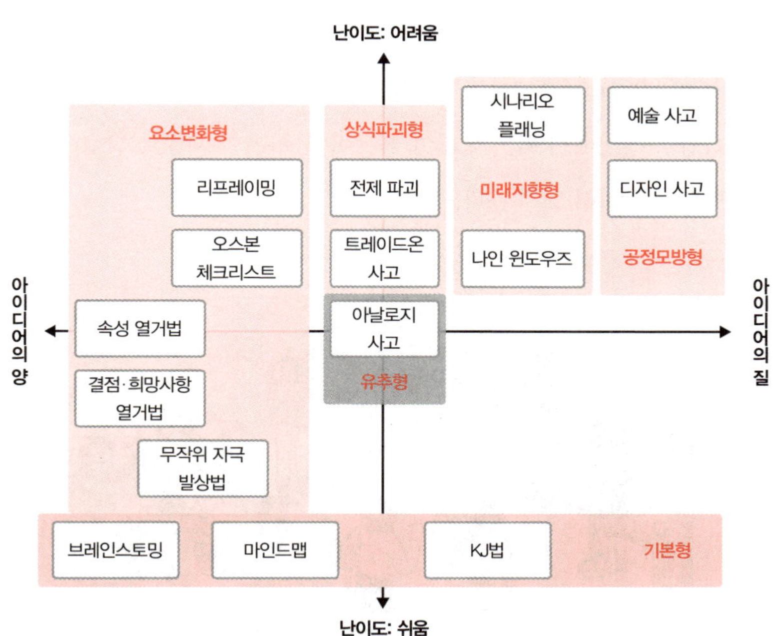

01 브레인스토밍

Brain Storming

Tags	의견 내기　다양한 상황에서 이용　팀 단위로 실행 가능
Origin	알렉스 F. 오스본이 고안

이럴 때 활용한다! ▶ 팀원들의 아이디어를 다양하게 모을 때

개요

브레인스토밍은 서로 다른 업무를 맡은 팀원들이 자유롭게 의견을 내놓는 사고법이다. 혼자서는 떠올리기 어려웠던 생각을 공유하면서 서로 자극을 받아 연쇄반응이 일어난다.

이 사고법은 매우 유명하며, 아이디어 도출은 물론 상품 기획과 사업 기획 등 다양한 상황에서 빠지지 않는 활동이다. 하지만 제대로 진행하는 방법은 의외로 잘 알려져 있지 않다.

실행 방법

브레인스토밍은 상황이나 팀에 따라 다양한 방식으로 진행된다. 여기서는 브레인스토밍을 고안한 알렉스 F. 오스본의 기본 원칙을 중심으로, 몇 가지 변형을 소개하겠다.

오스본은 브레인스토밍에 필요한 조건과 원칙을 아래 그림과 같이 정리했다. 이 그림에서 보듯, 브레인스토밍은 업무 경험이 서로 다른 구성원들이 참여할수록 더 창의적인 아이디어가 나온다.

한편 직급이 다른 구성원은 섞지 않는 편이 좋다. 상사와 부하처럼 직급 차이가 있는 구성원끼리 브레인스토밍을 하면, 채택 가능성이 높아 보이는 제안으로 의견이 쏠리거나 상사가 좋아할 만한 아이디어를 내는 경향이 생기기 때문이다.

그림 | 브레인스토밍의 조건과 4원칙

브레인스토밍의 조건

- 5~12명 정도의 그룹으로 실행한다
- 참가자들의 업무 경험은 다양한 것이 바람직하다
- 상사와 부하가 같은 그룹이 되지 않게 한다

브레인스토밍 전
참가자들에게 주제를 제시하고, 그 주제에 초점을 맞춰 창의성을 발휘해야 한다고 설명한다
진행자가 브레인스토밍의 규칙을 설명한다

브레인스토밍의 4원칙

① 가능한 한 아이디어를 많이 낸다
(질보다 양을 중시한다)

② 제시된 아이디어를 비판하지 않는다
(판단은 브레인스토밍이 끝난 후에 한다)

③ 기발한 아이디어를 장려한다
(어떤 아이디어든 환영하고, 틀에 얽매이지 않는다)

④ 참가자끼리 아이디어를 합치거나 서로 바꾸는 일을 허용한다
(타인의 아이디어를 적극적으로 발전시킨다)

여기가 포인트! | **상사와 부하가 함께하지 않는 편이 좋다**

브레인스토밍을 실행할 때의 포인트

브레인스토밍을 실행할 때는 앞에서 언급한 사항 외에도 다음과 같은 점들을 주의하자.

| 브레인스토밍의 규칙과 목적을 사전에 설명한다

반드시 참가자들에게 다음과 같은 사항을 미리 설명한다.

- 주제
- 브레인스토밍의 규칙
- 아이디어를 내는 목적

브레인스토밍의 목적은 가령 다음과 같은 형태로 구체적으로 정하면 좋다.

- 장마철에 외출할 때 어떤 상품이 있으면 좋을까?
- 현재 서비스 개발에서 인원을 줄이고도 성과를 낼 수 있는 방법이 있을까?

> **여기가 포인트!** | **브레인스토밍의 규칙과 목적을 사전에 설명한다**

| 아이디어를 내기 전 과업을 정한다

참가자들에게 숫자로 명시된 과업을 부여하면 논의가 중구난방이 되는 것을 막고 다양한 의견을 모을 수 있다.

- 한 사람당 아이디어를 반드시 세 개씩 낸다.
- 모든 사람의 아이디어를 살펴보고 좋아 보이는 것을 다섯 개 고른다.

아이디어가 주제를 벗어나지 않도록 주의하는 것도 중요하다. 특히 다른 사람의 아이디어를 바꾸거나 발전시킬 때, 주제나 원래 아이디어의 장점에서 멀어지지 않도록 한다.

> **여기가 포인트!** | **과업을 숫자로 명시한다**

사전에 진행자를 정한다

진행자는 브레인스토밍 규칙을 상기시키는 등의 일을 한다. 또 논의가 과열되어 다른 사람의 의견에 대한 비판이 나올 경우, 진행자가 나서서 원활한 논의가 이루어질 수 있도록 한다.

제한 시간을 정한다

브레인스토밍은 대략 30분을 넘지 않도록 하는 것이 적절하다. 시간이 너무 길어지면 아이디어가 지나치게 확장되어 불필요한 항목이 생겨날 수 있다. 다음과 같은 방법으로 제한 시간을 정하는 것이 중요하다.

- 30분 정도로 시간을 정하고, 진행은 참가자들의 속도에 맡긴다.
- 아이디어 내기 10분, 그룹화 10분, 아이디어 정리하기 10분처럼 시간을 짧게 나누어 진행한다.

팀이 여러 개일 경우 내용을 공유한다

여러 팀이 동시에 브레인스토밍을 실행할 경우, 마지막에 각 팀이 발표를 해서 내용을 공유한다.

브레인스토밍에서는 다양한 관점을 얻어서 아이디어를 확보해 나가는 것이 중요하다. 다른 사람의 발표에서도 새로운 관점을 찾아낼 기회가 있다.

 브레인스토밍은 아이디어를 많이 내는 것이 목적이므로, 아이디어를 한 방향으로 모으거나 판단하는 일을 동시에 실행하지 않도록 주의한다.

> **여기가 포인트!** | **마지막에는 반드시 발표를 해서 모두가 내용을 공유한다**

KJ법(p.32)

비슷한 의견이나 내용을 그룹화하는 **KJ법**을 활용하면 브레인스토밍으로 확장된 의견을 정돈할 수 있다. KJ법은 여러 사람이 함께 이야기하며 정리하는 데 적합한 발상법이다.

비즈니스 모델 캔버스(p.343), 전략 모델 캔버스(p.351)

브레인스토밍을 통해 비즈니스 계획을 수립할 때는 **비즈니스 모델 캔버스**나 **전략 모델 캔버스**를 조합하면 효과적이다. 여러 사람이 함께 이야기하며 흩어진 아이디어를 정리할 때, 이러한 프레임워크를 이용하면 합의를 도출하며 진행하기 쉬워진다.

📖 참고문헌 · 참고자료

Alex F.Osborn 《Applied Imagination: Principles and Procedures of Creative Problems-Solving》 Charles Scribner's Sons, 3rd Revised, 1979

02 마인드맵

새로운 아이디어의 씨앗을 발견한다

Mind Map

Tags 정보의 기록 및 정리 다양한 상황에서 이용 혼자서 실행 가능
Origin 영국의 심리학자 토니 부잔이 고안

이럴 때 활용한다! ▶ 새로운 아이디어로 확장할 때

개요

마인드맵은 중심에 그린 그림과 관련된 정보를 다면적으로 연상해 아이디어의 폭을 넓혀 나가는 사고법이다. 다음과 같은 경우에 매우 효과적이다.

- 특정한 주제에 대해 가능성을 창의적으로 탐색하는 경우
- 구체적인 행동으로 이어질 아이디어를 창출하고자 하는 경우

실행 방법

마인드맵은 다음과 같은 순서로 작성한다.

마인드맵을 그릴 큼직한 흰 종이(가능하다면 A4 크기 이상)와 여러 색상의 펜을 준비하고 종이를 가로 방향으로 놓는다.

주제에서 연상되는 이미지(그림, 도형)를 종이 한가운데에 그린다. 글씨가 아니라 그림이나 도형을 그리는 것이 중요하다. 여기서는 중심 이미지로 '머그잔'을 그려 보겠다.

그림 | 중심 이미지

중심 이미지에서 직접 뻗어 나가는 형태로 첫 주가지main branch를 굵은 곡선으로 그린다. 직선이 아니라 나뭇가지처럼 유기적인 곡선으로 그리자. 독특한 형태여야 기억하기 쉽고 시각적인 리듬감도 생긴다.

주가지를 그리고 나면 그 위에 기본 아이디어를 적는다. 여기서는 첫 주가지 위에 '마실 것'이라고 쓰겠다.

그림 | 첫 주가지

기본 아이디어는 문장이 아니라 하나의 키워드, 또는 하나의 키 이미지 형태여야 한다. 키워드를 기입하면 그다음 연상으로 연결할 수 있고 기억에도 더 잘 남는다.

> **여기가 포인트!** | **가지 위에는 하나의 키워드, 또는 하나의 키 이미지를 기입한다**

④ 주가지를 전개한다

같은 방법으로 주가지를 늘려 나간다. 주가지에는 가능한 한 '커다란 개념'을 기입한다. 연상을 펼쳐 나가기 쉬워진다.

그림 | 주가지의 전개

예시의 경우는 주가지에 '도자기' '플라스틱'이라고 쓰기보다 더 큰 개념인 '소재'부터 쓰면 좋을 것이다.

여기가 포인트! | **주가지에는 가능한 한 '커다란 개념'을 기입한다**

 **MEMO** 주가지 개수를 늘리기 전에 '⑤ 부가지를 기입한다'를 먼저 실행해도 좋다.

⑤ 부가지를 기입한다

주가지 끝에 뻗어 나가는 형태로 부가지sub branch를 그리고, 주가지에서 연상할 수 있는 한층 더 깊이 들어간 개념을 기입한다. 이때 빈 가지가 있어도 괜찮다. 나중에 아이디어가 떠오를 수도 있기 때문이다.

여기서는 '마실 것'에서 연상할 수 있는 심화 개념을 부가지에 기입하겠다.

MEMO 부가지는 주가지보다 가느다란 선으로 그린다. 그리고 각 부가지 위에 키워드나 키 이미지를 기입한다. 가지가 키워드의 밑줄 같은 형태가 되는 것이 이상적이다.

그림 | 부가지 기입

⑥ 연상을 넓혀 나간다

부가지를 전개해서 연상을 넓혀 나간다. 가지 끝이 연장되거나 갈라져 나가는 형태로 그린다. 아이디어의 연결을 나타내기 위해 모든 가지의 내용을 확실하게 기입한다.

그림 | 가지 끝이 연장되거나 갈라져 나가도록

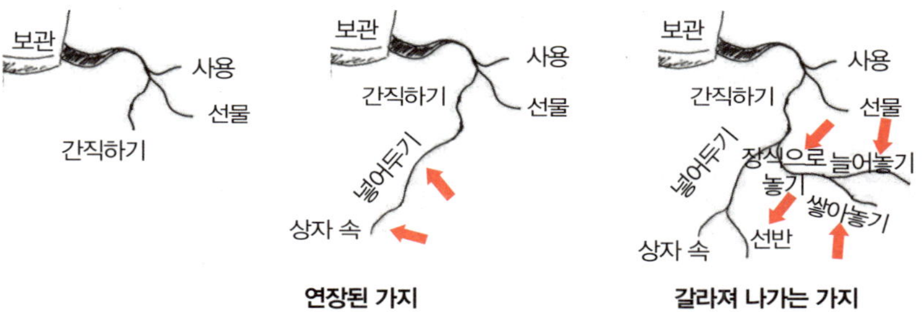

가지를 확장하면서 요소요소에 그림이나 도형 등을 그리면 보기에 지루하지 않고 기억에도 잘 남는다.

그림 | 연상을 넓혀 나간다

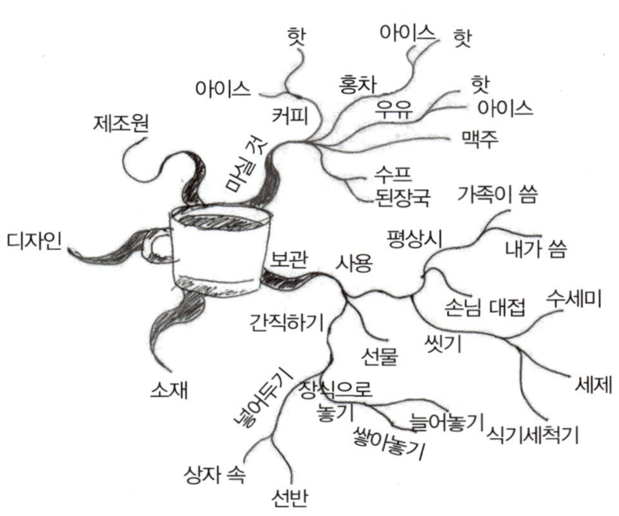

④~⑥을 반복하다가, 종이에 공간이 없어지거나 연상되는 키워드가 바닥나면 마인드맵이 완성된다. 완성 후에는 전체를 살펴보며 다음과 같이 마무리한다.

- 중요한 부분을 마커로 표시한다
- 하나로 묶고 싶은 가지들을 구름 모양으로 둘러싼다
- 서로 관련된 부분을 화살표나 기호로 나타낸다

아래의 예에서는 '마실 것'의 부가지인 '핫'과 '아이스'가 여러 마실 것에 공통되고, '보관'의 부가지인 '씻기'의 도구가 머그잔의 '소재'와 관련된다고 생각했다. 그래서 구름 모양을 그려 하나로 묶고 관련성을 화살표로 나타냈다.

그림 | 마인드맵 완성 예시

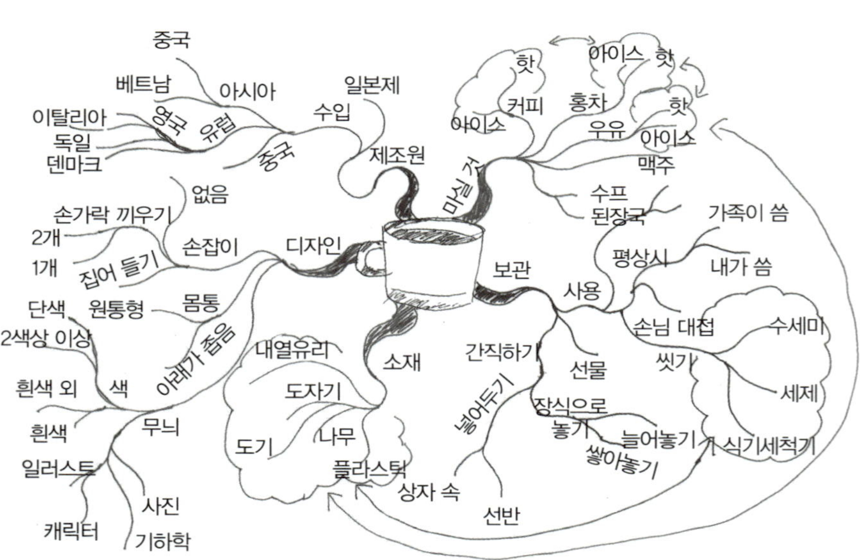

[케이스스터디] 헤이안신도공업 '압축봉'

헤이안신도공업이 판매하는 **압축봉**의 비즈니스 모델을 가지고 마인드맵을 그려 보겠다.

요즘은 어느 집에나 압축봉이 하나씩 있을 것이다. 헤이안신도공업의 다케우치 가요코 사장은 다양한 장소에 압축봉을 사용하는 아이디어를 가지고 매출을 크게 높였다.

기존에 압축봉이라고 하면 **집 안에서 물건을 거는 데**에 쓰는 것이었다. 가요코 사장은 압축봉을 주방 수납을 위한 공간 나누기에 활용하거나 여러 개를 평행하게 설치해 선반처럼 활용하는 등의 새로운 사용법을 고안하면서, 다양한 용도로 쓸 수 있는 범용성 높은 상품으로 제안하는 데 성공했다.

그림 | 압축봉 사용법 제안의 예

[출처] 헤이안신도공업 홈페이지 '사용법 블로그: 압축봉' (https://www.heianshindo.co.jp/howto/)

다음은 '집 안에서 압축봉을 사용할 새로운 장소 찾기!'라는 주제로 그린 마인드맵이다. 실제로 마인드맵을 그릴 때는 이 예시처럼 '**무엇에 대해 연상을 확장해 나가는지**' 주제를 확실히 정해 놓는 일이 중요하다. 그렇게 하면 관련된 키워드가 더 쉽게 떠오르게 된다.

집 안에서 압축봉을 사용할 새로운 장소 찾기!

MEMO 마인드맵을 작성할 때는 앱을 활용하는 것도 한 방법이다. 온라인에서 편집할 수 있는 'MindMeister', 여러 기기에서 연동되는 'XMind' 등이 대표적이다. 실시간으로 공유하거나 다른 프로젝트와 연결할 수 있는 등, 손으로 그릴 때와는 또 다른 장점이 있다.

조합해서 함께 쓸 수 있는 프레임워크

무작위 자극 발상법(p.39)

무작위 자극 발상법을 도입해서 마인드맵 속 '서로 관계가 없어 보이는 키워드'를 연결하면 완전히 새로운 아이디어를 창출할 수도 있다.

속성 열거법(p.55)

속성 열거법을 도입해서 키워드의 속성을 반전 또는 변경할 수 있다. 가령 '가볍다'가 '무겁다'가 된다.

마인드맵의 기원

마인드맵은 영국의 심리학자이자 능력 개발 분야의 권위자인 토니 부잔이, 인간의 뇌에 약 1천억 개가 있는 것으로 추정되는 신경세포를 서로 연결하는 신경 전달 회로인 '시냅스'의 형태와 기능에서 착안해 고안한 사고법이다.

신경세포는 중심에 핵이 있는 '세포체', 그 둘레에서 나뭇가지처럼 뻗어 나간 '가지돌기', 그리고 다른 뇌세포와 연결되는 시냅스가 형성되는 '축삭'으로 이루어져 있다. 인간의 뇌에서는 신경세포와 신경세포 사이에서 가지돌기와 축삭이 시냅스로 연결되면서 다양한 정보를 기억하고 전달한다.

토니 부잔은 신경세포의 활동을 탐구하는 과정에서, 인간이 무언가에 대해 생각할 때 정보가 신경세포처럼 방사형으로 확장된다는 사실을 깨달았다. 그리고 이 통찰을 발전시켜 마인드맵을 고안했다.

그림 | 뇌신경 세포 간의 연결

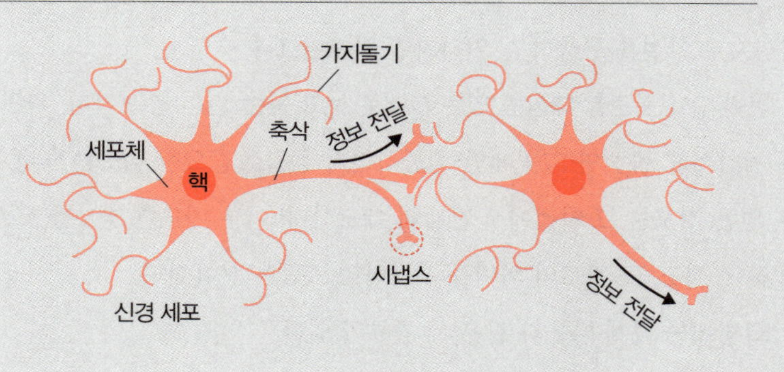

📖 참고문헌 · 참고자료

토니 부잔, 배리 부잔 저 《마인드맵 북》 (비즈니스맵)

일본창조학회 감수, 다카하시 마코토 편저 《実例で学ぶ創造技法(실제 사례로 배우는 창조 기법)》, 2020년

03 KJ법

KJ Method

Tags 정보의 기록 및 정리　다양한 상황에서 이용　팀 단위로 실행 가능

Origin 지리학자 겸 문화인류학자 가와키타 지로가 고안

이럴 때 활용한다! ▶ 기존 제품에서 새로운 아이디어를 찾을 때

개요

KJ법은 지리학자이자 문화인류학자인 가와키타 지로가 고안했다. KJ법은 현장 과학field science이라는 연구법에서 시작되었다. 현장 과학이란 현장에서 일어나는 다양한 사건과 현상을 관찰하고 분석하며 거기에서 얻은 정보를 바탕으로 가설을 구축하는, 말하자면 필드워크다.

관찰에서는 관찰 대상을 있는 그대로 보고 듣는 일이 중요하다. 관찰 범위를 지나치게 좁히면 그곳에만 집중하다가 정말로 중요한 정보를 놓칠 수 있다. 얻은 정보는 그 자리에서 간단히 메모한다. 이후 메모한 정보를 포스트잇에 옮겨 적고, 그 정보의 의미를 생각하며 그룹을 분류한다.

KJ법에는 크게 다음과 같은 세 종류가 있다.

- 정보 간의 관계를 그림으로 나타내는 KJ법 A형
- 정보 간의 관계를 문장으로 나타내는 KJ법 B형
- KJ법 A형을 이용해 관계를 그림으로 나타낸 후 KJ법 B형으로 문장을 만드는 KJ법 AB형

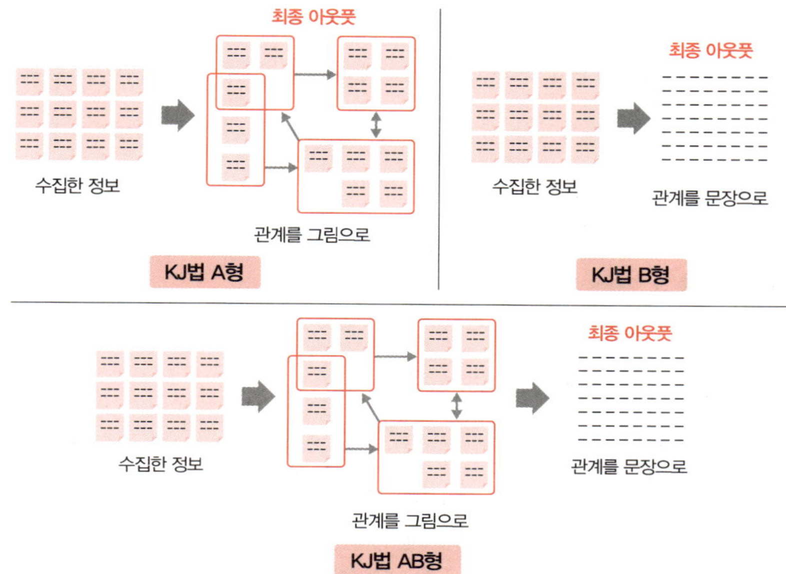

가와키타 지로는 KJ법 AB형을 활용하면 아이디어 창출 효율이 높아진다고 말했다. 그림을 통해 정보의 구조를 이해한 후 문장으로 쓴다. 그 과정에서 아이디어의 단서를 발견하거나, 단서에서 다시 아이디어가 확장된다. 이제 가와키타 지로의 조언을 따라 KJ법 AB형의 순서를 설명하겠다.

실행 방법

KJ법은 다음과 같은 순서로 실행한다.

① 관찰 대상을 정한다

관찰할 대상을 정한다. 여기서는 새로운 쓰레기통을 예시로 아이디어를 창출해 보겠다.

② 발견한 정보를 포스트잇에 적는다

대상을 관찰해서 발견한 사항과 알고 싶은 정보를 포스트잇에 적고 넓은 곳에 붙인다. 화이트보드 등에 붙이면 좋다. 예를 들어 개인 또는 팀 단위로 '쓰레기통'에 대한 지식이나 평소 경험에서 떠오르는 정보를 가능한 한 많이 적는다.

그림 | '쓰레기통'과 관련된 정보를 적는다

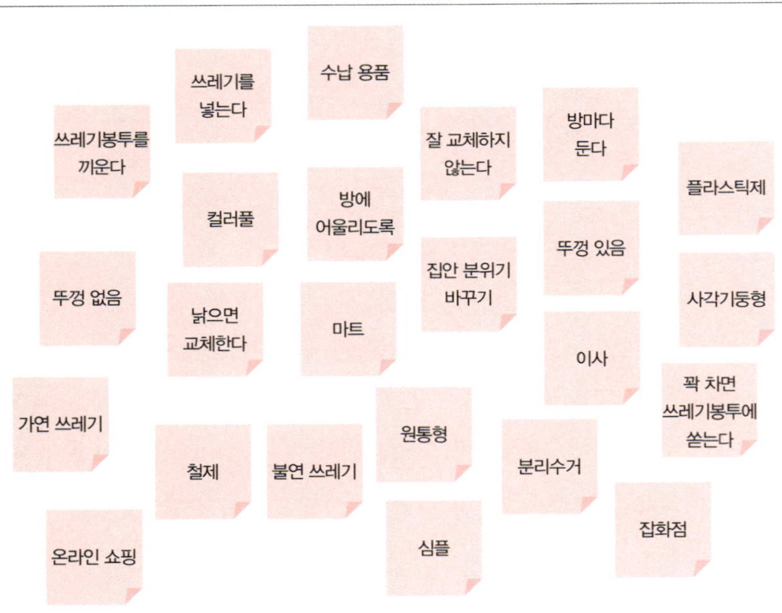

| 포스트잇에 정보를 적을 때 주의점

다음 순서인 그룹화를 원활하게 진행하기 위해 다음과 같은 점을 유의한다.

- 정보는 포스트잇 한 장에 하나씩만 적는다
- 긴 문장이 아니라 정보를 추상화한 짧은 문장이나 단어로 적는다
- 누가 봐도 쉽게 이해할 수 있도록 전문용어는 되도록 사용하지 않는다

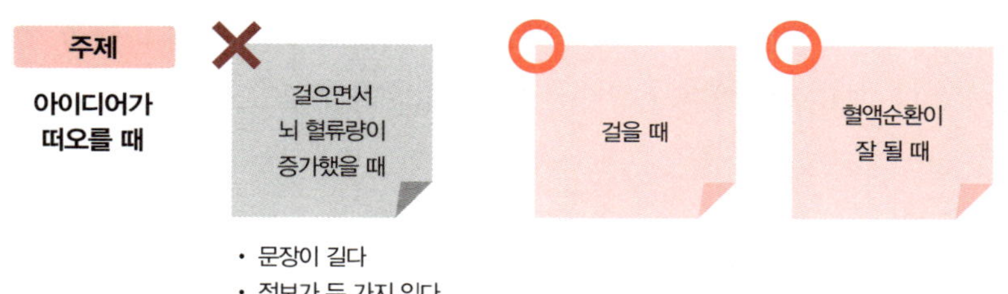

③ 비슷한 것끼리 그룹으로 묶는다

적어 놓은 정보를 보며 서로 비슷해 보이는(본질이 같은) 포스트잇을 모아 그룹화하고, 각 그룹에 제목을 붙인다.

그림 | 정보를 그룹화한다

이때 '어느 그룹에도 속하지 않는 정보'가 있을 수도 있다. 그래도 괜찮다. 보다 상위 그룹에 속할 수도 있기 때문에 우선은 신경 쓰지 않고 다른 곳에 놓아 둔다. 그룹화를 하면서 생각이 추가되었다면 그것 또한 적어 둔다.

④ 그룹 간 관계성을 정리한다

그룹 간 관계성을 화살표로 표시한다. 어떤 관계인지도 적는다.

그림 | 그룹 간 관계성을 표시한다

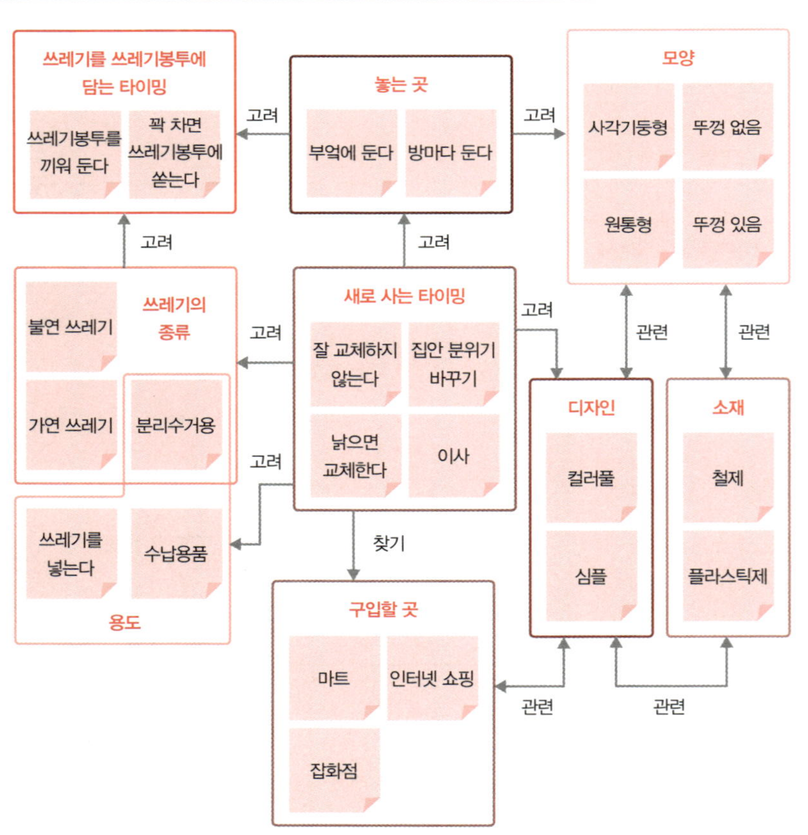

여기까지 하고 나면 '쓰레기통이라는 물건에 어떤 특징이 있는지', 평소에는 생각하지 못한 부분까지 알아낼 수 있다. 여기까지가 KJ법 A형이다.

⑤ 전체 모습을 이해하고 '요약'한다

이제 KJ법 B형으로 정보를 정리한다. ④에서 그룹 간 관계가 명확해졌을 것이다. 이를 토대로 관찰 대상의 전체 구조를 이해하고, 판명된 문제나 현재 상태를 글로 '요약'한다. 파악한 사실과 추론이 무엇인지 알 수 있도록 한다.

그림 | 전체 모습을 이해하고 '요약'한다

쓰레기통의 현재 상태	쓰레기통은 설치 장소와 목적에 따라 모양과 소재가 제각각이다. 설치 장소와 용도에 맞춰서 구입하고, 한번 구입하면 교체하는 일이 별로 없다. 인테리어를 바꾸는 등 환경이 달라지면 교체할 것으로 생각된다.

⑥ 해결책을 고안한다

마지막으로 앞 순서에서 만든 관계도와 문제점 또는 현재 상태를 바탕으로, 해결책과 아이디어를 고찰한다. 그림으로도 표현하면 이해하기 쉽다.

팀 단위로 KJ법을 실행할 경우 팀원 전체가 적극적으로 의견을 내도록 유도하자.

그림 | '새로운 쓰레기통' 아이디어

새로운 쓰레기통	인테리어에 맞춰 모양을 바꿀 수 있는 쓰레기통. 원통형, 사각기둥형 모두 가능하므로 실내 분위기가 달라져도 계속 쓸 수 있다. 색도 바꿀 수 있으면 좋다.

브레인스토밍(p.18)

브레인스토밍을 활용하면 단시간 동안 대량의 정보를 포스트잇에 적을 수 있다.

전제 파괴(p.98)

수집한 정보에서 결론을 도출할 때는 '왜 그런가?'라는 전제를 생각한 후, **그 전제를 파괴**하면 기본적인 원인에 근접한 새로운 아이디어가 탄생할 수 있다.

📖 참고문헌 · 참고자료

일본창조학회 편집, 다카하시 마코토 편저 《実例で学ぶ創造技法(실제 사례로 배우는 창조 기법)》, 2020년

가와키타 지로 저 《発想法 改版(발상법 개정판)》, 1967년

04

새로운 아이디어를 강제로 탄생시킨다

무작위 자극 발상법

Ideas with Random Word

Tags	의견 내기　제품·서비스 기획　혼자서 실행 가능
Origin	몰타 공화국의 의사, 심리학자, 작가, 발명가인 에드워드 드 보노가 제안

이럴 때 활용한다! ▶ 고정관념을 깨고 아이디어 폭을 넓힐 때

개요

무작위 자극 발상법은 '수평적 사고'를 실천하기 위한 발상법이다.

수평적 사고란

수평적 사고로 기존의 이론, 정보, 고정관념에 얽매이지 않고 발상의 틀을 넓힐 수 있다. 하나의 결론을 향해 곧장 수직으로 내려가는 사고법을 '수직적 사고'라고 부르는데, 이에 대비된다 할 수 있다.

그림 | 수평적 사고의 개념

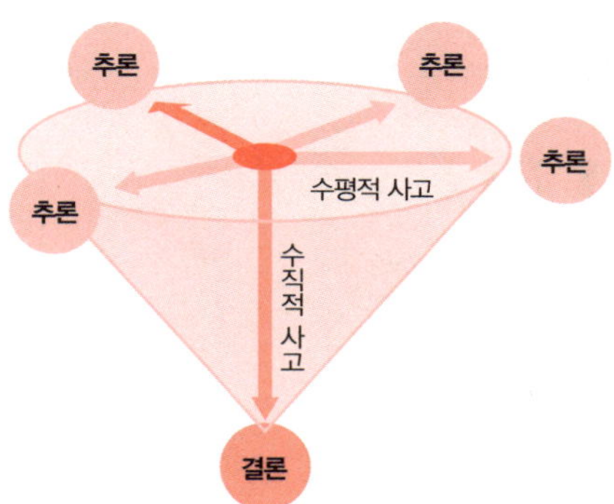

그림처럼 수직적 사고는 기본적으로 하나의 **결론**을 도출하지만 수평적 사고는 여러 개의 **추론**을 도출한다. 수평적 사고의 목적은 실현 가능성이 높은 결론을 도출하는 것이 아니다. 고정관념에 얽매이지 않는 추론을 '많이' 도출하는 데 중점을 둔다. 무작위 자극 발상법을 이용해서 아이디어를 떠올릴 때도 기존의 이론, 정보, 개념, 실현 가능성에 얽매이지 않고 자유롭게 발상하는 것이 중요하다.

무작위 자극 발상법이란

무작위 자극 발상법은 무작위로 고른 단어와 주제를 억지로 관련지어 새로운 아이디어를 창출한다. 단어는 정말 아무렇게 골라도 좋다. 가령 다음과 같은 방법을 쓸 수 있다.

- 사전을 넘기다가 눈에 들어오는 단어를 고른다.
- SNS에 올라온 사진을 보고 단어를 연상한다.

자유롭게 고르면 고를수록 무작위성이 높아져서 참신한 아이디어가 나올 가능성도 높아진다. 중요한 것은 얼핏 봤을 때 관련이 없어 보이는 단어를 고르는 일이다.

무작위 자극 발상법으로 탄생한 일본 유명 상품으로 '무한 뽁뽁이'가 있다.

그림 | 관련이 없어 보이는 단어를 무작위로 고른다

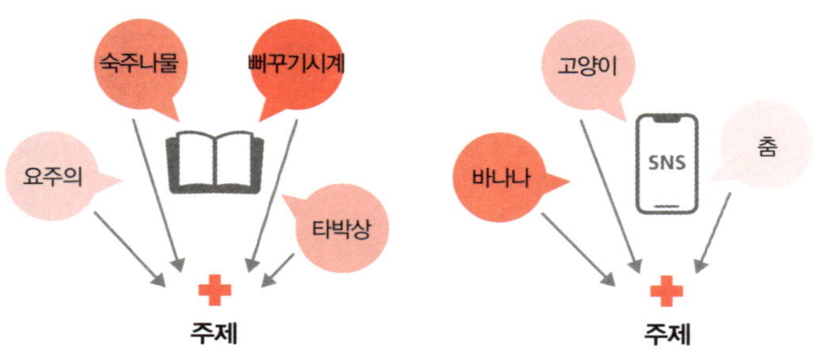

장난감 크리에이터 다카하시 신페이가 만든 무한 뽁뽁이는 2007년 반다이에서 발매되어 300만 개 이상이 팔렸다. 다카하시 신페이는 끝말잇기로 무작위 단어를 생각해 내고, 그 단어 속에서 장난감에 대한 아이디어를 찾았다.

그림 | 끝말잇기로 새로운 장난감 아이디어 고안

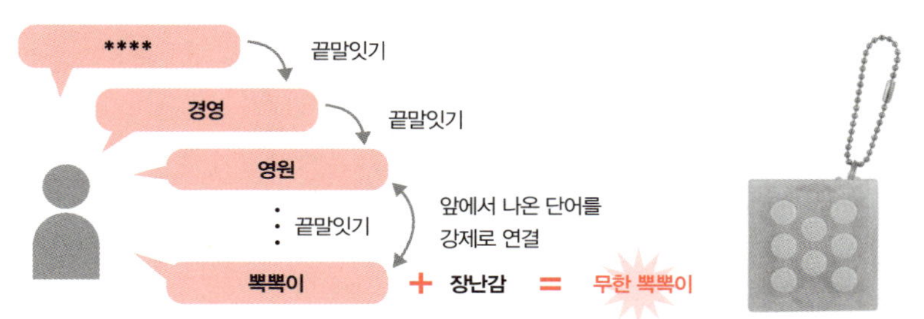

[출처] 무한 뽁뽁이 영상: 반다이 웹사이트 '역사' 메뉴 (https://www.bandai.co.jp/corporate/history/)

실행 방법

무작위 자극 발상법은 다음과 같은 순서대로 실행한다.

그림 | 무작위 자극 발상법의 프레임워크

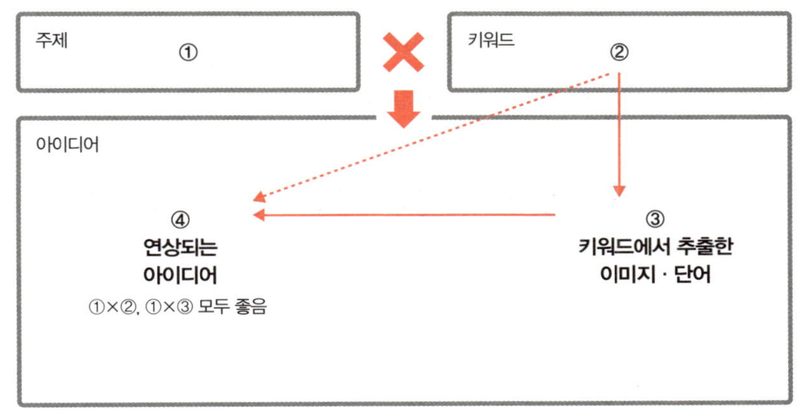

① 주제를 설정한다

발상의 기준이 될 주제를 적는다.

② 키워드를 선정한다

다음 방법을 참고해서 키워드를 무작위로 고른다.

- 끝말잇기에서 나오는 단어
- 사전을 넘기다가 눈에 들어오는 단어
- 신문을 훑어보다가 눈에 들어오는 단어
- SNS에 올라온 사진을 보고 머릿속에 떠오르는 단어

 사진이나 일러스트를 보고 키워드를 떠올릴 때는 문장이 아니라 단어 형태가 되도록 한다.

③ 키워드에서 이미지나 단어를 추출한다

키워드에서 이미지나 단어를 추출해 기입한다. 일러스트 등에서 떠올렸다면 그림만 넣고 ④로 넘어가도 좋다.

④ 연상되는 아이디어를 추출한다

다소 억지더라도 ①과 ②, 또는 ①과 ③을 연결해서 아이디어를 연상한다. 일러스트도 함께 사용하면 다른 사람들과 아이디어를 쉽게 공유할 수 있다.

> **여기가 포인트!** | **아이디어는 실현 가능성을 일단 무시하고 직감적으로 내놓는다**

[케이스스터디 ①] 발뮤다 '그린팬'

발뮤다가 개발한 그린팬GreenFan은 '다음 시대의 선풍기'라는 콘셉트의 상품이다. 그린팬은 30만 원대 고가이면서도, 자연 속에서 불어오는 듯 기분 좋은 바람을 무기로 삼아 높은 판매량을 기록하고 있다.

사장 테라오 겐은 TV에서 아이들이 '30인 31각'을 하는 모습을 우연히 보고 이 아이디어를 떠올렸다. 나란히 서 출발해도 빠른 아이가 느린 아이 때문에 발이 뒤로 당겨져 넘어지고 만다. 테라오는 유체에서도 비슷한 현상이 일어날지 모른다고 생각했다.

그림 | 발뮤다 그린팬의 날개

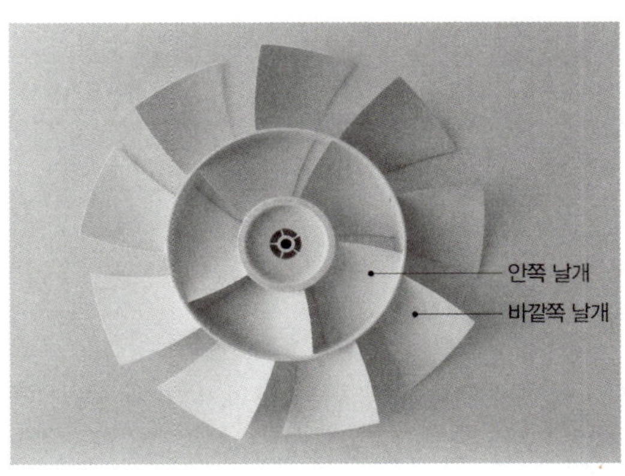

[출처] 그린팬 사진: 발뮤다 홈페이지 '그린팬 테크놀로지' (https://www.balmuda.com/jp/greenfan/feature)

그린팬의 아이디어 창출 과정을 무작위 자극 발상법의 관점에서 살펴보겠다. 우선 주제는 '선풍기', 키워드는 '30인 31각'이다.

키워드 '30인 31각'을 관찰해서 '빠른 아이가 느린 아이 때문에 발이 뒤로 당겨져 넘어지고 만다'라는 현상을 추출했다.

그리고 이 힌트를 바탕으로 '회전이 느린 날개'와 '회전이 빠른 날개'라는 2중 구조를 통해 바람이 뒤로 당겨져서 부드럽게 부는 선풍기라는 아이디어를 연상했다.

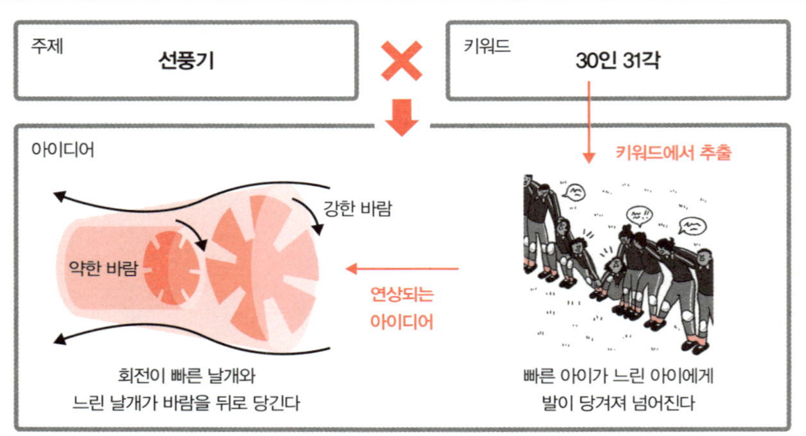

[케이스스터디 ②] 신쇼도 '할복 모나카'

할복 모나카는 역사가 100년이 넘은 화과자 가게 **신쇼도**가 1990년부터 판매하고 있는 상품이다. 화과자 업계에서는 하루에 100개가 팔리면 히트 상품인데, 할복 모나카는 하루에 7,000개가 팔리기도 했다.

당시 사장 와타나베 요시히사는 금방 변질되지 않는 화과자 신제품에 대해 생각하고 있었다. 어느 날 와타나베는 가게 매장이 주신구라(*18세기 일본에서 사무라이 47명이 주군의 복수를 한 후 할복한 사건 – 옮긴이)로 유명한 다무라 저택 터에 있다는 사실을 주목했다. 여기서 금방 상하지 않는 화과자 '모나카'가 가운데 부분이 갈라져 있는 이미지와 할복으로 배를 가르는 이미지가 머릿속에서 겹쳤다. 이렇게 해서 '할복 모나카'가 탄생했다.

할복 모나카의 개발 과정을 무작위 자극 발상법의 프레임워크에 넣어 보겠다. 주제는 '모나카', 키워드는 '다무라 저택'이다.

키워드 '다무라 저택'에서 '할복'을 추출하고 '모나카'와 '할복'을 연결해서, 마치 배를 가른 듯 가운데가 갈라져 팥이 쏟아져 나오는 이미지를 그렸다.

그림 | 할복 모나카의 무작위 자극 발상법

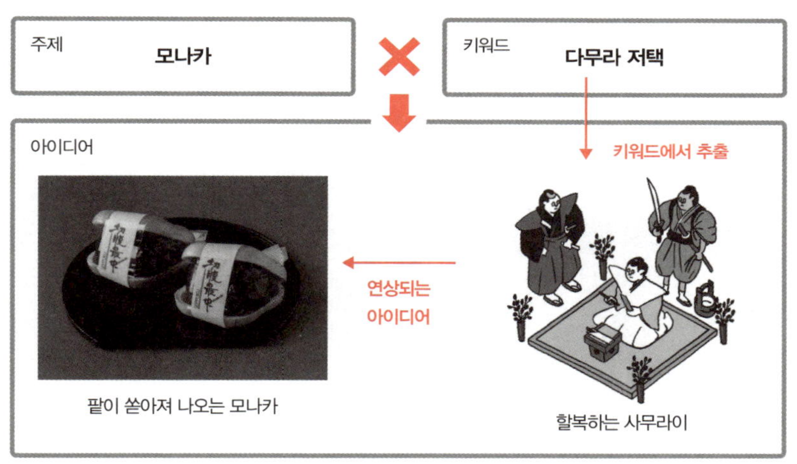

[출처] 할복 모나카 사진: 신쇼도 홈페이지 '할복 모나카' (https://www.shinshodoh.co.jp/products/1405)

조합해서 함께 쓸 수 있는 프레임워크

브레인스토밍(p.18)

주제와 키워드를 연결해서 아이디어를 생각할 때 **브레인스토밍**을 도입하면 단시간 동안 대량의 아이디어가 나올 수 있다.

디자인 사고(p.129)

무작위 자극 발상법으로 나온 아이디어를 **디자인 사고**로 다듬으면 좋다.

📖 참고문헌 · 참고자료

도쿠쇼자루 저 《아이디어 대전》 (북채널)
기무라 나오요시 저 《약은 생각》 (스카이)
교레쓰연구소 저 《バカ売れ法則大全(매출 대박 법칙 대전)》, 2017년

05

‘왜?’ ‘구체적으로는?’이라고 자문자답한다
결점·희망사항 열거법
Disadvantage/Advantage Listing

Tags 의견 내기　제품·서비스 기획　혼자서 실행 가능
Origin 제너럴일렉트릭의 자회사 핫포인트가 개발

이럴 때 활용한다! ▶ 기존 제품, 서비스의 개선점을 찾을 때

개요

결점 열거법은 제품 또는 서비스의 결점에서 개선책이 될 아이디어를 창출한다. 부정적으로 시작하기 때문에 현실적인 해결책이 될 아이디어가 나오기 쉽다. 희망사항 열거법은 ‘이러면 더 좋을 텐데’라는 생각에서 아이디어를 창출한다. 현재 상태를 무시하고 이상에서 출발하기 때문에, 강력한 아이디어가 나올 가능성이 높다. 다만 현실과 동떨어져 실현하기 어려운 아이디어가 나오는 측면도 있다.

이 둘은 같은 주제라도 서로 완전히 다른 아이디어가 나올 수 있으므로, 무엇을 실행할지 고민된다면 둘 다 실행해 보기를 권장한다.

> **여기가 포인트!** 결점 열거법과 희망사항 열거법에서는 서로 완전히 다른 아이디어가 나올 수 있다

결점 열거법과 희망사항 열거법에서는 다음 프레임워크를 이용한다.

그림 | 결점 열거법·희망사항 열거법의 프레임워크

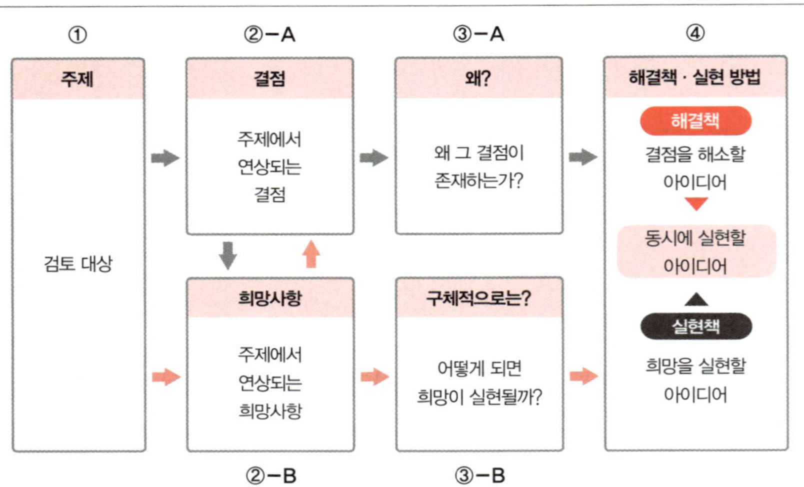

① 주제를 적는다

개선 대상인 기존 제품이나 서비스를 골라서 적는다.

② 결점이나 희망사항을 열거한다

개선하고 싶은 점을 중심축으로 삼고 결점 또는 희망사항을 떠오르는 대로 열거한다.

표 | 기입할 내용

종류	내용
결점 열거법	개선하고 싶은 대상의 **결점, 약점**을 찾아낸다
희망사항 열거법	개선하고 싶은 대상의 **희망하는 점, 이상적 모습**을 찾아낸다

그리고 결점(②-A)과 희망사항(②-B) 사이에 화살표가 오가는 것을 주목하자. 이는 결점과 약점을 찾아냄으로써 희망사항과 이상을 발견할 수 있는 경우, 반대로 희망사항과 이상을 찾아냄으로써 결점과 약점을 찾아낼 수 있는 경우가 각각 존재함을 나타낸다.

프레임 속에 이 두 경우를 모두 기입한다. 이때 어떤 결점 또는 희망사항을 기반으로 찾아냈는지 나중에 확인할 수 있도록 그 관계를 화살표로 나타내면 편리하다.

③ 결점이나 희망사항의 이유를 생각한다

②에서 열거한 결점 또는 희망사항에서 중요해 보이는 것을 하나 골라, 그것이 존재하는 이유를 생각한다.

표 | 기입할 내용

종류	내용
결점 열거법	②에서 열거한 결점이나 약점이 왜 존재하는지 생각한다
희망사항 열거법	②에서 열거한 희망사항이나 이상이 구체적으로 어떤 내용이며 어떤 상태이기를 바라는지 생각한다

이유가 생각나지 않을 경우 다른 결점이나 희망사항을 골라서 이유를 생각해 보자.

④ 해결책이 될 아이디어를 내놓는다

③에서 명확히 드러난 이유 중 **중요도가 특히 높은** 것을 골라, 해결책이나 실현 방법이 될 아이디어를 내놓는다. 해결책이자 실현 방법이 동시에 될 수 있는 것도 좋다. 여기서 '동시'란 ③에서 생각한 '결점의 원인'과 '구체적인 희망사항'을 모두 해결할 수 있는 아이디어를 말한다.

종류	내용
결점 열거법	**해결책**을 기입한다. ③에서 드러난 원인을 해결하기 위한 아이디어를 생각한다. '**실현 방법**'과 통합된 아이디어도 좋다.
희망사항 열거법	**실현 방법**을 기입한다. ③에서 구체화한 희망사항이나 이상을 실현하기 위한 아이디어를 생각한다. '**해결책**'과 통합된 아이디어도 좋다.

> **여기가 포인트!** | **해결책이나 실현 방법이 될 아이디어가 나오면 다른 결점이나 희망사항도 검토한다**

[케이스스터디 ①] 손수건의 결점 해결

결점 열거법을 이용해서 '손수건'의 결점을 해결할 아이디어를 찾아 보겠다.

그림 | '손수건'의 결점을 해결할 아이디어

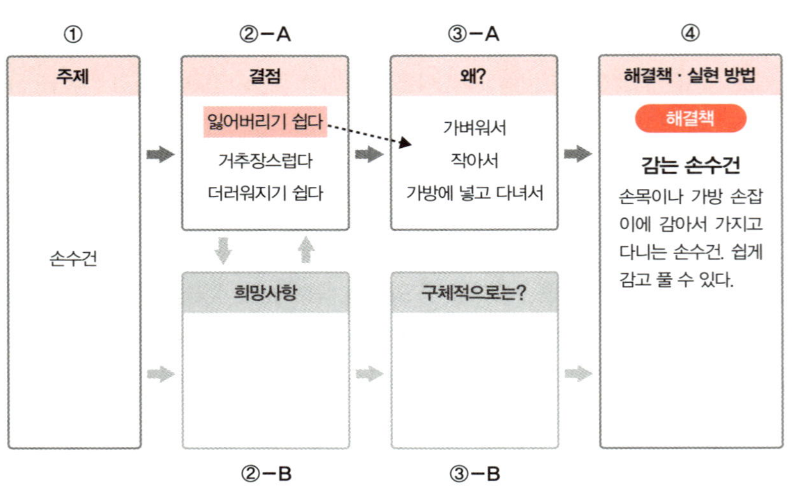

| ① 주제를 기입한다

'손수건'에는 다양한 종류가 있지만 여기서는 깊게 들어가지 않고 넓은 의미의 '손수건'을 주제로 삼겠다.

| ② 결점을 열거한다

손수건의 결점을 가능한 한 많이 생각한다.

- 잃어버리기 쉽다
- 거추장스럽다
- 더러워지기 쉽다

| ③ 결점의 이유를 생각한다

②에서 생각한 결점 중 하나를 골라 이유('왜?')를 생각한다. 여기서는 '잃어버리기 쉽다'를 생각해 보겠다.

- 가벼워서
- 작아서
- 가방에 넣고 다녀서

손수건은 가볍고 작기 때문에, 가방 입구가 열린 상태로 다른 물건 위에 있으면 가방에서 떨어질 수도 있다.

| ④ 해결책이 될 아이디어를 내놓는다

③에서 명확해진 결점을 해결할 아이디어를 내놓는다. 여기서는 '가볍고 작은 손수건이 가방에서 빠져나가는' 일을 해결하고자 '감는 손수건'을 생각했다. 손수건을 손목이나 가방 손잡이에 감아 다닐 수 있다면? 디자인이 세련된다면 패션 아이템으로 활용할 수 있지 않을까?

결점 열거법에서는 '왜?'를 철저히 생각한다

결점 열거법에서는 결점이 존재하는 이유, 즉 '왜?'를 생각함으로써 해결책의 구체성을 높인다. '왜?'를 생각하는 단계만 몇 번 반복해도 좋다. 가령 '왜 가벼울까?' '왜 작을까?' 하는 식으로 '왜?'를 반복하다 보면 더 새로운 아이디어로 이어질 수 있다.

[케이스스터디 ②] 손수건의 '희망사항' 실현

희망사항 열거법을 이용해 '손수건'의 이상을 실현하는 아이디어를 찾아보겠다. 일단 실현 가능성은 무시하고 '이런 손수건이 있으면 좋겠다'라는 점을 생각해 본다.

여기서는 ②-B에서 생각한 내용 중 가장 중요해 보이는 '디자인 완성도가 높다'라는 희망사항을 주목한다. 그리고 구체적으로 '디자인 완성도가 높다'라는 것은 어떤 뜻인지, 어떤 상태이면 좋겠는지 생각한다. 여기서는 '디자인성'은 그저 보기 좋기만 한 것이 아니라 타인과는 다른 자신만의 물건, 즉 개성이 드러나는 물건을 가지고 싶다는 욕구를 충족하는 것이라고 생각했다.

마지막으로 ③-B에서 정리한 내용을 실현할 방법을 생각한다. 명품 브랜드가 디자인한 손수건은 철학이 느껴지고 디자인 완성도가 높다. 그러나 나만을 위한 디자인은 아니다. 그런 의미에서 완전 주문 제작할 수 있다면 좋겠지만 돈이 많이 들 것이다.

그래서 '세미오더 손수건을 쉽게 주문할 수 있는 서비스'를 생각했다. 등록된 디자이너의 작품을 보고 내 취향대로 디자인해 줄 것 같은 사람을 골라서 질문 몇 개에 답하기만 하면, 세상에 하나뿐인 디자인을 제안받을 수 있는 서비스다.

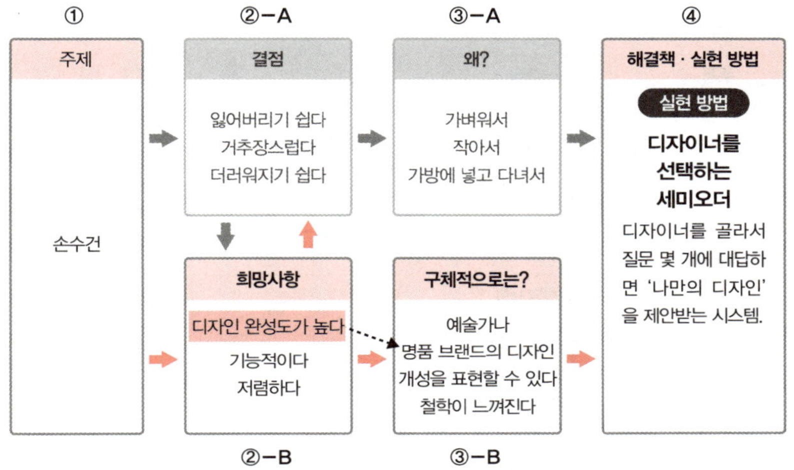

희망사항 열거법에서는 '구체적으로는?'을 철저히 생각한다

희망사항 열거법에서는 희망사항이 실현되는 상황이나 방법을 구체적으로 생각함으로써 아이디어의 실현 가능성을 높인다. 여러 번 '구체적으로는?'이라고 반복해서 묻는 것이 효과적이다. 깊이 파고듦으로써 아이디어로 연결하는 것이 희망사항 열거법의 특징이다.

[케이스스터디 ③] 손수건의 '결점'과 '희망사항' 해결

마지막으로 손수건의 결점과 희망사항을 모두 동시에 해결하는 과정을 살펴보자. 결점은 '빨래하기 귀찮다', 희망사항은 '빨래하기 편하다'이다. 우선 손수건이 빨래하기 귀찮은 이유를 생각해 본다. 손수건처럼 자잘한 물건은 널고, 걷고, 개고, 다리는 등의 과정이 번거롭게 느껴지지 않을까? 다음으로 빨래하기 편하도록 만드는 구체적인 해결책을 생각해 본다. 가령 '세탁 과정이 귀찮다'가 문제라면 차라리 일회용이 나을지도 모른다.

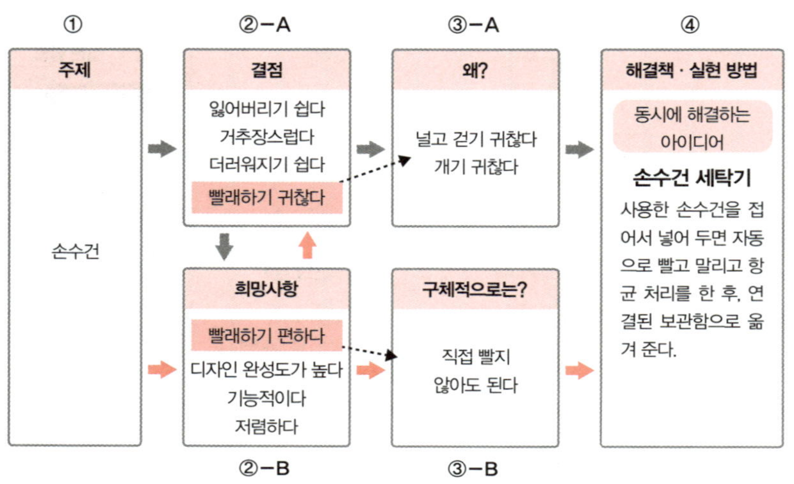

③-A와 ③-B에서 생각한 결과로 양쪽 모두 해결할 수 있는 아이디어가 나왔다. 이 경우에는 '직접 빨지 않는다'가 좋은 방법일 듯하다. 빨고, 널고, 개는 과정을 모두 자동으로 해 주는 손수건 전용 세탁기는 어떨까? 이 기계에 손수건을 넣고 버튼을 누르면 마치 세탁소에서 나온 듯 깔끔하게 세탁되는 것이다.

조합해서 함께 쓸 수 있는 프레임워크

브레인스토밍(p.18)

결점 열거법이나 희망사항 열거법을 실행할 때 **브레인스토밍**을 활용하면 많은 아이디어를 열거할 수 있다.

페르소나(p.173)

결점 열거법의 결점이나 희망사항 열거법의 희망사항을 생각할 때, **페르소나를** 활용해서 소비자를 설정하면 새로운 관점이 탄생한다.

일단 분해한 후 재구축한다

06 속성 열거법

Attribute Listing

Tags 의견 내기　제품·서비스 기획　혼자서 실행 가능
Origin 네브래스카 대학교의 로버트 크로포드가 개발

이럴 때 활용한다! ▶ 새로운 제품, 서비스 아이디어를 낼 때

개요

속성 열거법은 기존의 제품 또는 서비스를 '요소'로 분해하고 그 요소를 변경, 삭제, 추가한 후 재구축함으로써 새로운 아이디어를 창출한다.

예시로 도넛을 들어 보겠다. 도넛은 밀가루, 달걀, 우유, 버터, 베이킹파우더 등을 섞은 후 식용유에 튀겨서 만든다. 그러므로 도넛 만들기의 요소는 '밀가루' '달걀' '우유' '버터' '베이킹파우더' '식용유' '튀기다'이다.

이 요소 중 '밀가루'를 '쌀가루'로 바꿔서 도넛을 재구축하면 **쌀가루 도넛**, '콩가루'를 더해서 재구축하면 **콩가루 도넛**이 된다. 이처럼 속성 열거법에서는 이미 존재하는 제품이나 서비스를 분해한 후 변경해 재구축함으로써 새로운 아이디어를 탄생시킨다.

그림 | 도넛을 요소로 분해한 후 변경한다

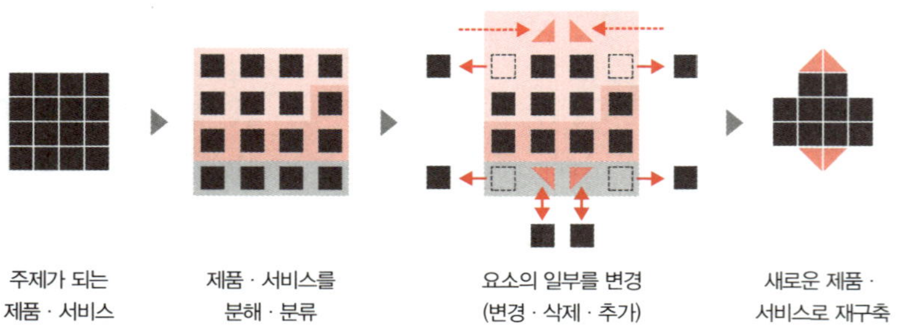

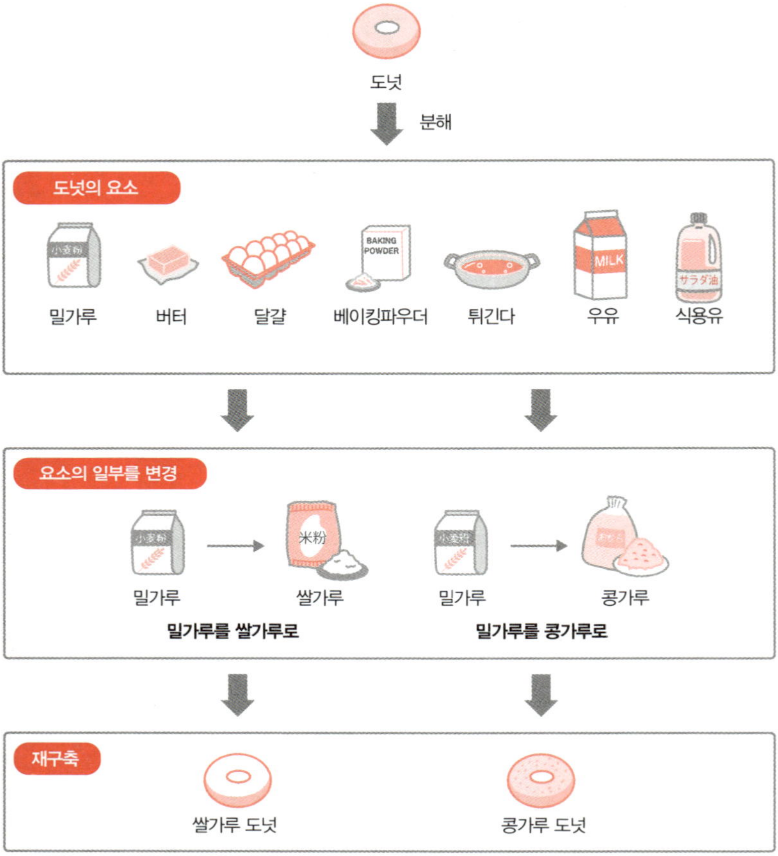
도넛
분해
도넛의 요소
밀가루
버터
달걀
BAKING POWDER
베이킹파우더
튀긴다
MILK
우유
サラダ油
식용유
요소의 일부를 변경
米粉
밀가루
쌀가루
밀가루
콩가루
밀가루를 쌀가루로
밀가루를 콩가루로
재구축
쌀가루 도넛
콩가루 도넛

그림 | 속성 열거법의 개념

주제가 되는
제품 · 서비스
제품 · 서비스를
분해 · 분류
요소의 일부를 변경
(변경 · 삭제 · 추가)
새로운 제품 ·
서비스로 재구축

실행 방법

다음과 같은 순서대로 실행한다.

그림 | 속성 열거법 프레임워크

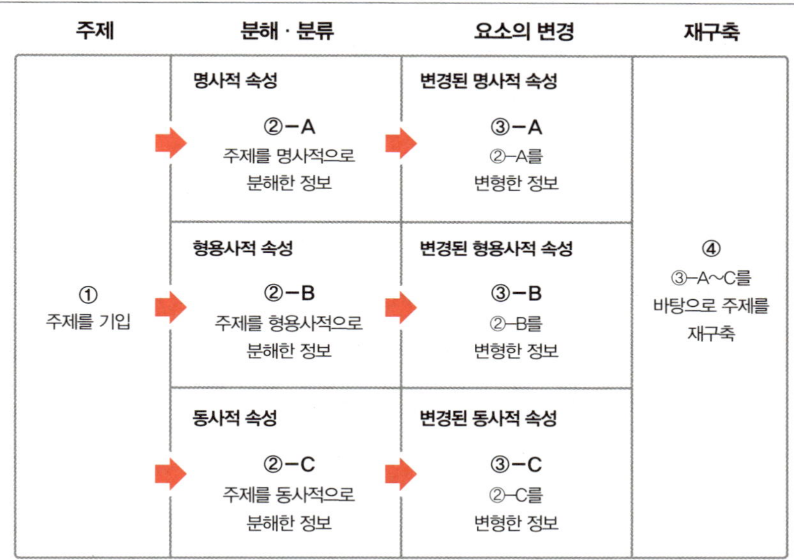

① 주제를 적는다

새롭게 개발하고 싶은 제품, 개선하고 싶은 서비스나 브랜드 이미지 등을 주제로 적는다.

② 주제를 분해하고 속성별로 분류한다

①에서 선정한 주제를 요소로 분해하고, 그 요소들을 '명사적 속성' '형용사적 속성' '동사적 속성'으로 분류한다.

표 | 속성의 종류

종류	설명
명사적 속성	부품, 재료, 소재 등 **명사**로 표현할 수 있는 요소 예: 톱니바퀴, 파이프, 철 등
형용사적 속성	색, 모양, 성질 등 **형용사**로 표현할 수 있는 요소 예: 작다, 둥글다, 싸다, 비싸다 등
동사적 속성	기능, 동작 등 **동사**로 표현할 수 있는 요소 예: 휴대하기 쉽다, 물로 씻을 수 있다 등

③ 요소를 변경한다

②에서 정리한 각 요소를 다른 요소로 변경·삭제·추가한다. 여러 개의 요소를 다뤄도 좋지만 너무 많으면 재구축이 어려워지므로 주의한다.

요소를 추가하는 경우는 긍정적인 이미지(즐겁다, 편하다 등)로 연결되는 요소일수록 좋다. 삭제하는 경우는 부정적인 이미지(귀찮다, 힘들다 등)로 연결되는 요소, 또는 반드시 필요해 보이는 요소를 삭제해 보자. 다른 것으로 변경하는 경우는 변경하기 전의 요소와 관련이 있도록 한다. 예를 들면 '밀가루 → 쌀가루', '30분만 → 365일 24시간' 등으로 변경한다.

④ 변경한 요소를 바탕으로 주제를 재구축한다

③에서 변경·삭제·추가한 요소를 바탕으로 주제를 재구축해, 새로운 제품이나 서비스에 대한 아이디어로 삼는다. 이때 실현 가능성을 일단 무시하는 것이 중요하다. 실현 가능성에 지나치게 얽매이면 참신한 아이디어가 나오지 않는다.

[케이스스터디] 새로운 컵라면

컵라면은 안도 모모후쿠가 1971년 출시한 컵누들이 시초가 되어 지금도 수많은 제조사에서 다양한 종류로 출시하고 있다. 여기서는 속성 열거법으로 새로운 컵라면에 대한 아이디어를 창출해 보자.

① 주제를 기입한다

주제란에 '컵라면'이라고 쓴다. 그림도 함께 활용하면 이미지가 더 구체화된다.

② 주제를 분해하고 속성별로 분류한다

'컵라면'의 기능과 특징을 요소로 분해하고 명사적·형용사적·동사적 속성으로 분류한다.

③-A: 명사적 속성의 요소 변경

명사적 속성으로 분류한 요소를 변경한다. 새로운 요소를 더하기보다는 이미 있는 요소를 삭제하는 편이 더 쉽다. 이 예시에서는 '뚜껑'이라는 요소를 삭제하겠다.

③-B: 형용사적 속성의 요소 변경

형용사적 속성으로 분류한 요소를 변경한다. ③-A에서 '뚜껑'이라는 요소를 삭제했으므로, 거기서 비롯되는 형용사적 속성이 있는지 살펴본다. 여기서는 '덜 번거롭다'라는 속성을 더했다. 뜨거운 물을 붓기 위해 뚜껑을 벗기는 번거로움이 없어지기 때문이다.

| ③-C: 동사적 속성의 요소 변경

동사적 속성으로 분류한 요소를 변경한다. 컵라면에서 '뚜껑'이 없어지면 기존과는 달리 '뚜껑을 덮고 3분을 기다리는' 일도 없어진다. 그렇다면 '3분 기다린다'라는 행위를 '30초'로 단축해 보기로 한다.

| ④ 변경한 요소를 아이디어로서 재구축한다

각 요소를 재구축해서 '열고 30초 만에 먹는다! 뚜껑 없는 새로운 컵라면' 이라는 아이디어로 정리한다.

그림 | 속성 열거법을 이용한 새로운 컵라면 아이디어

주제	분해 · 분류	요소의 변경	재구축
① 컵라면	**명사적 속성**　②-A 면, 국물, 건더기스프 밀가루, 달걀, 새우·돼지고기·닭고기 컵, 플라스틱 뚜껑, 비닐 포장, 비닐 뚜껑, 젓가락, 뜨거운 물, 다양한 맛	**변경된 명사적 속성**　③-A 면, 국물, 건더기스프 밀가루, 달걀, 새우·돼지고기·닭고기 컵, 플라스틱 뚜껑, 비닐 포장, 비닐 뚜껑, 젓가락, 뜨거운 물, 다양한 맛	④ 열고 30초 만에 먹는다! 뚜껑 없는 컵라면
	형용사적 속성　②-B 유명함, 싸다, 휴대하기 쉽다, 맛있다, 간편하다	**변경된 형용사적 속성** ③-B 유명함, 싸다, 휴대하기 쉽다, 맛있다, 간편하다, **덜 번거롭다**	
	동사적 속성　②-C 장기 보존할 수 있다 뜨거운 물을 표시선까지 붓는다 3분 기다린다 젓가락으로 먹는다 식후에 용기를 버린다	**변경된 동사적 속성**　③-C 장기 보존할 수 있다 뜨거운 물을 표시선까지 붓는다 3분 기다린다 → 30초 기다린다 젓가락으로 먹는다 식후에 용기를 버린다	

60

조합해서 함께 쓸 수 있는 프레임워크

브레인스토밍(p.18)

각 요소를 변경·삭제·추가할 때는 **브레인스토밍**을 활용해서 대량으로 아이디어를 내면 좋다.

KJ법(p.32)

주제를 분해하고 분류하는 작업은 **KJ법**과 비슷하다. 요소를 포스트잇에 적어 그룹화하면 효율이 높아진다.

리프레이밍(p.73)

요소의 속성을 변경·삭제할 때는 **리프레이밍**이 도움이 된다. 추가·삭제할 속성을 더 쉽게 발견할 수 있다.

📖 **참고문헌**

우에노 요이치 저 《独創性の開発とその技法(독창성의 개발과 그 기법)》, 1959년
요시자와 준토쿠 저 《생각정리 프레임워크 50》 (스펙트럼북스)

07 오스본 체크리스트

Osborn's Checklist

Tags 의견 내기　제품·서비스 기획　혼자서 실행 가능

Origin 브레인스토밍에 이름을 붙인 사람이기도 한 미국의 기업가 알렉스 F. 오스본이 고안

이럴 때 활용한다! ▶ 아이디어를 대량으로 내야 할 때

개요

오스본 체크리스트는 체크리스트의 각 항목을 따라 주제의 요소를 변화시킴으로써 강제로 새로운 관점을 창출한다. 체크리스트는 다음과 같이 아홉 종류다.

그림 | 오스본 체크리스트

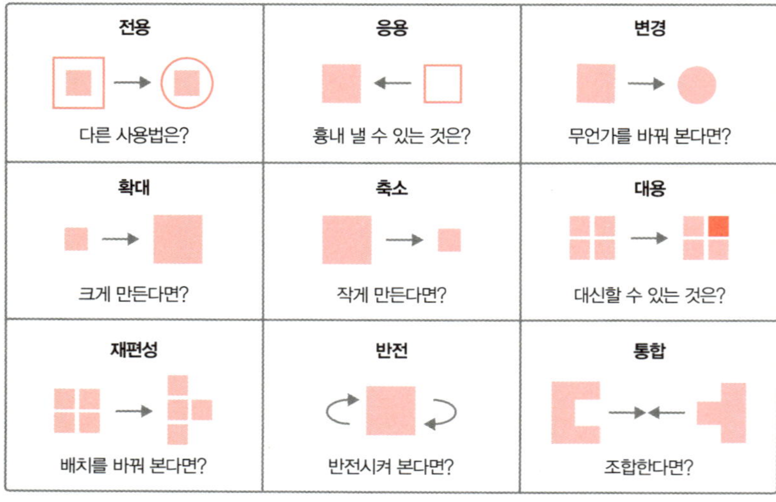

아이디어가 나오지 않고 진전이 없을 때나 무조건 대량의 아이디어가 필요할 때 이용하면 효과적이다. 생각지도 못한 아이디어가 탄생할 수도 있다.

실행 방법

'주제(상품이나 서비스)'를 바탕으로 아홉 가지 항목마다 존재하는 질문들에 답한다.

그림 | 오스본 체크리스트의 프레임워크

주제		
전용 ①	응용 ②	변경 ③
확대 ④	축소 ⑤	대용 ⑥
재편성 ⑦	반전 ⑧	통합 ⑨

각 항목을 기입할 때는 실현 가능성은 고려하지 않고 아이디어를 과감히 내놓는 데 전념한다. 또 모든 질문에 답할 필요는 없다. 아이디어가 잘 떠오르지 않는 경우에는 일단 다른 항목으로 이동한 후 나중에 다시 답해도 좋다.

① **전용** Other uses

전용이란 주제를 다른 장소에서 또는 다른 방법으로 활용하는 것이다. 제품이나 서비스를 그대로 활용해도 좋고, 일부 기능만 활용해도 좋다. 다음은 '화분'의 전용 예시다.

표 | 전용 질문(주제가 '화분'인 경우)

질문 예시	답변 예시
새로운 사용 방법은?	화분 속에 전구나 양초를 넣어 조명기구로 쓴다
다른 분야에서 사용한다면?	얼음을 넣어 와인 칠러로 쓴다

② **응용** Adapt

응용이란 다른 회사의 성공 사례나 다른 아이디어의 형태 또는 기능을 주제에 적용하는 것이다. 응용을 검토할 때는 다른 회사의 아이디어를 그대로 가져와서 표절하지 않도록 주의한다. 다음은 '의자'의 응용 예시다.

표 | 응용 질문(주제가 '의자'인 경우)

질문 예시	답변 예시
똑같은 물건이 있는가?	낚시할 때 아이스박스를 의자로 사용하는 사람들이 있다. 보온 기능이 있는 의자. 뜨거운 물주머니를 옆면에 넣을 수 있다.
다른 아이디어를 이용할 수 있다면?	'스텔스 가전'의 아이디어를 이용해 볼 수 있다. 사용하지 않을 때는 존재를 숨긴다.
과거에 비슷한 물건이 있었는가?	과거의 의자 디자인을 복각한다. 퍼블릭 도메인이 된 의자 디자인을 이용한다.
모방할 수 있는 물건은?	주문제작 베개 서비스를 모방한다. 체형이나 목적에 맞는 의자를 주문제작하는 서비스.

본보기로 삼을 수 있는 물건은?	골프장 카트(의 기능)를 본보기로 삼는다. 목적지를 선택하고 앉으면 데려다 주는 의자. 또는 자동으로 배열되는 의자.

③ 변경Modify

변경이란 주제의 일부를 다른 무언가로 개량하는 것이다. 여기서는 '일부 기능을 바꿔서 더 좋은 아이디어로 만들 수 있는가?'라는 관점에서 생각하는 것이 중요하다. 다음은 '캔 주스'의 변경 예시다.

표 | 변경 질문(주제가 '캔 주스'인 경우)

질문 예시	답변 예시
의미, 색, 움직임, 소리, 냄새, 모양 등을 바꿀 수 있는가?	목욕하고 나온 후 마시는 주스. 캔의 디자인도 목욕을 연상시키도록 변경.

④ 확대Magnify

확대란 주제의 일부를 더 크게 만드는 것이다. 물리적인 요소뿐만이 아니라 관념적인 개념(시간이나 가치 등)도 대상으로 삼는다. '확장'이라고 생각하면 이해하기 쉽다. 다음은 '손전등'의 확대 예시다.

표 | 확대 질문(주제가 '손전등'인 경우)

질문 예시	답변 예시
무언가를 더한다면?	모기향 전용 홀더를 만든다.
시간을 더한다면?	보조 배터리를 꽂아 장시간 사용할 수 있다.
빈도를 늘린다면?	손전등을 사용하는 이벤트를 실행한다.
강하게 만든다면?	오염에 강한 소재를 사용한다. 쉽게 닦을 수 있도록 한다.

높게 만든다면?	높은 곳에서 비출 수 있도록 막대기를 단다.
크게 만든다면?	머리 부분을 크게 만들어서 작은 전구로도 밝게 빛나게 한다.
길게 만든다면?	손잡이를 길고 휘어지게 만들어서 어딘가에 감을 수 있게 한다.
두껍게 만든다면?	떨어뜨려도 망가지지 않도록 고무로 두껍게 감싼다.
무겁게 만든다면?	덤벨과 일체화한다.
가치를 더한다면?	유명 연예인과 컬래버레이션한다.
내용을 추가한다면?	예비 건전지를 수납하는 공간을 만든다.
수를 늘린다면?	눈앞과 발밑을 동시에 비출 수 있도록 전구를 늘린다.
서로 겹치게 만든다면?	여러 개를 연결해서 쓸 수 있도록 한다.
과장한다면?	본체 전체가 빛나도록 한다.

⑤ 축소 Minify

축소란 ④확대와 반대로 주제의 일부를 더 작게 만드는 것이다. 물리적인 요소뿐만이 아니라 관념적인 개념(시간이나 가치 등)도 대상으로 삼는다. '없앤다' '줄인다' '압축한다'라는 의미도 포함한다. 다음은 '단팥빵'의 축소 예시다.

표 | 축소 질문(주제가 '단팥빵'인 경우)

질문 예시	답변 예시
무언가를 줄인다면?	밀가루를 줄인다. 글루텐 프리로 만든다.
작게 만든다면?	빵 부분을 줄인다. 거의 팥만 있게 만든다.
응축한다면?	3~5개 분량의 재료로 1개를 만든다.
낮게 만든다면?	저칼로리, 저당으로 만든다.
짧게 만든다면?	초단기간 한정판매 제품을 만든다(1시간 동안만 판매).
가늘게 만든다면?	펜 정도로 가느다란 단팥빵을 만든다.
생략한다면?	셀프서비스로 팥을 직접 넣어 먹도록 한다.

분할한다면?	빵 부분과 팥을 따로 판매한다.
억제한다면?	단맛을 극단적으로 억제한다.
빈도를 줄인다면?	가게 영업일을 줄여서 쉽게 먹을 수 없다는 느낌을 준다.

⑥ 대용 Substitute

대용이란 주제의 일부를 다른 무언가로 대체하는 것이다. 대체하는 대상은 부품이나 재료뿐만이 아니라 사람, 장소, 절차 등 모든 관련 요소다. 완전히 다른 무언가로 바꾸는 것이 아니라, 비슷한 기능을 가진 다른 무언가로 바꾼다. 다음은 '자전거'의 대용 예시다.

표 | 대용 질문(주제가 '자전거'인 경우)

질문 예시	답변 예시
다른 사람으로 교체한다면?	배달 기사 전용 자전거로 만든다.
다른 물건으로 대체한다면?	폐타이어를 재가공해 프레임을 만든다.
다른 재료를 사용한다면?	도장용 페인트를 폐자재로 만든다.
다른 기계를 사용한다면?	3D 프린터로 부품을 제조한다.
다른 절차로 이용한다면?	다리뿐만 아니라 몸의 다른 움직임도 동력으로 삼는다. 몸을 상하좌우로 흔들어 앞으로 나가는 자전거.
다른 힘을 작용시킨다면?	뒷바퀴와 안장이 분리되어 외발자전거가 된다.
다른 장소로 바꾼다면?	본체를 스캔해 메타버스 공간에 재현한다.
다른 접근법으로 바꾼다면?	구독 서비스로 만든다. 아이 성장에 따라 자전거를 바꿔 준다.
다른 소리가 나게 한다면?	속도에 따라 바퀴에서 다른 소리가 나도록 한다.
다른 시간으로 바꾼다면?	야간용 자전거. 자전거 전체가 빛나도록 한다.

⑦ 재편성 Rearrange

재편성이란 주제의 구조나 기능을 재배열하는 것이다. ⑥대용처럼 외부의 무언가로 대체하는 것이 아니라, 그 제품 또는 서비스의 내부 요소끼리 서로 바꾸거나 배치를 변경하는 것이다. '더 빠르게 만든다면?' '더 늦게 만든다면?' 은 과정을 단축하거나 연장하는 것이 아니라 순서를 앞당기거나 뒤로 보낸 다는 뜻이다.

표 | 재편성 질문(주제가 '주차장'인 경우)

질문 예시	답변 예시
일부를 다른 것으로 바꾼다면?	주차 공간 일부를 무인판매소로 바꾼다.
무늬를 바꾼다면?	주차선을 꽃무늬로 그린다.
레이아웃을 바꾼다면?	주차 공간을 두 배로 넓힌다.
배치를 바꾼다면?	주차 공간 넓이를 제각각 다르게 만든다.
원인과 결과를 서로 바꾼다면?	특정한 장소에 주차하면 연예인의 영상을 볼 수 있다. 주차가 목적이 된다.
장소를 바꾼다면?	무인정산기를 입출구뿐만 아니라 주차 공간에도 설치한다.
스케줄을 바꾼다면?	회원제. 이용 요금을 월말에 일괄 청구한다.
더 빠르게 만든다면?	게이트가 미리 자동으로 열려서 주차장에서 빨리 나갈 수 있게 한다.
더 늦게 만든다면?	운전 속도를 무의식적으로 늦추도록 트릭아트를 그린다.

⑧ 반전Reverse

반전이란 주제의 구조나 기능 일부를 정반대로 만드는 것이다. ⑥대용에 서는 '비슷한 기능을 가진 다른 것'으로 대체했지만 여기서는 정반대인 무언 가로 변경한다. 가령 대상 고객을 어른에서 어린아이로 바꾼다. 다음은 '쓰레 기통'의 반전 예시다.

표 | 반전 질문(주제가 '쓰레기통'인 경우)

질문 예시	답변 예시
부정적인 의미를 반전시킨다면?	'자원통'으로 명칭을 바꾼다.
안팎을 뒤집는다면?	부드러운 소재로 만들어 안팎을 뒤집을 수 있도록 한다.
앞뒤를 바꾼다면?	앞과 뒤가 구분되도록 디자인한다.
위아래를 바꾼다면?	쓰레기를 넣는 구멍을 아래쪽에만 만든다.
역할을 반대로 바꾼다면?	쓰레기가 아니라 필요한 물건을 넣는 곳으로 만든다.
입장을 바꾼다면?	쓰레기로 쓰레기통을 만든다.
반대 의견을 수용한다면?	집에 쓰레기통을 놓고 싶지 않다는 의견을 수용해 인테리어의 일부로 만든다.

⑨ 통합 Combine

통합이란 여러 제품이나 서비스의 기능을 조합하는 것이다. 여러 아이디어를 서로 조합하는 것도 좋다. 무언가 공통점이 있는 것들끼리 합치는 것을 권장한다. 다음은 '꽃집'의 결합 예시다.

표 | 통합 질문(주제가 '꽃집'인 경우)

질문 예시	답변 예시
요소를 서로 조합한다면?	아쿠아리움과 꽃을 공존시킨다.
목적을 서로 조합한다면?	'장식한다'와 '흔적을 남긴다'를 조합한다. 이전에 구입한 꽃을 알 수 있다.
수단을 서로 조합한다면?	'가져가는' 수단과 '장식하는' 수단을 조합한다. 꽃을 가져가기 위해 감싸는 종이가 그대로 간단한 꽃병이 된다.
매력 포인트를 서로 조합한다면?	식용 꽃과 요리를 함께 제공한다.

<h1 style="text-align:center">[케이스스터디] 무선 이어폰</h1>

무선 이어폰에 관한 아이디어를 자유롭게 내 보자.

표 |

주제	무선 이어폰	
전용 귀신의 집에서 사용한다	**응용** 귀 지압 기능	**변경** 위험을 알려준다
확대 소리가 밖으로 샐 때 알려준다	**축소** 이어폰 캡을 일회용으로 만든다	**대용** 혀의 움직임으로 조작할 수 있다
재편성 좌우 구분이 없도록 한다	**반전** 청력에 좋은 장치로 만든다	**통합** 스피커에 연결할 수 있다

① 전용: 귀신의 집에서 사용한다

'음악을 듣는다' 외에 다른 활용법은 없을까? '귀신의 집'은 어떨까? 무선 이어폰을 사용하면 몰입감이 높아지므로 더욱 무서울 것이다.

② 응용: 귀 지압 기능

귀와 관련된 제품 및 서비스를 조사해서 응용할 수 없을지 생각해 본다. 조사하다 보니 미용을 위해 귀를 지압하는 물건들을 찾았다. 그래서 이어폰에 '귀 지압 기능'을 탑재한다는 아이디어를 생각해 냈다.

| ③ 변경: 위험을 알려준다

무선 이어폰을 사용하는 동안에는 외부의 소리를 들을 수 없다. 그렇다면 IoT 센서와 연결해 위험한 곳이 있으면 소리나 메시지로 알려주는 기능은 어떨까?

| ④ 확대: 소리가 밖으로 샐 때 알려준다

이어폰에서 소리가 새는데도 알아차리지 못할 때가 있다. 이때 이어폰이 알려준다면 편리할 것이다.

| ⑤ 축소: 이어폰 캡을 일회용으로 만든다

이어폰 캡은 귀에 직접 닿는 부분이기 때문에 쉽게 더러워진다. 일회용으로 만들 수 있다면 청결할 것이다.

| ⑥ 대용: 혀의 움직임으로 조작할 수 있다

양손이 자유롭지 못해 무선 이어폰을 조작하지 못한 경험이 있을 것이다. 만약 혀의 움직임으로 이어폰을 조작할 수 있다면 편리할 것이다.

| ⑦ 재편성: 좌우 구분이 없도록 한다

이어폰에는 좌우 구분이 있는데, 매번 확인하면서 귀에 끼우려면 귀찮다. 좌우 구분이 없는 이어폰이라면 귀찮음에서 해방될 것이다.

| ⑧ 반전: 청력에 좋은 장치로 만든다

이어폰을 장시간 사용하면 귀에 좋지 않다. 반대로 쓰면 쓸수록 귀가 좋아지는 장치(청력이 향상되거나 귓속이 깨끗해지는 장치)로 만들 수는 없을까?

| ⑨ 통합: 스피커에 연결할 수 있다

이어폰을 연결할 수 있는 스피커는 어떨까? 이어폰과 스피커가 따로 있으면 매번 소리 출력을 설정해야 하지만, 연결이 가능하다면 이어폰을 놓는 것만으로 스피커로 자동 전환된다.

조합해서 함께 쓸 수 있는 프레임워크

브레인스토밍(p.18)

각 체크리스트에 대해 아이디어를 낼 때는 **브레인스토밍**의 방법이 효과적이다.

📖 **참고문헌 · 참고자료**
알렉스 F. 오스본 저 《창조력을 살리다》 (동양사)

정해진 프레임으로 새로운 발견을 한다

08 리프레이밍

Reframing

Tags	의견 내기　다양한 상황에서 이용　팀 단위로 실행 가능
Origin	원래는 NLP(신경언어 프로그래밍)에 관련된 심리치료, 상담에서 자주 쓰이던 방법

이럴 때 활용한다! ▶ 관점을 바꿔 새로운 아이디어를 찾을 때

개요

리프레이밍이란 사고에 새로운 프레임(틀)을 적용하는 것이다. 장소, 공간, 시간, 입장, 타깃이라는 기존의 프레임이나 관점에서 포착한 대상을 다른 프레임이나 관점에서 다시 포착함으로써 새로운 발견을 찾는다. 리프레이밍은 일곱 가지 기법(관점)으로 기존의 비즈니스를 새롭게 바라본다. 리프레이밍은 다음과 같은 상황에서 효과적이다.

- AI로는 실현할 수 없는 창의성이 필요한 상황
- 새로운 관점을 도입할 필요가 있는 상황

다른 틀이나 관점에서 대상을 포착하는 일은 새로운 아이디어를 창조할 때 효과적이다.

참고로 사람의 사고를 생산성과 창의성이라는 두 가지 축으로 나눌 때 AI를 이용해서 업무를 효율화, 간결화, 자동화하는 것은 어디까지나 생산성의 향상일 뿐이며, 리프레이밍을 통해 창의성을 향상하는 것과는 다르다.

7가지 기법

리프레이밍에 명확한 규칙은 없으나, 여기서는 일곱 가지 기법을 소개하겠다.

표 | 관점을 바꾸는 일곱 가지 기법

기법	설명
해체 프레이밍	**대상을 구체화하고, 순서를 부여해 분해한다.** 이전에 알아차리지 못했던 세세한 부분을 파악할 수 있다.
실패 프레이밍	**실패의 내용을 바탕으로 발상한다.** 실패를 통해 다음에 성공하기 위한 방법을 파악한다.
대항 프레이밍	**기존의 전제조건을 모두 없애고 백지 상태에서 발상한다.** 정석을 배제하고 객관적으로 큰 그림을 봄으로써 새로운 무언가를 발견한다.
사전과 사후 프레이밍	**지금과는 완전히 다른 무언가를 발상한다.** 반대되는 지점을 생각함으로써 현재 상태가 정말로 괜찮은지 확인하고, 선택지나 차선책을 검토할 수 있다.
아웃 프레이밍	**다른 중심축을 설정해서 블루오션을 발상한다.** 중심축을 바꿈으로써 다른 관점에서 대상을 바라볼 수 있다.
유사 프레이밍	현재의 연장선상을 머릿속에 그리고, **그보다 한 단계 높은 차원**에서 발상한다. 관점을 높은 곳으로 옮김으로써 대상을 더 넓은 시야에서 바라볼 수 있다.
결단 프레이밍	**100% 긍정하거나 100% 부정하기 위해서는 어떻게 할지** 발상한다. '반드시 그렇게 한다'고 결심하면 그렇게 하기 위한 방법이 떠오른다.

[출처] L. Michael Hall, Bobby G. Bodenhamer 저 《Mind-Lines》의 내용을 바탕으로 저자가 요약

리프레이밍은 원래 NLP(신경언어 프로그래밍)에 관련된 심리치료, 상담에서 자주 쓰이던 방법이지만 최근에는 비즈니스 현장에서도 널리 활용되고 있다.

실행 방법

하나의 과제에 대해 앞서 설명한 일곱 가지 프레이밍을 생각해 보고, 그 결과를 기입한다. 다음과 같은 그림으로 표현된다.

그림 | 생산성 × 창의성

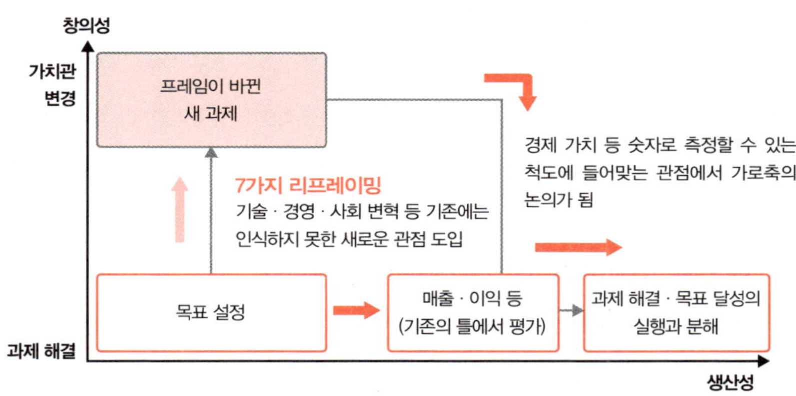

여기서 **생산성**과 **창의성**이란 각각 다음과 같이 정의된다.

생산성: 무언가를 할 때 효율로 나타나는 부분

창의성: 무언가를 할 때 새로운 가치를 낳는 부분

리프레이밍을 실행하면 그림 '생산성×창의성'에서 **창의성**(세로축)이 높아진다. 창의성을 높인 후에는 계획을 구체화함으로써 **생산성**(가로축)을 더욱 높인다.

리프레이밍은 다음과 같은 5단계로 실행한다. 이 모든 단계는 창의성(세로축)을 높이기 위한 것이다.

| ① 진전이 없는 대상의 핵심을 이해한다

우선 대상의 현재 상태와 그 핵심, 본질을 이해한다. 무슨 일이든 현재 상태를 알지 못하면 앞으로 나아갈 수 없다. 가령 헤어컷 전문점 QB하우스의 사례(p.77)에서는 (주로 남성의) 이발 시장을 다시 바라본다. 이발 시장에서 고객과 종업원은 어떤 어려움을 겪을까?

| ② 해체 프레이밍을 실행한다

해체 프레이밍을 실행한다. 대상을 구체화하고, 순서를 부여해서 분해하는 것이다. QB하우스 경우라면 기존의 이발소 고객이 서비스를 다 받기까지 일련의 흐름을 구체적으로 확인해 본다. 거기서 무언가 발견할 수 있을 것이다.

| ③ 실패 프레이밍과 대항 프레이밍을 실행한다

실패 프레이밍과 대항 프레이밍을 실행한다. 실패한 내용을 되짚어 보고, 백지 상태로 되돌려 완전히 새로운 관점에서 바라본다. 과거의 실패에서 발견을 얻을 기회가 생긴다. QB하우스 경우는 기존 이발소의 단점을 돌아본다.

| ④ 그 외의 기법을 실행한다

나머지 기법(사전과 사후 프레이밍, 아웃 프레이밍, 유사 프레이밍, 결단 프레이밍)을 실행한다. QB하우스의 경우는 이후 자세히 설명하겠지만, 새로운 비즈니스 영역의 중심축을 설정하고 경쟁 없는 공간에서 활동하도록 제안한다.

| ⑤ 다섯 가지 관점을 확인한다

②~④에서 무언가 아이디어를 얻었다면 다음의 다섯 가지 측면을 확인한다.

(1) 그 모델은 정말로 일관성이 있는가?

(2) 현재와 미래는 어떤가?

(3) 사실인가, 또는 단순히 자신의 생각인가?

(4) 멈춰 있는가, 변화가 있는가?

(5) 몸짓과 손짓을 섞어 가며 다르게 발상해 본다.

새로운 관점이 잘 떠오르지 않을 때는 '왜?'를 다섯 번 반복하며, 객관적으로 큰 그림을 보면서 다른 관점을 찾아 나간다. 또 현재 상황의 정반대를 가정해서 '지금 방법이 정말 괜찮은가?'를 여러 가지로 검증해 본다. 다른 회사와 똑같은 전략을 세우면 레드오션이 되므로, 경쟁이 없는 중심축을 생각해 블루오션 전략으로 나아갈 수 있는지 검토한다.

리프레이밍을 단순화하면 **'대상이나 과제를 분해하는 것'** **'대상이나 과제를 추상화하는 것'**이라고 할 수 있다. 위에서 설명한 순서대로 리프레이밍을 실행하면 현재 자신의 관점이 무엇인지, 그 관점을 바꿀 수 있는지 등을 알게 된다.

[케이스스터디 ①] QB하우스

블루오션 전략이란 새로운 비즈니스 영역의 중심축을 설정해 경쟁 없는 공간에서 활동하는 것이다. 리프레이밍의 기법 중 하나인 아웃 프레이밍이라 할 수 있다.

일본의 이발소 QB하우스의 사례를 소개하겠다. QB하우스는 1996년 창립했다. 기존 이발소와는 다르게 시간에 초점을 맞춰서 불필요한 요소를 배제하기 위해 노력했다. 샴푸와 면도 등을 생략하고 이발만 함으로써 소요 시간을 10분으로 단축하고 1,200엔이라는 저가격을 실행했다.

10분에 1,200엔이므로 매출이 한 시간에 7,200엔이 된다. 기존 이발소의 매출이 한 시간에 3,000~4,000엔이라는 사실을 고려하면 시간당 단가가 기존 이발소보다 높다.

다시 말해 '시간이라는 다른 중심축'을 설정함으로써(아웃 프레이밍) 기존 이발소와는 다른 시장을 창조한 것이다. 실제로 QB하우스 이전에는 '신속 커트'라는 영역에서 뚜렷한 경쟁이 없었다. 이에 점심시간이나 퇴근길에 가볍게 들러 머리를 자르고 싶은 고객에게 많은 호응을 얻어냈고 현재도 널리 이용되고 있다.

나아가 QB하우스는 기대치를 일부러 낮춘다. 고객은 10분간의 이발에서 이상적인 헤어스타일을 기대하지 않으며, 그저 길게 자란 머리를 자르고 싶어서 찾아오는 것이다(많은 것을 기대하지 않는 고객이 대다수).

그림 | QB하우스의 아웃 프레이밍

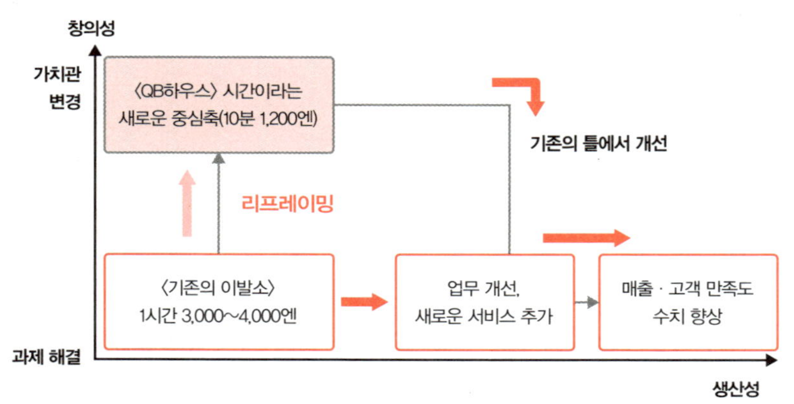

[케이스스터디 ②] 백화점의 새 목표

일본의 공공 연구기관인 산업기술종합연구소는 백화점 같은 대형유통업에서, AI를 실제 매장 접객 업무에 적용해 검증하는 실증 실험을 했다. 가상 공간에서 분석·예측한 결과를 매장 운영에 바로 연결해 현장에서 작동하는지 확인했다.

대형유통업이 처음 세운 목표는 'AI를 활용해 운영을 개선하는 것'이었다. 예를 들어 고객 응대나 매장 운영을 효율화해 비용을 낮추고, 동시에 고객이 불편을 덜 느끼도록 해서 장기적인 고객 만족을 높이려는 목적이다. 그런데 이런 목표는 어느 정도 달성되고 나면, 추가로 얻는 효과가 점점 작아질 수 있다.

그림 | 대형유통업의 사전과 사후 프레이밍

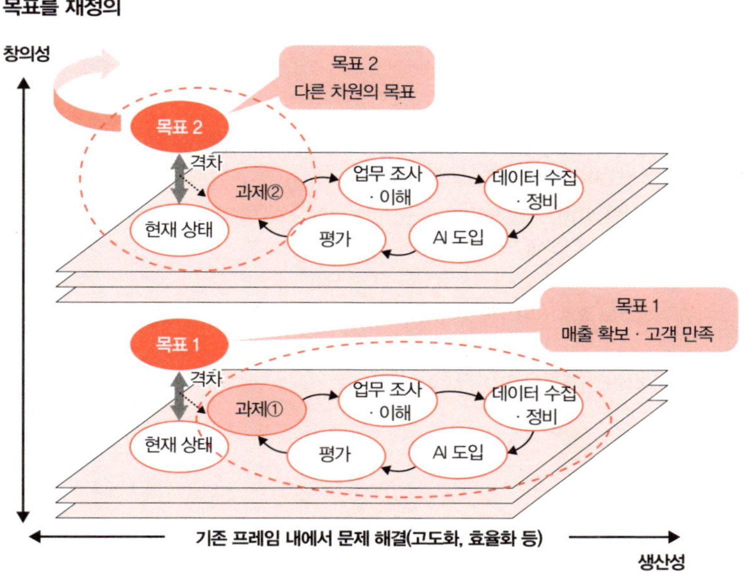

그래서 "그다음에는 무엇을 목표로 해야 할까?"를 다시 생각할 필요가 생겼다.

이때 단순히 "매출을 더 올리자" "만족도를 더 올리자"만 계속 추구하면 끝이 없다고 판단했다. 그래서 기존의 틀을 바꾸는 방식, 즉 문제를 바라보는 관점을 바꾸는 방식(사전과 사후 프레이밍)으로 다음 목표를 다시 설정했다. 새 목표는 '포용성 있는 사회를 실현하기 위한, 지속 가능한 목표'였다. 예를 들면 장애인과 비장애인이 함께 쇼핑을 즐길 수 있는 공간을 만드는 것이다. 상품 자체는 다른 곳에서도 살 수 있지만, 고객은 그 매장에서 구매함으로써 "내가 좋은 일에 참여하고 있다" "무언가에 기여하고 있다"는 느낌을 가질 수 있다는 것이다.

조합해서 함께 쓸 수 있는 프레임워크

브레인스토밍(p.18)

리프레이밍의 7가지 기법에 **브레인스토밍**을 도입하면 새로운 아이디어를 많이 창출할 수 있다.

📖 참고문헌 · 참고자료

야스오카 히로미치 외 저 《デジタルマーケティング2.0〜AI×5G時代の新・顧客戦略〜(디지털 마케팅 2.0 ~AI×5G 시대의 신 고객전략~)》, 2020년

L. Michael Hall, Bobby G. Bodenhamer 《Mind-Lines》, 2009년

구리키 게이, 미즈코시 고스케, 요시다 마리 저 《マーケティング・リフレーミング(마케팅 리프레이밍)》, 2012년

토마스 웨델 웨델스보그 저 《리프레이밍-계획이 틀어져도 절대 실패하지 않는 문제 해결 방식》 (청림출판)

김위찬, 르네 마보안 저 《블루오션 전략》 (교보문고)

성공 사례에서 아이디어를 '빌려온다'

09 아날로지 사고

Analogical Thinking

Tags 의견 내기　제품·서비스 기획　혼자서 실행 가능
Origin 비즈니스 컨설턴트 호소야 이사오가 저서 《아날로지 사고》에서 제시

이럴 때 활용한다! ▶ 다른 분야에서 아이디어 힌트를 얻을 때

개요

아날로지 사고는 추상화를 통해 서로 다른 두 가지 이상의 대상에서 유사성, 특징, 기능을 발견하고 그것들을 '빌려옴'으로써 새로운 아이디어를 창출한다. 이 사고의 강점은 추상화를 통해 완전히 다른 분야에서 특징이나 기능을 빌려온다는 것이다. 가까운 영역에서 성공 사례를 빌려오면 단순한 모방(표절)이 되지만 완전히 다른 영역에서 성공 사례를 빌려오면 아이디어가 된다. 가령 빵집이 다른 빵집에서 성공 사례를 빌려오면 모방이 되지만, 스포츠 홍보 사례에서 특징을 빌려오면 아이디어가 된다.

그림 | 모방과 아이디어의 차이

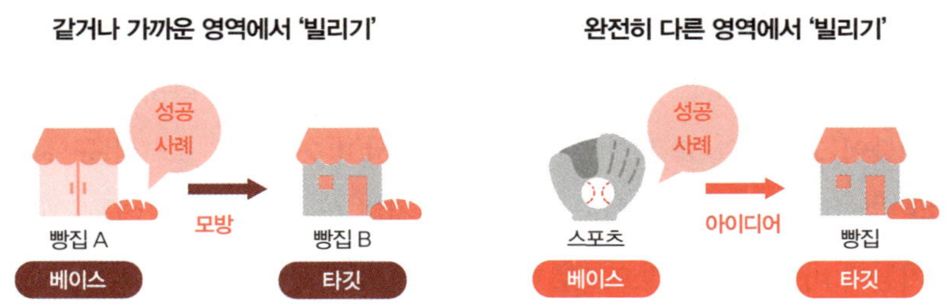

베이스(특징이나 기능을 빌려오는 원천)와 **타깃**(과제 해결의 대상)의 거리가 멀면 멀수록 참신한 아이디어를 창출할 가능성이 높아진다.

또한 아날로지 사고에서는 추상화한 정보의 **공통점**과 **차이점**을 적절히 인식해야 한다. **공통점이 너무 많으면** 모든 부분이 똑같아 보여서 새로운 아이디어가 나오지 않는다. 반면 **공통점이 너무 적으면** 다른 영역에서 아이디어를 빌려오는 것이 의미가 없다. 베이스와 타깃에 2~3개 정도 공통점이 있는 것이 바람직하다.

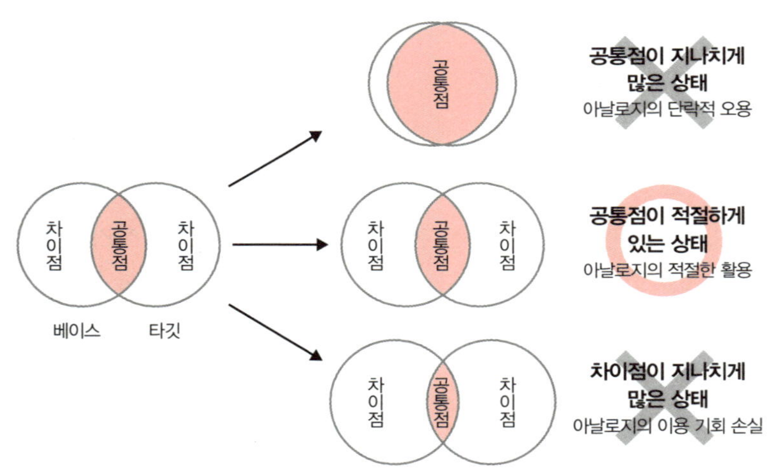

공통점과 차이점을 확인할 때는 **표면적 유사성**이 아니라 **구조적 유사성**을 주목한다. 표면적 유사성은 **속성**(쉽게 말하면 겉모습이나 소리 등)이 비슷한 것이다. 구조적 유사성은 **기능**(쉽게 말하면 관계성이나 구조 등)이 비슷한 것이다. 예를 들어 고양이와 고양이 인형은 겉모습에서 비슷하므로 표면적 유사성이 있다. 고양이와 로봇청소기는 겉모습은 완전히 다르지만 집 안에서 수행하는 기능에 비슷한 점이 많으므로 구조적 유사성이 있다.

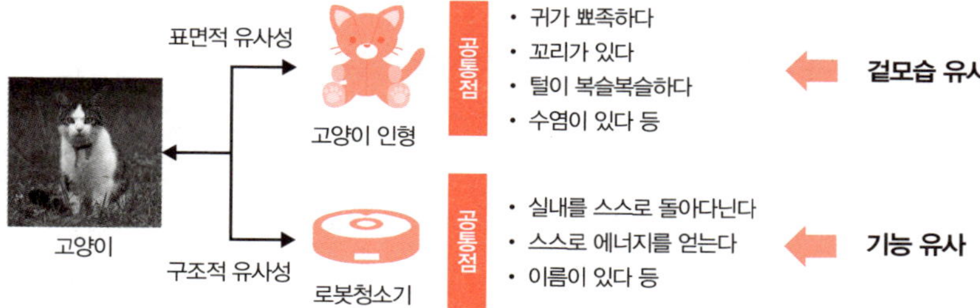

> **여기가 포인트!** | **공통점을 찾을 때는 표면적 유사성이 아니라 구조적 유사성을 주목한다**

아날로지 사고에 활용할 수 있는 '추상화'

추상화란 검토 대상에서 주목해야 할 속성을 추출하고 나머지 속성은 일단 버리는 방법이다. 크게 다음과 같은 두 가지 방법이 있다.

표 | 추상화의 방법

방법	설명
일반화	**상위 개념으로 치환하는 방법**. 가령 당근 → 채소 → 식물처럼 상위 분류로 치환해 나간다.
단순화	불필요한 요소를 버리고 **특징만 추출하는 방법**. 가령 당근 → 주황색, 당근 → 뿌리채소, 당근 → 밭에서 자란다, 당근 → 카레의 재료 등이다. 목적에 따라 다양한 추출이 가능하다.

추상화를 할 때는 너무 나가지 않도록 주의한다. 가령 '당근 → 야채 → 식물 → 생물'까지 확장되면 당근이나 고양이나 인간이나 모두 똑같게 된다.

아날로지 사고에서는 아래의 프레임워크를 이용해 각 단계를 실행한다.

그림 | 아날로지 사고의 프레임워크

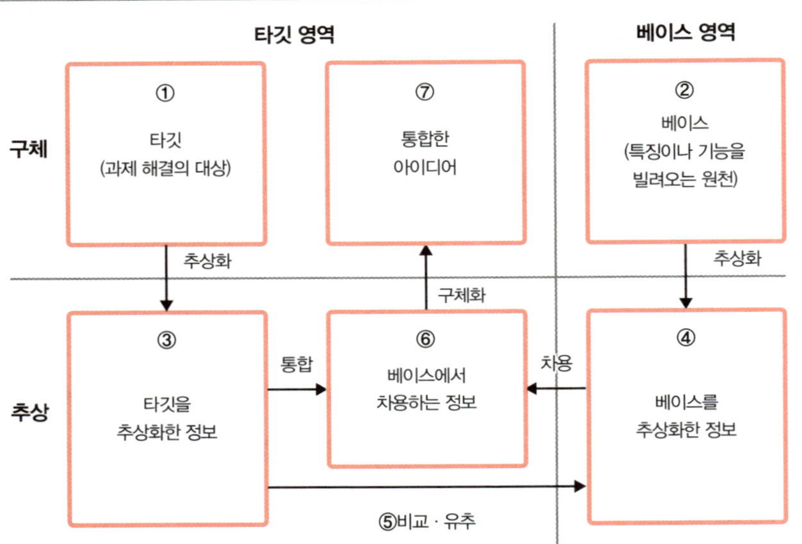

① 타깃을 설정한다

과제 해결의 대상을 설정한다. 내용은 구체적일수록 좋으므로 가능한 한 자세히 기입한다.

예: 체인점이 아닌 동네 빵집

② 베이스를 선정한다

특징이나 기능을 빌려오는 원천을 선정한다. 가능한 한 타깃과 거리가 먼 분야의 성공 사례를 선정해야 한다. 선정이 어려우면 '내가 관심이 있는 업태'

를 골라 보는 것도 좋다. 선정한 내용은 최대한 구체적으로 기입한다.

- 경기장에서 야구 관람

'야구 관람'이라고만 쓰면 TV나 인터넷으로 보는 것도 포함되므로 정보의 추상화가 어려워진다. 그래서 더 구체적으로 '경기장에서 야구 관람'이라고 썼다.

③ 타깃을 추상화한다

①에서 선정한 타깃의 주목할 만한 속성을 추상화한다. '동네 빵집'의 예에서는 다음과 같은 추상화가 가능하다.

- 모든 빵을 가게에서 만든다
- 다채로운 상품을 판매한다
- 단골들이 사러 온다
- 상품에 따라 가격이 다르다
- 상품을 직접 고른다 등

④ 베이스를 추상화한다

②에서 선정한 베이스의 주목할 만한 속성을 추상화한다. 요령은 ③과 똑같다. '경기장에서 야구 관람'의 예에서는 다음과 같은 추상화가 가능하다.

- 현장에서 응원하며 선수와 일체감을 느낀다
- 팬들이 모인다
- 좌석 등급에 따라 가격이 다르다
- TV 중계에서는 볼 수 없는 부분을 본다 등

⑤-⑥ 베이스에서 차용할 속성을 선택한다

③과 ④에서 추상화한 정보를 비교하고 공통점과 차이점을 분류해서, 타

깃과 베이스가 구조적 유사성이 있는지 확인한다. 여기서는 구조적 유사성이 두 가지가 있음을 확인했다.

표 | 공통점과 차이점

방법	설명
공통점	빵집의 '**단골들이 사러 온다**'와 야구 관람의 '**팬들이 모인다**'의 경우 '단골 = 가게나 상품의 팬'이라고 생각하면 공통점이 된다 빵집의 '**상품에 따라 가격이 다르다**'와 야구 관람의 '**좌석 등급에 따라 가격이 다르다**'의 경우 경기장의 좌석은 상품이므로 공통점이 된다
차이점	[빵집] • 모든 빵을 가게에서 만든다 • 다채로운 상품을 판매한다 • 상품을 직접 고른다 [야구 관람] • 현장에서 응원하며 선수와 일체감을 느낀다 • TV 중계에서는 볼 수 없는 부분을 본다

그 후 베이스의 차이점 중 차용할 속성을 선택한다.

• 현장에서 응원하며 선수와 일체감을 느낀다

이 예시에서는 하나만 차용했으나, 여러 속성을 차용해도 좋다. 공통점이 2개 이상이 아닌 경우 ③과 ④를 다시 실행해서 다소 억지로라도 공통점을 찾는다. 그래도 공통점을 찾지 못했다면 포기하고 ②의 '베이스를 선정한다' 부터 다시 실행한다.

⑦ 해결책이 될 아이디어를 고안한다

⑤에서 결정한 차용할 속성과 타깃을 조합해서 해결책을 고안한다. 여기서는 '현장에서 응원하며 선수와 일체감을 느낀다'를 실현할 아이디어를 검토한다.

- 빵을 만드는 모습을 인터넷으로 방송한다

힘들면서도 재미있는 빵 만들기를 해설과 함께 방송하면 빵집의 팬이 늘지 않을까? 팬들이 빵을 사러 오면 매출을 높일 수 있을 것이다.

그림 | 아날로지 사고를 이용한 빵집 아이디어

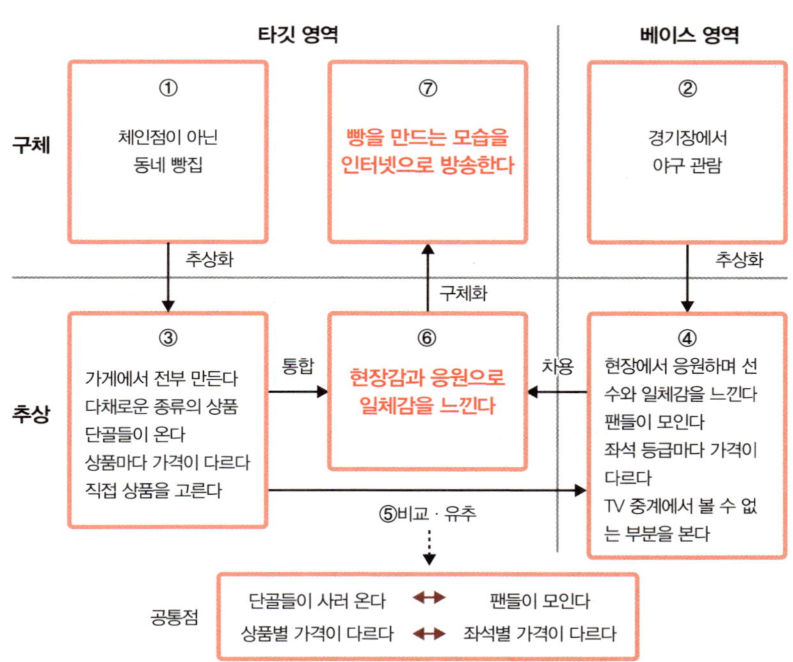

회전초밥은 겐로쿠산업의 시라이시 요시아키가 1948년에 개발했다. 겐로쿠 초밥은 서서 먹는 초밥 가게로, 원래부터 저렴하고 맛있기로 소문이 나 있었다. 그런데 장사가 점점 더 잘 되면서 인력 부족이 심각해졌다. 이를 고심하던 시라이시는 우연히 맥주 공장 견학을 갔다가 컨베이어벨트가 맥주병을 운반하는 모습을 봤다. 그리고 '초밥 접시를 컨베이어벨트로 돌린다'라는 아이디어를 얻었다. '서서 먹는 초밥 가게'를 타깃, '컨베이어벨트'를 베이스로 설정해서 그 생각을 분석해 보자.

타깃을 추상화한다

'서서 먹는 초밥 가게'를 추상화해 보겠다. 서서 먹는 초밥 가게는 요리 가격을 낮추는 대신 고객 수를 늘려서 이익을 확보한다. 요리사가 초밥을 만들고 접시에 올려서 고객 앞의 카운터에 내놓는 형식이다. 이 내용을 고려하며 다음과 같이 추상화했다.

- 회전율 중시
- 사람이 요리함
- 접시에 올려 고객에게 내놓음
- 직원의 부담이 큼

베이스를 추상화한다

'맥주 공장의 컨베이어벨트'를 추상화해 보겠다. 맥주 공장에서는 대량의 맥주병을 컨베이어벨트로 이동시키며, 기계로 맥주를 주입하고 뚜껑을 씌우는 등 출하 단계까지 효율적으로 제조한다. 이 모습을 다음과 같이 추상화했다.

- 기계식

- 대량생산이 목적
- 물건을 얹어 자동으로 운반함
- 물건이 실내를 돌아다님

베이스에서 차용할 속성을 선택한다

타깃과 베이스를 추상화한 내용을 비교해서 서로 구조적 유사성이 있는지 확인한다. '회전율 중시'와 '대량생산이 목적'은 의미가 비슷해 보인다. 또 '접시에 올려 고객에게 내놓음'과 '물건을 얹고 움직임'도 유사한 의미로 받아들일 수 있다. 여기서 '서서 먹는 초밥 가게'와 '컨베이어벨트'에 구조적 유사성이 있음을 확인할 수 있다.

그림 | 아날로지 사고를 이용한 회전초밥 아이디어

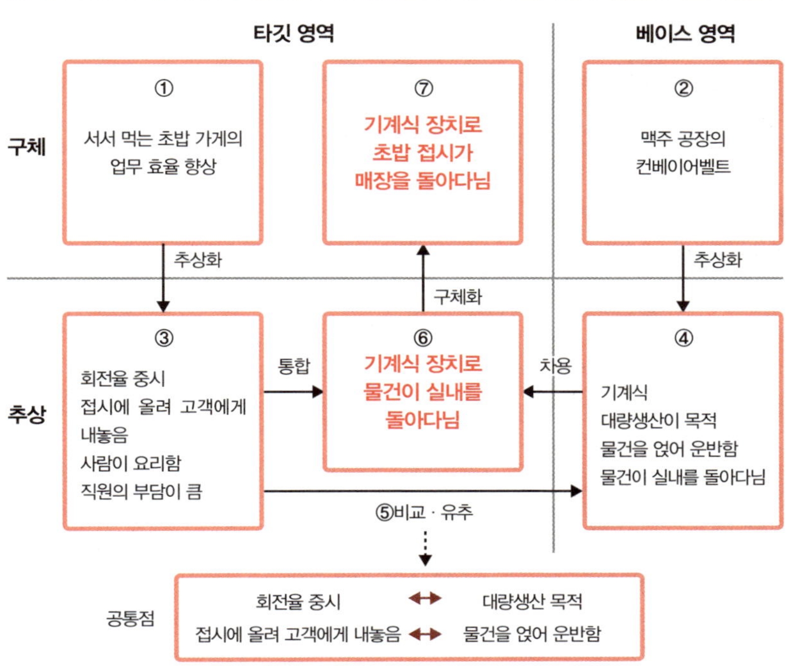

해결책이 될 아이디어를 고안한다

베이스에서 차용할 속성으로 '기계식'과 '물건이 실내를 돌아다님'이라는 두 가지를 선택해 '기계식 장치로 초밥 접시가 매장을 돌아다님'이라는 아이디어를 창출했다. '물건이 실내를 돌아다님'의 '물건'을 '초밥 접시'로 치환하고 '실내'를 '매장'으로 치환했다. 또 초밥 접시를 사람이 운반하면 인력 부족을 해소할 수 없으므로 기계로 움직인다. 이렇게 해서 회전초밥의 아이디어가 완성되었다.

조합해서 함께 쓸 수 있는 프레임워크

KJ법(p.32)

아날로지 사고에서 타깃과 베이스의 주목할 만한 속성을 추상화할 때 **KJ법**을 활용하면 정보의 표면적인 유사성이 아니라 **구조적인 유사성**을 발견할 수 있다.

속성 열거법(p.55)

속성 열거법을 활용하면 아날로지 사고에서 주목할 만한 속성을 검토할 때 겉모습만 보고는 발견하기 어려운 속성을 추출할 수 있다.

참고문헌 · 참고자료

호소야 이사오 저 《アナロジー思考(아날로지 사고)》, 2011년

10

트레이드온 사고

Trade-on Thinking

Tags　의견 내기　제품·서비스 기획　혼자서 실행 가능
Origin　일반사단법인 NELIS의 대표이사 피터 D. 페데르센이 고안

이럴 때 활용한다!　▶　상반된 두 니즈를 동시에 충족해야 할 때

개요

트레이드온 사고는 트레이드오프(trade-off, 한 쪽을 충족하면 다른 한 쪽은 충족할 수 없는 것) 관계로 여겨지는 두 가지 니즈를 양립시킬 수 있는 아이디어를 창출한다. 피터 D. 페데르센이 '기업의 실적을 향상하기 위해서는 자연환경을 파괴할 수밖에 없다'라는 말을 비판하고자 사용했다.

그림 | 트레이드온의 개념

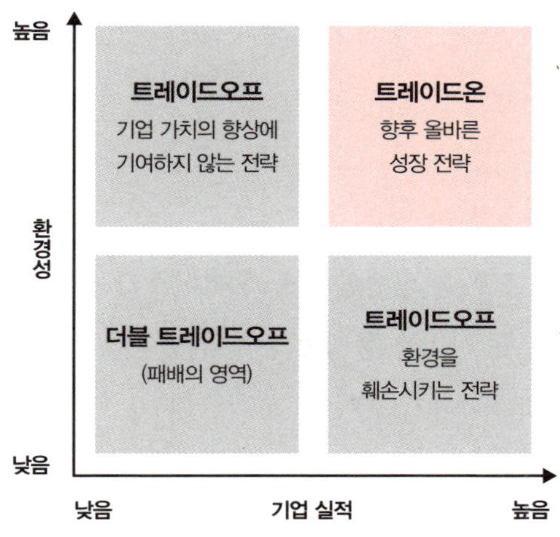

세상의 수많은 제품과 서비스가 트레이드오프를 내포하고 있다. 이 제품들은 트레이드오프 곡선상에 존재한다(다음 그림을 참고). 구체적으로는 '요소 X를 충족하지만 요소 Y는 충족하지 않는다' '요소 Y를 충족하지만 요소 X는 충족하지 않는다' 또는 '요소 X와 요소 Y를 둘 다 충족하지 않는다'이다.

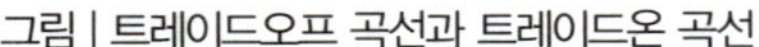

그림 | 트레이드오프 곡선과 트레이드온 곡선

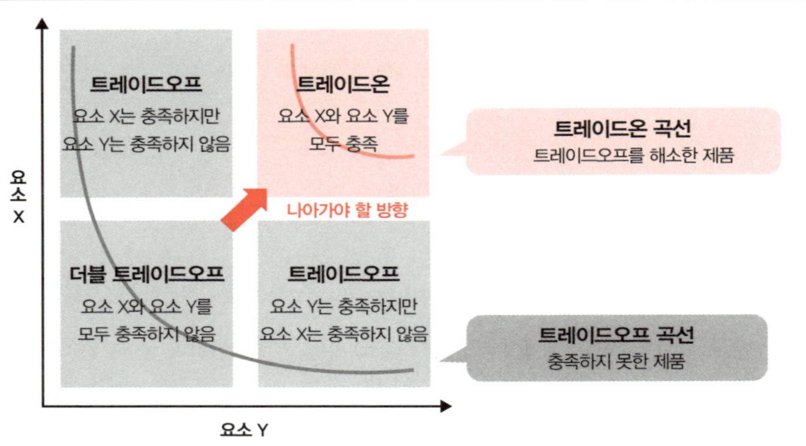

트레이드온 사고에서는 이 트레이드오프를 내포한 상태를 해소하고, 요소 X와 요소 Y를 모두 충족하는 트레이드온 곡선상에 존재하는 제품을 창출하는 것이 목표다.

트레이드온을 실현한 제품

실제로 트레이드온을 실현한 제품과 서비스가 우리 주변에 많다. 이런 제품들은 모두 새로운 가치를 통해 이용자의 생활양식을 바꾸는, 즉 파괴적 혁신을 일으키는 것들이다.

그림 | 트레이드온을 실현한 제품과 서비스 예

요구되는 니즈		트레이드오프 니즈		트레이드온 아이디어		새로운 서비스 · 제품
맛있는 식사를 하고 싶다	+	가격이 비싸다 요리에 시간이 걸린다	=	빠르고 저렴하고 맛있는 요리	▶	요시노야 소고기덮밥
잘 드는 식칼을 쓰고 싶다	+	식칼을 갈려면 귀찮고 시간이 든다	=	식칼을 넣고 꺼낼 때마다 자동 연마되는 주방 기구	▶	테팔 에버샤프
직장에서 과자를 먹고 싶다	+	사러 가는 시간이 아깝다	=	직장에서 과자를 무인 판매	▶	오피스 글리코

실행 방법

트레이드온 사고는 다음과 같이 실행한다.

그림 | 트레이드온 사고의 프레임워크

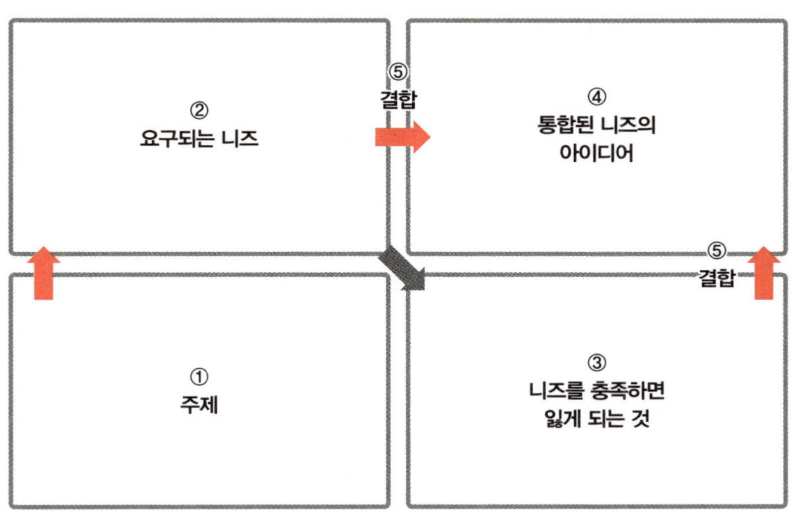

① 주제를 정한다

새로운 가치를 탄생시키고 싶은 기존 제품이나 서비스를 선정한다.

예: 벽걸이 달력

② 요구되는 니즈를 열거한다.

①에서 정한 주제에 요구되는 니즈를 열거한다. 벽걸이 달력에 요구되는 니즈는 다음과 같다.

- 벽에 걸 수 있다
- 보기 쉽다
- 메모할 수 있다
- 보기 좋음
- 공휴일 등 정보를 알 수 있다
- 버리기 쉽다
- 부담 없는 가격
- 독창성 등

③ 니즈를 충족하면 잃게 되는 것을 열거한다

②에서 열거한 니즈 중 하나를 골라, 그 니즈를 충족함으로써 잃게 되는 것(트레이드오프가 되는 것)을 열거한다. 트레이드온 사고에 익숙하지 않다면 처음부터 '잃게 될 것을 생각해내기 쉬운 니즈'를 고르는 편이 좋다. '벽에 걸 수 있다'를 충족함으로써 잃게 되는 것은 다음과 같다.

- 벽의 공간
- 거는 곳을 이리저리 바꾸기 어렵다 등
- 벽에 못을 박아 구멍이 난다

④ 통합된 니즈의 아이디어를 창출한다

②에서 선정한 니즈와 ③에서 열거한 '니즈를 충족하면 잃게 되는 것'에서 하나 이상을 골라, 양쪽 모두 충족할 수 있는 아이디어를 창출한다. '벽에 걸 수 있으면서도 공간을 차지하지 않는 달력'을 검토해 보겠다.

- 필요할 때만 내려 쓰는 롤스크린 형태의 달력

　좋은 아이디어가 떠오르지 않을 때는 ②와 ③을 나란히 놓고 '○○하지만 ××하지 않는다'라는 문장을 만들어 보자. 이것이 아이디어의 기초가 된다. 이 문장을 실현하기 위한 구체적인 방법을 생각함으로써 '통합된 니즈의 아이디어'를 창출할 수 있다.

그림 | 트레이드온 사고의 검토 예시

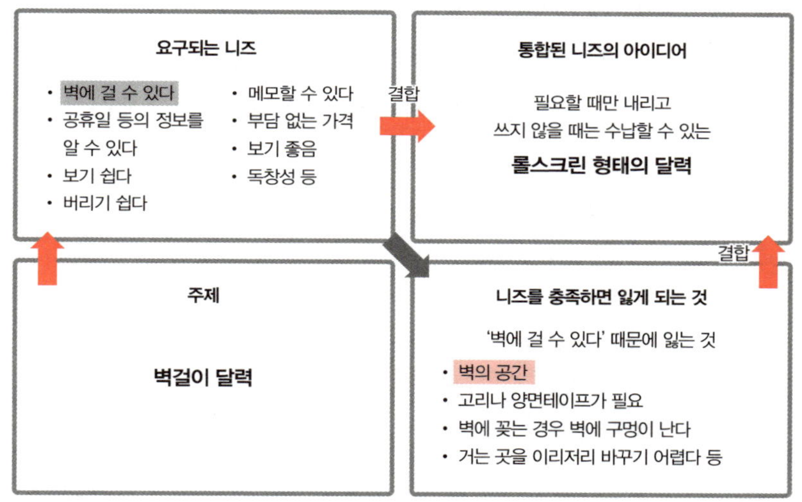

MEMO　아무리 해도 좋은 아이디어가 나오지 않는다면, 그 조합은 일단 놔두고 다른 조합을 생각해 보는 것도 좋다.

[케이스스터디] 카오 '메리트 THE MILD'

　50년이 넘는 아주 오랜 세월 동안 사랑받고 있는 카오의 헤어케어 브랜드 '메리트'가 2021년, 처음부터 거품 상태인 샴푸와 린스 메리트 THE MILD를 출시했다. 정기적으로 실행하는 이용자 실태조사에서 지난 몇 년간 두피와 모발을 부드럽게 씻어내고 싶다는 니즈가 높아졌음이 드러났다. 동시에, 샴푸는 풍성한 거품이 나야 한다고 느끼는 인식도 강했다.

하지만 실제 사용 방식에서는 문제가 있었다. 거품을 충분히 내기 위해 두피를 세게 문지르는 경우가 많았고, 이 과정에서 자극과 부담을 느끼는 사용자도 적지 않았다. 즉, 사용자들은 '부드럽게 씻고 싶다'와 '풍성한 거품이 필요하다'라는 서로 상충되는 요구를 동시에 가지고 있었던 것이다.

이 '두피와 모발을 부드럽게 씻어내고 싶다'와 '풍성한 거품'이라는 트레이드오프 관계를 해소하고자 하는 생각이 '메리트 THE MILD'의 개발 계기가 됐다. 이 사례를 트레이드온 사고에 적용하면 다음 그림과 같다.

그림 | '메리트 THE MILD'에 대한 트레이드온 사고의 적용

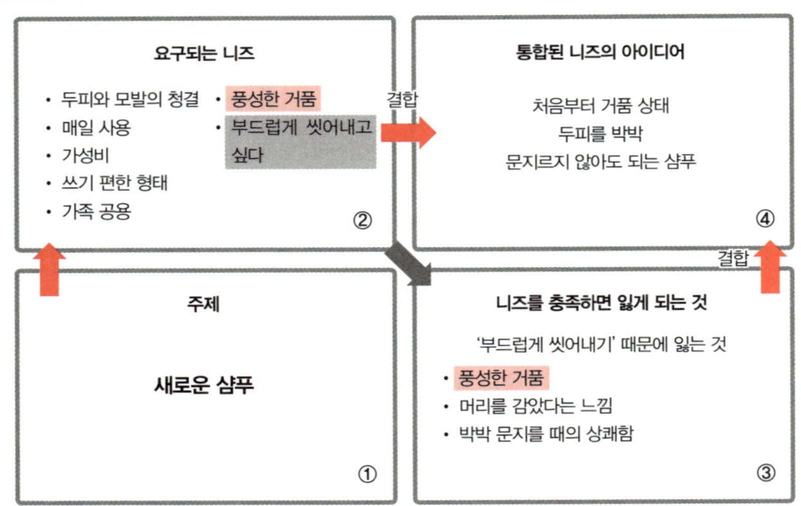

새로운 샴푸에 요구되는 니즈 중 '부드럽게 씻어내고 싶다'를 충족함으로써 잃게 되는 것을 생각한다. '머리를 감았다는 느낌' '박박 문지를 때의 상쾌함' 등을 들 수 있을 것이다. 또 '풍성한 거품'도 잃게 된다. 이 '부드럽게 씻어

내고 싶다'와 '풍성한 거품'을 양립시키는 방법으로 '처음부터 거품 상태인 샴
푸'를 창출할 수 있다.

조합해서 함께 쓸 수 있는 프레임워크

마인드맵(p.23)

'요구되는 니즈'를 열거할 때는 사전에 **마인드맵**을 활용해 주제의 전체적인 모습
을 머릿속에 그리면 니즈를 찾아내기 편해진다.

📖 **참고문헌 · 참고자료**

피터 D. 페데르센 저《レジリエント・カンパニー(리질리언트 컴퍼니)》, 2015년
피터 D. 페데르센, 다케바야시 마사오《SDGsビジネス戦略(SDGs 비즈니스 전략)》, 2019년
PR TIMES 〈탄생 후 50년. 초 스테디셀러 헤어케어 브랜드 '메리트'가 새롭게 제안하는 거품으로 머리
감기 '메리트 THE MILD' 탄생 비화〉 (https://prtimes.jp/story/detail/YbvvLDf3AAb)

11 전제 파괴

Break the Premise

Tags 의견 내기　제품·서비스 기획　혼자서 실행 가능
Origin 전 매사추세츠공과대학교 교수 마이클 해머, 경영컨설턴트 제임스 챔피가 고안

이럴 때 활용한다! ▶ 당연한 전제를 뒤집어 아이디어를 만들 때

개요

전제 파괴는 현재 일어나고 있는 현상이나 이미 존재하는 상품의 전제를 뒤집고 새로운 아이디어를 창출한다. 많은 사람이 좋아하는 라멘을 예로 들자. 라멘 가게에서 주문을 하면 점원이 면을 삶고 그릇에 담아 곧바로 먹을 수 있는 상태로 제공한다. 그러면 라멘이 제공되는 시스템 중 하나인 '점원이 면을 삶는다'를 뒤집어 '손님이 직접 면을 삶는다'로 변경해 보면 어떨까? 취향대로 면을 익혀서 먹을 수 있는 새 시스템이 나온다.

이처럼 전제 파괴에서는 지상에 나와 있는 부분을 보면서 평소에는 보이지 않는 지면 아래의 부분, 즉 '당연하게 여겨지는 부분'을 주목하고 그것을 파괴함으로써 참신한 아이디어를 창출한다.

이 발상법은 좋은 아이디어가 좀처럼 나오지 않아서 근본적인 발상의 전환이 필요할 때 적합하다. '전제 조건을 의심한다'라는 행위가 파괴적 혁신으로 이어지는 계기가 된다.

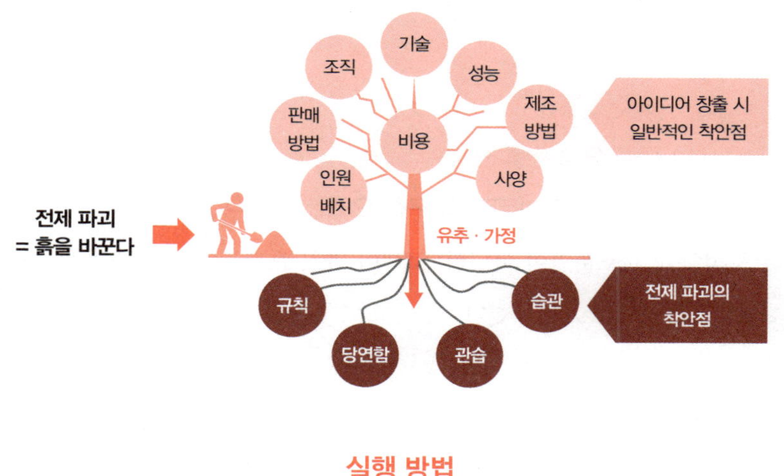

실행 방법

전제 파괴에서는 다음과 같은 프레임워크를 이용한다.

그림 | 전제 파괴의 프레임워크

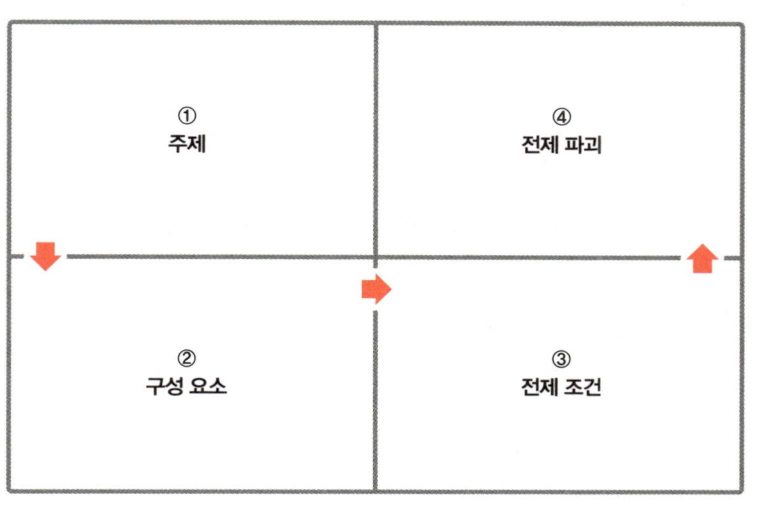

① 주제를 결정한다

우선 검토하고 싶은 주제를 정한다.

예: 치약

② 주제의 구성 요소를 적는다

수집한 정보를 참고하며 주제의 구성 요소를 적는다. 상품이나 서비스 자체를 구성하는 요소뿐만이 아니라, 고객이 가진 브랜드 이미지나 유통, 마케팅 정보도 구성 요소로 간주한다.

치약의 구성 요소

- 형태(페이스트, 젤)

- 성분(연마제, 습윤제, 발포제, 향미료, 보존료)

- 용기(튜브, 뚜껑)

- 판매 장소(약국, 마트, 편의점, 온라인, 병원)

- 목적(충치 예방, 구취 예방, 미백, 기분전환)

- 사용 기회(아침, 낮, 밤, 식사 후, 사람을 만나기 전)

- 맛(민트, 과일)

- 사용법(이 닦기, 연마용, 청소용)

> **여기가 포인트!** | **브랜드 이미지나 유통망 등도 구성 요소로 간주한다**

MEMO 구성 요소를 적을 때는 주제에 관한 정확한 정보가 필요하다. 구성 요소를 적기 전에 일단 정보부터 수집하는 것도 좋다.

③ 전제 조건을 생각한다

②에서 적은 요소 중 하나를 고른다. 전제 조건이 잘 떠오를 법한 요소가 좋다. 이제 그 요소가 성립하기 위한 전제나 규칙을 생각해서 나열한다. 규칙과 습관, 당연하다고 생각되는 것을 가능한 한 많이 생각해 낸다.

'용기: 튜브'의 전제 조건

- 세면대 부근에 둔다
- 세울 수 있다
- 매일 사용한다
- 마지막에는 내용물이 잘 안 나온다
- 가지고 다닐 수 있다
- 플라스틱 재질
- 칫솔과 세트
- 물이 들어가지 않도록 한다
- 다 쓰면 버린다
- 내용물에 따라 디자인이 다르다

전제 조건에는 '**암묵적인 규칙**'과 '**당연**'하다고 여겨지는 것뿐만이 아니라 '**무의식적인 행동**'도 포함된다. 평소 행동을 관찰해서 '당연히 이렇게 해 온 점'을 적어 보자.

④ 전제 파괴가 될 아이디어를 고안한다

③에서 적은 전제 조건 중 하나를 골라, 그것을 파괴하거나 반전시킴으로써 생기는 새로운 관점, 인식, 규칙을 나열한다.

'내용물에 따라 디자인이 다르다'를 파괴하는 아이디어

- 튜브의 디자인을 통일(캡만 다르게)
- 사용자가 직접 디자인할 수 있다
- 리필 형태

'튜브의 디자인을 통일(캡만 다르게)'이라는 아이디어는 어떨까? 내용물의 차이는 캡으로 표시할 수 있다. '사용자가 직접 디자인할 수 있다'라는 아이디어도 떠올랐다. 마음에 드는 일러스트나 사진을 골라 세상에 하나뿐인 디자인을 인쇄한 치약을 받아봐도 재미있을 것이다. 아예 튜브를 포기하는 것도 흥미로울 수 있다. '리필' 치약이다. 사용자가 마음에 드는 용기를 사서 매장에 가져오면, 전문 직원이 세척하고 사용자가 고른 치약을 담아 주는 것이다.

그림 | 치약의 전제 파괴

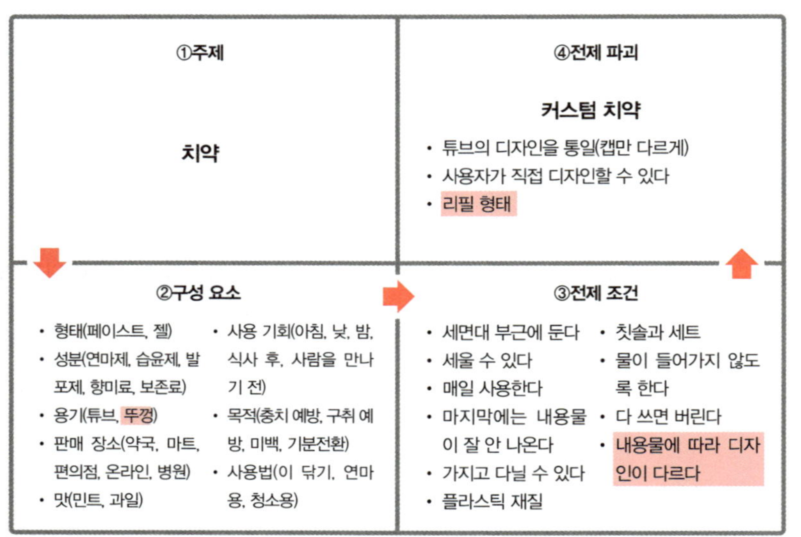

[케이스스터디] 파나소닉 '아라우노'

2006년 파나소닉이 출시한 변기 아라우노가 세상을 놀라게 했다. 그전까지 일반적이던 도기 대신 유기 유리로 만들었을 뿐 아니라 전자동 청소 기능으로 변기 청소 횟수를 크게 줄임으로써 업계의 상식을 완전히 깨뜨린 상품이었다. 전제 파괴의 프레임워크를 활용해서 아라우노의 발상 과정을 재현하면 다음과 같다.

그림 | 파나소닉 '아라우노'의 전제 파괴

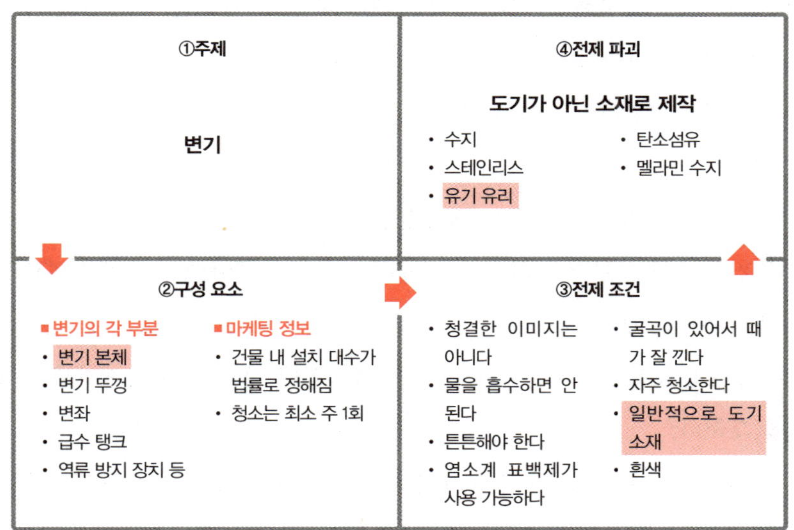

| ① 주제를 결정한다

이 사례의 주제는 '변기'다.

| ② 주제의 구성 요소를 적는다

변기와 관련된 구성 요소를 적는다. '변기 본체는 도기 소재' '뚜껑과 변좌는 수지 소재' '건물 내 설치 대수가 법률로 정해져 있다' '청소는 최소 주 1회' 등이 있다.

| ③ 전제 조건을 생각한다

구성 요소 중에서 '변기 본체'를 선택해, 이것이 성립하는 전제 조건을 생각한다. 그전까지 변기는 항상 도기 소재였다. '물을 흡수하지 않는다' '튼튼하다' '염소계 표백제가 사용 가능하다'라는 요건에 가장 적절했기 때문이다. 한편 도기이기 때문에 '굴곡이 있어서 때가 잘 낀다' 등의 단점도 있었다. 그 외에도 '변기는 흰색'이라는 이미지도 있었다. 이처럼 '변기란 이런 물건이지' 라는 상식과 당연하다고 여겨지는 점을 적어 본다.

| ④ 전제 파괴가 될 아이디어를 고안한다

열거한 정보를 보면 거의 도기 소재라는 것이 전제이므로 '도기 소재'라는 상식을 파괴해 보자. 도기에 필요한 기능인 '물을 흡수하지 않는다' '튼튼하다' '염소계 표백제가 사용 가능하다'를 충족하면 다른 소재로 제작해도 괜찮을 듯하다.

'수지' '스테인리스' '유기 유리' 등 다양한 소재의 변기에 대한 아이디어가 떠오른다. 이 아이디어를 제조와 운용 등의 측면에서 조사하고 판단한 결과 '유기 유리'가 선택되었다.

조합해서 함께 쓸 수 있는 프레임워크

브레인스토밍(p.18)

전제 파괴를 실행할 때는 **브레인스토밍**을 활용해 대량의 정보를 찾아내면 좋다.

KJ법(p.32)

전제 파괴의 ②–④에 정보를 적을 때 **KJ법**을 활용해서 정리한 뒤에 적으면 좋은 아이디어의 창출로 이어진다.

리프레이밍(p.73)

전제 파괴를 생각할 때 아이디어가 잘 나오지 않으면 **리프레이밍**을 활용해서 강제로 아이디어를 창출해 보자.

📖 참고문헌 · 참고자료

마이클 해머, 제임스 챔피 저 《리엔지니어링 기업혁명》 (스마트비즈니스)

요인, 배경, 결과를 고려한다

나인 윈도우즈

9Windows

Tags 의견 내기　제품·서비스 기획　혼자서 실행 가능
Origin −

이럴 때 활용한다! ▶ 더 높은 수준의 아이디어를 찾을 때

개요

나인 윈도우즈는 관찰할 대상을 정하고 '왜 이런 현상이 생겼는지'와 '앞으로 어떻게 전개될지'를 환경·기술 변화까지 함께 고려해 분석하고, 그 결과로 완성도 높은 아이디어를 만들어낸다. 주제의 '요인' '배경이 되는 환경' '이용하는 기술·서비스', 그리고 그 요인이나 배경에서 일어날 수 있는 '결과'를 시간 순서대로 생각한다.

그림 | 나인 윈도우즈의 개념

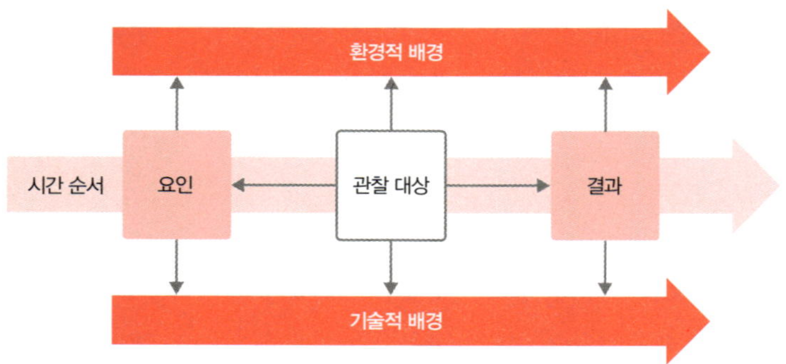

MEMO 나인 윈도우즈는 구소련에서 탄생한 '트리즈TRIZ'라는 문제 해결 이론 중 특히 과제 설정과 아이디어 창출에 효과적인 발상법이다. 트리즈는 '발명적인 문제 해결 이론'이라는 뜻이며 러시아어의 Teoriya(이론), Resheniya(해결), Izobretatelskikh(발명), Zadatch(문제)의 머리글자를 딴 이름이다.

<h2 style="text-align:center">실행 방법</h2>

나인 윈도우즈는 아래 그림을 따라 순서대로 실행한다.

그림 | 나인 윈도우즈에서 이용하는 프레임워크

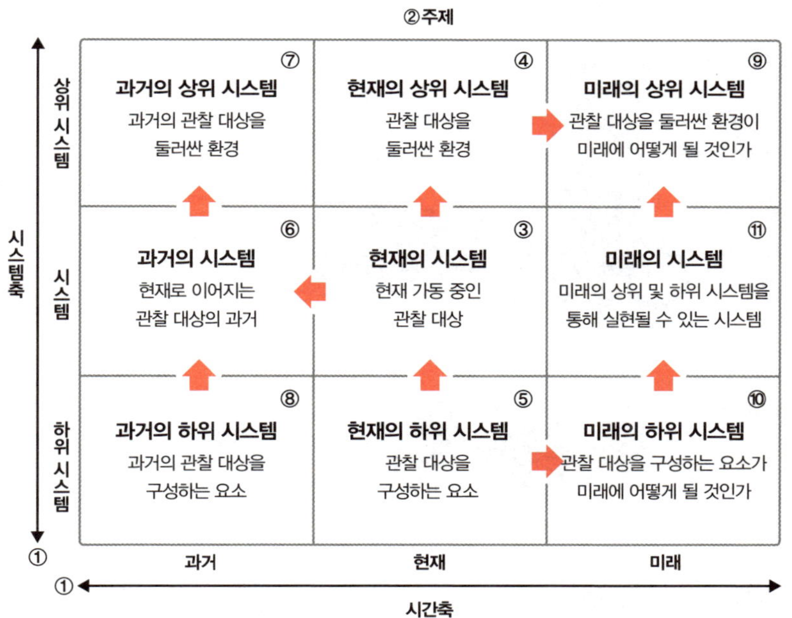

① 3×3 매트릭스를 만든다

종이 한 장에 3×3 매트릭스를 그린다. 다음으로 매트릭스 왼쪽에 '시스템

축' 화살표를 그린다. 그리고 위에서 아래 순서로 '상위 시스템', '시스템', '하위 시스템'으로 구분한다.

또 매트릭스 아래에 '시간축' 화살표를 그리고, 왼쪽에서 오른쪽 순서로 '과거' '현재' '미래'로 나눈다.

| 시스템이란

시스템이란 '요소의 집합으로서 세상에서 기능하고 있는 것'이다. 자전거나 컴퓨터 등의 제품, 음식 제공이나 운송 등의 서비스도 '시스템'으로 간주한다.

상위 시스템은 '시스템을 둘러싼 환경'이다. 시스템이 필요해진 배경이라고 생각하면 된다. 반면 하위 시스템은 '시스템을 구성하는 요소'다.

그림 | 전기 자전거의 시스템

요즘 보급되고 있는 '전기 자전거'를 예시로 생각해 보자.

전기 자전거의 상위 시스템은 전기 자전거가 필요하게 된 배경이다. 코로나 사태로 자전거를 이동 수단으로 사용하는 수요가 증가한 일, 음식 배달 산업이 확대된 일, 공유 자전거가 보급된 일 등을 들 수 있다.

전기 자전거의 하위 시스템은 관찰 대상을 구성하는 요소, 즉 전기 자전거에 사용되는 기술과 제품이다. 안장과 바퀴 등 자전거의 각 부분은 물론이고 주행을 보조하는 경량 전동 모터, 그것을 제어하기 위한 장치와 배터리 등을 들 수 있다.

현재와 과거의 '상위 시스템' '하위 시스템'은 상상이 아닌 **조사를 바탕으로** 한 사실을 기입한다. 미래 항목은 '과거' '현재'에서 이어지는 내용을 기입한다. 발상의 전환이 필요하기는 하지만, 지나치게 비약하면 나중에 왜 그 발상에 다다랐는지 알지 못하게 될 가능성이 있으므로 주의한다.

② 주제를 기입한다

3×3 매트릭스 위에 **주제**를 기입한다. '미래의 시스템'과 이어질 만한 것을 적어 보자.

예: 차세대 휴대전화

③ '현재의 시스템'을 기입한다

3×3 매트릭스 중심에 주제와 관련된 '**현재의 시스템**'을 기입한다. '미래의 시스템'으로 연결되는, 기초가 되는 제품이나 서비스를 선택하고 그 특징도 간단히 적는다.

예: 스마트폰

- 무선으로 통화가 가능한 소형 컴퓨터
- 앱으로 다양한 기능을 사용할 수 있음

④ '현재의 상위 시스템'을 조사한다

맨 위 가운데 칸에 '현재의 상위 시스템' 즉 관찰 대상을 둘러싼 현재 환경을 기입한다. 지금 왜 그 시스템이 필요하게 되었는지 조사해서 기입한다.

예: 스마트폰이 필요하게 된 시대 배경

- 인터넷이 생활의 일부가 됨
- 스마트폰 앱과 서비스가 풍부해짐
- 데이터 활용이 발전함
- 온라인 쇼핑이 주류가 됨
- SNS가 보급됨

⑤ '현재의 하위 시스템'을 조사한다

맨 아래 가운데 칸에 '현재의 하위 시스템' 즉 관찰 대상을 구성하는 요소를 기입한다. 지금 그 시스템과 관련된 기술, 서비스, 제품 등을 조사해서 기입한다.

예: 스마트폰을 구성하는 요소

- 고속 통신 시스템
- 고화질 액정 패널
- 고성능 디지털 카메라
- 고성능 OS, 초소형 센서
- 각종 앱, 클라우드, AI

⑥ '과거의 시스템'을 조사한다

가운데 왼쪽 칸에 '현재의 시스템'으로 연결되는 '과거의 시스템'을 조사해서 기입한다. '현재의 시스템'을 기준으로 한두 세대 전의 시스템을 선택한다.

예: 퍼처폰

- 어디서나 통화할 수 있는 무선전화기
- 1인당 1대씩 소유하는 것이 일반적

⑦ '과거의 상위 시스템'을 조사한다

맨 위 왼쪽 칸에 '과거의 상위 시스템' 즉 과거의 관찰 대상을 둘러싼 환경을 기입한다. ④와 마찬가지로 어떤 환경에서 '과거의 시스템'이 필요해져서 보급되었는지 조사한다. 조사로 얻은 정보 중 ④의 내용으로 연결되는 것을 선택한다.

예: 피처폰이 필요하게 된 시대 배경

- 버블 경제
- 비즈니스의 글로벌화
- 집단 중시에서 개인 중시로
- 컴퓨터와 인터넷의 보급으로 비즈니스 속도의 가속

⑧ '과거의 하위 시스템'을 조사한다

맨 아래 왼쪽 칸에 '과거의 하위 시스템' 즉 과거의 관찰 대상을 구성하는 요소를 기입한다. ⑤와 마찬가지로 '과거의 시스템'에는 어떤 기술, 서비스, 제품이 이용되었는지 조사한다.

예: 피처폰을 구성하는 요소

- 무선 통화 시스템
- 소형 액정 패널
- 소형 디지털 카메라
- 피처폰 전용 웹사이트
- 스트랩, 벨소리

⑨ '미래의 상위 시스템'을 예측한다

맨 위 오른쪽 칸에 '과거의 상위 시스템'과 '현재의 상위 시스템'에서 예측할 수 있는 '미래의 상위 시스템' 즉 관찰 대상을 둘러싼 미래 환경을 기입한다. 미래는 어떤 환경이 되고 어떤 과제가 발생할지 예측한다. 예측하는 미래의 시점은 '과거의 시스템'에서 거슬러 올라간 만큼의 시간을 현재에 더한 것이다. 예시에서는 20~30년 정도의 과거를 조사했으므로 20~30년 정도 후의 미래를 예측한다.

예: 20~30년 후는 어떤 세상이 될까

- 모든 제품과 서비스를 개인에 맞춤화할 수 있음
- 휴대 단말기가 없으면 생활할 수 없음
- AI가 사이버 공격을 함
- 일상생활에서 로봇이 활용됨

⑩ '미래의 하위 시스템'을 예측한다

맨 아래 오른쪽 칸에 '과거의 하위 시스템'과 '현재의 하위 시스템'에서 예측할 수 있는 '미래의 하위 시스템' 즉 관찰 대상을 구성하는 미래 요소를 기입한다. 과거에서 현재에 이르는 기술, 서비스, 제품의 변화를 고려해 미래의 기술과 직업이 어떻게 발전했을지 예측한다. ⑨와 마찬가지로 과거로 거슬러 올라간 만큼의 미래를 예측한다.

예: 20~30년 후에 보급될 기술, 서비스, 제품

- 더욱 빠른 무선 통신 시스템
- 클라우드 시스템의 대용량화
- 영상의 3D 재생
- 겉으로 드러나지 않는 센서
- AI 에이전트

⑪ '미래의 시스템'을 고안한다

가운데 오른쪽 칸에 '미래의 상위 시스템'에 기입한 과제의 해결책이 될 제품이나 서비스 아이디어를 기입한다. 아이디어는 반드시 '미래의 기술'을 활용해야 한다.

예: 플렉시블 폰

- OS와 데이터 등 대다수 소프트웨어가 클라우드에 존재함
- 단말기는 클라우드에서 작동하는 소프트웨어를 화면으로 보여줄 뿐임

그림 | 나인 윈도우즈를 이용한 미래의 휴대전화

- 단말기는 최소한의 부품으로 작동하므로 더욱 자유로운 형태가 가능

각 칸에 기입하는 내용은 글이어도 좋고 그림이어도 좋다. 그림을 활용하면 이미지를 공유하기 쉬워진다.

아이디어는 반드시 '미래의 기술'을 활용해야 한다

[케이스스터디] HIS 그룹의 '이상한 호텔'

2015년 7월에 1호점이 문을 연 '이상한 호텔'은 로봇이 체크인을 받고 청소를 하는 세계 최초의 로봇 호텔로 기네스북에 올랐다. '이상한 호텔'은 HIS의 창업자이자 하우스텐보스의 사장인 사와다 히데오가 시작한 '스마트 호텔 프로젝트'를 계기로 탄생했다. '끊임없는 변화를 약속하는 호텔'을 콘셉트로 삼아, '쾌적한 숙박'과 '저비용'의 양립을 실현하는 호텔이다.

'이상한 호텔'의 아이디어가 세상에 나온 과정을 나인 윈도우즈로 재현해 보겠다.

① 3×3 매트릭스를 만든다

3×3 매트릭스를 만들고, 기준이 되는 '현재'를 2012년경으로 설정한다. 스마트 호텔 프로젝트가 언제 시작되었는지는 정확하지 않으나, 사와다 히데오는 2013년 인터뷰에서 로봇을 활용한 스마트 호텔을 언급했다. 그러므로 늦어도 그 전 해에는 프로젝트를 시작했을 것이다.

| ② 주제를 기입한다

'스마트 호텔 프로젝트'를 주제로 삼겠다.

| ③ '현재의 시스템'을 기입한다

2012년경 일본의 호텔이라고 기입하겠다. 당시 외국인 관광객이 많아졌기 때문에 서비스에서도 글로벌한 대응이 더 많이 필요하게 되었다.

| ④ '현재의 상위 시스템'을 조사한다

2012년경에는 경기 침체와 함께 노동 환경 개선에 대한 요구가 있었다. 또 호텔에서 청소 로봇이 처음 사용되기 시작한 것과 저가항공의 부상도 중요한 정보다.

| ⑤ '현재의 하위 시스템'을 조사한다

2012년경에는 스마트폰이 보급되면서 소비자들이 앱에서 호텔을 검색하게 되었다. 통역 앱도 보급되었다. 숙박 예약과 관리 등에서도 IT화가 진전되었다. 한편 기본적인 접객과 청소는 여전히 사람이 실행했다는 것도 중요한 정보다.

| ⑥ '과거의 시스템'을 조사한다

③에서 기입한 '점점 글로벌화하는 호텔'과 비교하기 위해 과거의 시스템은 '일본 내 관광객 대상 서비스가 중심이었던 시절의 호텔'로 하겠다.

[출처] '이상한 호텔 공식 예약 사이트' (https://www.hennnahotel.com/)

| ⑦ '과거의 상위 시스템'을 조사한다

이전 일본의 '내국인 관광객 대상' 호텔업 환경을 보면, 조사 결과 단체 관광객은 줄고 개인 관광객은 늘어난 흐름이 확인된다. 또한 외국계 호텔의 일본 진출이 빨라졌고, 일본의 출생률 감소 역시 지금의 상황으로 이어지는 중요한 변화다.

| ⑧ '과거의 하위 시스템'을 조사한다

호텔 업계를 지탱하는 구성 요소를 조사해 보면, 마케팅 투자가 확대되기 시작한 점을 확인할 수 있다. 또한 늘어날 것으로 예상되는 외국인 관광객을 겨냥해 시설을 대형화하고 객실 수를 늘리는 움직임도 나타나고 있다.

| ⑨ '미래의 상위 시스템'을 예측한다

④와 ⑦을 바탕으로 미래의 상위 시스템을 예측한다. 2012년에 감소했던 외국인 관광객 수도 정부 방침에 따라 다시 증가할 것으로 예상된다. 한편 저가항공 이용이 확대되면서 저예산 여행 수요도 늘어날 것이다. 또한 인구 감소로 노동 인구가 점점 줄어들어, 노동 환경의 개선이 필요해질 것이다. 따라서 IT와 로봇을 활용해 사람의 업무를 대체하는 시스템이 필요해질 것이다.

| ⑩ '미래의 하위 시스템'을 예측한다

⑤와 ⑧을 바탕으로 미래의 하위 시스템을 예측한다. IT 기술의 진화와 스마트폰의 보급 확대로 서비스의 디지털화가 더욱 확대될 것이다. 또한 청소 로봇이 한층 발전하고, 사람의 업무를 대체할 수 있는 고성능 로봇도 개발될 것으로 예상된다.

| ⑪ '미래의 시스템'을 고안한다

⑨와 ⑩의 내용을 바탕으로 '미래의 시스템'을 고안한다. 저예산 여행이 확대되면서 저비용 숙박 시설에 대한 수요도 높아질 것이다. 현재와 동등하거나 그보다 높은 수준의 쾌적함을 제공하면서도 수익을 확보하려면 생산성 향상 역시 필요하다. 이를 가능하게 하는 해법이 고성능 로봇이다. 체크인, 객실까지의 짐 운반, 객실 청소 등 사람의 업무를 가능한 한 로봇에 맡기면 생산성을 높일 수 있다.

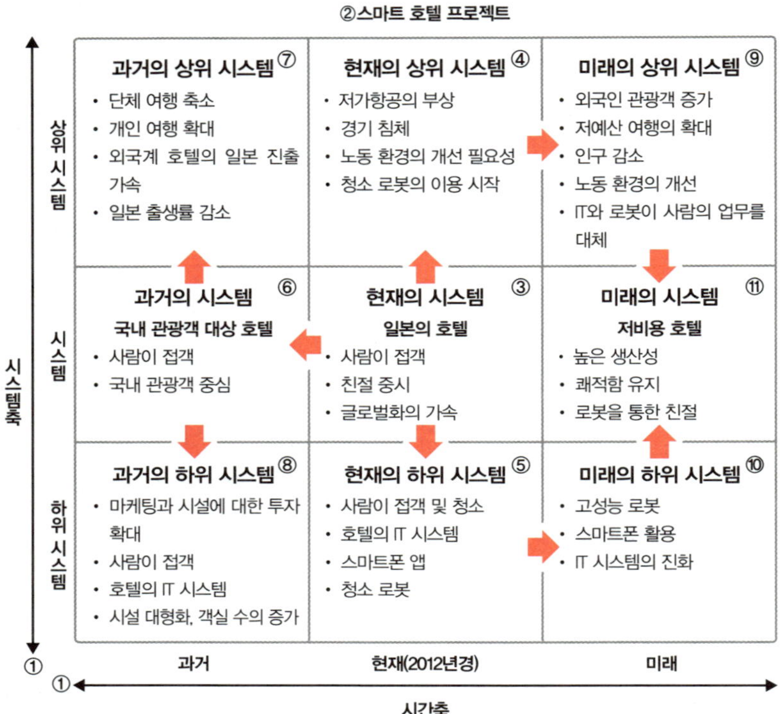

조합해서 함께 쓸 수 있는 프레임워크

마인드맵(p.23)

'현재의 상위 및 하위 시스템' (④—⑤)을 기입할 때는 **마인드맵**을 활용해서 현재의 시스템과 관련된 환경 및 요소를 이미지화하면 정보를 정리하기 쉬워질 것이다.

시나리오 플래닝(p.119)

미래를 생각한다는 점에서는 **시나리오 플래닝**과 잘 어울릴 것이다. 나인 윈도우즈로 창출한 아이디어에 시나리오 플래닝을 적용하면 아이디어 실현 가능성이 높아진다.

13 시나리오 플래닝

불확실한 미래를 대비한다

Scenario Planning

Tags 의견 내기 경영 환경의 이해 조직에서 실행 가능
Origin 로열 더치 쉘이 1960년대에 사업 계획에 도입

이럴 때 활용한다! ▶ 미래 상황에서 사업 아이디어를 설계할 때

개요

시나리오 플래닝은 미래의 시나리오를 설정하고, 그 시나리오를 기준으로 현재를 바라본다. 주로 회사의 전략을 수립하거나 새로운 상품과 서비스를 개발할 때 활용한다.

시나리오 플래닝이 중요해진 배경이 있다. 현대가 불확실성VUCA이 높은 시대가 되면서 기존처럼 '현재 상태의 연장선'만으로 미래를 확신하기 어려워졌다. 그래서 여러 개의 미래를 설정하고, 어떤 상황이 오더라도 대응할 수 있도록 사업 전략의 방향을 점검하며 대비하는 사고방식이 중요해졌다.

시나리오 플래닝은 원래 미국, 싱가포르, 영국, 프랑스 등 여러 나라의 정부 기관에서 국가 차원의 장기 전략을 세울 때 활용되어 왔다. 이후 석유회사 쉘은 이를 비즈니스에 적용해 오일쇼크 위기를 효과적으로 극복했다. 쉘은 1960년대부터 시나리오 플래닝을 도입해 미래의 사회 상황을 전망하고, '1970년대에 석유 가격이 상승한다'는 시나리오를 설정했다.

실제로 유가가 상승해 수요가 감소하자 경쟁사들은 석유 공급 설비 과잉으로 어려움을 겪었지만, 쉘은 재빠르게 대응할 수 있었다. 그 결과 쉘은 오

일쇼크를 계기로 세계적인 브랜드로 도약했다.

시나리오 플래닝은 데이터에 기반한 예측과 창의적인 스토리텔링을 결합해 실행한다. 작성한 시나리오를 바탕으로 고객 개개인의 스토리를 설정하고, 미래에 어떤 상품이나 서비스가 필요해질지 검토한다.

실행 방법

시나리오 플래닝에는 여러 방법이 있다. 여기서는 대표적 프레임워크인 2×2 방법에서 시나리오를 어떻게 설정하는지 설명하겠다.

그림 | 2×2 방법의 프레임워크

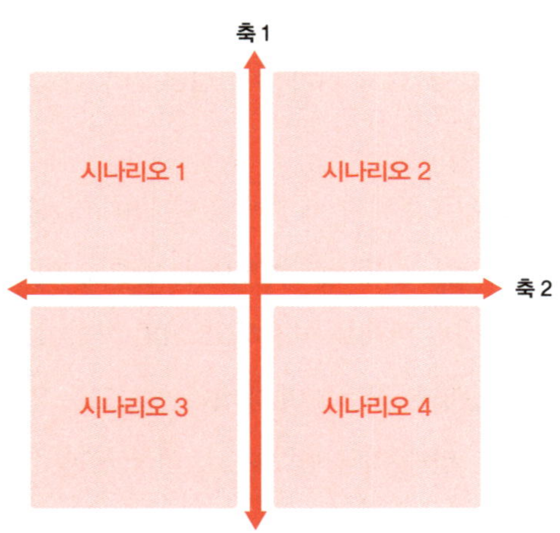

2×2 방법에서는 다음 순서로 시나리오를 설정한다.

① 회사 사업과 관련된 과제를 설정한다

② 정보를 수집한다

③ 미래를 움직일 '드라이버'를 정리한다

④ 미래를 좌우할 '갈림길'이 될 요인을 찾아낸다

⑤ 여러 시나리오를 설정하고 우선순위를 매긴다

[출처] Woody Wade 《Scenario Planning》(2013)

① 자사 사업과 관련된 과제를 설정한다

여기서는 인도 소매업계 사례를 통해 시나리오 플래닝의 구체적인 실행 방식을 설명하겠다.

시나리오 플래닝은 회사의 전략을 세우거나 새로운 상품과 서비스를 개발할 때 활용하므로, 첫 단계로 '자사 사업과 관련된 과제'를 명확히 해야 한다. 예를 들어 당신의 회사가 인도의 소매업계 변화에 대응해야 한다고 하자. '인도의 생활수준 변화가 소매업계에 어떤 영향을 미칠까?'라는 질문에서 출발할 수 있다.

② 정보를 수집한다

자사의 사업과 관련된 과제를 설정한 뒤에는 관련 정보를 수집한다. 이 단계에서 중요한 점은 '일어날 가능성이 높은 일에 관한 통계 데이터(미래 현상)'만 모으는 데 그치지 않고 '실현될지도 모르는 미래의 조짐(미래 징조)'까지 함께 조사하는 것이다.

미래 징조란 다른 업계에서 진행되는 기술 혁신, 앞으로 고객이 될 세대의 사고방식과 생활습관 변화 등과 같은 정보다. 자사가 속한 업계의 정보에만 한정하지 말고 사회 전반에서 일어나는 일을 폭넓게 수집하되, 그 변화가 자사에 영향을 미칠 수 있다는 관점으로 바라보는 태도가 중요하다. 인도 소매업계 사례를 적용하면 다음과 같다.

데이터 종류	인도 소매업계의 예시
미래 현상	• 인구 증가 • 핵가족 증가 • 5G 보급
미래 징조	• 의류업계의 외국계 기업 판로 확대 • 온라인 마켓플레이스의 진화 • 스마트 시티와 인프라의 진보

미래 현상뿐 아니라 미래 징조까지 수집해야 하는 이유는, 미래 현상만 모으면 누구나 예상할 수 있는 '뻔한 미래'밖에 설정할 수 없기 때문이다. 시나리오 플래닝의 목적은 예상 밖의 미래가 찾아와도 대응할 수 있도록 준비하는 데 있다. 따라서 '실제로 일어날 가능성은 낮을지 모르지만, 일어날 경우 큰 영향을 미치는 일'에 대한 정보(미래 징조)도 함께 수집해야 한다.

> **여기가 포인트!** | **'미래 징조가 자사에 영향을 미칠지도 모른다'라는 태도를 가지는 것이 중요**

③ 미래를 움직일 '드라이버'를 정리한다

다방면에 걸쳐 정보를 수집한 뒤에는, 그중에서 조사 대상인 미래에 영향을 미칠 '드라이버'를 검토하고 도표로 정리한다. 여기서 '드라이버'란 곧 변화의 요소이자 요인이다.

다음은 '인도의 생활수준 변화'를 가정하고, 자사가 소매업계에서 어떻게 대응할지에 대한 시나리오를 작성하는 경우를 예시로 정리한 것이다.

Political: 정치 및 제도의 변화
- Make in India(현지생산)
- 외국계 소매 기업에 대한 출자 제한의 완화
- 부가가치세 등의 세제 개혁
- 도시 지역의 재개발 진척

Social: 인구 및 가족의 변화
- 젊은 층의 성장
- 도시형 핵가족의 증가
- 식문화의 서구화
- 셰어하우스에 사는 젊은 층의 증가

Economics: 경제 구조의 변화
- 경제 성장(GDP의 성장)
- 가처분소득의 증가
- 해외 소비재의 침투
- 외국계 기업의 판로 확대
- 소매 매장의 땅값과 임대료 상승

Technology: 기술의 진화
- 인터넷의 보급
- 5G의 보급
- 서플라이체인의 발전
- 온라인 마켓플레이스의 진화
- 스마트 시티와 인프라의 진보

 **MEMO** 드라이버를 구체적으로 찾아낼 때는 외부 환경 요인을 네 가지 항목Political, Social, Economics, Technology으로 묶어 검토하면 좋다.

④ 미래를 좌우할 '갈림길'이 될 요인을 찾아낸다

드라이버를 찾아내 '영향의 크기'와 '불확실성'이라는 두 가지 기준으로 분류하고, 각 그룹에서 미래를 좌우할 '갈림길'이 될 듯한 요인을 골라 축을 만든다.

영향의 크기란 '그 일이 일어날 경우 자사의 미래에 미칠 영향의 크기'다. 불확실성이란 '미래에 실제로 그 일이 일어날 가능성'이다. 시나리오 작성의 목적은 '실현될지도 모르는 미래에 대비하기'이므로, 실현될 가능성이 낮다 하더라도 실현될 경우 영향이 큰 미래를 가정할 필요가 있다.

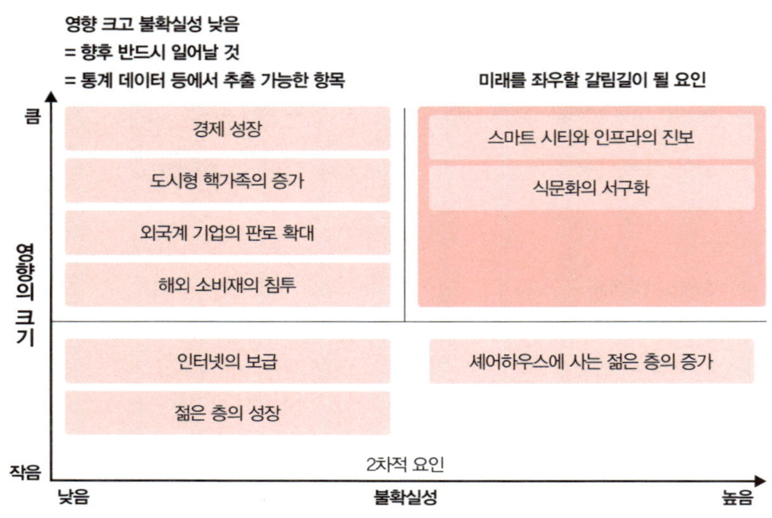

그림에서 '영향이 크고 불확실성이 낮음'에 배치된 드라이버를 주목하자. '경제 성장' '도시형 핵가족의 증가' '외국계 기업의 판로 확대' '해외 소비재의 침투'다. 여기에 포함된 항목은 검토 시점에서 '가까운 미래에 확실하게 발생할 요소'라고 간주되는 것들이다.

반면 좌측 위 사분면에 정리하는 항목은 그 시점에서 '불확실성이 낮음'이라고 해도 앞으로 '영향이 크고 불확실성이 높음'(갈림길이 될 요인)으로 바뀔 가능성이 있는지까지 염두에 두고 논의하는 것이 중요하다.

⑤ 여러 시나리오를 설정하고 우선순위를 매긴다

④에서 정리한 내용 중 '영향이 크고 불확실성이 높음'에 배치된 항목에서 두 개를 고른다. 그것들을 축으로 삼아서 새로운 그림을 그린다.

인도 소매업계의 사례에서는 '스마트 시티와 인프라의 진보'와 '식문화의 서구화'라는 두 항목을 축으로 삼을 수 있다.

그림 | 인도의 소매업계에 대한 시나리오의 예시

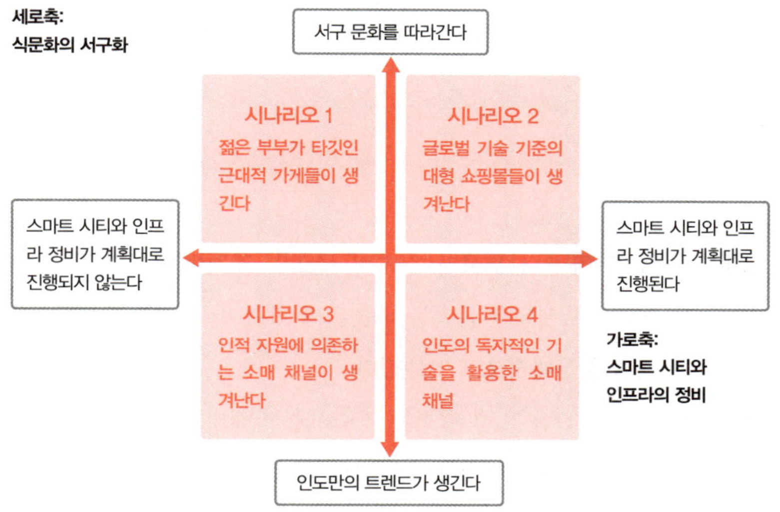

축으로 선택한 두 항목과 관련된 미래를 설정하고, 자사가 어떤 시나리오를 기준으로 전략을 검토할지 결정한다.

시나리오 1을 '스마트 시티와 인프라의 진보는 계획대로 진행되지 않지만, 식문화는 서구화된다'로 설정했다. 이 경우 다음과 같은 가정을 세울 수 있다.

> 대형 상업 시설은 건설되지 않지만 식문화가 서구화되면서 젊은 세대 부부를 타깃으로 한 가게가 생겨날 것이다

시나리오 2는 '스마트 시티 및 인프라의 진보와 식문화의 서구화가 모두 진행된다'로 설정할 수 있다. 이 경우 다음과 같은 가정이 가능하다.

> IT 기술을 활용한 대형 쇼핑몰이 건설되고, 식품 구입과 외식에 변화가 일어날 것이다

이처럼 사분면마다 필요로 하는 상품과 서비스가 달라진다. 따라서 발생 확률이 높아 보이는 시나리오와, 자사의 강점을 살릴 수 있는 시나리오를 골라 검토하는 것이 좋다.

[케이스스터디] 세계신문협회

세계신문협회는 각국 신문사가 소속된 글로벌 조직이다. 신문은 뉴스를 전달하는 매체로서 오랫동안 독자들의 높은 신뢰를 받아 왔지만, SNS가 발전하면서 그 지위가 상대적으로 약해졌다.

이런 상황에 위기감을 느낀 협회는 2008년, 미래의 신문 업계가 어떻게 달라질지와 협회가 어떻게 대비해야 할지를 검토하기 위해 시나리오 플래닝을 실행했다. 그 결과 미래의 트렌드를 견인할 **드라이버 66개**를 도출했다. 구체적으로는 다음과 같다.

- 수익 모델의 변화
- 새로운 매체의 보급
- 멀티미디어 전략
- 타깃 독자의 세분화
- 사용자 제작 콘텐츠의 출현
- 콘텐츠의 중요도 상승
- 위치 정보와 연동되는 뉴스 전달 등

그중 미래를 좌우할 '갈림길'이 될 듯한 요인, 즉 중요한 드라이버로 '타깃 독자의 세분화'와 '새로운 매체의 보급' 두 가지를 축으로 설정했다. 그리고 이 축을 바탕으로 각 사분면에 해당하는 네 가지 시나리오를 상상했다.

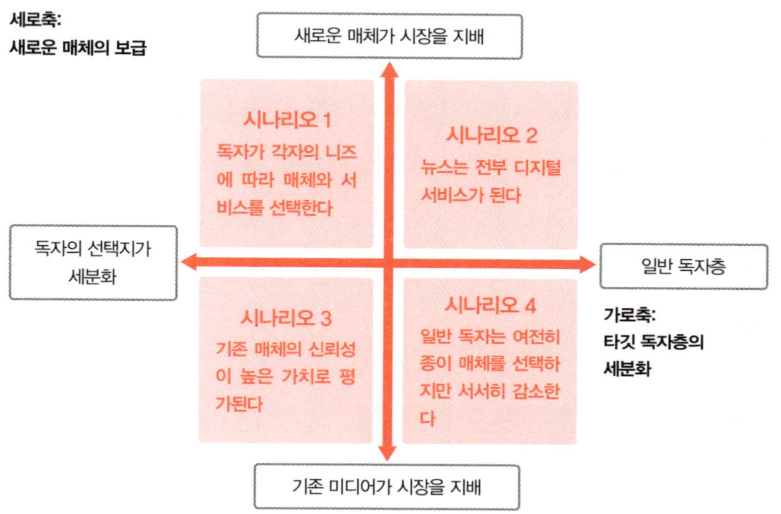

디지털화로 인해 '새로운 매체가 시장을 지배'하고 '독자의 선택지가 세분화'하는 시나리오 1에서는 온라인 매체가 주류가 되고, 신문 등 인쇄물은 멸종 위기에 놓일 것으로 예상한다. 독자가 휴대 기기를 통해 언제 어디서나 자신의 니즈에 맞는 뉴스를 선택해 읽을 수 있게 되면서, 독자의 선택지가 세분화하는 미래다.

시나리오 2는 모든 뉴스가 인터넷으로 옮겨 가 온라인이 주류가 된다는 전망이다. 즉 인터넷 이전에는 종이 매체를 읽던 일반 독자층이 모두 디지털 매체로 옮겨 간다는, 보다 대담한 시나리오다. 이 시나리오에서는 시나리오 1처럼 '독자 개개인이 뉴스 매체를 선택'하기보다는, 모든 독자가 디지털 뉴스를 읽는다는 상황을 가정한다.

시나리오 3은 인터넷과 기존 매체가 공존하면서 독자의 선택지는 세분화되지만, 신문은 전통과 신뢰를 바탕으로 뉴스 매체로서의 절대적 위치를 계속 유지하는 상황을 가정한다. 옥석이 뒤섞인 인터넷 정보가 오히려 혼란을 키우기 때문에, 기존 매체의 중요성이 더 커진다는 시나리오다.

시나리오 4는 신문 발행 부수가 점차 감소하더라도, 일반 독자가 여전히 종이 매체를 선택하기 때문에 신문이 굳건히 살아남는다는 예측이다.

세계신문협회는 2008년 시점에서 이러한 시나리오를 설정하고, 미래의 시장 변화에 대비했다. 실제로는 새로운 매체가 예상보다 빠르게 발전하면서 신문 발행 부수는 감소했다. 다만 각 신문사가 콘텐츠를 온라인화한 덕분에, 기존 매체는 지금도 멸종하지 않고 뉴스 매체로서 일정한 위치를 유지하고 있다.

조합해서 함께 쓸 수 있는 프레임워크

에스노그라피(p.146)

시나리오를 설정할 때 **에스노그라피**를 활용해서 현재 고객의 행동을 관찰하면 미래의 생활양식과 니즈에 대한 가설을 세울 수 있다.

페르소나(p.173)

페르소나를 시나리오 속 전형적인 고객상으로 설정하면 조사의 방향성을 결정하기 쉬워진다.

📖 참고문헌 · 참고자료

Woody Wade 《Scenario Planning》 (2013)
일본종합연구소, 미래 디자인 라보 저 《「未来洞察」の教科書('미래 통찰'의 교과서)》, 2016년
히토쓰바시 비즈니스 리뷰 저 《未来洞察と経営(미래 통찰과 경영)》, 2019년

디자이너의 사고를 도입한다

14 디자인 사고

Design Thinking

Tags 정성적 데이터 제품·서비스 기획 팀 단위로 실행 가능
Origin 미국의 디자인 컨설팅 기업 IDEO의 팀 브라운이 제시

이럴 때 활용한다! ▶ 고객 문제를 해결할 아이디어가 필요할 때

개요

디자인 사고는 디자이너가 무언가를 만들어낼 때 거치는 사고와 제작 과정을 비즈니스용으로 체계화한 것이다. '사람들이 생활 속에서 무엇을 원하고 무엇을 필요로 하는지'를 출발점으로 삼아, 인간 중심 접근법으로 아이디어를 검토한다. 고객이 원하는 기능과 원치 않는 기능을 가려내고, 제품이나 서비스를 통해 제공할 경험 자체를 설계한다.

이 방법은 미국의 디자인 컨설팅 기업 IDEO의 팀 브라운이 2008년 하버드 비즈니스 리뷰에 기고한 〈Design Thinking〉을 계기로 주목받았다. 이후 IDEO의 컨설턴트들이 스탠퍼드 대학교 디자인 스쿨과 함께 기존 비즈니스를 재검토하고 혁신하기 위한 워크숍을 진행하면서, 디자인 사고는 더욱 다듬어졌다. 그 결과 강력한 아이디어 도출법으로서 전 세계에 퍼지기 시작했다.

여기가 포인트! | 디자인 사고에서는 '사람들이 생활 속에서 무엇을 원하고 무엇을 필요로 하는지'를 시작점으로 삼아 아이디어를 검토한다

스탠퍼드 대학교 하소 플래트너 디자인 연구소가 고안한 디자인 사고의 다섯 가지 요소를 소개하겠다. 이 프레임워크는 고객의 행동 관찰과 인터뷰를 통해 얻은 정보를 바탕으로, 인간 중심 관점에서 니즈와 과제를 도출하고 검증한다.

그림 | 디자인 사고의 다섯 가지 요소

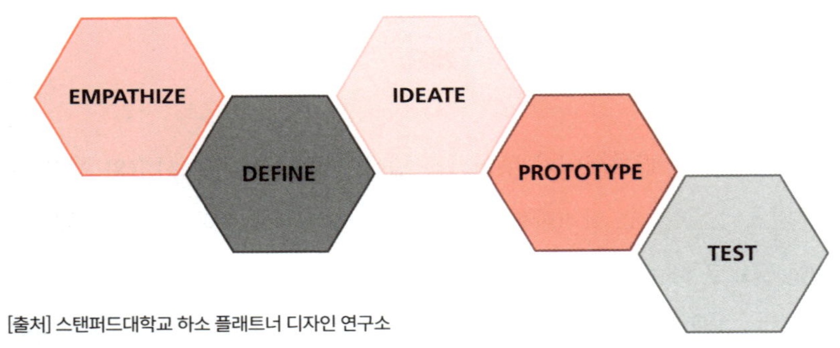

[출처] 스탠퍼드대학교 하소 플래트너 디자인 연구소

표 | 디자인 사고의 다섯 가지 요소

요소	해설
① EMPATHIZE 공감	제품이나 서비스를 사용하는 고객이 '무엇을 좋아하고 무엇을 싫어하는지' '숨어 있는 니즈는 어디에 있는지'를 관찰하고 **고객의 행동에 공감한다**
② DEFINE 과제 설정	고객에 대한 공감을 바탕으로 현실 속 **과제를 설정한다**
③ IDEATE 아이디어 도출	고객의 과제를 해결하기 위한 **아이디어를 낸다**

④ PROTOTYPE 프로토타입	고객의 과제를 해결할 새로운 콘셉트가 드러나면, 그것을 가시화해서 검증을 위한 **프로토타입을 제작한다**
⑤ TEST 검증	고객이 프로토타입을 시험 사용해 보도록 하거나 테스트 마케팅을 실행하는 등의 방법으로 **검증한다**

프로토타입을 만들 때 가장 중요한 것은 프로토타입이나 그 콘셉트에 집착하지 않는 일이다. 이 부분을 충분히 주의할 필요가 있다.

디자인 사고의 시작 지점

디자인 사고의 출발점은 '고객에 대한 관찰, 그리고 행동과 감정에 대한 공감'이지만, 이 단계에서는 개인적인 착각이 개입하지 않도록 주의할 필요가 있다. 이를 위해 에스노그라피(p.146)나 UX 리서치(p.200)처럼 관찰 데이터를 객관적으로 수집하는 방법을 함께 활용하면 좋다.

시행착오를 반복한다

디자인 사고의 큰 특징 중 하나는 시행착오를 반복한다는 점이다. 프레임워크의 다섯 가지 요소를 직선적으로 따라가는 것이 아니라, ⑤검증에서 ①공감이나 ②과제 설정으로 되돌아가기도 하고, ④프로토타입에서 ③아이디어 도출로 돌아가는 등 앞 단계로 돌아가 다시 시작하기도 한다. 경우에 따라서는 다섯 가지 요소를 정해진 순서 없이 실행하기도 한다.

다음 그림의 선은 다섯 가지 요소 사이를 오가며 사고와 검증을 반복하는 모습을 나타낸다.

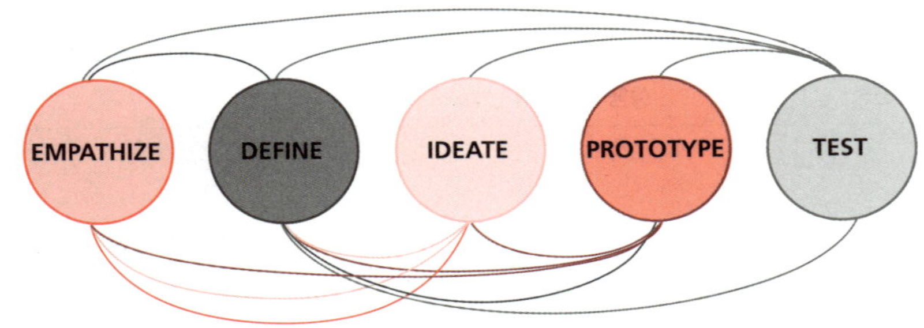

[출처] 스탠퍼드 대학교 하소 플래트너 디자인 연구소의 프레임워크를 참고해 저자가 가필해서 작성

그림처럼 한 요소에서 다음 요소로 직선적으로 진행하는 것이 아니라, 다양한 방향으로 생각해 보거나 실제 프로토타입을 만들어 보는 등 여러 번 오가며 개선해 나가는 것이 디자이너의 사고법이라고 한다.

> **여기가 포인트!** | **디자인 사고에서는 시행착오를 반복한다**

[케이스스터디 ①] 다이슨 '사이클론 클리너'

영국의 다이슨이 개발한 '먼지봉투가 필요 없는 청소기'는 경쟁사 제품보다 비싼 가격에도 전 세계에서 높은 시장 점유율을 기록하고 있다.

개발자 제임스 다이슨이 처음 사이클론 방식 청소기 'G포스'를 만들게 된 계기는, 평소 쓰던 청소기의 흡입력이 금세 약해지는 현상에 의문을 품은 데서 시작됐다(① 공감).

다이슨은 조사를 통해 먼지봉투와 청소기 내부 필터가 막히는 현상을 발견했다(② 과제의 설정). 해결책을 찾던 중에는 제재소에서 목재 부스러기를 제거하는 원심분리 장치를 보고, 그 구조를 청소기에 응용할 수 있겠다고 생각했다(③ 아이디어 도출). 이후 다이슨이 5년간 시제품 5,127대를 만들었다는 일화는 유명하다(④ 프로토타입).

프로토타입 제작과 검증을 반복한 끝에(⑤ 검증) 1986년 다이슨의 청소기 완성품이 출시되었다. 그 후로도 다이슨은 선풍기와 가습기 등 일상용 가전 제품의 과제를 해결하며 참신한 제품을 꾸준히 선보이고 있다. 다이슨의 청소기 개발 과정을 정리하면 아래 그림과 같다.

그림 | 다이슨 사이클론 청소기 개발 과정

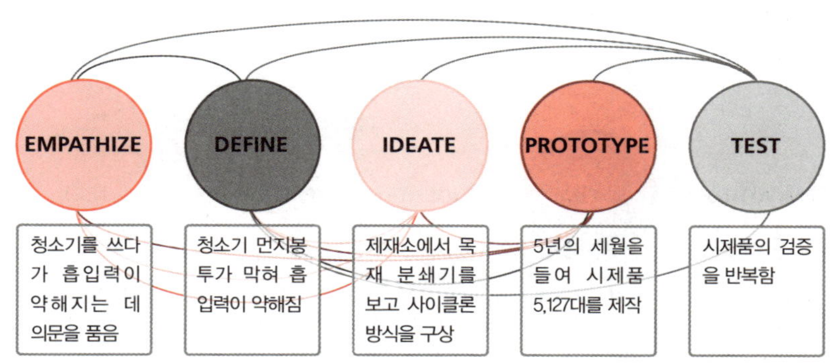

[출처] 스탠퍼드 대학교 하소 플래트너 디자인 연구소의 프레임워크를 참고해 저자가 가필해서 작성

[케이스스터디 ②] 치약 튜브의 진화

IDEO가 제품 개발에 참여한 사례 중 하나로 P&G 치약 튜브 개선이 있다. 지금은 치약 튜브 뚜껑이 원터치로 열리는 것이 당연하지만, 1990년대까지는 음료수 병뚜껑처럼 돌려서 여는 형태가 주류였다. 돌려서 여는 뚜껑에는 다음과 같은 불편함이 있었다.

- 치약이 굳어서 뚜껑이 열리지 않음

- 뚜껑을 쉽게 잃어버림

IDEO가 여러 프로토타입을 제작해 검증한 결과, 오히려 원터치 뚜껑은 고객이 기존처럼 돌려서 열려고 하는 바람에 불편하다는 사실이 드러났다.

그래서 개발된 것이 '한 번만 돌려서 여는 뚜껑'이다. 이 사례에서 고객 연구, 프로토타입 제작, 검증을 통해 배울 수 있는 점은 '사람은 기존 행동의 습관이 있어, 아무리 합리적이더라도 익숙하지 않은 물건에는 불편을 느낀다'는 것이다. P&G는 먼저 한 번만 돌리면 열리는 치약 튜브를 출시한 뒤, 단계적으로 현재와 같은 원터치 뚜껑으로 개선해 나갔다.

그림 | P&G 치약 튜브 개발 과정

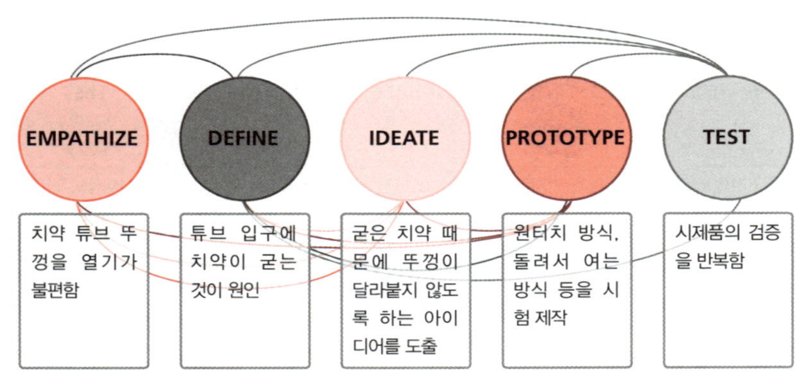

[출처] 스탠퍼드 대학교 하소 플래트너 디자인 연구소의 프레임워크를 참고해 저자가 가필해서 작성

📖 **참고문헌 · 참고자료**

톰 켈리, 조너선 리트먼 저 《유쾌한 이노베이션 — 세계 최고의 디자인 기업 IDEO가 전하는 창의와 혁신》 (세종서적)
데이비드 켈리, 톰 켈리 저 《유쾌한 크리에이티브》 (청림출판)
D. A. Norman 《The Design of Everyday Things》, 2013
팀 브라운 저 《디자인에 집중하라》 (김영사)
사소 구니타케 《世界のトップデザインスクールが教える　デザイン思考の授業(세계 톱 디자인 스쿨이 가르치는 디자인 사고 수업)》

<table>
<tr><td>15</td><td>'이게 가능할까?'에서 시작한다
예술 사고
Art Thinking</td></tr>
</table>

Tags	의견 내기　제품·서비스 기획　혼자서 실행 가능
Origin	–

> **이럴 때 활용한다!** ▶ 고객에게 새로운 콘셉트를 제안할 때

개요

예술 사고는 앞에서 설명한 '디자인 사고'와 대척점에 있다. 디자인 사고가 항상 '고객'을 출발점으로 과제를 발견하고 고객을 관찰하며 해결책을 모색한다면, 예술 사고는 과제 해결을 설계하기보다 고객이나 시장을 향해 '이런 것이 필요하다'는 콘셉트를 제시한다.

예술 사고와 디자인 사고를 연구하는 교토산업대학의 모리나가 야스후미 교수는 예술에 대해 "일반적으로는 보편적인 미를 추구하는 작업으로 여겨지지만, 20세기 이후에는 그에 더해 콘셉트를 추구하는 또 하나의 방향성이 생겨났다"고 논했다. 그러면서 예술 사고가 "콘셉트를 추구하는 현대 예술의 위치에 가깝다"라고 말했다.

> **여기가 포인트!** ┃ 예술 사고는 '이런 것이 필요하다'라는 콘셉트를 내놓는 사고법

예를 들어 일본 자동차 회사 마쓰다의 자동차 디자인 과정을 예술 사고 관점에서 분석한 히토쓰바시대학의 노베오카 겐타로 교수 등은, 예술 사고

와 디자인 사고의 차이를 이렇게 정리했다.

표 | 예술 사고와 디자인 사고의 차이

항목	예술 사고	디자인 사고
목적	창작자의 사상, 감정, 신념, 철학을 표현한다(새로운 고객 니즈의 제안)	필요한 기능을 개발한다 (고객 니즈에 대응하기)
기술	매스 크래프트맨쉽mass craftmanship, 수작업의 진가 지향	맞춤형 대량생산mass customization, 비용 효율화와 IT화 추진
과정	• 자신의 철학을 실현하고자 한다(무한한 시행착오) • 절대적인 것을 추구하기 때문에 쉽게 타협하지 않는다	고객을 기쁘게 만들고자 한다 (고객 만족이 목표)
가치	더 근원적이고, 특별하고, 추상적이고, 진정하고, 정신적인 가치를 추구한다 (Throsby, 2001)	단기적으로 경제적 및 사회적 가치를 추구한다

[출처] Nobeoka, K., & Kimura, M. (2016, September). Art Thinking beyond design thinking Mazda design: Car as art. In 2016 Portland International Conference on Management of Engineering and Technology (PICMET) (pp. 2499-2514). IEEE를 참조해 필자가 작성함

실행 방법

예술 사고의 과정을 설명하는 예시로, 프랑스 ESCP 비즈니스 스쿨의 실뱅 뷰로 부교수가 개발한 프레임워크를 소개하겠다. 이 프레임워크는 예술가가 작품을 제작할 때의 사고 과정을 여섯 단계로 나누어 정리한 것이다.

그림 | 예술 사고의 6단계

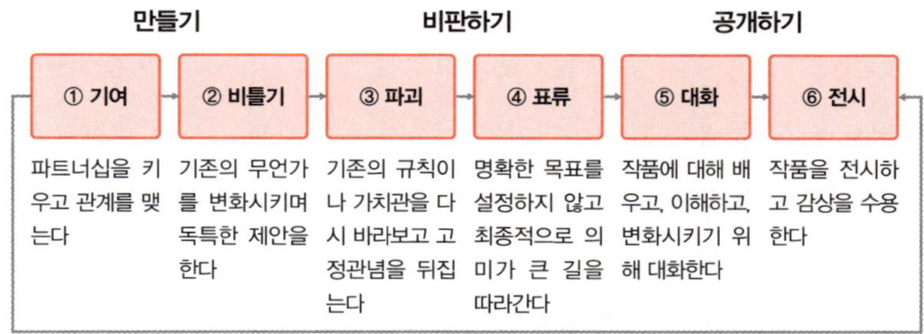

[출처] ESCP Business School 'Can Business be a form of Art?'를 참조해 필자가 작성

그림 | 예술 사고의 6단계

과정	설명
① 기여	'이제부터 할 일이 어떤 결과를 낳을 것인가' '무엇을 목표로 삼을 것인가' 등은 일단 고려하지 않고, 기존의 틀을 벗어난 창의적인 아이디어를 탄생시키기 위해 **팀원 간 신뢰를 구축하는 데 주력한다.**
② 비틀기	뻔한 사고방식에서 벗어나기 위해, **기존의 무언가를 변화시키며 독특한 제안을 만들어낸다.** 이때 완전히 무(無)에서 새로운 콘셉트를 만들어내는 것이 아니라, 고정관념과 상식처럼 '**이미 있는 개념**'을 의심하고 **다른 개념으로** 바꾼다.
③ 파괴	②비틀기의 과정에서 나온 아이디어나 콘셉트에 기존의 규칙이나 고정관념, 당연하게 여겨지는 사고방식이 섞여 있지 않은지 재검토하고, **일부러 대담하게 상식적인 사고를 깨뜨려 나간다.**
④ 표류	일단 목표를 잊고 환경을 바꾸거나 새로운 파트너를 찾는다. ①기여~③파괴의 과정에서 탄생한 '기존의 틀에서 벗어난 아이디어'에 대해 **팀 내에서 논의하고 비판**하는 일도 허용한다.
⑤ 대화	팀원끼리 논의하며 **아이디어를 수정하고 발전시킨다.**
⑥ 전시	아이디어를 **공개**하고 **감상과 비평을 수용**하는 과정이다. 박람회 등에 출품해 관람객의 목소리에 귀를 기울여도 좋다. 의견과 비평을 바탕으로 ①기여로 돌아가 과정을 반복한다.

디자인 사고와 달리 예술 사고에는 해결해야 할 명확한 과제나 목표가 없다. 기존에 당연하다고 여겨지던 것을 의심하며, 지금까지 보지 못했던 문제나 과제를 발굴하는 사고법이다. 예술가처럼 '자기 자신의 내적 동기부여'를 출발점으로 삼기 때문에, 아이디어를 실현하는 단계에서는 그 콘셉트를 많은 사람이 이해할 수 있을지, 조직이 수용할 수 있을지가 과제가 된다.

 예술 사고에는 해결해야 할 명확한 과제나 목표는 없다

[케이스스터디] 마쓰다 '고도'

자동차 회사 마쓰다는 2010년부터 일본 디자인의 본질을 표현한 콘셉트 모델 카 '고도-Soul of Motion'을 선보이고 있다.

그림 | 마쓰다의 디자인 콘셉트 카

[출처] MAZDA NEWSROOM '2010년 9월 3일: 마쓰다, 움직임을 표현한 새로운 디자인 테마 고도를 발표'
(https://newsroom.mazda.com/ja/publicity/release/2010/201009/100903a.html)

이 '고도' 모델을 만들어낸 사람은 2009년 마쓰다 디자인 부문 책임자로 취임한 디자이너 마에다 이쿠오다. 마에다는 프로젝트 멤버들에게 디자인 콘셉트로 심플함을 추구하는 'Less is More'와 '늠름함과 생기, 그리고 움직임'을 제시했다(① 기여).

'고도' 디자인은 일본의 공예미술품에서 착상을 얻었으며, 아름다운 곡선과 도자기처럼 복잡한 색조에서 창의성이 드러난다(② 비틀기, ③ 파괴).

또 마에다의 콘셉트를 실현하기 위해 점토 조형가, 인테리어 디자이너, 도장 장인 등 숙련된 전문가들을 프로젝트 팀에 모아 세심한 조정을 거듭하며 디자인의 원형, 내부, 색조를 결정해 나갔다(④ 표류).

그 외에도 '고도'를 구현하는 운전 경험을 이끌어내기 위해 엔지니어들과 논의했고 엔진, 변속기, 서스펜션을 모두 자체 개발해 특수 제작했다(⑤ 대화).

완성된 콘셉트 카는 2010년 로스앤젤레스 모터쇼 월드 프리미어에서 'MAZDA SHINARI'로 발표되었다(⑥ 전시).

이 개발 과정을 분석한 히토쓰바시대학의 노베오카 교수 등은 성공의 포인트로 다음 세 가지를 꼽았다.

1. 강력한 리더십과 콘셉트

2. 매스 크래프트맨십(수작업의 진가)

3. 엔지니어의 지원

이 사례를 예술 사고로 해석하면 다음과 같다.

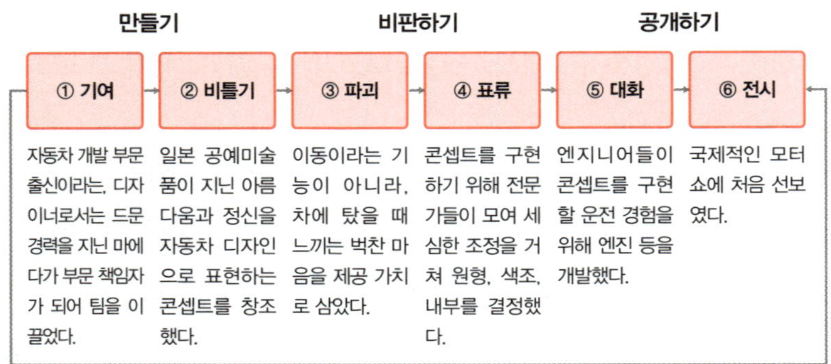

MEMO 'Less is More'는 독일 출신의 저명한 건축가 미스 반 데어 로에(1886-1969)가 주장한 건축 철학이다. '적을수록 풍부하다'라는 이 말은 20세기 전반에 주류였던 화려한 유럽 양식의 건축 디자인에 대항해, 불필요한 장식을 배제한 기능미를 상징한다.

조합해서 함께 쓸 수 있는 프레임워크

리프레이밍(p.73)

리프레이밍을 조합하면 고정관념을 벗어나거나 관점을 바꿀 수 있다.

시나리오 플래닝(p.119)

시나리오 플래닝을 도입하면 아직 파악하지 못한 문제를 발견해서 발상의 기점으로 삼을 수 있다.

📖 참고문헌 · 참고자료

모리나가 야스후미 저 《デザイン、アート、イノベーション —経営学から見たデザイン思考、デザイン・ドリブン・イノベーション、アート思考、デザイン態度—(디자인, 아트, 이노베이션—경영학의 관점에서 본 디자인 사고, 디자인 드리븐 이노베이션, 예술 사고, 디자인 태도—)》, 2021년
에이미 휘태커 《아트씽킹》 (예문아카이브)
ESCP Business School 'Can Business be a form of Art?' (2021년 4월 2일자)

(https://www.escpimpact-entrepreneurship.eu/can-business-be-a-form-of-art/)
Nobeoka, K., & Kimura, M. (2016, September). Art Thinking beyond design thinking Mazda design: Car as art. In 2016 Portland International Conference on Management of Engineering and Technology (PICMET) (pp. 2499-2514). IEEE.

이 장에서는 고객의 니즈와 고객 경험을 말로 표현하고, 눈에 보이게 정리할 때 도움이 되는 **조사 및 과제 발견** 프레임워크를 소개하겠다. 아이디어를 낸 뒤에는 고객 입장에서 다시 들여다보며, 정말 필요한지 확인할 필요가 있다. 이를 위한 프레임워크는 매우 다양하므로, 목적에 맞는 방법을 고르는 것이 중요하다. 이 장에서는 아직 아이디어 단계에 있는 생각들을, 실제 상품·서비스로 구체화하는 과정에서 활용할 수 있는 프레임워크를 소개하겠다.

고객 니즈는 발견하는 것이다

조사와 과제 발견을 위한 프레임워크는 마케팅과 비즈니스 모델이 점점 복잡해지는 흐름 속에서 계속 발전해 왔다. 이 장에서는 '에스노그라피'와 '설문조사'처럼 오래전부터 활용해 온 기본 방법부터, '디지털 에스노그라피'처럼 최근 주목받는 방법까지 폭넓게 소개하겠다.

■ 니즈를 찾기 위한 조사 방법

니즈를 찾기 위한 조사 방법으로, 가설 없이 대상자의 행동을 관찰하는 '에스노그라피'와 온라인 빅데이터를 활용하는 '디지털 에스노그라피'를 소개하겠다.

■ 타깃을 깊이 이해하는 조사 방법

타깃을 깊이 이해하기 위한 조사 방법으로, 고객이 잠재적으로 추구하는 기능과 가치를 파악하는 'JTBD 이론'과 전형적인 고객상을 설정해 적절한 고객 전략을 세우는 '페르소나'를 소개하겠다.

■ 아이디어를 상품으로 구현해 나갈 때의 조사 방법

아이디어를 상품·서비스로 구체화해 나갈 때 활용하는 조사 방법으로, 고객과 함께 신제품이나 새로운 서비스의 아이디어를 도출하는 '커뮤니티 공동 창출법'과 고객과 상품·서비스의 관계를 시간 순서대로 정리하는 '고객 여정 지도'를 소개하겠다.

■ 고객의 의식이나 행동을 파악하는 방법

고객의 인식과 행동을 파악하고, 아이디어에 대한 고객의 반응을 확인하는 방법으로 지금도 널리 활용되는 '설문조사'를 소개하겠다. 또한 디지털 기반 비즈니스 모델이 확산되면서, 고객 경험을 평가하고 검증하는 'UX 리서치'의 중요성도 커지고 있다.

이 장에서 다룰 프레임워크들의 상대적인 위치는 다음 그림과 같다. 이 프레임워크들을 활용해 상품이나 서비스를 단계적으로 구체화해 나가자.

그림 | 니즈를 찾는 프레임워크의 상대적인 위치

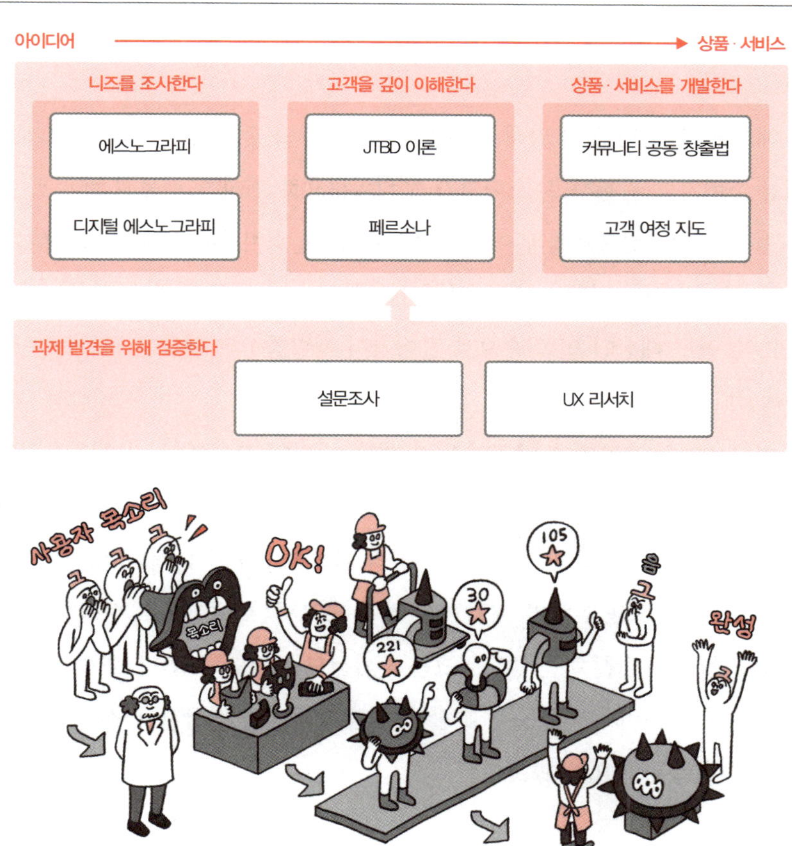

16 에스노그라피

Ethnography

Tags 정성적 데이터　경영 환경의 이해　팀 단위로 실행 가능

Origin 문화인류학과 민속학에서 전통적으로 실행되어 온 행동 관찰·기록법

이럴 때 활용한다! ▶ 소비자의 잠재 욕구를 발견할 때

개요

에스노그라피는 쉽게 말해 참여관찰법이다. 가설을 세우지 않은 상태에서 대상 소비자를 관찰하고, 소비자가 무의식적으로 취하는 행동의 배경에 있는 동기를 고찰함으로써 언어로 표현되지 않은 소비자의 잠재적 욕구를 파악하는 방법이다. 원래는 민족 연구와 문화인류학 등의 영역에서 활용되어 왔으며, 연구 대상인 민족 속으로 들어가서 생활양식과 행동을 관찰하는 방법이었다.

최근 에스노그라피가 비즈니스, 마케팅, 디자인 분야에서 널리 활용되는 배경에는 상품의 기능적 차별화가 어려워지는 가운데 잠재적 니즈를 발견해 혁신적인 상품을 개발하고자 하는 기업의 절실한 요구가 존재한다.

에스노그라피라고 하면 어렵게 들릴지 모르지만, 대상으로 설정한 소비자를 '가설 없이 관찰'하는 필드워크는 혼자서도 시작할 수 있다. 또한 길거리나 매장에서 소비자의 행동을 관찰하는 일은 마케팅 담당자가 소비자를 이해하는 데 매우 중요하다.

실행 방법

에스노그라피는 다음과 같은 5단계로 실행한다.

표 | 에스노그라피의 5단계

단계	설명
① 대상자 선정	**조사 대상자**를 선정한다. 이때 일반적인 사용자가 아니라 얼리어답터나 극단적 사용자를 선정한다.
② 상황 결정	조사를 실행할 **상황**이나 **장면**을 결정한다.
③ 행동 관찰	대상자의 **일상** 즉 평소와 똑같은 환경에서 자연스럽게 하는 행동을 관찰한다.
④ 관찰 결과 정리	**관찰 결과**를 정리한다. 이때 **관찰**과 **해석**을 명확히 분리해서 정리하는 것이 중요하다.
⑤ 과제 발견 및 가설 설정	충분한 시간을 들여 한 사람 한 사람의 관찰 결과를 살펴보면서 발견한 사항을 메모한다.

[출처] IDEO Insight for Innovation을 기반으로 저자가 작성

① 대상자의 선정

조사 대상자를 선정한다. 보통 조사에서는 대표성을 중시해 일반적인 사용자를 타깃으로 삼지만, 에스노그라피에서는 얼리어답터나 극단적 사용자를 중시한다.

| 얼리어답터와 극단적 사용자

얼리어답터는 새로운 상품이나 서비스를 적극적으로 사용하는 성향이 있으며, 상품을 추천하는 '오피니언 리더'로서의 영향력을 가지고 있다. 새로운 상품이나 서비스를 구상할 때는 얼리어답터층의 생각과 행동을 관찰하는 것이 중요하다고 여겨진다.

극단적 사용자extreme user는 극단적인 방식으로 상품이나 서비스를 사용한다. 극단적 사용자층을 관찰하면 생각지 못했던 사용 방법을 이해할 수 있고, 그 결과 다른 사람들에게도 공통되는 잠재적인 니즈를 발견할 수 있다. 가령 스마트폰에 관한 조사라면 주 사용자층인 20~30대가 아니라, 스마트폰을 능숙하게 사용하지 못하는 60~70대를 대상으로 삼을 수 있다. 그러면 노인 외의 사용자층에게도 해당하는, 평소 의식하지 못했던 편리한 사용법을 발견하게 될 가능성이 있다.

그림 | 에스노그라피 대상자인 극단적 사용자

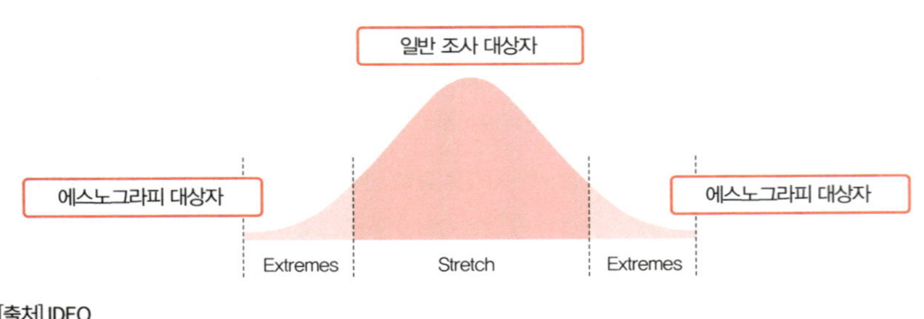

[출처] IDEO

학술 분야에서 에스노그라피를 실행할 때는 대상자 집단에 몇 개월에서 몇 년씩 머무르며 생활양식을 탐구하기도 한다. 그러나 비즈니스 분야에서는 그렇게 장기간 관찰할 수는 없다. 그러므로 ①대상자의 선정과 뒤에서 설명할 ②상황의 결정이 매우 중요하다. 또한 비즈니스 분야에서 에스노그라피를 실행할 때는 대상자를 8~10명 선정하는 경우가 많다.

MEMO 에스노그라피에서는 일반적으로 조사업체를 통해 대상자를 선정하거나 모집하는 경우가 많다. 그러나 예산 등의 이유로 그렇게 하기 어려울 때는 친구 또는 지인을 관찰하거나, 거리로 나가 대상자를 찾아내고 관찰할 수도 있다.

② 상황의 결정

다음으로 **조사를 실행할 상황**을 결정한다. 대상자가 상품과 서비스를 사용하는 상황을 이해하고 싶다면 **자택**을 방문한다. 상품을 구입하는 상황을 관찰하고 싶다면 **매장**에서 관찰한다.

③ 행동의 관찰

행동을 관찰할 때는 **대상자의 일상**(평소와 똑같은 환경에서 자연스럽게 하는 행동)을 관찰하는 것이 중요하다. **무의식적으로** 하는 행동을 관찰함으로써 그 행동의 배경에 있는 **의식이나 가치관**을 고찰할 수 있다.

자택을 방문할 때는 실제로 상품과 서비스를 사용하는 모습, 상품을 보관하는 장소 등도 관찰한다. 가령 스킨케어 상품에 대한 에스노그라피라면 화장을 하는 공간뿐만이 아니라 상품을 보관하는 다른 방이나 욕실도 보여 달라고 하는 것이다. '**왜 이곳에서 이 상품을 사용하는가**'라는 질문이 도출되고, 그것이 새로운 발견으로 이어질 수 있다.

마찬가지로 매장에서 상품을 구입하는 모습을 관찰하고 싶다면 대상자가 쇼핑할 때 동행한다. 또는 쇼핑하는 모습을 제3자가 **동영상으로 촬영**하도록 해서 관찰한다. 대상자가 무엇을 확인하고 어떤 관점이나 기준으로 상품을 선택하는지 이해할 수 있다.

| 행동 관찰 시의 주의점

에스노그라피의 목적은 '가설을 설정하지 않고 행동을 관찰함으로써, 대상자 본인도 의식하지 못했던 행동 또는 그 배경에 있는 가치관에 대한 가설을 발견하는 것'이다. 그러므로 선입견 없이 대상자를 관찰하는 일이 매우 중요하다.

상품 개발자나 마케팅 담당자는 자신이 그 상품 범주를 잘 이해한다고 생각해 선입견을 가지고 행동을 관찰하는 경향이 있다. 그러나 에스노그라피에서는 현장의 생생함을 중시한다. 대상자의 행동에서 조금이라도 눈에 띄는 점이 있으면 주의 깊게 관찰하고, 의문이 있으면 인터뷰를 해 더 깊이 파고든다.

④ 관찰 결과의 정리

대상자 한 사람 한 사람의 관찰 결과는 생활양식, 가치관, 행동으로 분류해 기록한다. 기록에는 대상자의 사진과 기본 인적사항, 그리고 **어떤 행동을 했으며 어떤 말로 표현했는지** 등을 보고 들은 그대로 기술한다. 결과를 정리할 때 중요한 것은 관찰과 해석의 구분이다.

- 관찰: 실제로 현장에서 본 사실
- 해석: 목격한 행동을 관찰자가 분석하고 설명하는 것

해석에 정답은 없다. 그러므로 기록할 때는 관찰과 해석을 명확히 구별해서 정리하는 것이 중요하다.

> **여기가 포인트!** | **관찰과 해석을 구별한다**

⑤ 과제의 발견 및 가설의 설정

에스노그라피의 관찰 결과는 워크숍 등을 통해 팀과 공유한다. 워크숍에서는 충분한 시간을 들여 한 사람 한 사람의 관찰 결과를 살펴보며, 발견한 사항을 메모한다.

그리고 서로 메모를 공유하며 대상자가 왜 그런 행동을 했는지 해석해 나간다. ④에서 작성한 해석을 제시하고 타인의 해석을 듣다 보면, 더 깊이 있는 해석으로 나아가 새로운 발견도 가능해진다.

그 후 기존 상품의 과제를 밝혀내고 새로운 상품의 가설이나 아이디어를 도출한다.

> **여기가 포인트!** **워크숍에서는 충분한 시간을 들여 한 사람 한 사람 관찰 결과를 살펴본다**

[케이스스터디 ①] LG '트윈워시'

수많은 가전 기업이 에스노그라피를 활용한다. 한국의 LG도 에스노그라피를 활용해 혁신적인 상품을 선보이고 있다. LG의 세탁기 '트윈워시'는 큰 세탁기 아래에 작은 세탁기를 하나 더 붙여 동시에 사용할 수 있다. 가령 큰 세탁기에는 일반적인 옷을 빨고, 아래의 작은 세탁기에는 속옷 등을 나눠서 빨 수 있다.

이 아이디어는 해외 에스노그라피 조사를 통해 '속옷을 손빨래하는 사람이 많다'는 점과, 그 배경에는 '속옷을 다른 옷과 같이 빨고 싶지 않다'는 마음이 있다는 점을 발견하면서 도출되었다.

그림 | LG '트윈워시'

[출처] LG DUALWash Stream (https://www.lg.com/jp/laundry/washing-machines/dulw18h3wj/)

[케이스스터디 ②] 뱅크 오브 아메리카 'Keep the Change'

서비스업에서 에스노그라피를 통해 획기적인 서비스가 탄생한 예로 뱅크 오브 아메리카의 'Keep the Change(잔돈 저금)'가 유명하다. 소비자가 체크카드로 물건을 구입할 때 1달러 이하의 금액을 올림해 인출한 뒤, 차액을 자동으로 예금 계좌에 송금해 주는 서비스다.

뱅크 오브 아메리카는 당시 육아 중인 연령대의 여성들을 대상으로 신규 저축 계좌 개설을 유도할 서비스를 개발하고 있었다. 그리고 타깃 소비자들의 돈에 대한 인식과 구매 행동을 관찰하기 위해 미국의 주요 3개 도시에 있는 마트에서 에스노그라피 조사를 실행했다. 이 조사와 인터뷰에서 발견된 사실은 다음과 같다.

- 대다수의 사람이 돈 계산을 대강 한다.
- 잔돈이 귀찮아서 받지 않는 사람이 많다.
- 많은 이가 돈에 쪼들리지만 의지가 약해서 저축을 하지 못한다.

그래서 뱅크 오브 아메리카는 '돈 계산을 대강 하는 사람이 많다'는 행동 특성과 '저축이 어렵다'는 니즈에 부응하기 위해 새로운 서비스 'Keep the Change'를 개발했다. 뱅크 오브 아메리카는 이 서비스를 도입한 뒤 1년간 신규 고객 250만 명을 확보했다. 에스노그라피의 대표적인 성과 사례다.

조합해서 함께 쓸 수 있는 프레임워크

디지털 에스노그라피(p.154)

디지털 에스노그라피를 도입하면 본격적인 에스노그라피를 실행하기 전에 조사의 방향성과 가설을 간편하게 검토할 수 있다.

JTBD 이론(p.164)

JTBD 이론과 에스노그라피의 관찰 결과를 조합하면 관찰 대상의 고객 니즈를 더 깊이 탐색하고 정리할 수 있다.

설문조사(p.190)

설문조사를 실행하면 소비자의 니즈를 파악하거나, 아이디어 또는 콘셉트에 대한 소비자의 반응을 이해할 수 있다. 또 에스노그라피의 관찰 결과와 설문조사 결과를 조합하면, 관찰 대상의 고객 인사이트를 정량적으로 검증할 수 있다.

📖 참고문헌 · 참고자료

후지타 유이코, 기타무라 아야 저 《現代エスノグラフィ−: 新しいフィ−ルドワ−クの理論と実践(현대 에스노그라피: 새로운 필드워크의 이론과 실천)》, 2013년
사토 이쿠야 저 《フィ−ルドワ−クの技法(필드워크의 기법)》, 2002년
톰 켈리, 조너선 리트먼 저 《유쾌한 이노베이션 — 세계 최고의 디자인 기업 IDEO가 전하는 창의와 혁신》 (세종서적)

17 디지털 에스노그라피

Digital Ethnography

Tags 정성적 데이터　경영 환경의 이해　팀 단위로 실행 가능
Origin 2000년대 후반부터 마케팅 실무 영역에 널리 보급됨

이럴 때 활용한다! ▶ 소비자의 숨겨진 인식과 행동을 파악할 때

개요

디지털 에스노그라피란 앞에서 소개한 에스노그라피의 관찰 방법을, 온라인에서 수집할 수 있는 데이터를 활용해서 실행하는 방법이다. 온라인 필드워크라고 부르기도 한다.

디지털 에스노그라피는 인터넷 환경의 발전으로 수많은 소비자가 자신의 데이터와 의견을 온라인에 축적하기 시작한 2000년대 후반부터, 마케팅 실무 영역에서 널리 활용되기 시작했다. 실제로 온라인에는 소비자의 의견과 행동에 관한 데이터가 방대하다. 이 데이터를 해석하면 '소비자의 숨겨진 의식과 행동 실태'를 밝혀낼 수 있다. 이용 가능한 데이터의 구체적인 예는 다음과 같다.

① 검색 트렌드　　　　　④ 웹사이트 접속 데이터
② SNS 게시물　　　　　⑤ 구매 데이터
③ 소비자 리뷰　　　　　⑥ 그 외의 입소문이나 기사

이런 데이터를 이용한 디지털 에스노그라피는 다음과 같은 점에서 설문조사(p.190)와 차이가 있다.

- 설문조사: 사전에 설정한 조사 항목을 바탕으로 조사를 실행한다.
- 디지털 에스노그라피: 실제 생활 속에서 무의식적으로 발생한 발언이나 행동 데이터를 분석한다.

실행 방법

일반적인 에스노그라피의 세 단계가 디지털 에스노그라피에서는 각각 다음과 같이 달라진다.

표 | 디지털 에스노그라피에서 달라지는 부분

에스노그라피의 단계	디지털 에스노그라피에서의 해석
① 대상자 선정	사용할 데이터를 결정한 시점에서 대상자와 상황을 결정할 수 있음
② 상황 결정	
③ 행동 관찰	디지털 데이터이므로 수집, 열람, 분석한 시점에서 행동도 관찰할 수 있음

디지털 에스노그라피는 분석 대상 데이터를 결정하고 수집하는 시점에 여러 단계가 함께 완료되므로, 일반적인 에스노그라피보다 더 빠르게 실행할 수 있다.

데이터 종류

디지털 에스노그라피에서 사용하는 도구는 분석 대상 데이터의 종류에 따라 달라진다. 어떤 데이터와 어떤 플랫폼을 분석할지는 디지털 에스노그라피의 목적, 즉 대상 소비자의 의식과 행동을 무엇을 통해 파악할지에 따라 결정된다. 사회 전반의 경향을 폭넓게 파악하고 싶다면 검색량 같은 데이터가 적합하다. 반면 특정 집단의 니즈를 탐구하고 싶다면 그들이 모이는 커뮤니티의 데이터를 참고할 필요가 있다.

표 | 디지털 에스노그라피에서 사용하는 데이터의 종류

데이터 종류	데이터가 나타내는 것과 도구
① 검색 트렌드	• 특정한 주제에 대한 소비자의 관심 정도 • 세상의 트렌드 **사용하는 도구의 예** – 구글 트렌드 – X(트위터) 검색 데이터
② SNS 게시물	• 라이프스타일 • 소비자가 흥미를 가지는 영역에 대한 의견과 감상 **사용하는 도구의 예** – 영상 업로드 정보(라이브 방송도 포함) – 페이스북이나 인스타그램 게시물 수와 반응 수 – 핀터레스트 게시물 수
③ 소비자 리뷰	• 특정 상품의 니즈, 만족도, 불만, 구매 이유 등 • 상품에서 개선할 점 **사용하는 도구의 예** – 아마존 상품 리뷰 – 판매 플랫폼 상품 리뷰
④ 웹사이트 접속 데이터	• 반응이 좋은 콘텐츠 • 소비자의 관심사 **사용하는 도구의 예** – 구글 애널리틱스 – 트윗덱
⑤ 구매 데이터	• 구매 이력 • 판매량 데이터 **사용하는 도구의 예** – POS 데이터 – 포인트 회원 데이터

⑥ 그 외 입소문과 기사	• 블로그 내용 • 소비자의 댓글 등 **사용하는 도구의 예** – 각종 블로그 – 기업 사이트의 '자주 묻는 질문(FAQ)' 등

① 검색 트렌드

검색 트렌드 데이터는 누구나 쉽게 활용할 수 있다. 구글이 무료로 제공하는 웹 도구 '구글 트렌드'를 이용하면 특정 키워드의 검색량 추이를 확인할 수 있다(최대 다섯 개의 키워드를 비교할 수 있음). 검색량 추이를 보면 그 키워드가 어느 정도로 인기가 있는지, 어느 시점에 본격적으로 주목받기 시작했는지 등을 확인(양적 검증)할 수 있다.

만약 조사 대상 키워드가 어떤 문맥에서 등장하는지, 또는 왜 인기가 있는지 등을 확인하고 싶다면 X(트위터) 검색 데이터를 분석하는 것이 효과적이다.

가령 구글 트렌드를 보면 코로나 사태 때 '재택근무' '면역' '비타민' '비타

그림 | 구글 트렌드로 본 검색 트렌드

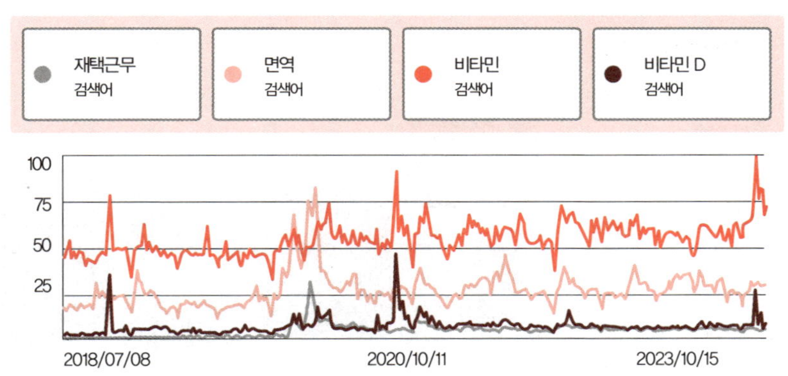

[출처] 구글 트렌드

민 D'의 검색량이 급증했음을 확인할 수 있다. 그리고 그 후에도 감기가 유행하는 겨울철에는 '비타민' '비타민 D'의 검색량이 증가하고, 코로나가 장기화되면서 '면역'은 완만히 증가하는 것을 확인할 수 있다.

이 '면역'을 강화하기 위해 소비자가 어떤 행동을 취하는지, 또는 어떤 새로운 트렌드가 나타나는지 파악하려면 X(트위터) 검색 데이터를 분석하는 것이 효과적이다. 가령 '**코로나 면역 비타민**'으로 검색하면, 많은 사람이 생선, 버섯, 목이버섯, 당근 등 면역력을 높여 주는 식재료나 요리법에 관한 게시물을 올리고 있음을 확인할 수 있다. 이처럼 소비자의 목소리를 힌트로 삼아 새로운 상품 개발 아이디어를 떠올려도 좋을 것이다.

② SNS 게시물

소비자가 실제로 하고 있는 행동이나 새로운 트렌드를 사진이나 이미지로 파악하고 싶다면 인스타그램, 페이스북, 핀터레스트 등 SNS 게시물을 확인하는 것이 효과적이다. 물론 게시물의 문자 정보(글)도 유익하지만, 사진이나 이미지는 더 구체적인 인사이트를 준다. 영상 역시 좋은 자료다.

그림 | SNS의 이미지 검색

<table><tr><td>여기가
포인트!</td><td>**SNS 게시물을 통해 소비자가 실제로 하는 행동이나 새로운 트렌드를 이미지로 확인할 수 있다**</td></tr></table>

③ 소비자 리뷰

아마존 등 대형 온라인 쇼핑몰에 축적된 방대한 소비자 리뷰는 디지털 에스노그라피에 매우 도움이 된다. 소비자 리뷰에는 상품별로 별점이 매겨지고, 여기에 더해 문자 정보(글)로 좋았던 점과 아쉬웠던 점, 사용감, 애프터서비스 경험 등을 다양하게 평가하기 때문이다.

<table><tr><td>여기가
포인트!</td><td>**소비자 리뷰를 통해 각 상품에 대한 소비자의 소감과 반응을 확인할 수 있다**</td></tr></table>

요즘은 소비자 리뷰 내용에 따라 상품의 판매량이 크게 달라지기 때문에, 기업이 초기 사용자들의 좋은 평가를 유도하는 경우가 많다. 좋은 평가의 대가로 상품 금액에 해당하는 쿠폰을 제공하는 식이다. 디지털 에스노그라피를 실행할 때는 이처럼 노이즈가 되는 데이터를 배제할 필요가 있다.

④ 웹사이트 접속 데이터

회사가 웹사이트를 보유하고 운용하고 있다면, 웹사이트의 접속 데이터를 분석하는 것은 필수다. 구글이 무료로 제공하는 분석 도구 구글 애널리틱스를 활용하면 사람들이 어떤 검색어로 웹사이트를 찾아왔는지, 어떤 콘텐츠를 클릭했는지, 웹사이트에서 어떤 행동을 했는지 등을 확인할 수 있다.

이런 분석을 통해 소비자의 흥미와 관심에 맞는 상품 또는 서비스를 개발하고, 광고 등 홍보물의 내용을 최적화할 수 있다.

⑤ 구매 데이터

디지털 에스노그라피를 실행할 때는 **상품의 구매 데이터**(POS 데이터)도 중요하다. 상품을 판매하는 매장의 POS 시스템 기록 데이터를 살펴보고, 각 상품이 언제, 어디서, 얼마에 팔렸는지 등을 확인하자.

요즘은 포인트 회원 제도 등을 통해 **구매자의 상세한 데이터**(나이, 성별, 과거 구매 이력)를 관리할 수 있는 시스템(ID-POS)도 널리 도입되었다. 이러한 구매 데이터를 분석하면 지역과 시간대별 판매량은 물론 평상시 매출 흐름까지 파악할 수 있어, 소비자의 지역과 매장 특성에 맞춰 상품 구성을 최적화할 수 있다.

⑥ 그 외의 입소문과 기사

지금까지 설명한 각 데이터에 더해, 다음과 같은 문자 정보와 데이터도 활용할 수 있다.

- 상품 매출 순위(기간별, 분류별 등)
- 평가 데이터(별점 평가 등)
- 자주 묻는 질문(FAQ)
- 개인 블로그

이러한 데이터를 수집하고 분석하면 소비자의 행동 양상과 상품에 대한 이미지 등을 관찰할 수 있다. 그리고 그 결과를 바탕으로 제품 또는 서비스 개발, 광고 전략 수립 등에 활용할 수 있다.

[케이스스터디 ①] 글리코 '파워 프로덕션 시리즈'

'맛과 건강'을 기업 이념으로 내세운 **에자키 글리코**는 '건강에 좋으니까 매일 먹고 싶다·마시고 싶다'라는 생각이 드는 상품을 만들어 내는 것을 사명으로 삼고 있다. 그리고 **야후**와 협업해 검색 데이터 등의 빅데이터를 신제품 개발로 연결한다.

　구체적으로는 소비자가 '다이어트'라는 검색어와 함께 검색하는 영양소에 주목해 상품을 개발해 왔다. 에자키 글리코는 데이터를 분석하는 과정에서 특정 영양소에 대한 검색이 증가하는 경향이 있음을 발견했다. 또한 함께 검색된 키워드로 '다이어트' '여자' '근력운동'이 많았다는 점에서 여성들에게도 단백질 보충제에 대한 니즈가 있음을 파악했다(과거에는 단백질 보충제를 구입하는 사람 중 남성이 많았다).

　이처럼 고정관념을 깨는 타깃 고객상이 드러나면서, 여성도 섭취하기 쉬운 단백질 보충제 '파워 프로덕션 시리즈'가 개발되었다.

그림 | 글리코 '파워 프로덕션 시리즈'

[출처] 글리코 파워 프로덕션 '맥스 로드 웨이 프로틴 딸기맛' 1.0kg/3.5kg' (http://www.powerproduction.jp/products/maxload_sb/)

[케이스스터디 ②] 앵커 '모바일 배터리'

　충전기, 이어폰, 보조배터리 등을 개발하고 판매하는 앵커이노베이션Anker Innovations은 2013년 설립되었다. 창업 후 불과 9년 만에 시가총액 64억 달러를 넘는 대기업으로 성장했다.

전자기기 재고를 보유한 하드웨어 기업임에도 급성장한 이유는 아마존이라는 플랫폼을 활용한 점과, 소비자의 의견과 평가(소비자 리뷰) 및 고객 데이터를 철저히 활용한 데 있다. 앵커는 창업 당시부터 소비자의 목소리를 상품에 반영하는 자세를 견지해 왔으며, 아마존의 소비자 리뷰를 신제품 개발과 기존 상품 개선에 활용하고 있다.

구체적으로는 주 1회 아마존 고객 리뷰 데이터를 중국 선전에 있는 품질 관리 부문으로 보내 상세히 분석한다. 이때 특히 중시하는 것이 별 3개 이하의 부정적 리뷰다. 평가가 낮은 리뷰를 수시로 확인해 불만이 제기된 상품의 문제와 원인을 규명하고, 이를 다음 상품 개발에 반영한다.

조합해서 함께 쓸 수 있는 프레임워크

JTBD 이론(p.164)

디지털 에스노그라피의 결과와 **JTBD 이론**을 조합하면, 추출한 고객 니즈를 더 깊이 탐색하고 정리할 수 있다.

설문조사(p.190)

디지털 에스노그라피로 정성적 가설을 수립한 후, **설문조사**로 고객 인사이트를 정량적으로 검증하면 타깃 유저의 숨겨진 의식과 행동 실태를 더 깊이 파악할 수 있다.

📖 **참고문헌 · 참고자료**

하쿠호도 생활종합연구소 저 《デジノグラフィインサイト発見のためのビッグデータ分析(디지노그라피 인사이트 발견을 위한 빅데이터 분석)》, 2021년
무라야마 미키오, 세리자와 렌 《顧客体験マーケティング顧客の変化を読み解いて「売れる」を再現する(고객 경험 마케팅 고객의 변화를 읽어내 인기 재현하기)》, 2020년

JTBD 이론

Jobs to Be Done

Tags	정성적 데이터 제품·서비스 기획 팀 단위로 실행 가능
Origin	'혁신기업의 딜레마'로 유명한 하버드 비즈니스 스쿨의 클레이튼 M. 크리스텐슨 교수 가 제시

> **이럴 때 활용한다!** ▶ 고객이 정말 필요로 하는 것을 찾을 때

개요

JTBD 이론은 '사람은 누구나 과업jobs to be done, JTBD이 있으며, 그 과업을 처리하기 위해 상품·서비스를 구매(고용hire)한다'고 본다.

이 이론에서는 상품이나 서비스를 개발할 때 상품 자체나 기능부터 생각하는 것이 아니라, 고객의 과업 즉 고객이 생활 속에서 이루고자 하는 것부터 생각해야 한다. 이 관점에서 보면 경쟁이라는 개념이 크게 달라진다.

가령 좋은 '펜'의 아이디어를 떠올릴 때, 기존의 사고방식이라면 펜의 경쟁 대상은 연필, 샤프 등 종이에 쓰는 도구라고 생각할 수 있다. 그러나 고객의 과업이 '중요한 일을 잊지 않도록 메모하는 것'이라면 스마트폰이나 컴퓨터가 경쟁 상품이 된다.

이처럼 고객의 과업이라는 관점에서 경쟁을 설정하면, 기존의 '손에 쥐고 종이에 쓰는 펜'이라는 개념으로는 상상하기 어려웠던 새로운 상품 아이디어로 이어질 수 있다.

JTBD 이론의 프레임워크

JTBD 이론의 프레임워크는 '기능적 가치'와 '정서적 가치'로 나뉜다. 정서적 가치 안에는 '개인적' 측면과 '사회적' 측면이 포함된다.

그림 | JTBD 이론의 프레임워크

기능적 가치는 기능으로 충족시켜야 할 가치다. 일상생활에서 고객이 느끼는 불편을 해결하는 정도에 따라 평가된다. 예를 들어 달리기를 하면서 음악을 듣고 싶은 니즈에 대응하여, 가벼운 러닝용 웨어러블 기기를 개발한다.

정서적 가치란 고객이 가진 불안이나 고민에 대해 감정적·감각적인 해결을 제공하는 것이다. 이는 개인적 측면과 사회적 측면이 있다.

개인적 측면은 '고객의 감정이나 기분이 어떻게 개선되는가'에 관한 것이고, 사회적 측면은 '고객이 타인에게 어떻게 인식되는가'에 관한 것이다.

대표적인 예로 애플이 2001년에 출시한 '아이팟'은 광고에서 제품 기능을 전혀 설명하지 않고, 유행하는 음악에 맞춰 리듬을 타는 젊은이의 실루엣 그래픽만으로 그 가치를 전달했다. 애플이 고객에게 전달한 것은 '음악이 일상에 자연스럽게 녹아든 사용자'라는 사회적 인상이었고, 실제로 이 상품은 그러한 사회적 집단의 일원으로 보이고자 하는 고객들에게 인기를 얻었다.

실행 방법

JTBD 이론에서는 고객을 관찰하면서 고객의 과업과, 그 해결책이 제공하는 '기능적 가치'와 '정서적 가치'를 함께 고려한다. 그런데 고객 본인이 '자신이 해결해야 할 과업'을 인식하지 못하는 경우도 적지 않다.

그러므로 에스노그라피(p.146)나 **심층 인터뷰** 등을 활용해 고객조차 인식하지 못한 인사이트(감정이나 생각)를 탐색하는 일부터 시작하면 좋을 것이다.

> **여기가 포인트!** | **고객도 '자신이 해결해야 할 과업'이 무엇인지 인식하지 못하는 경우가 있다**

① 조사 목적의 명확화

조사를 실행할 때는 우선 '누구의 어떤 일을 해결할 필요가 있는가'를 명확히 해야 한다. 예를 들어 《일의 언어》(클레이튼 크리스텐슨 저)에 소개된 사례에서는 '장거리 운전자가 이른 아침 맥도날드에서 밀크셰이크를 자주 구매하는 이유는 무엇인가'라는 구체적인 대상을 설정해 조사를 실행했다.

② 가설을 세우기 위한 관찰

대상자가 기존 상품을 어떻게 사용해 과업을 해결하고 있는지, 고객이 상품이나 서비스를 사용할 때 동행해 관찰하는 등의 방법으로 가설을 수립한다. 이때 다음과 같은 세 가지 관점에서 검토한다.

- 어떤 때(When)
- 어떤 동기에서(Why)
- 무엇을 하고 있는가(What)

이 When, Why, What으로 생각하면 대상자가 왜 그 행동을 하는지 더 구체적으로 관찰할 수 있다. 예를 들어 이른 아침 맥도날드에서 밀크셰이크를 구매하는 운전자의 경우, 밤새 운전한 뒤 아침에(when), 졸음을 쫓기 위해(why), 마시는 데 시간이 걸리는 밀크셰이크를 운전하면서 마신다(what)는 점이 조사에서 드러났다.

> **여기가 포인트!** | **대상자의 행동을 When, Why, What으로 생각한다**

③ 대상자 인터뷰

대상자의 행동을 관찰한 뒤에는 인터뷰를 통해 '그 행동을 하고 있는 상황이 행동의 동기와 어떻게 연결되는가'를 듣는다. 이를 통해 기존 상품이나 서비스에 대한 불만, 제약 등을 파악할 수 있다.

밀크셰이크를 구매하는 운전자의 사례에서도 실제로 운전자를 인터뷰한 결과, 다음과 같은 사실이 밝혀졌다.

- 밀크셰이크는 처음에 얼어 있어 빨대로 빨기 힘들기 때문에, 졸음을 깨우면서 동시에 허기를 채울 수 있다

이러한 맥락에서 운전자가 일반적인 아침 식사인 도넛이나 바나나가 아니라 밀크셰이크를 선호해 구매하는 이유가 드러났다.

> **여기가 포인트!** | **기존 상품 또는 서비스에 대한 불만을 조사한다**

새로운 과업을 발견하더라도, 많은 사람에게 필요한 과업이 아니라면 상품화 이후 성공을 기대하기 어렵다. 따라서 대상자 관찰이나 인터뷰 조사를 실행한 뒤 **설문조사**(p.190) 등을 통해 그 니즈가 일반적인 것인지 확인하면 실패 가능성을 줄일 수 있다.

④ 과업 스토리 작성

④ **과업 스토리 작성**

대상자의 행동 관찰과 인터뷰를 바탕으로 과업 스토리(대상자가 상품을 통해 목적을 달성하는 행동)를 작성한다. 과업 스토리를 작성할 때는 ②에서 소개한 '어떤 때(when)' '어떤 동기에서(why)' '무엇을 하고 있는가(what)'를 다시 정리한다. 다음과 같은 질문을 기준으로 생각하면 정리가 수월해진다.

- 고객의 과업(해결해야 할 일)은 무엇인가
- 기존 상품은 어떤 해결책을 제시하고 있는가
- 기존 상품으로는 해결되지 않는 영역이 있는가
- 그 일을 하는 과정에서 고객이 특히 피하려는 점은 무엇인가
- 고객이 기존 상품을 예상 밖의 방식으로 활용한 사례가 있는가

⑤ **해결책**

대상자의 행동을 관찰해 기존 상품이나 방법으로는 해결되지 않았던 '고객의 과업'을 찾았다면, 그 과업을 해결하는 데 필요한 '기능적 가치'와 '정서적 가치'를 프레임워크에 적는다. 이 단계에서는 '이 아이디어가 고객에게 무엇을 어떻게 해결해 주는가'를 문장으로 명확히 표현하는 것이 중요하다.

[케이스스터디 ①] P&G '스위퍼'

P&G는 '팬틴'(헤어케어), '팸퍼스'(기저귀), '페브리즈'(탈취제) 등 각 범주에서 리더라 할 만한 브랜드를 다수 보유한 세계적인 소비재 제조업체다. 또한 P&G는 첨단 마케팅 기법을 활용하는 것으로도 유명하다.

'스위퍼'는 마룻바닥을 청소하는 대걸레로 1999년에 출시되었다. 당시로서는 매우 혁신적인 제품이었고, 개발 과정에 JTBD 이론이 적용되었다.

개발팀은 처음에는 대걸레가 아니라 바닥용 세제를 검토하고 있었다. 어

떤 세제가 좋을지 논의하던 중, 프로젝트 멤버 중 한 명이 '애초에 좋은 세제를 써서 무엇을 하고 싶은가'라는 의문을 가진 것이 출발점이었다. 그리고 타깃 고객이 원하는 것은 '세제'가 아니라 '깨끗한 바닥'이라는 발상의 전환이 이루어졌고, P&G는 '바닥을 깨끗하게 하는 방법'을 제공하기로 했다.

당시 바닥 청소에 쓰이던 도구는 스펀지나 천으로 된 대걸레가 주류였다. 어느 쪽이든 고객은 바닥을 닦고 더러워진 스펀지나 대걸레를 자주 양동이에 담가 빨아야 했다. 그 과정에서 물이 금방 더러워지고 세균이 번식하는 등 위생 문제도 있었다.

P&G는 가정을 방문해 진행한 인터뷰 조사에서 주부들의 과업이 '바닥을 위생적으로 청소하고 싶다'라는 데 있음을 발견하고, 일회용 흡수 대걸레를 개발했다. 또한 주부들이 물티슈로 먼지와 얼룩을 닦아내는 모습을 보고, 정전기 시트로 먼지를 흡착할 수 있도록 만들었다. 이것이 바로 '스위퍼'다.

그림 | P&G '스위퍼'

[출처] P&G '스위퍼' (https://www.swiffer.com/en-us/)

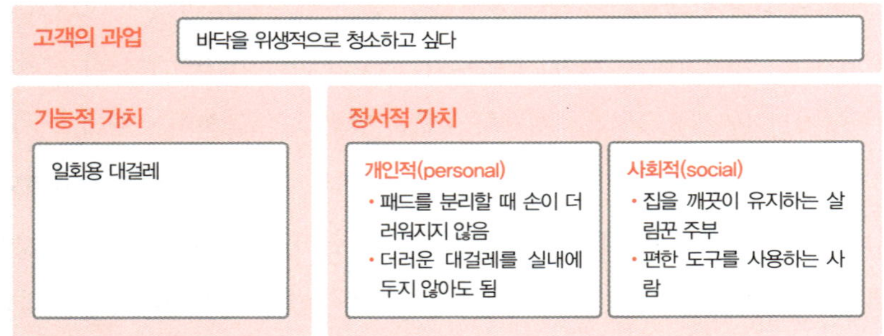

‘바닥을 위생적으로 청소한다’는 과업에 ‘일회용 대걸레’라는 기능적 가치를 더하면, ‘더러운 물로 대걸레를 빨 필요가 없다’ ‘대걸레에 세균이 번식할 걱정이 줄어든다’ ‘실내를 깨끗이 유지할 수 있다’는 점이 가능해진다.

또 정서적 가치로는 ‘패드를 떼어낼 때 손이 더러워지지 않는다’ ‘더러워진 대걸레를 실내에 두지 않아도 된다’는 점을 들 수 있다.

사회적인 정서적 가치로는 ‘집을 위생적으로 유지하는 살림꾼 주부’라는 평가나 ‘편한 도구를 사용하는 사람’이라는 평가가 있다.

[케이스스터디 ②] 마즈 ‘스니커즈’

스니커즈는 미국의 마즈가 제조·판매하는, 캐러멜과 땅콩을 밀크초콜릿으로 감싼 초콜릿 바다. 스니커즈는 작은 크기지만 1개당 248칼로리로 포만감이 있고, 휴대성도 뛰어나 외출 중 출출할 때 먹기 좋다.

스니커즈는 전 세계 매출 2천억 엔이 넘는 스테디셀러 히트 상품이다. 그 배경에는 고객의 보편적인 과업이 있다. 스니커즈는 고객의 ‘초콜릿 과자를 먹고 싶다’는 니즈에만 응답하는 것이 아니라, ‘오후 4시에 먹어 저녁 식사 전까지 든든함을 유지한다’라는 과업도 해결한다.

그림 | 마즈 '스니커즈'

[출처] 스니커즈 상품 정보 (https://www.snickers.jp/product.html)

그림 | 스니커즈의 과업 이론

| 고객의 과업 | 오후 4시에 먹어서 저녁 식사 전까지 든든함을 유지한다 |

기능적 가치
- 속이 든든한 간식
- 외출할 때 휴대해 간편하게 먹을 수 있는 바 형태

정서적 가치

개인적(personal)
- 간편하고 맛있음

사회적(social)
- 간단함을 지향하는 사람

조합해서 함께 쓸 수 있는 프레임워크

에스노그라피(p.146)

에스노그라피를 활용해 가설 없이 소비자를 관찰하면 잠재적인 니즈를 이해할 수 있다. P&G처럼 마케팅에 강한 기업들은 본질적이고 보편적인 과업을 발견하기 위해 조사 대상자의 집을 방문해 에스노그라피 조사를 적극적으로 실행한다.

설문조사(p.190)

설문조사를 하면 고객의 니즈를 파악하거나 아이디어·콘셉트에 대한 고객의 반응을 이해할 수 있다. 또한 설문조사 결과를 바탕으로 고객의 과업이나 니즈가 얼마나 넓게 존재하는지, 즉 규모를 검증할 수 있다.

페르소나(p.173)

페르소나 기법으로 고객을 구체화함으로써 특정 과업이 있는 고객에 대한 전략을 더 적절히 수립할 수 있다.

참고문헌 · 참고자료

클레이튼 크리스텐슨, 캐런 딜론 《일의 언어》 (알에이치코리아)
Clayton M. Christensen, Taddy Hall, Karen Dillon and David S. Duncan 《Know Your Customers' "Jobs to Be Done"》 Harvard Business Review

19 페르소나

바로 당신이 타깃이다

Persona

Tags 정성적 데이터　제품·서비스 기획　팀 단위로 실행 가능

Origin 광고업계에서 실행되던 타깃 마케팅의 기법

이럴 때 활용한다! ▶ 타깃 고객의 모습을 구체화할 때

개요

페르소나란 기업의 마케팅 활동에서 상품 또는 서비스의 타깃을 설정할 때 그려 내는 '전형적인 사용자상'을 말한다.

유사한 용어인 '타깃'과 차이가 있다. 타깃이 '20대 여성 중 ○○한 행동을 하고 ○○한 가치관을 가진 사람들'처럼 대상을 집단으로 파악하는 반면, 페르소나는 한 명의 전형적인 사용자 모습을 설정한다는 점이다. 페르소나는 그 사람의 라이프스타일, 가치관, 니즈, 사용하는 브랜드 등을 다면적으로 포착해 사용자상을 깊이 이해한다.

또한 이를 팀 전체와 공유함으로써, 생생한 사용자상에 기반한 일관된 전략을 세울 수 있다.

페르소나의 구성 요소

페르소나를 검토할 때 정해진 방식이나 단계는 없다. 다만 구체적인 인물을 떠올릴 수 있도록 이름, 성별, 나이, 직업, 수입, 가족 구성 같은 기본 속성은 반드시 설정한다.

여기에 더해 가치관, 하루 시간 사용 방식, 해당 범주에 대한 니즈, 사용하는 브랜드, 미디어 접촉 등 마케팅에 필요한 요소도 함께 포함한다.

그림 | 페르소나의 주된 구성 요소

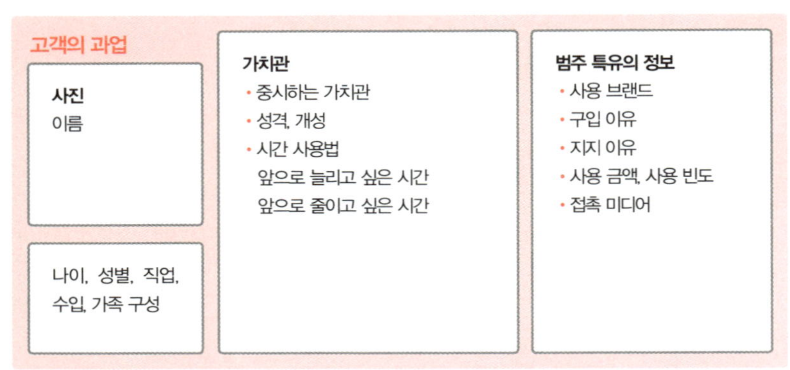

페르소나는 상품 개발과 서비스 설계의 출발점이 되는 매우 중요한 마케팅 기법이다. 따라서 팀원들과 충분히 토론해 모두가 납득할 수 있는 현실적인 인물상을 그려 내는 것이 중요하다. 한 명의 실제 사람처럼 생생하게 떠올릴 수 있는지, 또 팀원들이 공감하며 이 타깃이 좋아할 만한 상품·서비스를 만들고 싶다는 마음이 드는지가 핵심이다.

실행 방법

페르소나는 다음과 같은 순서로 작성한다.

표 | 페르소나의 작성 순서

순서	구체적 내용
① 이용 목적 설정	• 페르소나를 만드는 목적을 검토한다
② 조사 데이터 참고	• 타깃이 될 고객을 인터뷰한다 • 참고할 수 있는 기존 데이터, 공개 정보, 보고서 등을 확인한다
③ 구성 요소 언어화	• ②에서 얻은 정보를, 인물상을 구성하는 요소로서 언어화한다
④ 페르소나의 검증과 설정	• 타깃의 모습에 어색한 점이 없는지 조사하고 팀원끼리 정보를 공유하며 논의한다 • 검증한 구성 요소를 토대로 인물상을 설정한다

① 이용 목적의 설정

페르소나를 이용하는 목적을 정하고, 그 목적을 바탕으로 어떤 페르소나를 만들지 결정한다. 페르소나는 크게 다음 두 가지 패턴이 있다.

• 하나의 상품에 대한 구체적인 타깃 한 명을 설정

• 폭넓게 전개할 상품을 설계하기 위해 여러 타깃을 설정

이처럼 상품이나 서비스의 성격에 따라 페르소나를 만드는 목적과 수가 달라진다. 페르소나를 구성하는 요소는 비슷하지만, 시장 전체를 폭넓게 파악하고 싶을 때는 다양한 니즈를 검증하기 위해 여러 페르소나를 설정한다.

② 조사 데이터 참고

페르소나를 만들 때는 타깃이 되는 고객을 인터뷰해 조사하는 것이 기본이다. 인터뷰처럼 직접 조사가 어려운 경우에는 참고할 만한 기존 데이터나

공개 정보, 보고서 등을 찾아 확인한다.

 참고할 만한 데이터가 전혀 없다면, 타깃이 될 만한 가까운 사람을 떠올리며
그 사람의 속성, 가치관, 행동 특성을 바탕으로 페르소나를 가정해 본다.

③ 구성 요소의 언어화

인터뷰나 공개 정보 등으로 어느 정도 데이터를 수집했다면, 그 내용을
페르소나의 구성 요소로 구체적으로 정리해 언어화한다.

가령 인터뷰에서 '쇼핑할 때 이것저것 보고 결국 사지 않는 경우도 많다'는
이야기를 들었다면, 이를 '확신이 없으면 구매하지 않는다'처럼 고객의 생각이
나 행동 특성으로 정리한다. 이처럼 언어로 정리해 두면 다음 단계에서 팀원
들과 토론하거나 조사로 검증할 때 도움이 된다.

④ 페르소나의 검증과 설정

요소를 언어화했다면, 팀원들과 토론하거나 팀원 주변에 있는 타깃과 비
슷한 사람의 특징을 공유하면서 사용자상을 구체화한다. 정보가 부족하다고
느끼면 이 단계에서 추가 조사를 해도 좋다. 필요한 데이터를 보완해, 한 명
의 인물로서 어색함이 없는 페르소나를 설정해야 한다.

[케이스스터디] 수프 스톡 도쿄

수프 스톡 도쿄 Soup Stock Tokyo는 1999년에 창업한 미쓰비시상사의 사내
벤처로, '식사로서의 수프'를 콘셉트로 한 수프 전문점이다. 일본에서는 여성
이 혼자서도 편하게 들어갈 수 있는 패스트푸드점이 드물다는 점에 주목해,
안전하고 맛있는 식사를 천천히 즐길 수 있는 공간을 제공하고 싶다는 생각

이 창업 계기다(①이용 목적 설정).

수프 스톡 도쿄는 사업을 개발할 때 도심에서 일하는 여성의 라이프스타일을 조사해 '아키노 쓰유'라는 페르소나를 설정했다.

아키노 쓰유는 도시에서 일하는 여성이다. 음식 취향은 푸아그라 같은 고급 재료보다, 고등어 구이처럼 저렴하더라도 좋은 재료로 만든 맛있는 음식을 좋아한다. 취미는 수영이며, 다니는 수영장에서는 평영이 아니라 자유형으로 시원시원하게 헤엄친다. 이런 내용을 보면 쾌활한 성격에, 바쁜 일상 속에서도 자기 몸에 맞게 건강을 챙기는 여성상이 떠오른다(②조사 데이터 참고, ③구성 요소의 언어화).

그림 | 수프 스톡 도쿄의 페르소나

[출처] 리스팅플러스 홈페이지를 참고해 저자가 일부 수정

수프 스톡 도쿄는 아키노 쓰유 페르소나를 바탕으로 그녀가 먹고 싶어 할 메뉴는 무엇인지, 매장 위치는 어디가 적절한지, 디자인은 어떻게 해야 하는지 구체적으로 검토했다. 그 결과, 화학조미료나 방부제에 의존하지 않고 재료 본연의 맛을 즐길 수 있는 '식사로서의 수프'라는 콘셉트가 명확해졌다.

또 매장 위치는 페르소나인 아키노 쓰유가 자주 이용할 것으로 예상되는 장소, 즉 사무실 밀집 지역이나 역 근처로 결정했다. 인테리어는 기능적이면서도 센스 있고, 여성 혼자서도 들어가기 쉬운 분위기로 정했다(④페르소나의 검증과 설정). 이렇게 해서 카운터에서 여성 혼자서 수프를 즐기는 가게가 개발되었다.

아키노 쓰유의 페르소나에는 외식업과 직접 관련 없어 보이는 항목도 포함되어 있다. 하지만 이렇게 세밀하고 구체적으로 설정해 두면 '이 맛은 아키노 쓰유답나' '아키노 쓰유는 이 매장 위치를 좋아할까'라는 관점으로 논의를 이어갈 수 있다.

조합해서 함께 쓸 수 있는 프레임워크

에스노그라피(p.146)

에스노그라피를 도입해 가설 없이 타깃을 관찰하면 잠재적인 니즈를 이해할 수 있다.

파레토 분석(ABC 분석) (p.257), RFM 분석(p.264)

회사 고객을 바탕으로 페르소나를 만들 때는 사전에 **파레토 분석**(ABC 분석)이나 **RFM 분석**을 실행해 자사 매출에 가장 크게 기여하는 타깃 세그먼트를 밝혀낸 후, 그중에서 페르소나를 설정하는 것이 효과적이다.

📖 참고문헌 · 참고자료

존 프루트, 타마라 애드린 저 《퍼소나》 (내하출판사)
Clayton M. Christensen 《Jobs to Be Done》 Harvard Business Review
〈ペルソナマーケティングの成功事例と設定方法(페르소나 마케팅의 성공 사례와 설정 방법)〉(2018년 5월 1일) Listing+Magazine
https://ppcmaster.jp/labo/2018/05/persona_marketing.html
〈「クールドラフト」ヒットの裏にペルソナあり('쿨 드래프트' 히트의 뒤에는 페르소나가 있다)(2009년 7월 15일) 닛케이 크로스텍
https://xtech.nikkei.com/it/article/JIREI/20090713/333696/

<table>
<tr><td>20</td><td>고객과 함께 만들어낸다
커뮤니티 공동 창출법
Co-creating Marketing</td></tr>
</table>

Tags 정성적 데이터   제품·서비스 기획   팀 단위로 실행 가능
Origin 미시간 대학교 비즈니스 스쿨 교수 C. K. 프라할라드가 제시

이럴 때 활용한다! ▶ **고객의 목소리를 상품과 서비스에 반영할 때**

개요

고객 협업 마케팅은 고객(사용자)과 함께 새로운 상품이나 서비스를 개발하는 방법이다. 일반적인 사례는 다음과 같다.

- 회사 웹사이트에서 상품화에 대한 고객 의견을 모집하고, 그 내용을 바탕으로 개발 담당자가 검토한다.
- 상품 개발 과정에서 고객에게 여러 안을 제시해 투표를 진행하고, 그 결과를 반영한다.

미시간 대학교 비즈니스 스쿨 교수 C. K. 프라할라드가 저서 《경쟁의 미래》에서 '고객과 함께 가치를 만들어내지 않으면 기업은 경쟁에서 살아남을 수 없다'라고 설파한 데서 시작되었다. 일본에서는 무인양품의 상품 개발이 대표 사례로 자주 언급된다.

또한 이제는 고객이 기업의 일방적 메시지뿐 아니라 친구나 SNS 커뮤니티 등 다양한 경로에서 영향을 받는다. 따라서 기업 입장에서는 고객이 상품이나 브랜드의 팬이 되도록, 팬 커뮤니티를 어떻게 설계할지가 중요하다.

고객 협업 마케팅의 실행 방법은 크게 두 가지로 나뉜다.

- 자사 플랫폼에 고객을 모아 두고 실행하는 방법
- 타깃 고객이 있는 대형 플랫폼과 연계해 실행하는 방법

표 | 고객 협업 마케팅의 두 가지 실행 방법

	자사 플랫폼	외부 플랫폼
목적	• 고객 의견을 신제품 개발에 활용 • 초기 상품을 모니터링하며 개선점과 의견을 수집 • 상품 포장 디자인이나 광고 등 아이디어를 함께 발굴 • 기존 서비스를 개선	• 시장의 고객 니즈를 이해하고 신제품을 개발 • 신규 고객을 확보하기 위해 상품 아이디어를 폭넓게 모집 • 광고·이벤트를 입소문으로 확산시킬 핵심 타깃을 모집
수단	• 자사 웹사이트나 SNS 등에서 신제품 개발에 관심 있는 고객을 모집 • 상품의 충성 고객과 팬을 모집해 커뮤니티를 형성	• 플랫폼에서 활동하는 고객에게 아이디어 모집 • 상품 모니터링을 위해 타깃과 비슷한 니즈가 있는 사람들을 한곳에 모음

인터넷상에서 고객 의견을 모을 때는 조사 목적에 맞춰 플랫폼을 선택한다. 예를 들어 '고객의 의견을 상품 개발에 활용하고 싶다' '기존 상품·서비스의 개선점을 함께 찾아내고 싶다'처럼 기존 상품이나 서비스의 개선·개량·발전을 목적으로 할 때는 **자사 플랫폼**을 활용해 고객을 모집하는 방법이 적합하다.

반면 '시장의 고객 니즈를 이해해 신제품을 개발하고 싶다' '신규 고객을 확보하기 위한 상품 아이디어를 폭넓게 모집하고 싶다'처럼 신제품·서비스 개발이나, 아직 확보하지 못한 고객층을 새로 개척하는 것이 목적이라면 타깃 고객이 있는 **외부 플랫폼**과 연계하는 편이 효과적이다.

외부 플랫폼의 예로는 식품 분야의 '쿡패드(사용자들이 레시피를 올리고 검색·공유하는 일본의 요리 레시피 플랫폼)', 미용 분야의 '앳코스메(화장품·뷰티 제품에 대한 사용자 리뷰와 랭킹을 제공하는 일본의 대형 뷰티 정보 플랫폼)' 등이 있다.

또한, 고객 협업 마케팅으로 신제품 아이디어를 만들어낼 때는 '어떤 사람을 커뮤니티 멤버로 받아들일 것인가'가 매우 중요하다. 가령 기존 상품의 종류를 늘리고 싶다면, 틈새 타깃층의 의견을 들어 의외의 니즈를 발견할 수 있다. 또 자사 직원도 미처 깨닫지 못한 신제품 아이디어를 발굴하고 싶다면, 상품의 열렬한 팬들에게서 의견을 듣는 것이 효과적이다.

고객 협업 마케팅을 지속적으로 실행하려면 참가자의 동기 부여를 유지하는 것이 중요하다. 따라서 참가자에게 목적과 기간을 명확히 안내할 필요가 있다.

[케이스스터디 ①] 가루비 '자가리코'

가루비는 많은 히트 상품을 보유한 식품 제조업체다. 고객 의견을 신제품 개발에 활용하는 공동 창출형 기업으로도 유명하며, 브랜드별로 팬 커뮤니티를 운영하고 있다.

예를 들어 '자가리코'는 2007년부터 팬 사이트를 운영하는 등 SNS 보급 이전부터 팬과의 소통을 이어 왔다. 최근에는 공식 SNS와 '자가리코 탐험대' 같은 온라인 커뮤니티를 통해 팬 참여형 기획을 전개하고 있다.

'자가리코 커뮤니티'의 콘셉트는 학교다. 그래서 4월에 새 학년이 시작되며, 고객과 직원이 참가해 1년 동안 하나의 상품을 함께 만든다.

예를 들어 4월에 학생(고객)들을 대상으로 새로운 맛을 모집하면 1,000개가 넘는 아이디어가 제출된다. 그 후 가루비의 개발 담당자와 마케팅 담당자가 학생들과 함께 '상품 콘셉트' '맛' '패키지' '캐치프레이즈' '홍보' 등 상품 제작 과정을 진행한다.

고객은 자신이 아이디어를 낸 상품에 대한 애착이 커지기 때문에, 공동 개발한 상품은 연간 매출 상위권을 기록하는 경우가 많다. 실제 고객과 공동 개발한 '아스파라 베이컨 맛'과 '갈릭 버터 간장 맛'은 출시와 동시에 히트 상품이 되었다.

[케이스스터디 ②] 미쓰칸 '긴노쓰부'

쿡패드는 1998년 서비스 시작 이래 월 5천만 명 이상이 방문하는 일본 최대의 요리 레시피 검색 사이트다. 쿡패드는 고객에게 레시피 게시, 검색, 열람 기능을 제공하는 한편, 여러 제조사에 자사 상품을 활용한 레시피 경연대회 개최와 신제품 개발을 위한 의견 모집 서비스를 제공한다.

조미료 제조사 미쓰칸이 2008년 9월 출시한 '**긴노쓰부 대절찬 낫토 절품 생강 소스 3P**'는 쿡패드에서 열린 레시피 경연대회에서 268개 작품 가운데 선정된 아이디어를 바탕으로 개발된 상품이다.

미쓰칸은 이 외에도 주력 상품인 식초, 국수장국, 폰즈 간장을 활용해 염분을 줄인 '**저염 레시피**'를 쿡패드와 공동 개발하고 있으며, 이 레시피를 수록한 서적도 출간했다.

조합해서 함께 쓸 수 있는 프레임워크

설문조사(p.190)

고객 협업 마케팅에서 고객의 니즈를 파악하거나 아이디어에 대한 고객 반응을 이해할 때 **설문조사**를 활용할 수 있다.

'고객의 구매 여행'을 시각화한다

21 고객 여정 지도

Customer Journey Map

Tags 정보의 기록·정리   제품·서비스 기획   팀 단위로 실행 가능
Origin 미국의 UX 컨설팅 회사 Adaptive Path가 담당한 사례에서 발전

이럴 때 활용한다! ▶ 고객의 의사결정 과정을 시각화할 때

개요

고객 여정 지도customer journey map는 고객이 제품을 인지하고, 구매하고, 이용하고, 재구매하기까지의 일련의 경험을 '여행'에 비유한 용어다. 이 방법을 활용하면 고객이 어떤 니즈와 생각을 바탕으로 자사의 제품이나 서비스를 이용하는지 한눈에 파악할 수 있으며, 다음과 같은 점을 검토할 수 있다.

- 고객이 진짜 이루고 싶은 것은 무엇인가
- 자사의 제품이 그 목적 달성을 위해 '다리'를 놓고 있는가
- 그렇지 않다면 무엇을 개선해야 하는가 등

실행 방법

고객 여정 지도는 다음과 같은 순서대로 작성한다.

① 페르소나를 설정한다

우선 타깃이 되는 고객의 행동을 관찰하거나 인터뷰 등의 정성적 조사를

실행해, 분석 대상인 제품 또는 서비스의 **페르소나**(p.173)를 설정한다.

페르소나 설계가 모호하면 각 단계에서 행동과 생각의 범위가 지나치게 넓어져, 고객이 시간 순서대로 제품이나 서비스를 이용하는 행동 흐름을 만들기 어렵다. 따라서 자사 마케팅 조사 데이터를 활용하는 등 가능한 한 구체적으로 설정해야 한다.

② 목표를 설정한다

페르소나를 설정한 뒤에는 **목표**를 정한다. 목표란 제품이나 서비스의 핵심성과지표KPI다. 예를 들어 '1회 구매' '재구매' '지인에게 추천' 등이 있다. 목표가 '1회 구매'인지 '재구매'인지에 따라 고객 행동을 바라보는 관점과 접근법이 크게 달라진다.

③ 고객 여정 지도를 그린다

페르소나와 목표를 설정한 뒤에는 고객 여정 지도의 각 항목을 채워 나간다. 최근 고객 여정 지도를 작성하는 방식이 다양해졌지만, 여기서는 고객 여정 지도의 기본으로 꼽히는 미국 UX 컨설팅 업체 Adaptive Path가 2000년대에 제안한 'Experience Mapping'을 기반으로 한 방법을 소개하겠다.

그림 | 고객 여정 지도

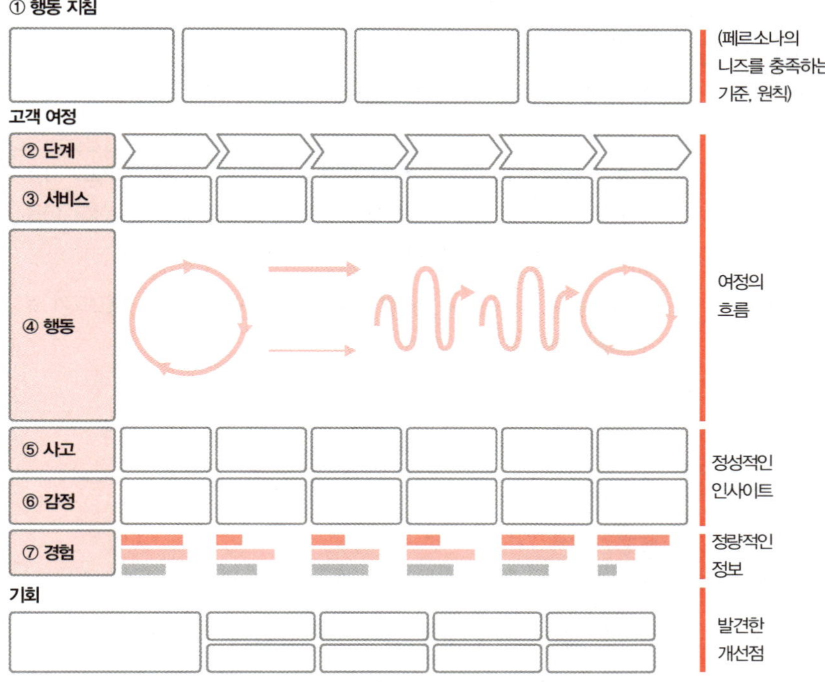

[출처] Chris Risdon "Anatomy of an Experience Map" Center Inc.를 참고해서 저자가 작성

표 | 고객 여정 지도의 각 항목

항목	설명
① 행동 지침	설정한 페르소나가 어떤 **니즈**를 바탕으로 행동하는지 기입한다.
② 단계	고객이 자사 제품이나 서비스와 접점을 가지며 **움직이는 단계**를 기입한다. 예를 들어 '제품을 알게 된다(인지)' '정보를 검색한다(탐색)' '비교한다'처럼, 목표에 이르기까지 고객이 거치는 행동 단계를 적는다.
③ 서비스	자사가 제공하는 **서비스**를 기입한다.
④ 행동	행동 관찰이나 인터뷰 조사에서 파악한, **'고객이 시간 순서대로 취하는 구체적인 행동'**을 기입한다. 예를 들어 '인터넷에서 검색한다' '콜센터에 전화한다' 등이다.

⑤ 사고	행동하는 과정에서 **고객이 어떤 생각을 하는지** 기입한다. 예를 들어 '지금 사면 가장 빠른 배송일은 언제일까?' '가장 싼 가격은 얼마일까?' 등이다.
⑥ 감정	각 단계에서 **고객이 그 행동을 하며 느끼는 감정**을 기입한다. 예를 들어 '가성비 제품을 찾아 기쁘다' '평이 안 좋아 불안하다' 등이다.
⑦ 경험	고객 여정 지도의 각 단계마다 **고객 설문조사**를 실시해 만족도와 사용 편의성 등 **제품 이용 경험에 대한 평가**를 정량 데이터로 기록한다. 이를 바탕으로 개선이 필요한 부분을 찾아낸다.
⑧ 기회	각 항목을 정리하면서 발견한 '**서비스를 강화하는 요소**'나 '**재검토가 필요한 기능**' 등을 요약한다.

[케이스스터디 ①] 레일유럽

레일유럽Rail Europe은 유럽 전역의 철도를 한 번에 검색·예약할 수 있는 서비스다. 국가별·운영사별로 다른 철도 사이트를 일일이 조사해야 하는 수고를 줄여 주는 것이 고객에게 제공하는 가치다.

레일유럽의 고객 여정 지도에서는 인터넷과 전화를 결합한 서비스를 정리했다. 예를 들어 고객이 처음으로 취하는 '여행 정보 수집' 단계에서는 자사 사이트 검색뿐 아니라 여행 블로그, 친구와의 대화 등 다양한 수단을 조합해 정보를 모으는 것을 알 수 있다. 그 목적은 '가장 쉽게 여행할 수 있는 방법은 무엇인가' '가장 저렴한 조합은 무엇인가' 등을 파악하기 위해서다.

고객의 행동과 생각을 시각화하면 다음과 같은 조치가 필요함을 파악할 수 있다.

- 특정 목적과 관련해 SNS를 활용해 고객 참여를 유도할 수 있다.
- 고객이 서비스 이용 전후에 무엇을 바꿀지 예상한 서비스를 제공할 필요가 있다.

그림 | 레일유럽의 고객 여정 지도

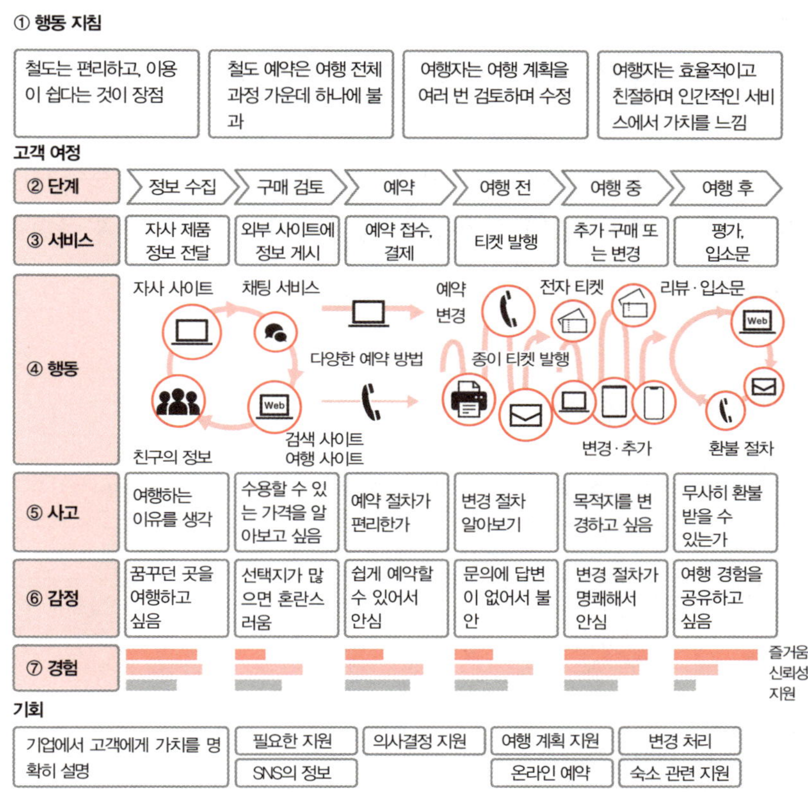

[출처] Chris Risdon "Anatomy of an Experience Map" Center Inc.를 저자가 참고하고 일부 수정해서 작성

[케이스스터디 ②] 오퍼박스

2012년에 창업한 오퍼박스OfferBox는 구직자가 기업을 선택해 지원하는 기존 방식과 달리, '기업이 학생 정보를 검색해 먼저 연락하는' 제안형 신입 채용 서비스다.

서비스 시작 이후 학생과 기업의 등록이 늘어나 2023년 기준으로 20만 명 이상의 학생과 11,400곳의 기업이 서비스를 이용했다.

기존 취업 정보 사이트는 제공하는 정보가 너무 많아 취업 준비생이 '자신에게 맞는 기업'을 검토하며 찾기 어려웠다. 또한 취업에 대한 조급함 때문에 여러 기업에 지원하는 경향이 있어, 결과적으로 자기소개서에 뻔한 내용을 쓰기 쉬웠다.

오퍼박스는 채용 미스매치를 줄이기 위한 방안으로 학생의 개성이 드러나는 프로필 양식을 제공하고, 기업이 직접 연락할 수 있는 접점을 마련해 주고 있다.

그림 | 오퍼박스의 고객 여정 지도

행동 지침	취준생에게 필요한 정보를 제공			기업과 학생의 접점 만들기		적절한 매칭이 가치	
단계	취업 정보 모으기	자기 분석	이력서 작성	기업 설명회	입사지원	면접	채용
오퍼박스	등록 기업 소개 / 자기 분석, 기업 분석 스터디		프로필 형식 제공	기업의 취업 제안	채용 담당자와 연락	칼럼 등으로 취업 경험자의 이야기 제공	
행동	• 기업 사이트 검색 • 교내 구인 정보 조사 • 구직 서비스 사이트 검색	• 취업 서적 참고 • 강의나 스터디 이용	• 구직 사이트, 기업 사이트에서 정보 조사	• 구직 사이트에서 정보 조사 • 기업 설명회 여러 곳에 참가	• 구직 사이트, 기업 사이트에서 지원	• 채용 담당자 블로그 • SNS에서 정보 검색	
사고	• 최대한 좋은 조건의 기업 찾기 • 자신과 잘 맞는 기업 찾기	• 본인의 특별함을 찾기어려움	• 정보가 너무 많아 정리가 어려움	• 최대한 많은 기업에 지원	• 합격한 선배들의 경험을 참고하고 싶음 • 같은 기업에 합격한 사람의 정보를 알고 싶음		
감정	• 나쁜 직장은 피하고 싶음 • 어떤 기업이 자신과 잘 맞는지 몰라서 불안	• 자신에게 차별화할 점이 없는 것 같아 불안	• 합격하지 못할까 봐 초조함	• 이 고생이 보상받을까	• 합격을 위한 멘트는 자신답지 않게 느껴짐 • 면접이 겁남		
경험	• 취업에 관한 정보량이 너무 많음 • 정보가 취준생과 기업 각각의 개성에 들어맞지 않음						

자사의 기회와 이념

• 학생이 기업을 고르기 어려움 • 기업과의 미스매치를 해소할 필요가 있음 • 매칭의 개선이 필요	• 기업 측의 시각도 반영한 자기소개서 작성을 지원할 필요성	• 학생이 작성하기 쉬운 프로필 형식 제공	• 채용 담당자가 직접 학생에게 연락할 수 있는 접점 제공 • 학생이 연락에 답할지 여부를 선택할 수 있어서 안심	• 사전에 소통해서 채용 미스매치 줄이기 • 학생의 개성 살리기

조합해서 함께 쓸 수 있는 프레임워크

에스노그라피(p.146), 설문조사(p.190)

고객 여정 지도를 작성할 때는 **에스노그라피**를 활용해 고객 조사를 꼼꼼히 진행하고, 이를 바탕으로 페르소나를 구축하는 것이 중요하다. 또한 **설문조사**를 통해 평가, 만족도 등을 정량적으로 파악하는 것도 중요하다.

📖 참고문헌 · 참고자료

Chris Risdon "Anatomy of an Experience Map" Center Center Inc.
https://articles.centercentre.com/experience_map/

소비자의 의식과 행동을 이해할 수 있다

설문조사

Questionnaire Research

Tags 정량적 데이터 경영 환경의 이해 팀 단위로 실행 가능
Origin –

이럴 때 활용한다! ▶ 고객의 생각과 니즈를 직접 확인할 때

개요

설문조사란 질문 항목을 만들어 대상자의 응답을 집계하는 조사 방법이다. 이 방법은 고객(소비자 등)의 의식, 행동, 니즈를 파악하거나 아이디어 또는 콘셉트에 대한 고객 반응을 이해하는 데 필수다. 우편, 대면 등 방법은 다양하지만 현재는 온라인 조사가 주류가 되었다.

우편조사

우편조사란 설문지를 자택으로 우편 발송해 대상자의 응답을 얻는 방법이다. 주로 고객이나 가구의 인식 조사나 실태 조사를 위해 실시한다. 우편조사는 다음과 같은 경우에 적합하다.

- 설문을 '딱 원하는 사람들(타깃)'에게만 정확히 보내서 받으려 할 때
- 몇 명만 뽑아 조사하더라도, 그 결과가 한쪽으로 치우치지 않고 타깃 전체 의견을 잘 대표해야 할 때
- 노인처럼 온라인 설문 참여가 어려운 사람이 많을 때

대면조사

대면조사는 설문 대상자를 특정한 장소에 모아 놓고 응답을 얻는 방법이다. 대상자를 사전에 모집하기도 하고, 거리 등에서 모집하기도 한다. 대면조사는 다음과 같은 경우에 적합하다.

- 목업을 직접 만지게 하거나, 맛을 보게 하는 등 실제로 체험해야 평가가 가능할 때
- 온도나 사용 방법처럼 조건을 똑같이 맞춰서 비교하게 하고 싶을 때

HUT Home Use Test

HUT란 상품을 자택에 배송하거나 조사원이 설치한 뒤, 대상자가 며칠간 사용하도록 하고 평가를 수집하는 방법이다. 주로 상품 테스트(향, 질감, 사용감, 효과 등)를 위해 실시한다. HUT는 다음과 같은 경우에 적합하다.

- 집에서 쓰는 시간대, 공간, 습관까지 포함해 실제 사용 상황을 보고 싶을 때
- 온도나 사용 방법 같은 조건을 모든 사람이 똑같이 맞출 필요가 없을 때
- 몇 주간 연속으로 써 본 뒤의 느낌이나 변화에 대한 답이 필요할 때

온라인 조사

온라인 조사는 웹사이트에 미리 질문 항목을 만들어 두고 응답을 얻는 방법이다. 다음과 같이 다양한 목적에 널리 이용되고 있다.

- 고객 인식 조사
- 고객 행동 조사
- 카테고리 니즈 조사
- 브랜드 이미지 조사
- 상품 콘셉트 평가
- 단기간에 응답을 확보하고 싶을 때 등

온라인 조사가 일반적이지만, 다른 조사 방법들도 여전히 활용되고 있다. 조사 목적에 따라 적절한 방법을 선택하는 것이 중요하다.

조사 단계별 포인트

설문조사는 사업 구상 단계나 상품 개발 단계 등 각 단계에 맞는 방법으로 진행하는 것이 좋다. 다음 그림은 신제품 개발 단계별로 적합한 설문조사 방법이다.

그림 | 신제품 개발의 주요 설문조사 유형

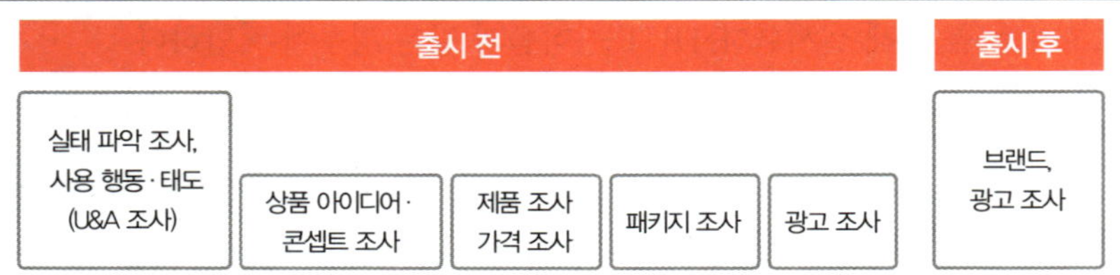

[출처] 저자 작성

설문조사를 실행할 때는 다음과 같은 세 가지 포인트를 유의한다.

① 아이디어를 내는 단계에서 고객의 인사이트와 니즈를 파악한다

새로운 상품이나 서비스, 사업 계획 등의 아이디어를 구상하는 초기 단계에서는 '그 아이디어가 고객의 인사이트(감정과 생각)를 제대로 포착하고 있는지, 니즈에 부합하는지'를 확인하는 조사가 중요하다.

이 단계에서는 고객 실태를 파악하기 위한 U&A 조사(Usage and Attitude, 사용·태도 조사)를 실시해 고객의 라이프스타일과 구매 행동을 이해하는 것이 좋다.

② 구체적인 상품 계획의 검토 단계에서 고객의 취향을 파악한다

사업 계획이나 상품·서비스 개발을 구체화하는 단계에서는 마케팅 4P에 맞춰 설문조사를 여러 차례 실시한다. 이를 통해 현실적인 기획의 윤곽을 잡을 수 있다.

기획·개발 단계에 따라 고객이 선호하는 상품의 색상이나 형태 같은 특징(Product), 구매 의사가 생기는 가격대(Price), 고객이 접하는 미디어를 활용한 판매 촉진(Promotion), 일상적으로 상품이나 서비스를 구매하는 경로인 유통(Place) 등을 조사하면 좋다.

③ 설문조사를 설계할 때는 사전에 조사 가설을 세운다

조사 가설은 설문조사로 검증하고자 하는 '과제에 대한 가정'을 뜻한다. 조사 가설이 없으면 무엇을 물어봐야 하는지 기준이 흐려져 문항이 불필요하게 많아지고, 조사 후에 '정작 필요한 데이터가 없는' 상황이 생길 가능성도 커진다. 예를 들어 U&A 조사에서는 고객의 생활과 행동을 얼마나 구체적이면서도 빠짐없이 가설화했는지에 따라 설문조사의 유용성이 크게 달라진다.

또 아이디어를 내는 단계의 설문조사라면, '어떤 결과가 나와야 이 아이디어나 콘셉트를 다음 단계로 진행할 것인가'와 같은 조건이나 기준치를 미리 정해 두는 것이 좋다.

 리서치 회사에는 과거 조사 결과를 축적한 데이터베이스가 존재하며, 이를 바탕으로 이번 결과가 어떤 수준에 해당하는지 판단할 수 있는 기준치도 갖고 있다. **그 기준치를 넘으면 성공 확률이 높다고 판단**하는 것도 가능하므로, 데이터베이스를 보유한 리서치 회사에 의뢰하는 방식도 효과적일 수 있다.

설문조사의 설계 방법

설문조사를 설계할 때는 사전에 다음과 같은 네 가지 항목을 검토해 두는 것이 좋다.

① 조사 목적

먼저 **조사 목적**을 명확히 한다. 기준치가 있다면 '○○라는 **지표**에서 ○○ 이상'처럼 구체적인 값도 함께 설정한다.

예: 타깃 그룹이 구매할 때 무엇을 중시하는지 파악하기

예: 여러 콘셉트안 가운데 타깃 고객의 평가가 높은 안을 선정하고, 그 이유와 개선점을 파악하기

② 조사 대상자

조사 대상자를 검토한다. **표본 규모와 표본 속성**을 각각 결정한다.

| 표본 규모

표본 규모란 설문에 응답하는 조사 대상자의 수를 뜻한다. 설문 결과가 유의미하다고 볼 수 있는 최소 단위(인원이나 그룹 등)를 고려해 표본 규모를 정할 필요가 있다.

또 조사에서 발생하는 오차가 허용 범위 안에 들어온다고 볼 수 있을 만큼의 응답자 수를 확보해야 한다. 조사 대상 규모가 클수록 필요한 응답자 수도 늘어난다.

| 표본 속성

표본 속성이란 성별, 나이, 지역, 직업, 연 수입 등 설문조사 대상자의 프로필을 말한다. 설문조사는 기본적으로 '판매 대상이 될 속성의 사람들'을 모집단으로 설정해 진행한다.

브랜드 이미지처럼 특정 상품이나 브랜드에 관한 조사라면, 성별·나이 같은 일반 속성 대신 특정 브랜드 사용자나 특정 니즈를 가진 사람을 조사 대상으로 설정할 수도 있다.

설문조사는 표본을 추출해 실시하는 조사이므로, '**표본의 구성비가 모집단과 같다면 시장을 제대로 반영하고 있다**'고 간주한다. 따라서 일본처럼 고령화가 진행된 국가에서 전 국민을 대상으로 조사를 설계할 때는 인구 비율에 맞춰 고령층 비중을 높게 잡는 경우가 있다. 다만 이런 경우에도 연령대를 균등하게 배분해 각 세대의 의견을 폭넓게 듣는 방식이 자주 활용된다. 어떤 방식을 택할지는 설문조사의 목적에 따라 달라지므로 주의해야 한다.

③ 조사 지역

조사 지역이란 설문조사를 실시하는 범위를 의미한다. 예를 들어 전국에서 진행할지, 수도권에서만 진행할지 등이다. 어느 지역에서 실시할지는 조사 목적에 따라 달라진다. 전국 단위의 비즈니스나 상품·서비스 조사라 하더라도, 실제로는 전국이 아니라 수도권 또는 수도권과 그 외 인구 밀집 지역을 중심으로 조사하는 경우가 많다. 반면 지역 기반 서비스라면 해당 지역을 대상으로 설계한다.

④ 조사 항목

조사 항목은 조사 목적에 맞춰 작성한다. 예를 들어 신제품 관련 설문조사라면 상품에 있으면 하는 기능의 종류를 묻거나, 여러 디자인 이미지를 제시해 선택하도록 할 수 있다. 구매 희망 가격은 단일 가격으로 묻거나 '○○엔 ~○○엔'처럼 범위를 제시해도 좋다.

| 질문 기재 순서에 유의한다

조사 항목을 작성할 때는 질문의 순서에 유의해야 한다. 보통은 추상적이거나 큰 개념의 질문을 먼저 제시하고, 그 뒤에 구체적이고 개별적인 질문을 배치한다.

예를 들어 새로운 주스에 관한 조사라면 모든 음료의 구매 빈도처럼 범주 전반에 관한 질문을 먼저 두고, 이후 개별 브랜드 인지도나 구매 경험 등에 대한 질문을 배치한다. 또한 아이디어나 콘셉트 평가 조사에서는 앞선 질문이 뒤의 답변에 영향을 주지 않도록(예: 특정 아이디어에 대한 긍정적 정보가 먼저 제시되는 등) 주의해야 한다.

설문조사 결과를 사업 계획이나 상품·서비스 개발의 의사결정에 활용할 수 있는 객관성 높은 데이터로 만들기 위해, 실행 방법과 조사 항목을 꼼꼼히 점검할 필요가 있다. 자사에 유리한 결과가 나오도록 조사 대상자를 의도적으로 선정하지는 않았는지, 문항의 표현이나 배열 순서가 응답에 영향을 주고 있지는 않은지 주의하자.

[케이스스터디 ①] 세븐일레븐 '금 식빵'

세븐일레븐은 일본 매출 1위의 편의점으로, 수많은 상품을 판매하고 있다. 그중 '세븐프리미엄'은 고품질·고가격을 내세워 수익률이 높은 프라이빗 브랜드 상품이다.

세븐일레븐은 편의점에서 고가격대 프라이빗 브랜드 상품을 판매하기 위해 상품 개발 단계마다 설문조사를 실행하며 가설 검증을 반복했다.

예를 들어 세븐프리미엄 상품 중 하나인 '금 식빵'은 작은 봉지 하나에 250엔으로, 식빵으로서는 비싼 편이다. 세븐일레븐은 우선 '빵 시장의 현재 상태가 어떤가'를 조사해(실태조사) 고객 니즈를 파악했다. 일본의 빵 시장에는 식빵 등 주식용 빵과 간식용 빵이 있으며, 양쪽의 규모는 반반이다. 그러나 고객 구매 실태 조사 결과 '세븐일레븐에서는 식빵 점유율이 현저히 낮다'라는 사실이 밝혀졌다. 식빵 부문을 개선하면 더 팔릴 것이라는 가설을 바탕으로, 식빵을 세븐프리미엄의 전략 상품으로 정했다.

다음으로 프리미엄 식빵이 고객에게 받아들여질지에 대한 가설을 검증하기 위해 대규모 설문조사(표본 1만 명, 노무라 종합연구소가 매년 실행)를 실시했다. 그 결과 고객 니즈가 '가격이 높아도 품질이 좋은 것, 맛있는 것을 구매하고 싶다'라는 성향으로 변화하고 있다는 사실을 확인해 개발을 진행하기로 결정했다.

신제품이 완성된 단계에서는 세븐일레븐의 상품 개발을 위한 회원 조직 '프리미엄 라이프 향상 위원회'에 등록된 200명의 고객을 대상으로 상품 테스트를 실행했다. '금 식빵'과 경쟁 식빵을 가정에 배송해 평가를 받는 HUT를 진행했고, 대상자의 70%로부터 '금 식빵'이 더 맛있다는 응답을 얻어 신제품을 정식 출시하게 되었다.

설문조사는 서비스 기획에서도 활용된다.

캡콤이 2021년 5월에 발매한 게임 '바이오하자드 빌리지'의 경우, 발매 전 일본 내외에서 **상품 모니터 테스트**를 실시했으며, 광고 효과를 검증하기 위한 설문조사와 발매 후 설문조사도 진행했다.

발매 전 상품 모니터 테스트는 설문조사에 동의한 게임 유저에게, 발매 전에 게임을 플레이하게 하고 평가를 수집하는 방식이다. '바이오하자드 빌리지' 발매 전에는 조사가 두 차례 실시되었다. 1회차 조사는 로스앤젤레스, 뉴욕, 프랑크푸르트, 홍콩, 일본에서 대규모로 진행되었다. 캡콤은 이때 수집한 의견을 바탕으로 상품을 개선한 뒤 2회차 조사를 실행했다.

'바이오하자드 빌리지'의 콘셉트는 '죽을 힘을 다하는 서바이벌 호러'다. 이 게임은 플레이어가 끊임없이 벌어지는 사건에 필사적으로 대응하며 뛰어다니고, 계속해서 사격을 해야 하도록 만들었다. 이 콘셉트는 고객 조사에서 좋은 평가를 받았지만, 상품 모니터 테스트에서는 '생각할 여유가 없다'는 응답도 나왔다. 캡콤은 이 결과를 바탕으로 게임 내용을 일부 수정해 발매했고, 기록적인 대히트를 달성했다.

조합해서 함께 쓸 수 있는 프레임워크

에스노그라피(p.146), 디지털 에스노그라피(p.154)

에스노그라피를 활용하면 고객의 잠재적 니즈를 이해할 수 있다. 따라서 설문조사 가설을 세울 때 에스노그라피 결과를 참고할 수 있다. 또한 **디지털 에스노그라피**를 이용하면 설문조사의 방향과 가설을 더 정교하게 검토할 수 있다.

JTBD 이론(p.164)

설문조사 결과와 JTBD 이론을 결합하면 고객 니즈를 깊이 탐색할 수 있다.

📖 참고문헌 · 참고자료

나카노 다카시 저《マーケティングリサーチとデータ分析の基本(마케팅 리서치와 데이터 분석의 기본)》, 2018년

하쿠호도 생활종합연구소 저《生活者の平成30年史　データでよむ価値観の変化(생활자의 헤이세이 30년사 데이터로 읽는 가치관 변화)》, 2019년

23 UX 리서치

UX Research

Tags 정보의 기록·정리　제품·서비스 기획　팀 단위로 실행 가능

Origin 처음 UX라는 용어를 도입한 사람은 인지과학자이자 애플의 펠로우를 역임한 미국의 도널드 노먼

이럴 때 활용한다! ▶ 고객 경험을 제품 개발에 반영할 때

개요

UXUser Experience 즉 사용자 경험은 디지털 비즈니스가 잇따라 등장한 2000년대에 주목받기 시작한 키워드다. ISO(국제표준화기구)의 정의 등을 참고하면 UX는 다음과 같이 정의할 수 있다.

그림 | UX의 정의

- UX란 사용자가 시스템, 제품, 서비스를 사용할 때 느끼고 인식하는 것, 그리고 그에 따른 반응이다.
  (예: 감정, 선호, 지각, 쾌적함, 행동, 성취감 등)
- 사용자의 인식과 반응은 '사용 전' '사용 중' '사용 후'에 따라 각각 다르게 나타난다.
- UX는 시스템·제품·서비스 자체뿐 아니라, 그 밖의 요소에서도 영향을 받는다.
  (예: 브랜드 이미지, 기능, 사용 시의 움직임, 지원 기능 등)
- UX는 사용자의 이용 상황이나 신체적·개인적 조건에 따라서도 달라진다.
  (예: 과거 경험, 태도, 기술, 능력, 성격 등)

[출처] ISO 9241-210:2019, Ergonomics of human-system interaction-Part 210: Human-centred design for interactive systems
(https://www.iso.org/obp/ui/#iso:std:iso:9241:-210:ed-2:v1:en.)

UX 리서치의 접근법

UX 리서치에는 **정량조사**와 **정성조사**라는 두 가지 접근 방식이 있다.

예를 들어 웹 서비스의 정량적 UX 리서치에서는 사용자가 페이지의 어느 부분에 집중적으로 반응하는지 히트맵으로 시각화하거나, 클릭률이 높은 배너와 그렇지 않은 배너를 수치로 비교하는 방식으로 과제를 파악한다. 반면 정성적 UX 리서치에서는 고객 행동을 관찰하거나 인터뷰를 진행해 서비스 이용 중 느끼는 감정, 만족·불만족을 조사하고 과제를 검토한다.

IT 기업은 물론 제조업과 금융업 등 다양한 산업에서 앱 등을 통해 고객과의 접점이 늘어나는 만큼, UX 리서치의 중요성도 높아지고 있다.

> **여기가 포인트!** | **UX 리서치에는 정량조사와 정성조사라는 두 가지 접근 방식이 있다**

사용 방법

고객인 사용자가 제품이나 서비스를 사용하며 얻는 경험은 사용 전·사용 중·사용 후에 걸쳐 이어진다. 따라서 UX 리서치도 시간의 흐름을 따라 수행할 필요가 있다. 구체적으로 다음과 같은 세 시점을 염두에 두고 진행한다.

- 제품이나 서비스의 기획 단계
- 실제로 출시되어 사용되는 단계
- 개선 단계

기획 단계에서는 인터뷰나 설문조사(p.190)로 사용자의 잠재 니즈를 탐색한다. 특히 제품 사용 시의 '감각과 감정'이 사용자의 의사결정에 큰 영향을 미치는 경우에는, 사용자가 무엇을 원하고 무엇에 불만을 느끼는지 이해하는 것이 출발점이 된다. 또한 출시 전에 시제품을 사용하게 하고 사용감을 조사하는 '사용성 테스트'도 실시한다.

실제로 출시되어 사용되고 있는 단계에서는 서비스의 개선점을 찾기 위해 리서치를 수행한다. 인터뷰나 설문조사를 지속적으로 실시해 사용 편의성이 좋은지 나쁜지 파악하고, 실제 데이터를 바탕으로 '어느 단계에서 이탈이 늘어나는가' 등을 검증한다. 이때 라이트 유저나 헤비 유저 등 페르소나를 설정해 구체적으로 검토하면, 현실적인 개선점을 찾기 쉽다.

개선 단계에서는 데이터를 시각화한 서비스 블루프린트(p.251)를 활용해 사용 빈도나 매출에 영향을 주는 개선점을 정량적으로 검증한다.

 UX 리서치에서는 애널리틱스 데이터 등을 활용하면 이용 빈도, 이용 시간, 이탈 지점 등을 파악하기 쉬우므로 정기적으로 데이터를 점검·검증하는 것이 좋다.

그림 | UX 리서치의 흐름과 방법

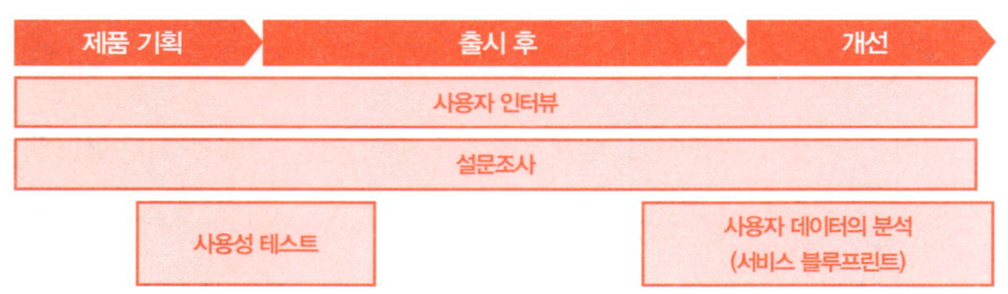

[케이스스터디 ①] 메루페이 'eKYC'

판매자와 구매자 모두가 소비자가 되는 C2C 서비스에서는 앱이나 플랫폼의 사용 편의성이 이용 고객 수를 좌우한다. 그래서 메루페이에서는 전문 리서처가 프로덕트 매니저와 프로덕트 디자이너를 지원하며, 거의 매주 고객 인터뷰를 진행해 사용성과 고객 행동을 조사한다.

2019년에 시작된 온라인 본인 확인 서비스 eKYCe-Know Your Customer는 스

마트폰 카메라로 신분증과 본인 사진을 촬영하면 결제 서비스 등록을 진행할 수 있는 서비스다. 일본에서는 2018년 11월 법률이 개정되어 온라인만으로 본인 확인이 가능해졌고, 그 직후부터 메루페이의 개발이 시작되어 6개월 후 출시되었다.

그림 | eKYC를 개발할 때의 UX 리서치

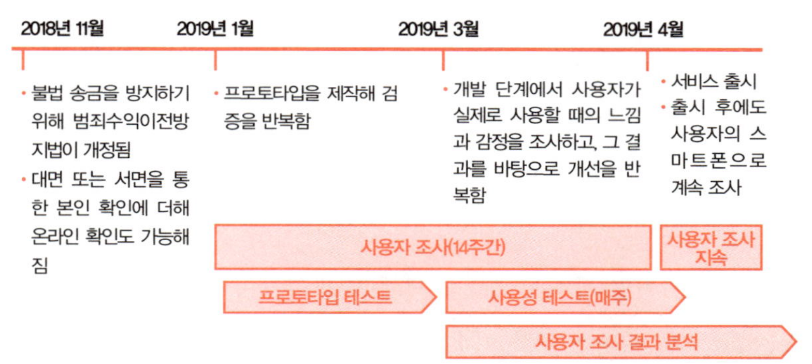

메루페이의 eKYC에서는 사용자가 한 손에는 스마트폰을, 다른 손에는 신분증을 든 상태에서 자신의 얼굴과 신분증이 같은 화면에 들어오도록 사진을 촬영한다. 이때 얼굴이 입체적으로 인식되도록, 앱에 표시되는 안내에 따라 얼굴 각도를 바꾸거나 하는 동작이 필요하다.

메루페이는 출시 전 14주 동안 56명의 사용자에게 촬영을 해 보게 한 뒤, 다음과 같은 점을 확인하는 UX 리서치를 실시했다.

- 본인 인증을 원활하게 수행할 수 있는가

- 원활하게 수행하지 못한다면, 어떤 부분이 이해하기 어려운가

이처럼 UX 리서치를 반복함으로써 출시 직전까지 인증 완료 비율을 끌어올렸다. 정확도가 높은 서비스를 출시하려면 이 사례처럼 짧은 기간에 UX 리서치를 반복하는 '애자일 UX 리서치'가 효과적이다.

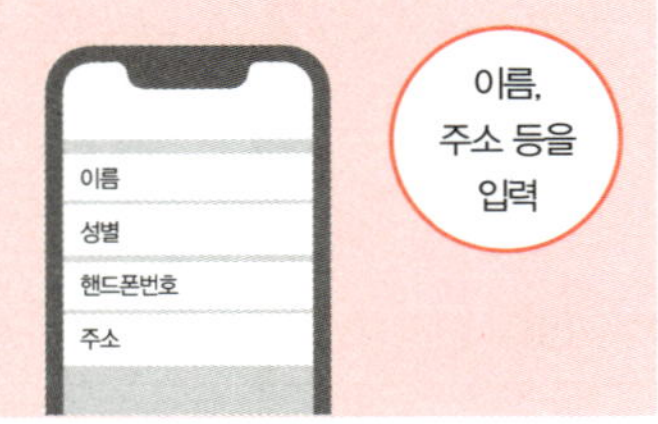

[출처] 메루페이 '스마트폰 결제 서비스 "메루페이" 온라인으로 완료하는 본인 인증(eKYC)을 도입, 가맹점 후불 서비스 "메루페이 후불"도 개시' (https://jp.merpay.com/news/2019/04/ekyc_postpay/)를 참고해 저자가 작성

[케이스스터디 ②] 넷플릭스

동영상 스트리밍 서비스 가운데 세계 최대 규모의 이용자를 보유한 넷플릭스는 2007년 서비스 시작 이후 UX 리서치 기법을 활용해 웹사이트에서의 고객 행동 데이터를 시각화·분석하고, 고객 경험을 지속적으로 개선해 왔다.

예를 들어 작품 썸네일을 여러 버전으로 준비해, 어떤 이미지가 사용자에게 더 많이 선택되는지 확인하는 'A/B 테스트'를 실행한 뒤 선호도가 더 높은 이미지를 채택한다. 또한 사용자가 작품을 선택할 때 어떤 키워드를 입력하는지, 검색과 추천 중 무엇을 더 많이 이용하는지 등의 데이터를 수집·활용해 AI 기반 추천 엔진을 구축한다.

넷플릭스는 고객의 약 75%가 추천 기능을 통해 다음에 시청할 작품을 선택한다고 발표했다.

조합해서 함께 쓸 수 있는 프레임워크

에스노그라피(p.146)

UX 리서치의 한 단계인 '프로토타입 검증'을 할 때는 **에스노그라피 기법**을 활용해 제품이나 서비스를 실제 사용자에게 써 보게 하면, 겉으로 드러나지 않았던 과제를 발견할 수 있다.

디지털 에스노그라피(p.154)

신규 서비스를 개발하거나 기존 서비스를 개선할 때 **디지털 에스노그라피**를 도입하면, 고객의 소비 행동을 더 명확하게 파악할 수 있다.

📖 참고문헌 · 참고자료

마쓰조노 미호, 구사노 고키 저 《はじめてのUXリサーチ ユーザーとともに価値あるサービスを作り続けるために(처음 하는 UX 리서치 — 사용자와 함께 가치 있는 서비스를 지속적으로 만들기 위해)》, 2021년
제이미 레비 저 《UX 전략 — 전쟁에서 이기는 혁신적 디지털 제품을 만드는 법》 (유엑스리뷰)
마쓰조노 미호 〈메루페이가 실천하는 '애자일 UX 리서치'란 무엇인가〉, 2020년
(https://uxmilk.jp/86816)

이 장에서는 앞서 발견한 아이디어와 리서치 결과를 토대로, 기획의 실현 가능성을 검증하고 구체적인 전략으로 발전시키는 11가지 분석 도구를 소개한다.

사업 전략, 마케팅 전략, 논리 전개라는 세 가지 핵심 축을 통해, 파편화된 정보를 시장에서 승리하는 강력한 무기로 다듬는 과정을 담았다.

특히, 분석 도구들을 소개하는 것에 그치지 않고, 가장 강력한 시너지를 내는 방식으로 조합했다. 감에 의존하는 기획에서 벗어나, 누구라도 납득할 수 있는 정교한 근거를 마련해 보길 바란다.

3장

수집한 정보를 전략으로 바꾼다

수집한 정보를 분석하고 검증해서 전략을 도출하는 방법은 매우 다양하다. 이 장에서는 그중에서도 특히 유용한 열한 가지를 다룰 것이다. 이 책의 독자적인 방법으로, 몇 가지 기법을 통합하거나 새로운 활용법을 제안하기도 했다.

■ 사업 전략을 수립하기 위한 분석과 검증

사업 전략을 수립하기 위한 분석과 검증에는 PEST+5F 분석(외부 환경 분석)이나 가치사슬×VRIO 분석(내부 환경 분석)을 이용한다. 이런 분석을 통해 자사의 강점(S: Strength)과 약점(W: Weakness), 기회(O: Opportunity)와 위협(T: Threat)을 도출한다.

SWOT이 모두 도출되고 나면 교차 SWOT 분석을 통해 전략의 방향성(S×O, S×T, W×O, W×T)을 이끌어낼 수 있다.

■ 마케팅 전략을 수립하기 위한 분석과 검증

마케팅 전략을 수립하기 위한 분석과 검증에는 STP+4P 분석을 이용한다.

고객과 더 깊은 관계를 구축하기 위해 고객의 심리와 행동을 분석하는 방법인 '소비자 의사결정 과정 분석', 고객의 서비스 구매 경험을 분석하는 방법인 '서비스 블루프린트'도 활용할 수 있다.

그 밖에도 상품·서비스나 고객을 정량적으로 분석하고 검증해서 앞으로 주력할 영역을 도출할 수 있는 '파레토 분석(ABC 분석)'과 'RFM 분석'도 마케팅 전략을 세울 때 유용한 방법이다.

■ 논리 전개를 위한 분석과 검증

문제나 과제를 논리적으로 정리할 때는 로직트리를 이용한다.

해당 영역의 시장 규모를 추산할 때는 페르미 추정을 이용한다.

방향성 등 여러 요소가 나열되었을 때, 정성적 정보를 바탕으로 각 요소의 '대·중·소'를 판단하고 우선순위를 매기는 '효과×실현성 분석'도 유용하다.

그림 | 분석 및 검증 프레임워크의 상대적 위치

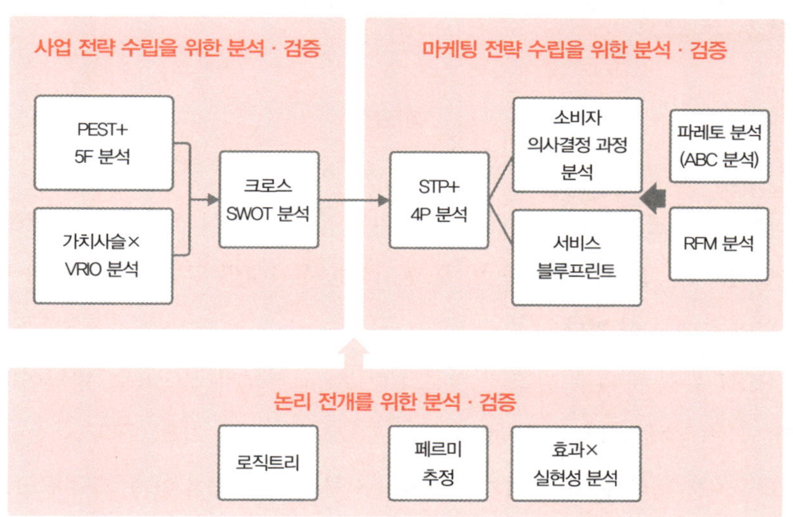

24

세상은 어떻게 바뀌고 우리는 어디서 싸워야 하는가

PEST+5F 분석

PEST & Porter's Five Forces Analysis

Tags 정보의 기록·정리　경영 환경의 이해　조직 단위로 실행 가능

Origin PEST 분석: 마케팅 분야의 일인자 필립 코틀러가 고안
5F 분석: 미국의 경영학자 마이클 포터가 고안

이럴 때 활용한다! ▶ 외부 환경을 빠짐없이 분석할 때

개요

PEST+5F 분석은 원래 각각 따로 고안된 두 가지 분석 기법, 즉 PEST 분석과 5F 분석을 결합한 것이다. 이 분석 기법을 활용하면 외부 환경을 보다 빈틈없이 분석할 수 있다.

PEST 분석은 외부 환경을 거시적(더 큰) 관점에서 분석하는 방법이다. 'PEST'는 정치(Politics), 경제(Economy), 사회(Society), 기술(Technology)의 머리글자를 뜻한다. 이 네 가지 관점에서 외부 환경에 숨어 있는, 자사에 긍정

그림 | PEST 분석

Politics: 정치적 요인
주로 정치적 현상이나 법규 등이 업계에 큰 변화를 일으킬 가능성을 분석

Economy: 경제적 요인
주로 경기나 물가 변동에 따른 업계의 가격 변화 등을 분석

Technology: 기술적 요인
주로 관련 기술이나 제품의 보급 등이 업계에 변화를 일으킬 가능성을 분석

Society: 사회적 요인
주로 사람들의 라이프스타일 변화에 영향을 받는 지표를 분석

적 또는 부정적 영향을 미치는 요인을 정리하고 그 영향의 정도를 평가한다.

5F 분석은 업계의 경쟁 환경을 미시적(더 세밀한) 관점에서 분석하는 방법이다. 5F 분석에서는 다섯 가지 힘force을 찾아, 자사에 긍정적 또는 부정적 영향을 미치는 요인을 정리하고 그 영향의 정도를 평가한다.

그림 | 5F 분석

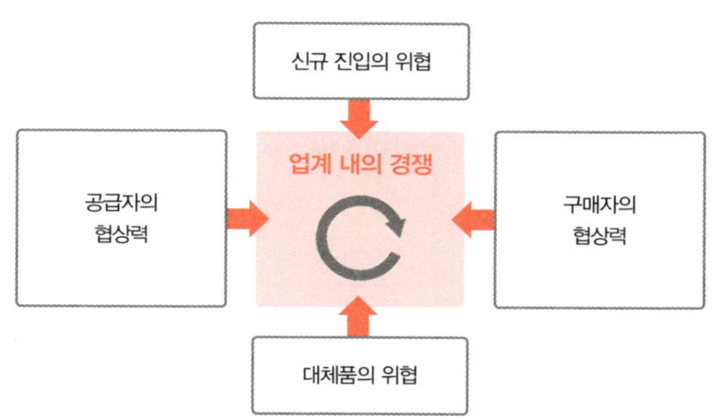

PEST 분석이 거시 환경의 변화 방향을 읽는 도구라면, 5F 분석은 산업 구조 속에서 우리 기업이 처한 위치를 냉정하게 진단하는 도구라고 할 수 있다. 실제 분석을 진행할 때는 먼저 PEST 관점에서 외부 환경의 큰 흐름을 정리하고, 그 변화가 산업 구조의 다섯 가지 힘에 어떤 영향을 미치는지 연결해 보는 방식이 효과적이다.

실행 방법

PEST+5F 분석에서는 원래는 따로 수행하던 두 가지 분석을 한 장의 종이에 함께 정리한다. 다음 그림과 같은 9칸 도표를 사용한다.

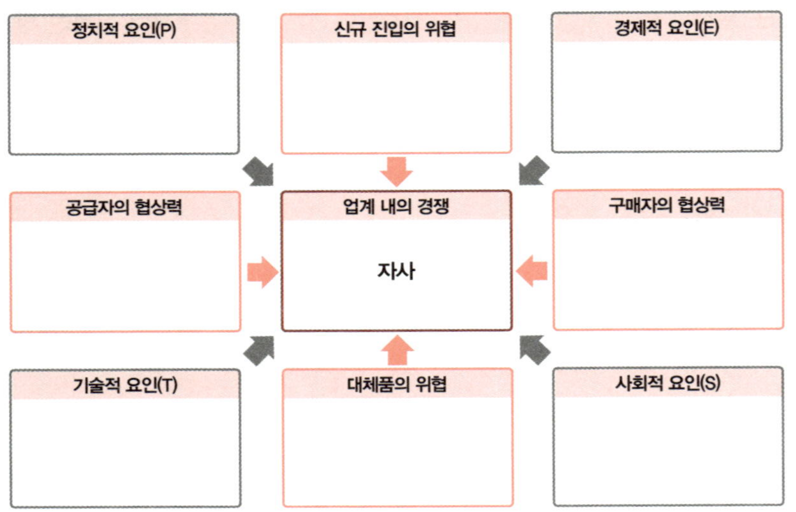

PEST 분석

먼저 PEST 분석을 실행한다. 표의 오른쪽, 왼쪽 각 끝에 P(정치), E(경제), S(사회), T(기술) 요인을 각각 적는다.

표 | PEST 분석

머리글자	설명
P	업계에 큰 변화를 일으킬 가능성이 있는 **정치적 요인**을 찾아낸다. 예를 들면 정부나 지자체의 방침 변화, 업계와 관련된 법·제도의 개정, 규제의 강화 또는 완화, 세제, 외교 등이다.
E	업계에 큰 변화를 일으킬 가능성이 있는 **경제적 요인**을 찾아낸다. 예를 들면 경기 동향의 영향, 물가 변동에 따른 업계의 가격 변화, 실업률, 금리 또는 환율 변동, 보조금 정책 등이다.
S	업계에 큰 변화를 일으킬 가능성이 있는 **사회적 요인**을 찾아낸다. 예를 들면 인구 동태, 유행, 문화, 교육 제도, 라이프스타일 변화 등이다.

T	업계에 큰 변화를 일으킬 가능성이 있는 **기술적 요인**을 찾아낸다. 예를 들면 IT, AI, 사물인터넷 등 신기술의 발전, 관련 기술·제품의 보급, 기술 개발에 대한 투자나 특허 출원 등이다.

참고로 PEST 분석에서는 어디까지나 '자사와 관련 있는 요인만' 찾아내야 한다. 자사와 관계없는 요인까지 포함하면 분석의 초점이 흐려진다. 또한 이후 전략 수립에 활용할 수 있도록, 문제가 될 수 있는 역풍 요인뿐 아니라 기회가 될 수 있는 순풍 요인도 함께 제시한다.

5F 분석

이어서 5F 분석으로 넘어간다. 자사의 경쟁 환경을 미시적으로 살펴보자.

'①**업계 내 경쟁**'은 현재 상황이어서 비교적 이해하기 쉽지만, '④**신규 진입의 위협**'이나 '⑤**대체품의 위협**'은 미래의 가능성을 다루기 때문에 작성하기 어려울 수도 있다. 떠오르는 내용이 있으면 조금씩 추가해 가면 된다.

표 | 5F 분석

5F	설명
① 업계 내의 경쟁	중앙 칸에 '**업계 내 경쟁(기존 경쟁자 간 경쟁 정도)**'을 적는다. 경쟁 상대가 많고 진입 기업이 많은 경우에는 가격 경쟁에 휘말리기 쉽다. 또한 기술 혁신 등으로 제품의 라이프사이클이 짧아질 수도 있다. 이런 점까지 포함해 자사에 영향을 주는 요소를 열거한다.
② 공급자의 협상력	좌측 가운데에 '**공급자의 협상력**'을 적는다. 원자재나 핵심 자원을 제공하는 공급자가 적어 일부 기업이 과점하고 있다면, 그들의 가격 협상력이 강해진다.

③ 구매자의 협상력	우측 가운데에 '**구매자의 협상력**'을 적는다. 모든 기업이 비슷한 제품을 만든다면 구매자는 더 저렴한 가격을 선택하기 쉽다. 반대로 특정 기업만 만들 수 있는 제품이라면 가격이 높아도 구매할 가능성이 있다. 자사가 하청 부품 제조사인 경우, 구매자는 원청 거래처, 상사, 대리점이 된다. 이때는 최종 소비자가 누구인지도 함께 살펴볼 필요가 있다. 여기까지 고려해야 나중에 전략을 세울 때 판단이 어긋나지 않는다.
④ 신규 진입의 위협	가운데 상단에 '**신규 진입의 위협**'을 적는다. 신규 진입의 위협이란 다른 회사가 새롭게 업계에 참여할 가능성 등과 관련된 리스크다. 진입 장벽이 낮아 신규 진입이 쉬우면, 경쟁이 빠르게 치열해질 수 있다.
⑤ 대체품의 위협	가운데 하단에 '**대체품의 위협**'을 적는다. 대체품의 위협이란 현재 이 제품을 대체할 제품이 존재하거나, 앞으로 등장할 가능성이 있다는 리스크다. 대체품이 존재하면 가격 조건에 따라 고객이 대체품으로 옮겨 갈 가능성도 있다.

[케이스스터디 ①] 토요타자동차

1937년에 설립되어 일본 아이치현 도요타시에 본사를 둔 **토요타자동차**(이하 토요타)는 일본 자동차 산업의 거인이다. 연결 매출액은 약 30조 엔에 이르고 직원 수는 35만 명을 넘는다.

토요타의 강점은 개발력에 있다. 가솔린, 전기, 수소, 하이브리드, 안전 기술 등에 폭넓게 대응하고 있다. 공급망에서는 하청 기업과의 협업에서도 평판이 좋다. 또한 최근에는 자동차에 관심을 잃고 있는 젊은 층 등을 대상으로 자동차 구독 서비스 'KINTO'에도 주력하고 있다.

토요타의 PEST+5F 분석을 실행하면 다음과 같다.

정치적 요인(P)
- 소비세율 인상(8%→10%)
- 친환경 자동차에 대한 감세 정책
- 자동차 관련 관세 인하(TPP)
- EU의 자동차 이산화탄소 배출 등 환경 규제 강화

신규 진입의 위협
- GAFA 등 신흥 기업의 '바퀴 달린 스마트폰'(소프트웨어 중심 차량) 진입
- 렌터카 기업 등 공유 모빌리티 사업자의 확산

경제적 요인(E)
- 중앙은행의 금융정책 동향, 정부의 환율 개입
- 닛케이 평균 주가와 TOPIX의 영향
- 장기금리 변화에 따른 대출금리 변동
- 산유국의 유가 동향 등

공급자의 협상력
- 자국 우선주의 확산으로 소재·부품 등의 수출입 규제가 강화됨
- 유가 상승
- 자율주행·AI 기술 기업과의 협력이 사실상 필수가 됨

업계 내의 경쟁
- 고급 외제차(벤츠, BMW, 아우디 등)의 가격 하락
- 중국산 자동차 등 신흥국 자동차의 확대

구매자의 협상력
- 자동차 취향의 다양화
- 공유 자동차(렌터카)·구독 서비스의 확산
- 가격 대비 성능과 서비스에 대한 평가 정보의 범람(SNS 확산 등)

기술적 요인(T)
- 하이브리드 기술의 성능 향상
- 전기자동차 성능 향상
- 수소자동차 기술 발전
- 운전의 자동화/AI 기술의 진보

대체품의 위협
- 대중교통의 MaaS화
- 재택근무 확산으로 물리적 이동이 줄어듦

사회적 요인(S)
- 저출산·고령화와 젊은 층의 자동차 시장 이탈
- 자동차 안전 의식의 향상
- 환경 문제에 대한 세계적 인식의 확산(SDGs 등)

토요타는 비즈니스 종사자라면 누구나 아는 제조업체이므로 여기서 사례로 다뤘다. 물론 중소 제조업체도 PEST+5F 분석을 적용할 수 있다.

[케이스스터디 ②] 리조트 트러스트

리조트 트러스트는 아이치현 나고야시에 본사를 둔 기업으로, 부유층을 타깃으로 한 회원제 리조트 호텔 '엑시브xiv'와 시티 호텔 등 여러 브랜드를 운영하고 있다. 또한 그룹 계열사를 통해 레스토랑, 골프장, 크루즈, 의료시설, 시니어 레지던스 운영은 물론 건강보조식품과 화장품 판매 등도 전개하고 있다. 최근에는 그룹 공통 'RTTG 포인트 클럽'을 시작해 업종 간 상호 고객 유치와 호텔 신규 고객의 회원 가입 유도도 진행 중이다.

리조트 트러스트의 PEST+5F 분석을 해 보면 다음과 같다.

그림 | 리조트 트러스트의 PEST+5F 분석

정치적 요인(P)	신규 진입의 위협	경제적 요인(E)
• 소비세율 인상(8%→10%) • 관광 장려 캠페인의 시행 및 중지	• 숙소 공유 서비스 확산 • 중국계 호텔의 진출·철수 반복	• 부유층의 금융자산 증가 • 소비 침체

공급자의 협상력	업계 내의 경쟁	구매자의 협상력
• 청소 단가 상승 • 인기 지역의 땅값 상승 • 호텔 가동률 저하로 거래처가 도산하는 사례 발생	• 외국계 리조트 호텔(힐튼, 메리어트 등)의 대중화 • 일본계 호텔들의 회원 유치 경쟁 • 도쿄 올림픽 이후 호텔 공급 과잉	• 워케이션·스테이케이션 수요 확대 • 1인 여행 수요 증가 • 비교적 저렴한 중고 회원권 구매 확산

기술적 요인(T)	대체품의 위협	사회적 요인(S)
• 무인 접수 • AI 기술의 발전 • VR/AR 기술의 발전	• VR/AR 확산으로 물리적 여행 수요가 감소할 가능성	• 원격근무 문화 확산 • 온라인 소비 문화의 정착 • '작은 사치' 추구 확산

조합해서 함께 쓸 수 있는 프레임워크

가치사슬×VRIO 분석(p.217)

PEST+5F 분석에 **가치사슬×VRIO 분석**을 조합하면 기업의 외부 환경과 내부 환경을 거의 모두 포괄하여 가시화할 수 있다.

📖 참고문헌 · 참고자료

필립 코틀러, 케빈 레인 켈러 저 《마케팅관리》(Pearson)
일본종합연구소·경영전략연구회 저 《経営戦略の基本(경영전략의 기본)》, 2008년
Harvard Business Review 《HBR's 10 Must Reads on Strategy》
글로비스 저 《グロービスMBAキーワード 図解 基本ビジネス分析ツール50(글로비스 MBA 키워드 도해 기본 비즈니스 분석 도구 50)》, 2016년
야스오카 히로미치 감수, 《事業戦略－策定の手引き〈第3版〉(사업 전략－수립 안내서 제3판)》, 2019년

25

가치사슬 × VRIO 분석

Value-Chain × VRIO Analysis

Tags	정보의 기록·정리　경영 환경의 이해　조직 단위로 실행 가능
Origin	가치사슬 분석: 경영학자이자 경쟁 전략의 일인자인 마이클 포터가 제시 VRIO 분석: 경영학자 제이 B. 바니가 제시

이럴 때 활용한다! ▶ 자사의 강점을 다시 확인할 때

개요

여기서는 '가치사슬 분석'과 'VRIO 분석'이라는 두 가지 분석 기법을 결합해 설명한다.

가치사슬 분석

가치사슬value chain이란 제품이나 서비스의 기획·개발부터 제조, 판매, 애프터서비스에 이르기까지 기업 활동을 세분화해 정리한 흐름을 말한다.

가치사슬 분석은 이 가치사슬 안에서 자사가 수행하는 업무와 기능을 파악해, 자사의 강점 또는 약점을 찾아 분석하는 방법이다. 가치사슬의 흐름을 정리한 뒤, 각 과정에서 강점이 있는 부분을 ○ 또는 △로 표시한다.

그림 | 가치사슬 분석 예시

	기획·설계	마케팅	개발·조달	제조	출하·유통	판매	애프터 서비스
강점이 있는 부분 (수익 원천)	△	○	○	○			

가치사슬 분석을 실행하면 가치사슬 내 각 활동에 참여하는 플레이어와 자사의 위치를 정리할 수 있다.

가치사슬은 업종과 기업에 따라 다르다. 예를 들어 제조업, 건설업, 외식업의 가치사슬은 다음 그림과 같다. 따라서 자사 사업의 현황을 정리하고, 가치사슬의 각 과정을 구체적이고 명확하게 한 뒤 VRIO 분석으로 넘어갈 필요가 있다. 각 과정이 세분화되지 않은 채 추상적으로 남아 있으면, 분석 결과인 '자사의 강점'도 모호해지고 말기 때문이다.

그림 | 다양한 가치사슬

제품·서비스가 제공되기까지의 가치 창출 흐름이 가치사슬이다. 필요에 따라 각 공정을 더 세분화해도 된다.

> **여기가 포인트!** | **가치사슬은 업종과 기업에 따라 다르다**

VRIO 분석

VRIO 분석은 자사의 제품·서비스나 조직·체계 등이 다른 회사와 비교해 '차별화되어 있는가'를 분석하는 방법이다. 다음 항목들을 분석해서 기업이 가진 경영 자원의 가치를 평가하고 경쟁력이 있는지 판단한다.

- V(Value): '가치'가 있는가
- R(Rarity): '희소성'이 있는가
- I(Inimitability): '모방 불가능성'이 있는가

그리고 다음 항목을 추가로 분석해 '성과로 이어지기 쉬운 정도'를 평가한다.

- O(Organization): '조직'이 적절한가

그림 | VRIO 분석

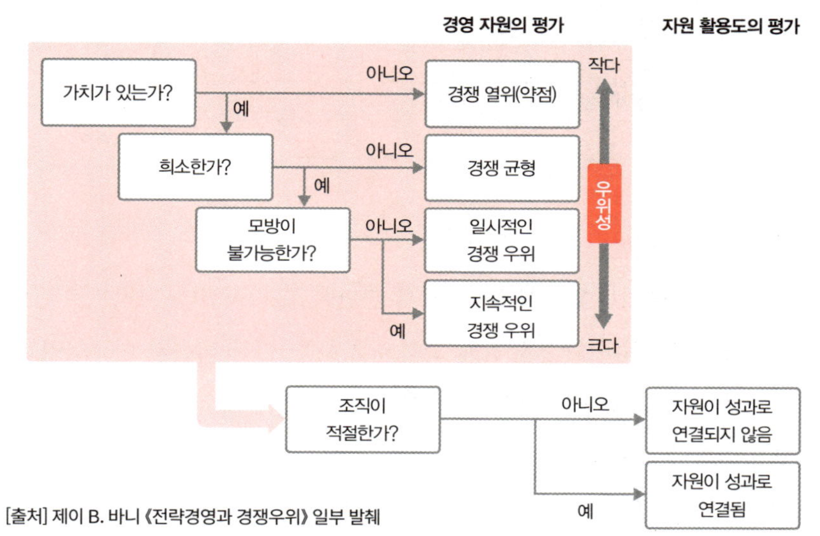

[출처] 제이 B. 바니 《전략경영과 경쟁우위》 일부 발췌

실행 방법

가치사슬×VRIO 분석에서는 가치사슬 분석에 VRIO 분석을 추가한다. 즉 가치사슬의 각 항목에 V(가치), R(희소성), I(모방 불가능성), O(조직)를 더한 매트릭스(표)를 작성한다.

가치사슬 각 과정의 항목에 대해 V, R, I, O를 판단하면 **강점의 수준**(얼마나 강한지)를 확인할 수 있다. I나 O까지 강한 항목은 가치사슬 분석에서 상대적으로 'O'보다 더 강조한 요소(예: '◎')로 표시할 수 있다.

VRIO \ 가치사슬	기획·설계	마케팅	개발·조달	제조	출하·물류	판매	애프터서비스
V(가치)							
R(희소성)							
I(모방 불가능성)							
O(조직)							

V의 판단이 어렵다

VRIO 분석에서는 V(가치가 있는가)의 판단이 특히 어렵다. 그러므로 판단이 애매할 때는 외부 환경을 함께 고려하고, 또한 다른 회사와 비교하며 분석하는 것이 좋다. V가 없으면 경쟁 열위(약점)가 된다.

V가 있더라도 R(희소성)이 없으면 경쟁 균형이 되고, R이 있더라도 I(모방 불가능성)가 없으면 일시적인 경쟁 우위에 그친다. 지속 가능한 경쟁 우위를 유지하려면 VRIO의 모든 요소가 필요하다. 거기에 O(조직 적합성)가 있으면 경영 자원이 성과로 연결되기 쉽다고 할 수 있다.

[케이스스터디 ①] 주조 제조업체 A사

주물을 취급하는 중소 제조업체를 예로 들어 가치사슬×VRIO 분석을 설명하겠다. 이 회사는 대부분의 중소기업과 마찬가지로 하청 업체로, 유통이나 판매는 원청 업체가 진행하고 있다. 반면 제조 부문에는 강점이 있다.

이 회사의 강점을 다시 확인하기 위해 '제조' 공정을 더 세분화해 보았다. 여기서는 제조 공정을 '원료 용해 → 제분 → 소결 → 성형·가공 → 마무리 → 검사'로 나눈 뒤 VRIO 분석을 실시했다. 그 결과 A사는 제조 공정 가운데서도 특히 '성형·가공 → 마무리' 단계에서 강점이 있다는 사실이 드러났다.

그림 | A사의 가치사슬 분석

	기획·설계	마케팅	개발·조달	제조	출하·유통	판매	애프터서비스
자사가 실행하는 사업 공정 (수입 원천)	△	○	○	강			
타사에 맡기는 공정 (필요 리소스)	○	〈예〉 원료 용해→소결→성형·가공→마무리→검사			○	○	○
주요 플레이어	X사				Y사/Z사		
경쟁사: × 협력사: ○ (후보 포함)	×	×	×	×	○	○	○

아래 그림과 같이 구체적으로 가치사슬×VRIO 분석을 실행함으로써 내부 환경을 깊이 이해할 수 있다.

그림 | A사의 가치사슬×VRIO 분석

가치사슬 VRIO	기획·설계	마케팅	개발·조달	제조 원료 용해	제조 제분	제조 소결	제조 성형·가공	제조 마무리	제조 검사	출하·물류	판매	애프터서비스
V(가치)	○	○	○	○	○	○	○	○	○	—	—	—
R(희소성)		○	○	○	○	○	○	○	○	—	—	—
I(모방 불가능성)				○	○	○	○	○	○	—	—	—
O(조직)							○	○		—	—	—

[케이스스터디②] **음식점 B사**

매장을 운영하는 외식업체를 예로 들어 보겠다. 외식업체는 손님에게 요리를 제공하는 접객업도 함께 수행하므로, 내점 유도와 요리뿐 아니라 재방문을 위한 고객 관리도 매우 중요하다.

그림 | B사의 가치사슬×VRIO 분석

가치사슬 / VRIO	메뉴 개발	점포 개발	재료 조달		내점 유도	조리			서빙	점포 운영		고객 정보 관리
			선정	적시 조달		준비	가공	플레이팅		고객 대응	회계	
V(가치)	○	○	○	○	○	○	○	○	○	○	○	○
R(희소성)			○	○	○	○	○	○	○	○		○
I(모방 불가능성)			○	○		○	○	○		○		○
O(조직)			○	○		○	○	○				

이 음식점에서는 **재료 조달**과 **조리**라는 강점을 살려 미슐랭 가이드 등에 소개되는 것을 목표로 하고, 객단가가 높은 고객을 유치하는 방안도 검토할 수 있다.

PEST＋5F 분석(p.210)

PEST+5F 분석과 가치사슬×VRIO 분석을 조합하면 **외부 환경 분석**과 **내부 환경 분석**을 거의 모두 포괄해 시각화할 수 있다. 다시 말해 이 두 가지 분석을 모두 실행했다면, 환경 분석은 거의 마쳤다고 볼 수 있다.

📖 참고문헌 · 참고자료

마이클 포터 저 《마이클 포터의 경쟁우위》 (비즈니스랩)

제이 B. 바니 저 《전략경영과 경쟁우위》 (한빛아카데미)

일본종합연구소·경영전략연구회 《経営戦略の基本(경영전략의 기본)》, 2008년

글로비스 저 《グロービスMBAキーワード 図解 基本フレームワーク50(글로비스 MBA 키워드 도해 기본 프레임워크 50)》, 2015년

글로비스 저 《グロービスMBAキーワード 図解 基本ビジネス分析ツール50(글로비스 MBA 키워드 도해 기본 비즈니스 분석 도구 50)》, 2016년

야스오카 히로미치 감수, 《事業戦略ー策定の手引き〈第3版〉(사업 전략ー수립 안내서 제3판)》, 2019년

26 크로스 SWOT 분석

Cross-SWOT Analysis

Tags 정보의 기록·정리 경영 환경의 이해 조직 단위로 실행 가능
Origin 경영학자 헨리 민츠버그가 제시

이럴 때 활용한다! ▶ 자사의 강점을 살린 사업 전략을 검토할 때

개요

크로스 SWOT 분석이란 SWOT 분석의 S, W, O, T를 각각 조합해 향후 사업 전략의 방향을 검토하는 방법이다. 우선 SWOT 분석부터 설명하겠다.

SWOT 분석

'SWOT'은 아래 네 가지 항목의 머리글자다.

- Strength(강점)
- Opportunity(기회)
- Weakness(약점)
- Threat(위협)

SWOT 분석에서는 자사의 내부 환경(사내 자원 등)과 외부 환경(경쟁 상황 등)을 살펴보며 S(강점), W(약점), O(기회), T(위협)을 도출한다. 이때 다음과 같이 구분해 생각하면 활용하기 편하고, 과제도 더 뚜렷하게 드러난다.

- 과거에서 현재에 이르는 내부 환경 분석을 바탕으로 S(강점)와 W(약점)을 도출한다.
- 현재에서 미래에 이르는 외부 환경 분석을 바탕으로 O(기회)와 T(위협)을 도출한다.

SWOT 분석을 실행하면 기업 전체나 개별 사업의 현황을 파악하고 전략을 세울 수 있다. 더 구체적으로는 새로운 사업을 시작할 때 담당자가 자사에 유리한 요소인 '강점(S)'을 명확히 해 향후 방향을 검토하거나, 반대로 자사에 불리한 요소인 '약점(W)'을 드러내 앞으로 보완하는 데 활용할 수 있다. 또한 향후의 비즈니스 기회인 '기회(O)'와 리스크인 '위협(T)'을 정리하고 대응책을 세울 때도 도움이 된다.

다만 SWOT 분석에서 S(강점)과 W(약점)에 다른 회사와 비슷한 내용을 적는 경우가 종종 있는데, 그렇게 해서는 의미가 없다. 크로스 SWOT 분석을 통해 차별화된 전략을 세우기 위해서도, 특히 S(강점)에는 다른 회사에는 없는 자사의 특징을 구체적으로 열거하는 것이 중요하다.

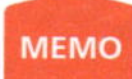

SWOT 분석은 경영학자 헨리 민츠버그가 처음 제시했다. 다만 사업 전략 수립 과정으로서 명확히 정리된 것은 하버드 비즈니스 스쿨 소속 제너럴 매니지먼트 그룹의 케네스 R. 앤드루스 등이 집필한 《Business Policy: Text and Cases》(1965년)부터라고 한다.

그림 | SWOT 분석

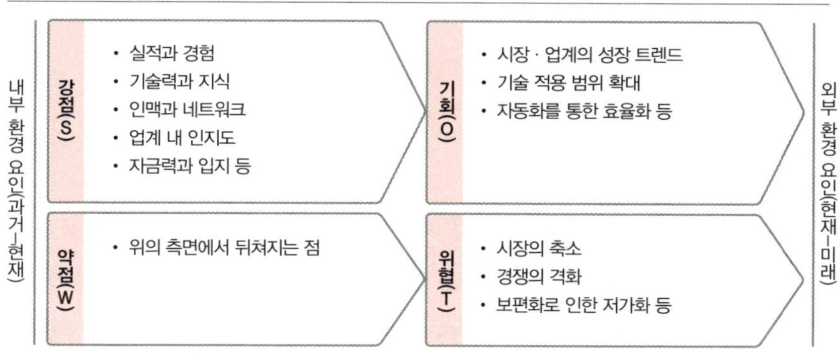

크로스 SWOT 분석

SWOT 분석의 발전형인 **크로스 SWOT 분석**은 외부 환경과 내부 환경을 정리하는 데서 그치지 않고, 이를 조합한 S×O, S×T, W×O, W×T를 함께 검토한다. 이렇게 하면 앞으로 도전할 수 있는 사업 영역(도메인)을 도출할 수 있고, 나아가 자사의 사업 전략도 수립할 수 있다.

그림 | 크로스 SWOT 분석

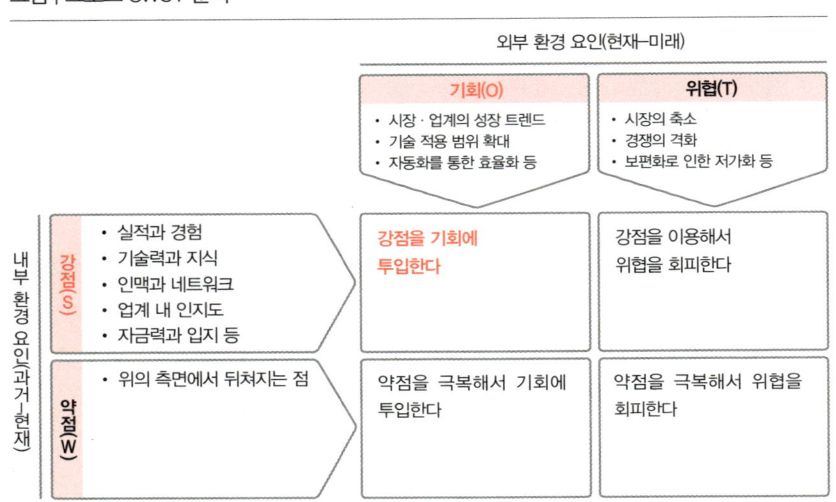

실행 방법

크로스 SWOT 분석에서는 다음 순서로 각 항목을 적는다.

① S×O

S×O에서는 자사의 강점을 기회(비즈니스 찬스)에 어떻게 투입해 활용할지를 생각한다. 이를 통해 '적극적으로 전개해야 할 사업 전략'을 세울 수 있고, 다른 회사와의 차별화도 가능해진다. 여기서 말하는 적극적 전개란, 사업 기

회에 대해 자사의 강점을 최대한 활용하는 것이다.

S(강점)는 그 기업의 무기이므로, 이를 O(기회)에 투입하는 일은 매우 중요하다. 예를 들어 자사의 기술력을 시장 트렌드에 맞는 시기에 투입하면, 경쟁사보다 성능이 뛰어난 제품을 출시할 수 있다.

② S×T

S×T에서는 자사의 강점을 활용해 위협을 회피하는 방법을 검토한다. 이때는 위협을 인식하고 대응해 나가야 하므로 '단계적 시행'이 될 가능성이 높다. 단계적 시행이란 자사의 강점을 활용해 위협을 점차적으로 피하는 것이다.

예를 들어 자사가 진출한 시장이 축소되는 경우, 자금력이나 기술력 같은 강점을 바탕으로 제품을 점차 다른 시장으로 전환해 나갈 수 있다.

③ W×O

W×O에서는 약점을 극복해 기회에 투입하는 방법을 검토한다. 기회는 모든 기업이 노리기 때문에, 약점을 어떻게 보완하고 '차별화'할지가 핵심이 된다.

예를 들어 자사의 약점이 '조직이 보수적으로 변해 다른 시장으로의 확장을 망설인다'라면, 기존 관성에서 벗어날 수 있도록 신사업 부문을 신설해 시장 트렌드에 맞는 제품을 투입하는 방안을 생각해 볼 수 있다.

④ W×T

W×T에서는 약점을 극복해 위협을 회피하는 방법을 검토한다. 이 경우에는 '수비'나 '철수'도 선택지로 고려할 수 있다.

예를 들어 수익률은 낮지만 계속 제공할 필요가 있는 제품이나 서비스(예: 항공사의 지방 노선)가 있다면, 운행 횟수를 줄이는 방식으로 유지할 수 있다. 또 적자가 나더라도 지속하기 어려운 사업이라면, 다른 회사에 매각하는 방식으로 철수하는 방안도 생각해 볼 수 있다.

 중소기업의 경우 **W(약점)** 조합 영역(W×O, W×T)을 검토해도 간신히 다른 회사와 비슷한 수준에 그치는 경우가 많아, 쉽게 다음 비즈니스로 이어지지 않는다. 또한 S×O, S×T, W×O, W×T를 모두 세밀하게 검토하더라도 자원이 충분하지 않으면 결국 실행이 어려워진다. 따라서 중소기업은 이것저것 손대기보다, 우선 S(강점)을 O(기회)에 투입하는 데 전념하는 편이 좋다.

[케이스스터디 ①] 닛산자동차

닛산자동차(이하 닛산)는 일본의 대형 자동차 제조사다. 북미와 유럽 등 약 50개국에서는 고급차 브랜드 '인피니티Infiniti'를 전개하고 있으며, 신흥국 시장을 대상으로는 저가 브랜드 '닷선Datsun'을 런칭했다.

여기서는 닛산의 외부 환경 분석과 내부 환경 분석을 바탕으로 크로스 SWOT 분석을 실행했다.

크로스 SWOT 분석을 해 보면 S×O에서는 AI 자율주행과 커넥티드 카를 위한 기반 정비, 서플라이체인의 신기술 대응, 새로운 장르의 추가 개척 등이 도출될 수 있다.

또 다른 방향으로는 S×T에서 MaaS Mobility as a Service에 주도적으로 참여하는 전략이 있다. 그렇게 하지 않으면 사회가 요구하는 MaaS의 흐름에서 뒤처질 수 있으므로, 자발적으로 진입하는 편이 효과적일 수 있다.

W×O에서는 딜러의 고객 정보 관리가 핵심 과제로 떠오른다. 제조사는 고객과 직접 접할 기회가 적기 때문에, 고객 정보를 체계적으로 관리해 재구매 등을 유도할 필요가 있다. W×T에서는 재구매 고객뿐 아니라 그 가족까지 포섭하는 전략 등이 포함될 수 있다.

		외부 환경 요인(현재-미래)	
		기회(O) • 신기술(친환경, AI · 자율주행 등) 개발 요구 확대 • 구독 서비스 확산	**위협(T)** • 저출산 · 고령화와 젊은 층의 자동차 시장 이탈 • 장기 침체 • MaaS · 공유 자동차 확대
내부 환경 요인(과거-현재)	**강점(S)** • 반자율주행 기술력 • 미쓰비시자동차 · 르노와의 제휴 및 분업 체계 • 여성의 관점에서 본 자동차라는 새로운 장르 개척 등	**강점을 기회에 투입** • AI 자율주행 · 커넥티드 카를 위한 기반 정비 • 서플라이체인의 신기술 대응 • 새로운 장르의 추가 개척 등	**강점을 이용해서 위협을 회피** • 해외 진출을 더욱 강화 • 자동차 안전 기술을 더 강조 • MaaS에 주도적으로 참여하는 전략 등
	약점(W) • 그룹 회장의 스캔들로 인한 이미지 실추 • 미쓰비시자동차 · 르노와의 제휴에서 불리한 위치 • 소비자와의 연결고리가 약해 고객 데이터가 부족함 등	**약점을 극복해서 기회에 투입** • 신기술 선구자로서의 이미지를 강화 • 새로운 시대의 도전자 이미지로 전환 • 딜러를 통한 고객 정보 관리 체계 강화 등	**약점을 극복해서 위협을 회피** • 현 경영진의 참신함을 적극적으로 알리기 • 재구매 고객과 그 가족까지 포섭해 이탈을 줄이기 등

[케이스스터디 ②] 노무라종합연구소

노무라종합연구소(이하 NRI)는 일본 최대 규모의 싱크탱크이다. 단순히 보고서를 쓰는 연구소를 넘어, 기업의 전략 수립부터 시스템 구축 및 운영까지 통합적인 서비스를 제공하는 것이 특징이다.

NRI의 외부 환경 분석과 내부 환경 분석을 바탕으로 크로스 SWOT 분석을 실행해 보았다.

크로스 SWOT 분석을 하면, S×O에서는 싱크탱크 역량의 추가 강화, 기업형 벤처캐피털cvc의 강화 및 검증, M&A, 민관산학 협력 추진 등이 도출된다.

다른 축인 S×T에서는 자사 단독 사업의 육성이 핵심 과제다. 컨설팅과 시스템 제공은 수탁사업 비중이 큰 만큼, 고객 기업이 불황에 빠지면 자사 고유 사업이 없는 기업은 버티기 어려울 수 있다.

W×O에서는 자회사 · 관계사의 육성이 필요하다. NRI의 브랜드가 강한

외부 환경 요인(현재–미래)

	기회(O)	위협(T)
	• 혼란한 사회 속에서 새로운 제안이 필요함 • 벤처가 '개별 기업'에서 '생태계'로 확장되는 흐름 • 기업 간 제휴가 확대되는 추세	• 일본 내 성장 시장이 줄어들며 기회가 축소될 가능성 • 일부 컨설팅 업계에서 제기되는 '문제를 만들어 놓고 해결책을 판다'는 불신이 커지는 흐름
강점(S) • 문제를 찾아내는 단계부터 해결까지 한 번에 지원하는 토털 솔루션 역량 • 사회·경제 이슈에 대한 분석과 제안 능력 • 업무 프로세스와 시스템의 설계·구축·운용 역량 • 비즈니스 실행까지 이어지는 실무 지원 역량 등	**강점을 기회에 투입** • 싱크탱크 역량을 한층 강화 • 기업형 벤처캐피털(CVC)을 강화하고, 투자·육성 모델을 고도화 • 시스템 통합(SI) 분야에서 M&A를 추진하고, 비효율 조직은 정리한 뒤 재구축(스크랩 앤 빌드) • 민·관·산·학 협력을 확대해 제휴 사업을 주도 등	**강점을 이용해서 위협을 회피** • 토털 솔루션을 '컨설팅'과 '시스템'으로 분리해 신뢰·투명성 강화 • 신규 비즈니스 발굴 • 제휴 의존도를 낮추기 위해 자사 단독 사업을 육성 등
약점(W) • 조직이 커지면서 의사결정과 실행의 유연성이 떨어짐 • 정부의 요구·정책에 따라 움직여야 하는 제약이 있음 • 일본식 장기 고용 구조로 인해 인건비 등 고정비가 커지는 부담 • 유능한 인재의 이탈	**약점을 극복해서 기회에 투입** • 분사로 핵심 자회사 강화, 관계사 육성 • 승진 탈락 시 퇴직 등 인사제도 도입 • 벤처로 인력 파견 확대 등	**약점을 극복해서 위협을 회피** • 해외 인지도 강화 • 사내 평가 기준 다변화 • OB/OG 조직 구축, 핵심 인재 복귀 촉진 등

내부 환경 요인(과거–현재)

만큼 자회사가 '부속 조직'처럼 보이기 쉬운데, 이를 벗어나려면 자회사·관계사가 독립적으로 성장할 기반이 마련돼야 한다.

마지막으로 W×T에서는 해외 인지도 향상 등이 제시된다. 브랜드 영향력이 일본 내에 치우쳐 있는 만큼, 일본 경기 둔화 리스크에 대비하려면 해외에서의 존재감을 키울 필요가 있다.

조합해서 함께 쓸 수 있는 프레임워크

PEST+5F 분석(p.210)

PEST+5F 분석으로 도출한 외부 환경 요인을 활용해 주로 O(기회)와 T(위협)을 도출한다.

가치사슬×VRIO 분석(p.217)

가치사슬×VRIO 분석으로 도출한 내부 환경 요인을 활용해 주로 S(강점)과 W(약점)을 도출한다.

📖 참고문헌 · 참고자료

헨리 민츠버그 저, DIAMOND 하버드 비즈니스 리뷰 편집부 엮음, 《H. ミンツバーグ経営論(H. 민츠버그 경영론)》, 2007년

Joseph Bower, Christopher Bartlett, Hugo Uyterhoeven, Richard Walton 저, 《Business Policy: Text and Cases(제8판)》, McGraw-Hill Education, 1997년

야스오카 히로미치 감수, 《事業戦略―策定の手引き〈第3版〉(사업 전략―수립 안내서 제3판)》, 2019년

27 STP+4P 분석

STP + 4P Analysis

Tags	정량적 데이터　제품·서비스 기획　팀 단위로 실행 가능
Origin	STP 분석: 마케팅 분야의 일인자 필립 코틀러가 고안
	4P 분석: 제롬 매카시가 저서 《Basic Marketing》에서 제시

이럴 때 활용한다! ▶ 차별화된 마케팅 전략을 설계할 때

개요

STP+4P 분석은 'STP 분석'과 '4P 분석'을 조합한 기법이다.

STP 분석

STP 분석은 자사의 상품이나 서비스를 투입하는 시장에 관해 환경을 분석하고 시장 기회를 발견하는 분석 기법으로, 마케팅을 할 때 가장 먼저 실행한다. STP는 각각 세분화(Segmentation), 타깃팅(Targeting), 포지셔닝(Positioning)의 머리글자다. S → T → P 순서로 검토한다.

STP 분석은 고객층에 대한 분석 기법이기 때문에 업종이나 상품 종류에 관계없이 활용할 수 있다.

표 | STP 분석의 세 가지 요소

요소	설명
세분화	**시장의 세분화**. 비슷한 니즈가 있는 고객층별로 시장을 세분화한다.
타깃팅	**타깃으로 삼을 시장의 결정**. 세분화한 시장 중 타깃으로 삼을 시장(고객층)을 좁힌다. 세분화와 함께 실행한다.
포지셔닝	**자사 위치의 명확화**. 타깃 시장 내의 경쟁 상품 또는 서비스를 살펴보고 자사의 위치를 결정한다.

4P 분석

4P 분석은 마케팅 실행에 필요한 네 가지 P(Product, Price, Place, Promotion)의 관계를 고려해 전략을 점검하는 기법이다. 아무리 좋은 상품과 서비스라도 가격이나 유통 채널이 적절하지 않으면 판매나 수익이 어렵고, 홍보가 부족하면 타깃 고객에게 존재 자체를 알리기 힘들다. 네 요소는 서로 연결돼 있으므로 따로 떼어 보기보다 전체를 함께 검토해야 한다.

표 | 4P 분석의 네 가지 요소

요소	설명
제품(Product)	고객에게 판매할 **상품 또는 서비스**
가격(Price)	상품 또는 서비스의 **가격**
유통(Place)	고객에게 확실하게 상품 또는 서비스를 전달하기 위한 **유통 채널**이나 **판매 장소**
촉진(Promotion)	상품 또는 서비스의 특징과 매력을 고객에게 인지시키고 구입을 유도하기 위해 **판매 촉진 및 홍보**

<h1 style="text-align:center">STP 분석의 실행 방법</h1>

STP+4P 분석은 STP 분석 → 4P 분석 순서로 실행한다. 환경을 분석하고 시장 기회를 발견한 후에 마케팅 전략을 수립하기 위함이다. 우선 STP의 실행부터 설명하겠다.

그림 | STP+4P 분석의 실행 순서

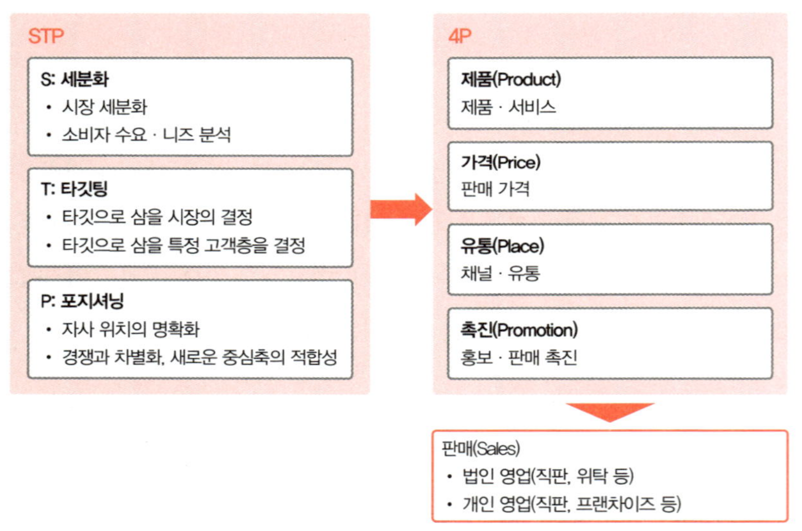

① 세분화

①세분화에서는 비슷한 니즈를 가진 고객층별로 시장을 세분화한다. '고객층'의 쉬운 예로는 성별이나 나이 등의 지표가 있다. 여러 지표를 활용해 시장을 세분화함으로써, 자사가 제공하는 상품이나 서비스를 실제로 필요로 하는 고객을 명확히 한다.

세분화에 사용하는 지표는 기업이 독자적으로 정하기도 하지만, 일반적으로는 다음 네 가지를 활용한다.

표 | 세분화의 네 가지 지표

지표	설명
인구통계적 변수	나이, 성별, 가족 구성, 학력, 이력 등 **사람의 기본 정보 가운데 비교적 변하지 않는 요소**. 통계 조사 등을 참고.
지리적 변수	나라, 지역, 기후, 문화, 종교 등 **지리적 요인과 관련된 정보**. 지도나 국가·지역 조사 결과 등을 참고.
심리적 변수	가치관, 성격, 라이프스타일, 구매 동기 등 **개인의 심리에 기반한 정보**. 설문조사나 인터뷰 등을 참고.
행동 변수	쇼핑 빈도, 구매 시점, 사용 목적 등 **개인의 행동에 초점을 맞춘 정보**. 구매·이용 기록, 클릭 로그 등을 참고.

> **여기가 포인트!** | **세분화는 주로 네 가지 지표를 기준으로 고객층을 나눈다**

Column

6R

STP 분석에서 세분화를 할 때는, 나눈 고객층을 '6R'이라는 기준으로 종합적으로 점검하는 것도 중요하다. 6R은 고객층을 평가하는 여섯 가지 지표를 뜻한다. 예를 들어 어떤 세그먼트는 규모는 크지만 성장률이 낮을 수 있다. 이런 식으로 6R을 활용해 타깃으로 삼을 고객층을 판단한다.

- Realistic scale(유효한 규모): 실제로 공략할 만한 시장 규모인지
- Rank(우선순위): 여러 고객층 중 어디를 먼저 노릴지
- Rate of growth(성장률): 앞으로 시장이 얼마나 커질지
- Rival(경쟁자 수): 경쟁자가 얼마나 많은지
- Reach(도달 가능성): 우리 채널로 그 고객층에 닿을 수 있는지
- Response(측정 가능성): 반응·성과를 측정할 수 있는지

② 타깃팅

타깃팅은 세분화한 시장을 바탕으로, 어떤 고객층을 타깃으로 삼을지 결정하는 단계다. 이때 주로 '집중형 마케팅' '차별형 마케팅' '무차별형 마케팅' 가운데 한 가지 방식을 선택한다. 상품이나 서비스를 출시할 때는 '이용해 주기를 바라는 고객상'을 분명히 해야 한다. 타깃이 모호하면 페르소나와 4P를 구체적으로 설정할 수 없고, 결국 '누구의 문제를 해결하는 상품·서비스인지'도 흐려진다.

표 | 타깃팅의 세 가지 방법

방법	설명
집중형 마케팅	**소수의 한정된 고객에 집중해 마케팅하는 방식.** 예를 들어 퇴직금을 받은 부유한 노년층만을 타깃으로 삼는 경우다. 고급 브랜드나 틈새시장을 노리는 기업이 주로 활용한다.
차별형 마케팅	여러 요금제를 만들거나, 비슷한 상품이라도 기능을 조금씩 달리해 판매하는 등, 세분화된 여러 시장에 **각기 다른 니즈에 맞춘 상품·서비스를 제공하는 방식.** 예를 들어 20대 여성을 타깃으로 삼는 경우다. 많은 기업이 활용하는 방법이다.
무차별형 마케팅	세분화된 시장 간 차이를 크게 고려하지 않고, **같은 상품을 모든 고객층에 공급하는 방식.** 식품이나 문구류처럼 타깃을 좁히지 않을수록 더 잘 팔리는 경우다. 보통 대기업이 많이 활용한다.

③ 포지셔닝

니즈가 있는 시장이라도 이미 많은 기업이 진출해 있는 레드오션에서는 보통 큰 이익을 내기 어렵다. 다만 기존 기업과 **확실히 차별화할 수 있다면** 이익을 확보할 여지도 있다.

포지셔닝 단계에서는 타깃 시장에서 경쟁 상품·서비스를 조사해 자사의 위치를 정한다. '경쟁자가 있는가', '있다면 규모는 어느 정도인가', '강점은 무엇인가' 같은 점을 확인한다.

마케팅에서 중요한 것은 경쟁자와 비교할 '기준(축)'을 정하는 일이다. 가격, 품질, 매장 수, 판매 채널 등 다양한 지표로 비교할 수 있다. 보통 가로·세로 두 축으로 경쟁자를 비교해 자사의 위치를 정한다. 축의 예시는 다음과 같다.

- [세로축] 가격대(저가 ⇔ 고가), 브랜드(일반 ⇔ 고급)
- [가로축] 사양(디자인성 ⇔ 기능성), 고객 성향(일반 ⇔ 고급)

축을 정할 때는 양쪽 끝이 모두 의미 있는 축, 즉 어느 쪽으로 이동해도 충분한 고객이 존재하는 축을 골라야 한다. 예를 들어 '디자인이 좋다'의 반대가 '디자인이 나쁘다'라면, 그쪽을 일부러 선택하는 고객은 거의 없다. 이럴 때는 반대 축을 '기능성이 있다'처럼 잡아야 한다. 또한 정확도를 높이겠다고 지표를 5개 이상 한꺼번에 비교하면 데이터가 복잡해져 핵심을 놓칠 수 있으니 주의한다.

STP 분석의 포지셔닝에서는 보통 **'포지셔닝 맵'**(자사와 경쟁 제품을 두 축으로 배치해 비교하는 방법)과 **'화이트 스페이스 분석'**(타깃에게 중요하지만 아직 충족되지 않은 니즈를 공략하는 방법)을 자주 사용한다.

4P 분석의 실행 방법

STP 분석으로 타깃 고객을 정한 뒤, 4P 분석에서는 그 타깃에게 제품·서비스를 '어떻게 팔 것인지'를 구체화한다.

① 제품(Product)

제품 단계에서는 타깃 고객에게 판매할 상품이나 서비스를 정한다. 판매를 위해 경쟁사와 어떻게 차별화할지 콘셉트를 만드는 일이 중요하다. 이때 품질, 디자인, 포장, 브랜드명 같은 상품 자체 요소뿐 아니라 구매 후 서비스와 **보증**까지 함께 검토해야 한다.

② 가격(Price)

가격 단계에서는 상품이나 서비스의 가격을 결정한다.

- 고객이 구매할 만한 가격인가
- 상품 가치에 적합한 가격인가
- 제조·판매 비용에 맞는 가격인가

여기서는 자세히 다루지 않겠지만, 가격을 결정하는 방법은 여러 가지가 있으니 따로 조사해 보기를 바란다.

표 | 가격을 결정하는 방법

방법	개요
원가가산법	제조·판매 비용에 이익을 더해 가격을 정한다.
가산이익률법	입고 원가에 일정 비율로 이익을 더한다. 가령 입고 원가 60%, 이익 40%로 가격을 정한다.
목표투자수익률법	원하는 수익률을 기준으로 가격을 정한다.
지각 가치 평가법	소비자가 상품에 대한 가치를 얼마나 크게 느끼는지 판단해서 가격을 정한다.
가격차별	세그먼트별로 가격을 정한다.

③ 유통(Place)

유통 단계에서는 유통 경로와 판매 장소를 정한다. 자사 매장, 백화점, 편의점, TV·인터넷 쇼핑몰 등 다양한 채널을 검토해 타깃 고객에게 확실히 닿게 해야 한다. 소매점의 입지와 매장 수 역시 중요하다. 판매 채널은 상품 이미지에도 영향을 준다. 예를 들어 백화점 전용 상품과 편의점에서 쉽게 살 수 있는 상품은 고객이 받는 인상이 크게 다르다.

④ 촉진(Promotion)

촉진 단계에서는 상품·서비스의 특징과 매력을 타깃 고객에게 알리고 구매를 유도한다. 광고, 전단, 홍보, 이벤트·캠페인, SNS 알림 등이 대표적이다. 또한 타깃에게 정보를 확실히 전달하기 위해 어떤 정보를 공개할지, 어떤 미디어를 쓸지, 예산을 어떻게 배분할지도 함께 검토해야 한다.

Column

4C 분석

4P 분석은 **기업의 관점**, 즉 기업이 취할 수 있는 전략과 조치를 정리하는 방법이다. 하지만 고객의 관점도 함께 봐야 한다. 그 대표적인 방법이 '**4C 분석**'이다. 4C는 다음 네 가지 용어의 머리글자로 4P의 각 항목과 대응한다.

표 | 4C의 구성

4C	설명
소비자 가치(Customer Value)	4P의 제품에 대응
가격(Cost)	4P의 가격에 대응
접근성(Convenience)	4P의 유통에 대응
소통 전략(Communication)	4P의 촉진에 대응

4C 분석을 하면 고객 관점에서 이 상품·서비스가 가치가 있는지(장점), 비용에 걸맞은지(적정 요금), 구매가 얼마나 편리한지(구매 용이성), 소통 방식이 만족스러운지(호소력 있는 전달) 등을 점검할 수 있다.

그리고 4C로 고객 니즈를 확인한 뒤 4P 분석을 하면 전략을 더 정확히 세울 수 있다. 따라서 STP 분석 → 4C 분석 → 4P 분석 순서가 이상적이다. 필요하면 4C 결과를 반영해 STP를 다시 조정하기도 한다.

커피를 중심으로 한 외식 매장을 운영하는 **도토루 커피**는 카페 이용자를 세분화한 뒤 '가볍게 커피를 마시고 싶은 사람'과 '색다른 공간에서 커피를 마시고 싶은 사람' 두 유형을 타깃으로 잡았다. 그리고 각각에 맞춰 저가형 '도토루 커피숍'과 고부가가치형 '엑셀시오르 카페'라는 두 브랜드를 운영하고 있다.

최근에는 커피 외에도 다양한 음료와 식품을 늘려, 커피를 마시지 않는 고객까지 포함해 충성 고객을 확대하려 한다. 또한 단순한 할인 경쟁을 피하

그림 | 도토루의 STP+4P 분석

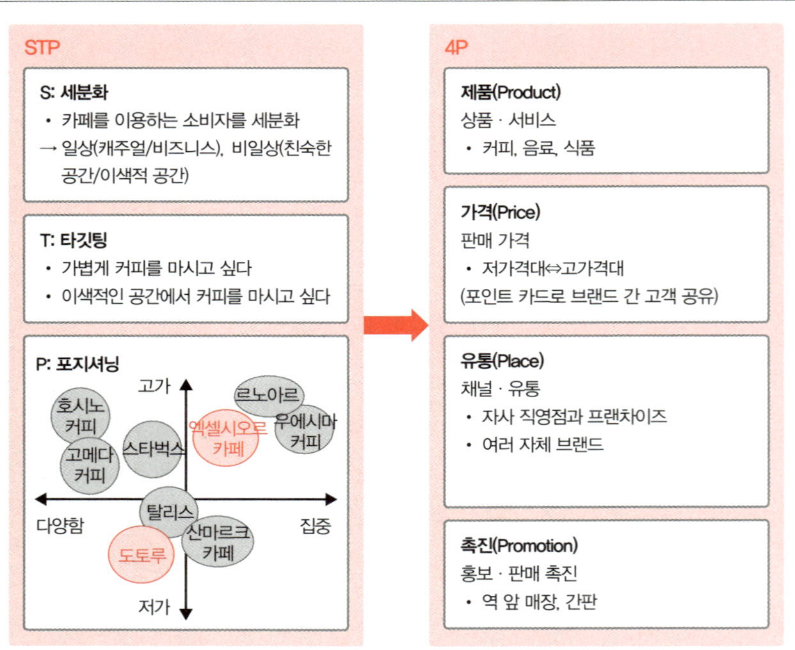

[출처] '카페 포지셔닝 맵 사례' 및 '일본에 있는 커피 체인점 추천 랭킹 9선! 특징을 비교'를 참고로 저자가 일부 수정해 작성

면서도 서로 다른 점포 유형 간에 고객이 오갈 수 있도록 계열 매장에서 공통으로 쓸 수 있는 포인트·머니 카드를 마련했다.

판매 채널 확대를 위해 직영점(350개 이상)뿐 아니라 프랜차이즈도 운영한다. 고객 유치를 위해 유동 인구가 많은 거리나 역 앞에 매장을 늘리고, 역 주변에 간판을 설치해 매장으로 유도한다.

Column

서비스 7P 분석

4P에 3P를 더해 확장한 '7P 분석(서비스 마케팅 믹스)'도 있다. 추가되는 3P는 다음과 같다.

첫째는 '**물리적 증거**(Physical Evidence)'다. 서비스는 형태가 없고(무형) 제공되면 사라지기 때문에(소멸), 브랜드 같은 '눈에 보이는 단서'를 통해 형태를 부여해 언제든 존재하는 것처럼 보이게 한다. 예를 들어 '스타 미용사가 있는 미용실'이 있다. 미용실이라는 공간 자체를 상품처럼 다룰 수는 없지만, 브랜드를 통해 '그곳에 가면 수준 높은 서비스를 받을 수 있다'는 인상을 심어준다.

둘째는 '**사람**(People)'이다. 앞의 미용실 사례처럼, 서비스 품질을 좌우하는 핵심은 결국 사람이다.

셋째는 '**과정**(Process)'이다. 서비스 제공 과정을(예: 미용실의 경우 ①상담 ②샴푸·드라이 ③커트 ④세팅) 제시해, 서비스의 '동시성'과 '변동성'을 하나의 고정된 서비스처럼 보이게 한다. 이렇게 하면 각 단계가 더 표준화된 서비스처럼 인식되고, 단계별로 고객에게 어필할 지점도 분명해진다.

PEST＋5F 분석(p.210), 가치사슬×VRIO 분석(p.217)

PEST＋5F 분석과 가치사슬×VRIO 분석으로 도출된 외부 요인 및 내부 요인을 활용하면 STP＋4P 분석이 더 쉬워진다.

📖 참고문헌 · 참고자료

필립 코틀러, 케빈 레인 켈러 저 《마케팅관리》(Pearson)
E. Jerome McCarthy 《Basic Marketing》 Irwin (Richard D.) Inc., U.S.; 6th Revised, 1978년
나카노 다카시 《いちばんやさしいマーケティングの教本(가장 쉬운 마케팅 교본)》, 2019년
'카페 포지셔닝 맵 사례'(https://www.shopowner-support.net/glossary/position/mapcafe/)
'일본의 커피 체인점 추천 랭킹 9선! 특징 비교' (https://coffee.ooaks.co.jp/chain)

28

소비자 의사결정 과정 분석
Consumer Decision Process Analysis

Tags 정보의 기록·정리　경영 환경의 이해　팀 단위로 실행 가능
Origin AIDMA: 미국의 새뮤얼 롤랜드 홀이 1920년대에 제시
　　　　AISAS: 덴츠가 제시하고 2005년 상표 등록

이럴 때 활용한다! ▶ 소비자가 구매에 이르는 과정을 파악할 때

개요

　소비자의 심리와 행동의 의사결정 과정을 설명하는 모델(이론)은 매우 다양하다. 다음 페이지의 표는 소비자가 상품이나 서비스를 알게 된 순간부터 구매하고, 구매 이후의 행동에 이르기까지 어떤 과정을 거치는지를 설명하는 여러 모델을 비교한 것이다.

　복잡해 보이지만 각 모델을 가로로 따라 읽어 보면, 소비자가 인식하고 관심을 갖고 정보를 탐색하거나 체험한 뒤 구매에 이르고, 이후에는 반복 구매하거나 추천하는 흐름을 설명하고 있음을 알 수 있다.

　이 장에서는 대표적인 의사결정 과정 모델인 AIDMA와 AISAS를 중심으로 설명한다.

의사결정 과정 모델 명칭	인식/ 인지 단계	이해/체험 단계					구매 단계		
	주목/ 인지	흥미	욕구/ 호소	기억/ 확신	검색/ 조사	시험/ 평가	구매	재구매	구매 후
①AIDMA (아이드마)	주목 (Attention)	흥미 (Interest)	욕구 (Desire)	기억 (Memory)/ 동기 (Motive)			행동 (Action)		
②AMTUL (암툴)	인지 (Awareness)			기억 (Memory)		시험 이용 (Trial)	빈번한 이용 (Usage)	브랜드 결정 (Loyalty)	
③AISAS (아이사스)	주목 (Attention)	흥미 (Interest)			검색 (Search)		행동 (Action) 온라인 구매		정보 공유 (Share)
④AISARE (아이사레)	주목 (Attention)	흥미 (Interest)			검색 (Search)		행동 (Action)	반복 구매 (Repeat)	확산 (Evangelist) 단골화
⑤5단계 구매 결정 과정	문제 인식/ 의식				정보 검색	대체품 평가	구매 결정		구매 후 평가
⑥5A 연결성 시대의 구매 결정 과정	인지 (Aware)		호소 (Appeal)		조사 (Ask)		행동 (Act)		추천 (Advocate)
⑦유스 케이스	인지		이해	확신		태도 변화	행동	평가	확신 강화

기본은 AIDMA와 AISAS

모든 모델을 정확히 이해하는 일은 쉽지 않다. 우선 기본형인 ①AIDMA와 ③AISAS를 이해하고 나면 응용하기 쉬울 것이다. 또한 온라인 환경에서 구매 이후의 행동까지 살펴보려면 ③AISAS와 그다음 모델을 활용하면 된다.

AIDMA

AIDMA(아이드마)는 소비자가 상품이나 서비스를 구매하기까지의 과정을 설명하는 대표적인 기본 모델이다. 소비자가 다음과 같은 흐름으로 상품이나 서비스를 구매한다고 본다.

① 상품의 존재를 알게 된다(Attention: 주목)

② 흥미와 관심을 갖는다(Interest: 흥미)

③ 갖고 싶다고 생각하게 된다(Desire: 욕구)

④ 상품을 기억한다(Memory: 기억)

⑤ 구매한다(Action: 행동)

AIDMA는 미국의 새뮤얼 롤랜드 홀이 1920년대에 제시한 모델로, 오늘날에도 소비자의 구매 과정을 분석할 때 자주 활용된다.

홍보와 판매 촉진은 '프로모션'이라는 한 단어로 묶어 말하기도 하지만, AIDMA 관점에서 보면 성격이 서로 다르다. 예를 들어 단순한 이미지 광고에서 출발해 ①상품의 존재를 알리기 위한 초기 홍보, ②-③관심을 끌고 갖고 싶게 만들기 위한 이해·호소 중심의 광고, ④기억에 남기기 위한 설명, ⑤ 구매로 이끄는 영업 사원의 판매 촉진은 각각 역할이 다르다.

AISAS

AISAS(아이사스)는 인터넷 환경에서 소비자가 상품이나 서비스를 구매하기까지, 그리고 구매 후 공유까지의 과정을 설명하는 모델이다. 소비자가 다음과 같은 흐름으로 상품이나 서비스를 구매하고 공유한다고 본다.

① 상품의 존재를 알게 된다(Attention: 주목)

② 흥미와 관심을 갖는다(Interest: 흥미)

③ 조사·비교한다(Search: 검색)

④ 구매한다(Action: 행동)

⑤ 다른 사람들에게 널리 알린다(Share: 정보 공유)

소비자는 능동적으로 검색(Search)하고 정보를 공유(Share)하기도 한다.

이 모델의 큰 특징은 기업과 소비자가 서로 관여하는 '상호작용' 관계로 바뀌었다는 점, 그리고 구매(Action)로 끝나지 않고 그 경험을 다른 사람과 공유하는 단계까지 포함했다는 점이다.

오늘날에는 AISAS가 구매 흐름을 더 잘 설명한다

Column

퍼널 분석

구매에 이르기까지 소비자가 하는 행동(의식 포함)을 분석하는 방법으로는 앞에서 소개한 모델 외에 '**퍼널 분석**'도 있다.

'**퍼널**(funnel)'은 깔때기라는 뜻으로, 구매에 이르는 소비자 행동 과정을 깔때기 형태로 도식화한 것이다. 과정이 구매에 가까워질수록 소비자 수가 점점 줄어들기 때문에, 그림으로 나타내면 아래 같은 형태가 된다.

한편 구매 이후의 '**정보 공유**'와 '**타인에게 전파**' 단계를 도식화한 '**인플루언스 퍼널**(Influence Funnel)'도 있다. 인터넷과 SNS 보급으로 누구나 쉽게 정보를 확산시키는 지금은 소비자가 작성한 리뷰 등이 점차 퍼져 나가는데, 이를 나타낸 것이다. 구매 퍼널과 인플루언스 퍼널을 연결해 '**더블 퍼널**(Double Funnel)'로 만들면, 소비자 행동 과정을 통계와 수치로 분석할 수도 있다.

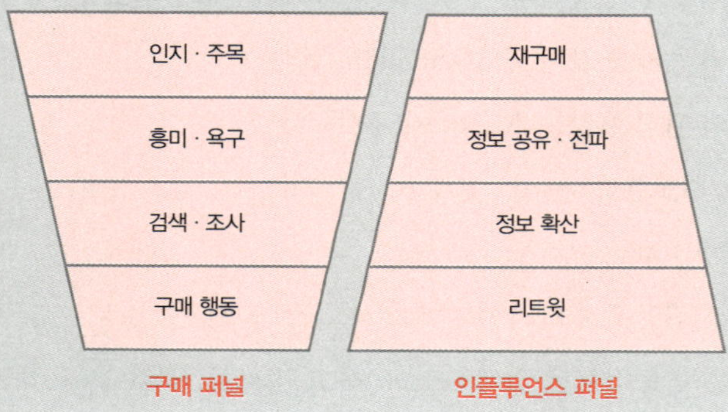

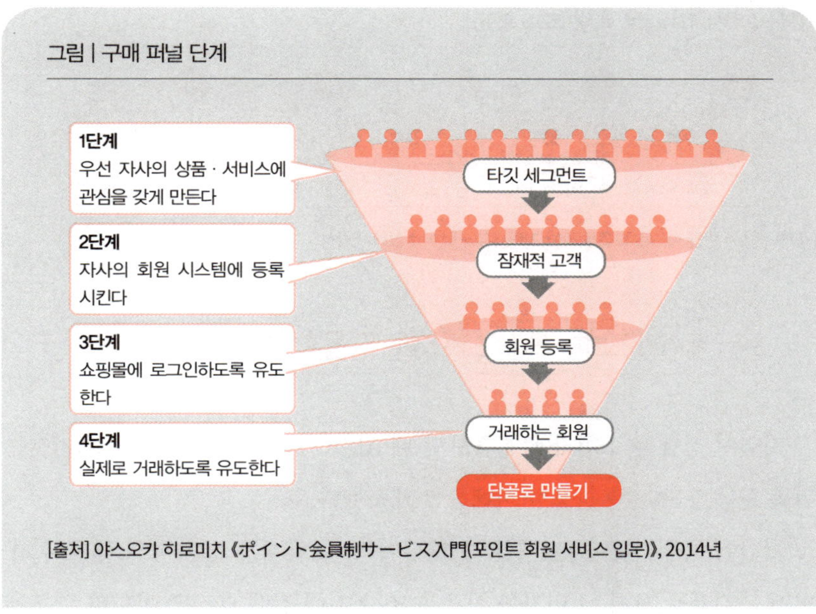

[출처] 야스오카 히로미치 《ポイント会員制サービス入門(포인트 회원 서비스 입문)》, 2014년

활용 방법

최근에는 기업과 소비자가 서로 관여하는 '상호작용' 관계를 전제로 한 모델을 활용하는 경우가 많다. 여기서는 AISAS의 활용 방법을 소개하겠다.

AISAS가 제시하는 다섯 단계(주목 → 흥미 → 검색 → 행동 → 정보 공유)를 비즈니스에 적용하려면, 각 단계에 맞춰 프로모션을 설계해야 한다. 구체적으로는 다음 순서로 검토한다.

① 주목을 끌려면 무엇을 해야 하는가

② 흥미를 유발하려면 무엇을 해야 하는가

③ 소비자는 어떤 수단으로 상품 정보를 검색하는가

④ 구매를 유도하려면 무엇을 해야 하는가

⑤ 구매 후 다른 사람에게 공유하도록 하려면 무엇을 해야 하는가

그림 | 소비자 의사결정 과정(AISAS 모델)

[출처] 덴츠가 만든 AISAS 모델을 바탕으로 저자가 일부 수정해서 작성

[케이스스터디 ①] SNS를 활용한 의사결정 촉진

기업이 상품을 소비자에게 홍보할 때 AISAS를 활용할 수 있다. 여기서는 판촉 활동에 SNS를 활용한 사례를 소개하겠다.

기업이 특정 상품을 판매할 때 핵심이 되는 단계는 '③검색'과 '⑤공유'다. 먼저 ③검색을 보자. 소비자는 상품을 조사할 때 검색 엔진뿐 아니라 SNS에서 지인들이 올린 글이나 후기도 참고한다. 이때 많은 소비자가 기업의 광고보다 주변 사람의 경험담에 더 영향을 받는 경향이 있다. 또한 SNS 내에서 바로 구매까지 이어지도록 한다면, 소비자는 ③검색과 ④행동을 더 매끄럽게 진행할 수 있다.

그림 | SNS를 활용한 의사결정 촉진

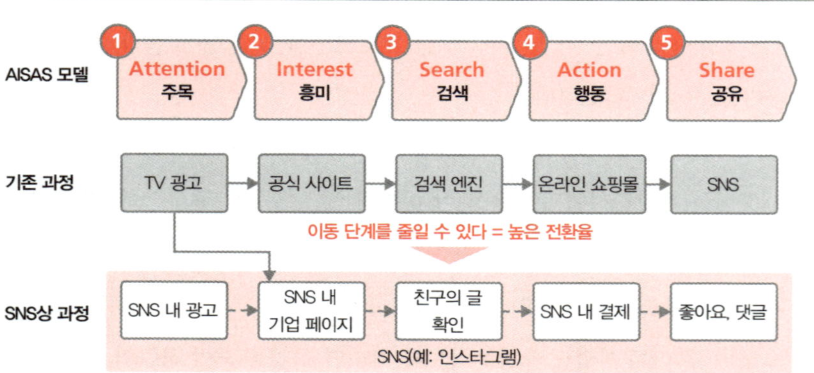

다음은 ⑤공유다. 상품 구매 후 소비자가 '좋아요'를 누르거나 댓글·후기를 남기면, 그 게시물이 지인들에게 노출되면서 또 다른 소비자의 ③검색에도 긍정적인 영향을 준다.

[케이스스터디 ②] 유료 회원 가입 촉진

스포츠클럽이나 온라인 기반의 유료 회원 서비스는 소비자와의 접점을 늘려 가입 검토 기회를 확대할 필요가 있다. 또한 가입 이후에는 이용을 촉진하고 탈퇴를 막아(리텐션) 단골로 만들어야 한다.

따라서 기업은 AISAS를 활용해 소비자의 의사결정 과정을 점검하면서, 설문조사나 구매 데이터 등을 바탕으로 '대상자 수가 크게 줄어드는 단계'를 찾아낸다. 그리고 그 원인을 토대로 다음 단계로 넘어가는 사람을 늘릴 대책을 마련한다.

구체적으로는, 서비스에 '흥미'를 보인 소비자에게 '검색'을 유도하고, '검

그림 | 회원 서비스 가입의 의사결정 과정

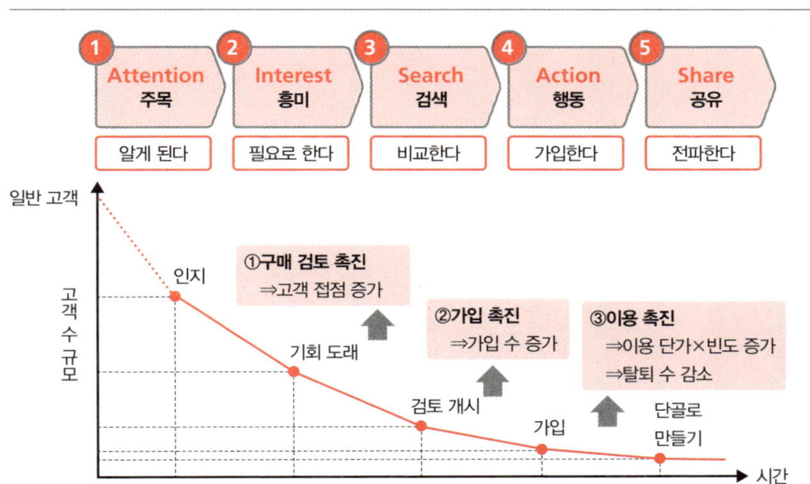

색'한 소비자에게 '가입(행동)'을 유도한다. 더 나아가 가입한 회원이 SNS 등에서 긍정적인 입소문을 '공유'하도록 유도해 회원을 확대한다.

📖 참고문헌 · 참고자료

에노모토 게이스케, MB비즈니스연구반 저《絶対に知られてはいけないAIDMA・AISASの秘密(절대 알려져서는 안 되는 AIDMA・AISAS의 비밀)》, 2015년
구리하라 고타, 구로사와 도모키《マーケター1年目の教科書(마케터 1년차 교과서)》, 2021년

29
고객은 언제 어디서 불만을 느끼는가

서비스 블루프린트

Service Blueprint

Tags 정성적 데이터　제품·서비스 기획　팀 단위로 실행 가능
Origin 시티뱅크 부사장을 역임한 린 쇼스택이 제시

이럴 때 활용한다! ▶ 서비스에서 고객 불만이 발생하는 지점을 드러낼 때

개요

서비스 블루프린트는 서비스가 고객에게 제공되기까지의 과정을, 제공자와 시스템의 작동까지 포함해 시각화하는 기법이다.

서비스 블루프린트는 주로 두 가지 목적으로 사용한다. 첫째, 기존 서비스를 분석하고 문제점을 개선하기 위해서다. 사람들의 행동이 한눈에 보이므로, 어디서 가치가 만들어지고 어디서 기회 손실이 생기는지 파악할 수 있다.

둘째, 새로운 서비스를 설계하기 위해서다. 고객 경험의 각 단계를 정리하면 요소 간 연관과 작용이 분명해져, 일관된 서비스를 설계할 수 있다.

MEMO 고객 여정 지도(p.183)가 '**고객의 시점**'에서 서비스 경험을 이해하는 도구라면, 서비스 블루프린트는 바람직한 고객 경험을 구현하기 위해 '**사업체의 시점**'에서 서비스를 분석하고 설계하는 도구다.

서비스 블루프린트의 구성 요소

서비스 블루프린트는 다음 다섯 가지 요소로 구성된다. 가로축은 고객이

서비스를 이용할 때의 '행동 흐름(시간의 흐름)'을 나타낸다.

그림 | 서비스 블루프린트의 다섯 가지 구성 요소

시간축	
물리적 증거	
고객의 행동	
전면 작업	
후면 작업	
지원 시스템	

표 | 서비스 블루프린트의 다섯 가지 구성 요소

요소	설명
물리적 증거	서비스와 고객의 상호작용에 필요한 물리적 수단
고객의 행동	서비스 제공 과정에서 고객이 취하는 행동의 흐름
전면 작업	고객의 행동에 대응해 직원 또는 자동화 시스템이 수행하는 직접 활동(고객이 보는 곳에서 일어나는 활동)
후면 작업	고객의 행동에 대응해 직원 또는 자동화 시스템이 수행하는 간접 활동(고객이 보지 못하는 곳에서 일어나는 활동)
지원 시스템	서비스 제공을 뒷받침하기 위해 조직·시스템이 수행하는 내부 활동

[출처] 다케야마 마사나오 《서비스 디자인 교과서》를 바탕으로 저자가 작성

서비스 블루프린트는 흔히 '연극'에 비유된다. 연극이 스토리와 연출로 관객에게 경험을 제공하려면, 물리적 증거인 '무대 세트'가 필요하다. 또 전면 작업인 '무대 위'가 매끄럽게 돌아가려면, 뒤에서 받쳐 주는 **후면 작업**과 **지원 시스템**이 필수다.

마찬가지로 고객에게 우수한 서비스 경험을 제공하기 위해 필요한 요소들도 서비스 블루프린트로 정리할 수 있다.

실행 방법

서비스 블루프린트는 다음 순서대로 작성한다.

그림 | 서비스 블루프린트의 작성 순서

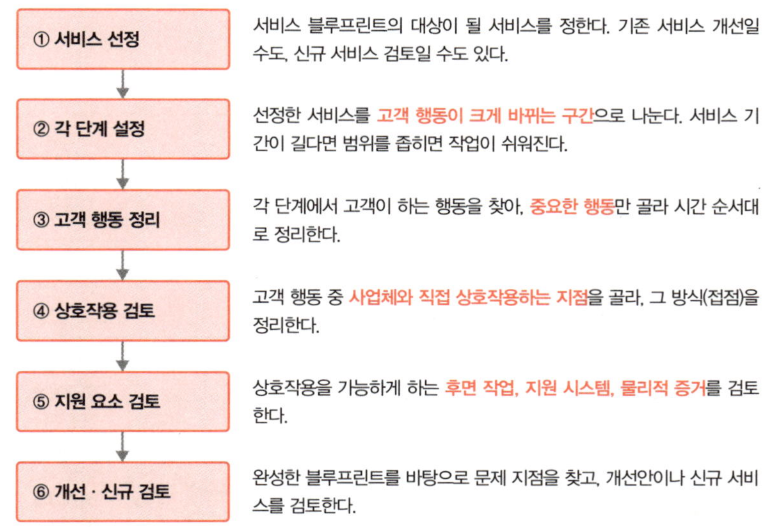

서비스 블루프린트는 처음부터 엄밀하게 만들기보다, 우선 빠르게 대략 작성한 뒤 필요에 따라 수시로 수정해 나가는 것이 중요하다. 종이나 화이트

보드에 틀을 그려 두고, 포스트잇 등으로 내용을 채워 가면 좋다.

서비스 블루프린트는 서비스 전체에서 고객과 사업체의 관계를 이해하는 데는 유용하지만, 요소들 사이의 세부적인 관계까지 모두 표현하기는 어렵다. 이 점에 유의해야 한다.

[케이스스터디] 맥도날드 '모바일 주문'

맥도날드의 모바일 앱 주문을 예로 들어, 서비스 블루프린트를 활용한 서비스 개선을 소개하겠다. 맥도날드는 앱으로 미리 주문해 매장에서 줄을 서지 않고 상품을 받을 수 있다.

기존 맥도날드의 구매 경험을 서비스 블루프린트로 나타내면 아래 그림과 같다.

그림 | 모바일 앱 주문 도입 전 맥도날드의 구매 경험

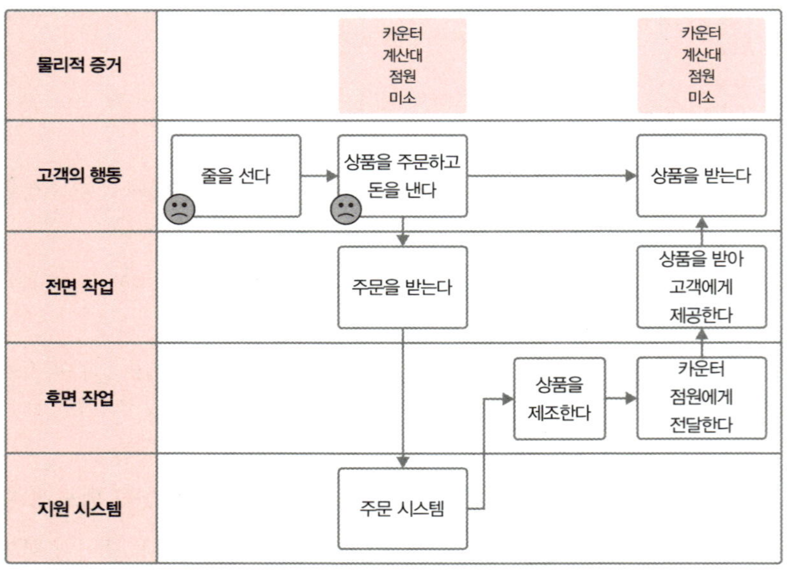

기존에는 카운터에서 점원에게 주문을 전달하고 결제까지 해야 했기 때문에, 혼잡할 때는 줄을 서야 했다. 또한 주문이 잘못 전달될 가능성도 있었다.

모바일 앱 주문 도입 후의 구매 경험을 서비스 블루프린트로 나타내면 다음 페이지의 그림과 같다.

그림 | 모바일 앱 주문 도입 후 맥도날드의 구매 경험

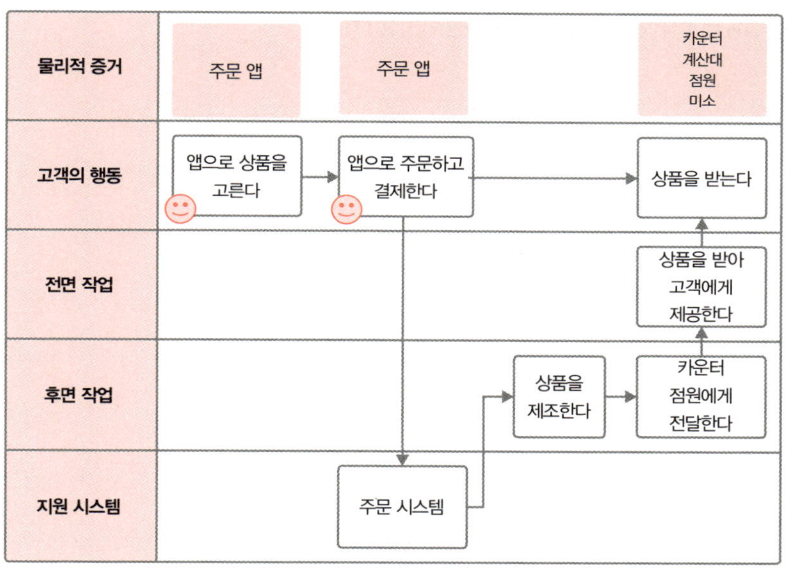

서비스 블루프린트는 이처럼 현재 고객 경험의 문제점을 분석하고, 개선 후의 구상까지 기록하는 데 활용할 수 있다.

조합해서 함께 쓸 수 있는 프레임워크

페르소나(p.173), 고객 여정 지도(p.183)

서비스 블루프린트에 기입하는 '고객의 행동'은 **페르소나**나 **고객 여정 지도**를 활용하면 더 효과적으로 정리할 수 있다.

소비자 의사결정 과정 분석(p.243)

소비자의 의사결정 과정 분석을 활용하면 고객 행동의 흐름과 사업자와의 접점을 체계적으로 정리할 수 있다.

📖 참고문헌 · 참고자료

Andy Polaine, Lavrans Løvlie, Ben Reason 《Service Design: From Insight to Implementation》, 2014년
다케야마 마사나오 저 《サービスデザインの教科書 : 共創するビジネスのつくりかた(서비스 디자인 교과서: 공동 창조하는 비즈니스 만드는 법)》, 2017년

30 파레토 분석(ABC 분석)

Pareto Analysis(ABC Analysis)

Tags 정량적 데이터　경영 환경의 이해　팀 단위로 실행 가능

Origin 이탈리아의 경제학자 빌프레도 파레토

이럴 때 활용한다! ▶ 자원을 집중할 사업 분야를 찾을 때

개요

파레토 분석(ABC 분석)은 여러 사물이나 현상을 비율과 빈도에 따라 그룹으로 나누어 관리 효율을 높이는 분석 기법이다.

구체적으로는 중요하게 볼 지표를 정한 뒤, 다음 두 그래프를 함께 보며 집중해야 할 항목을 찾아낸다.

- 각 항목의 수치를 큰 순서로 배열한 막대그래프
- 누적 비율을 나타낸 꺾은선그래프

이렇게 만든 그래프를 '파레토 차트'라고 한다. 파레토 분석을 활용하면 집중해야 할 그룹을 특정할 수 있다. 또한 경영 과제 관리뿐 아니라 **연구개발, 영업 기획** 등 다양한 상황에서 활용할 수 있다.

다음 페이지의 그림을 보자. 중요하게 살펴볼 지표를 매출로 설정하고, 막대그래프와 꺾은선그래프를 함께 본 내용이다. 이로써 A 그룹처럼 비율이 높은 항목을 찾아낼 수 있으며, 이 부분에 자원을 집중해야 함을 알 수 있다.

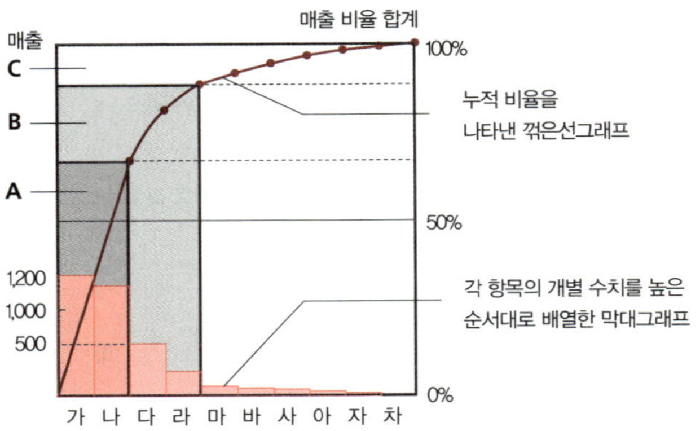

Column

파레토 분석과 파레토 법칙

파레토 분석은 '**파레토 법칙**'과 밀접한 관계가 있다. 파레토 법칙은 **경제에서 전체 결과의 대부분이 일부 요소에서 나온다는 경향**을 말한다. 흔히 '상위 20%의 고객이 전체 매출의 80%를 만든다'고 표현하며, 그래서 '**2:8 법칙**'이라고도 한다. 예를 들어 파레토 분석 결과 A 그룹이 전체 항목의 20%에 불과한데 매출의 80%를 차지한다면, "이 분석 대상은 파레토 법칙의 경향을 보인다"라고 말할 수 있다.

실행 방법

이제 '항목별 매출 비율과 고객 구성 비율'을 바탕으로 파레토 분석의 실행 방법을 설명하겠다. 파레토 분석은 파레토 법칙의 대표적인 비율인 '2:8'을 떠올리면 이해하기 쉽다.

표 | 항목별 매출 비율과 고객 구성 비율

항목	매출 비율	매출 비율 합계	고객 비중	그룹
①	50%	50%	10%	A
②	30%	80%	10%	A
③	10%	90%	10%	B
④	5%	95%	10%	B
⑤	3%	98%	10%	B
⑥	1%	99%	10%	B
⑦	0.50%	99.50%	10%	B
⑧	0.25%	99.75%	10%	B
⑨	0.15%	99.90%	10%	C
⑩	0.10%	100%	10%	C
합계	100%	—	100%	—

이 표에서는 고객 비중을 다음과 같이 세 그룹으로 나눴다.

- A 그룹: 고객 비중 20%
- B 그룹: 고객 비중 60%
- C 그룹: 고객 비중 20%

이처럼 그룹을 나누면 각 그룹의 매출 비율은 다음과 같다(세 그룹 합계 100%). 파레토 분석을 통해 이러한 상황이 확인되면 'A 그룹의 각 항목에 집중하는 것이 좋다'는 사실을 알 수 있다.

- A 그룹: 매출 비율 80%
- B 그룹: 매출 비율 19.75%
- C 그룹: 매출 비율 0.25%

참고로 이 예시에서는 파레토 법칙(2:8 법칙)이 성립하도록 의도적으로 수

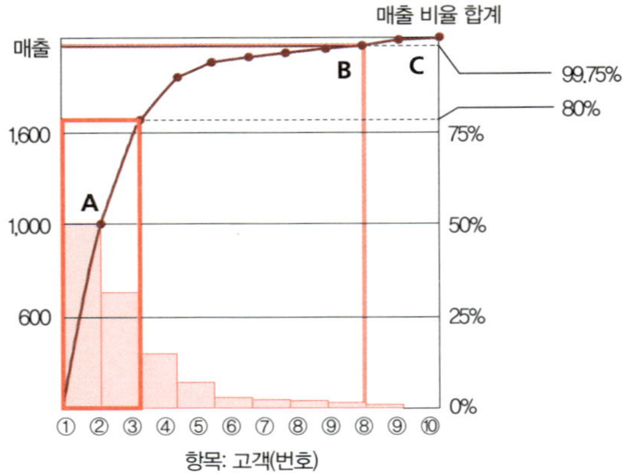

치를 설정했지만, 현실에서는 보다 다양한 비율과 수치가 나타난다.

파레토 분석에서는 대상을 A, B, C 세 그룹으로 나눈다. 보통 파레토 법칙을 기준으로 A 그룹은 상위 20%, B 그룹은 다음 60%, C 그룹은 마지막 20%로 분류한다. 다만 A 그룹을 상위 5%나 25%로 잡는 경우도 있으며, 비율은 A 그룹의 매출 기여도를 보며 조정할 필요가 있다.

처음부터 상황에 맞게 세밀하게 나누려 하면 오히려 어렵기 때문에, 우선은 일반적인 '상위 20%' 기준으로 시작하는 것을 권한다.

[케이스스터디 ①] 전철역 내 '자동판매기'

기존 자동판매기 업계에서는 상품 라인업 선정이나 보충 시점이 운영자의 경험에 의존하는 경우가 많았다. 그 결과 운영자가 바뀌면 해당 지역의 노하우가 이어지지 않는 문제가 생기기도 했다.

역 구내에서 자동판매기 사업을 운영하는 JR동일본 리테일넷(구 JR동일본 워터비즈니스)은 자동판매기 POS 데이터를 수집·분석해 여러 성과를 내고 있다. 예를 들어 POS 데이터를 파레토 분석해 헤비 유저(A 그룹)를 추출한 뒤, 헤비 유저를 늘리기 위한 캠페인과 양방향으로 소통할 수 있는 회원제 서비스를 도입했다.

또한 이 기업은 스이카 ID(회원 ID)와 자동판매기 POS를 결합한 ID-POS 분석으로 파레토 분석을 실시했다. 그 결과 자동판매기 이용자 중 월평균 2회 이상 이용하는 상위 약 7%의 고객이 전체 매출의 약 50%를 차지하는 것으로 나타났다.

그림 | JR동일본 워터비즈니스의 고객 분포

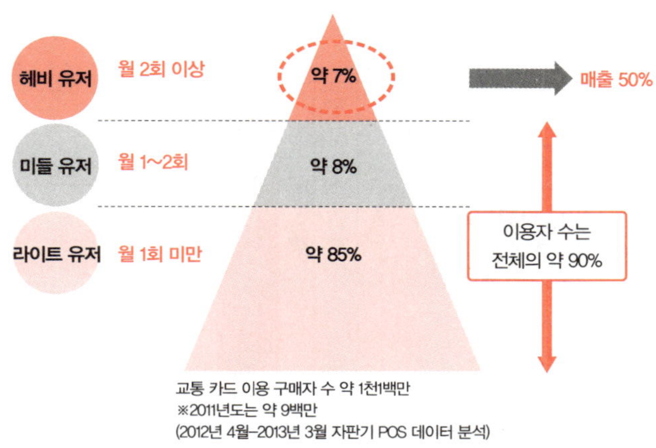

MEMO 위 사례에서는 상품 매출 데이터(POS)를 파레토 분석한 뒤, 고객 ID까지 연계한 'ID-POS 분석'도 소개했다. 다만 ID-POS 분석은 ID별로 POS 데이터를 나눠 분석하므로, 각 분석에 사용되는 데이터 수(표본)가 줄어들 수 있다는 점에 주의해야 한다. 가능하면 단순한 파레토 분석부터 실행하는 것이 좋다.

외식업체 스카이라쿠 그룹의 가스토는 주문 메뉴의 POS 데이터를 파레토 분석한 결과, '가스토 버거'가 C 그룹(비주력 상품)에 해당해 판매 중단을 결정했다.

하지만 이후 T포인트 고객 ID를 연계한 ID-POS 분석을 진행하자 다른 사실이 드러났다. 가스토 버거는 판매 수량 자체는 적었지만, 이를 주문하는 고객이 방문 빈도가 높은 우수 고객(젊은 남성)이었고, 재구매율도 높은 메뉴였다.

그림 | '가스토 버거' 파레토 분석의 과정

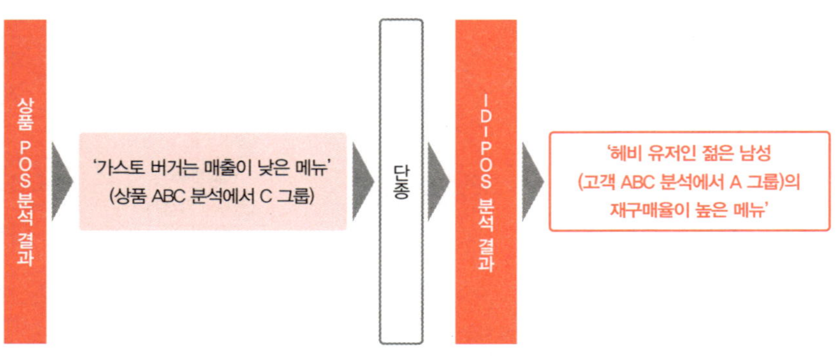

[출처] 스카이라쿠 보도자료(2009년 8월 26일) 및 닛케이유통신문(T포인트×가스토 관련 기사, 2009년 9월 4일)을 바탕으로 저자가 작성.

이 파레토 분석 결과를 통해, 방문 빈도가 높은 우수 고객이 반복 구매하는 메뉴를 없애면 장기적으로 매출 감소로 이어질 수 있음을 알 수 있다. 이런 이유로 가스토는 판매 중단 후 약 1년 만에 가스토 버거 판매를 재개했다.

조합해서 함께 쓸 수 있는 프레임워크

RFM 분석(p.264)

RFM 분석 시 방문 빈도와 구매 금액에 파레토 분석을 적용하면 우수 고객을 그룹으로 분류하기가 쉬워진다.

📖 참고문헌 · 참고자료

야스오카 히로미치 《ポイント会員制サービス入門(포인트 회원 서비스 입문)》, 2014년
Dimitri Maex, Paul B. Brown 《Sexy Little Numbers: How to Grow Your Business Using the Data You Already Have》, 2012년
노무라종합연구소 데이터 사이언스 랩 저 《データサイエンティスト入門(데이터 사이언티스트 입문)》, 2021년

31 RFM 분석

RFM Analysis

Tags 정량적 데이터　경영 환경의 이해　팀 단위로 실행 가능
Origin –

이럴 때 활용한다! ▶ 고객의 가치를 측정할 때

개요

타깃 고객을 정하고 우선순위를 매기려면 고객의 우량도(가치)를 측정할 필요가 있다. 여기서는 대표적인 방법인 RFM 분석을 소개한다.

고객은 구매 정도에 따라 다음과 같이 분류할 수 있다.

- 아직 구매 경험이 없는 **논유저**(non-user)
- 시험 삼아 구매한 **트라이얼 유저**(trial user)
- 구매 정도가 낮은 **라이트 유저**(light user)
- 구매 정도가 중간인 **미들 유저**(middle user)
- 구매 정도가 많은 **헤비 유저**(heavy user)
- 헤비 유저 중에서도 충성도가 높은 **로열 유저**(royal user)

RFM 분석은 최근 **구매 시점**(Recency), **구매 빈도**(Frequency), **구매 금액**(Monetary)이라는 세 지표로 고객을 그룹으로 나누고, 각 그룹의 특성을 조사·분석한다. 최근에 구매한 고객(R), 자주 구매하는 고객(F), 구매 금액이 많은 고객(M)을 우수 고객으로 본다.

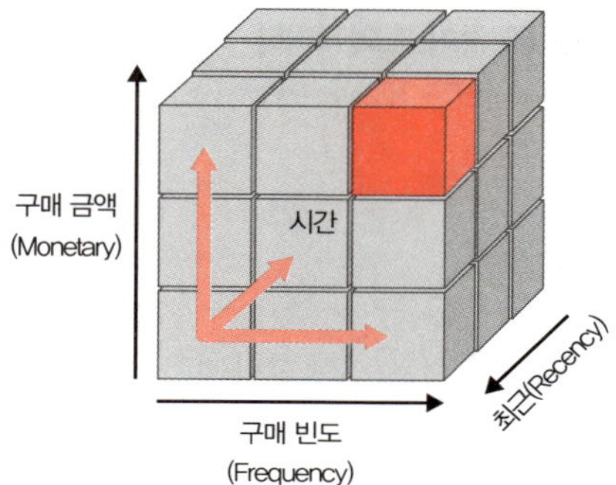

나아가 RFM 분석을 활용하면 **신규 고객**(최근 구매를 시작한 고객), **휴면 고객**(최근 구매가 없는 고객), **이탈 고객**(최근 구매 빈도나 금액이 줄어든 고객)처럼 더 세분화해 분류할 수도 있다. 그래서 타깃별로 적절한 대응책을 검토하기에 유용하다.

또 RFM 분석에는 POS 데이터뿐 아니라 회원 카드나 사용자 ID와 연동된 회원 정보 등도 활용한다.

RFM 분석에 적합한 상품과 아닌 상품

RFM 분석은 구매 시기와 빈도를 중시하므로, 구매 빈도가 높고 반복 구매가 가능한 가격대의 상품·서비스를 분석할 때 효과적이다. 반면 부동산, 자동차, 보험처럼 수년에 한 번, 혹은 평생 몇 차례만 구매하는 고가 상품·서비스는 RFM 분석에 적합하지 않다.

또 **고객의 상황과 상태**는 시간에 따라 달라지므로, RFM 분석을 할 때는 결과 뒤에 있는 '고객의 라이프스타일·행동·심리 변화'를 함께 파악하는 것이 중요하다. 예를 들어 아동복 제조사가 RFM 분석을 한다면 '막내를 다 키운 고객은 아동복을 더 이상 사지 않게 된다'는 점을 미리 이해해야 한다.

실행 방법

RFM 분석은 다음과 같은 순서로 실행한다.

① 과제를 명확히 한다

우선 RFM 분석을 왜 실행하는지, 목적과 현재 과제를 명확히 한다. 예를 들어 '우수 고객에게 효과적인 프로모션을 마련하고 싶다'거나 '일반 고객을 우수 고객으로 전환시키고 싶다' 같은 목적이 있을 수 있다.

② 분석할 기간을 정한다

RFM 분석을 할 때는 '지난 1년' 또는 '작년과 올해 같은 달(1개월)'처럼, 대상 상품의 특성에 맞는 분석 기간을 정해야 한다. 예를 들어 계절상품인 의류라면 같은 시즌(여름이라면 6~8월)을 기준으로 약 3년치 데이터를 분석하는 것이 적절하다.

③ 기준을 설정하고 등급별로 점수를 부여한다

다음으로 R(최근 구매 시점), F(구매 빈도), M(구매 금액) 각각의 기준을 정한다. 이때는 '우수 고객은 어떤 고객인가'를 떠올리며, POS 데이터 등에서 나타나는 고객 데이터 분포를 참고해 기준을 설정한다. RFM 분석이 처음이라면 가정에서 시작한 뒤 결과를 보며 조정해도 된다.

일반적으로는 각 요소를 5단계로 분류한다. 그리고 각 등급별로 점수를 매긴다. 1점에서 5점까지 부여하는 방식이 일반적이다.

참고로 구매 금액(M)을 높은 순서대로 10개 구간으로 나눠 분석하는 방법을 '데실 분석'이라 하며, 고객 가치를 더 세밀하게 볼 때 활용한다.

표 | 일반적인 기준 설정 예시

지표	기준	점수
최종 구매일 후 경과한 날짜 (Recency)	3일 이내	5점
	7일 이내	4점
	1개월 이내	3점
	3개월 이내	2점
	6개월 이내	1점
구매 횟수 (Frequency)	20회 이상	5점
	10회 이상	4점
	6회 이상	3점
	3회 이상	2점
	1회 이상	1점
합계 구입 금액 (Monetary)	10만 엔 이상	5점
	5만 엔 이상	4점
	2만5천 엔 이상	3점
	1만 엔 이상	2점
	5천 엔 이상	1점

위와 같이 기준을 마련하면, 예를 들어 '고객 A는 R 2점, F 3점, M 4점'처럼 점수를 매길 수 있다. 이 점수를 합산하거나, 어떤 요소의 점수가 높고 낮은지

를 보고 고객을 분석한 뒤 대응책을 검토한다.

예를 들어 다음과 같은 전략을 생각할 수 있다.

- 구매 횟수는 많지만 구매 금액이 적은 고객에게는 교차 판매(cross-sell)나 상향 판매(up-sell)로 객단가 상승을 노린다.
- 최종 구매일로부터 시간이 많이 지난 고객에게는 자사 상품의 매력과 장점을 다시 한번 알린다.

> **MEMO**
> RFM 분석을 활용하면 로열 유저나 헤비 유저 같은 우수 고객뿐 아니라 다른 등급의 고객에게도 접근할 수 있다. 따라서 우수 고객만을 쫓기보다, 등급별 고객 특성에 맞춰 각각 다른 방식으로 접근하는 전략도 함께 검토해야 한다. 예를 들어 미들 유저를 헤비 유저로 전환하기 위해 꾸준히 혜택을 제공하는 방법 등을 생각할 수 있다.

고객 종류별 대응 사례

RFM 분석에서 **충성도가 높은 고객**(로열 유저)은 자신이 가게에서 특별히 중요하게 여겨진다고 느끼기를 원하므로, 한정 특별 프로모션이나 서비스를 제공하는 것이 효과적이다. 가령 미들 유저나 라이트 유저보다 며칠 먼저 신제품을 구매할 수 있는 혜택, 단골 전용 기념품 증정 등이 고려될 수 있다.

신규 고객에게는 이른 시기에 접근하는 일이 중요하며, 특히 '1주일 이내 감사 인사'가 효과적이다. 신규 고객은 아직 가게에 대한 호감이나 애착이 약하므로 신속한 접근을 통해 두 번째 이용으로 연결하는 것이 중요하다.

몇 차례 이용 기록은 있지만 가게에 대한 애착이 크지 않은 고객에 대해서는 **양과 질, 양쪽으로** 공략할 필요가 있다. 여기서 '양'은 고객에게 접근하는 횟수를 뜻하고, '질'은 고객에게 전달하는 정보의 질을 뜻한다. 가령 가격이 저렴해 구매하기 쉬운 기획에 중점을 두는 등, 가성비를 내세운 전략을 생각해 볼 수 있다.

[케이스스터디] 신용카드 회사 'CLO'

CLO(Card Linked Offer)란 한마디로 **신용카드 연계 쿠폰**이다. 미국에서는 이미 40만 개 이상의 가맹점이 참여하고 있으며, 1억 5천만 명 이상의 고객에게 보급된 것으로 알려져 있다.

신용카드는 후불 결제 방식이기 때문에 결제 시점에 혜택(할인) 쿠폰을 적용해 구매를 촉진할 수 있다. 고객은 신용카드 이용 이력 등을 바탕으로 추천받은 쿠폰을 전용 앱이나 웹페이지에서 다운 받는다. 이후 신용카드를 사용해 가맹점에서 대상 상품을 구매하면 자동으로 혜택이 적용되는 구조다.

그림 | CLO의 구조

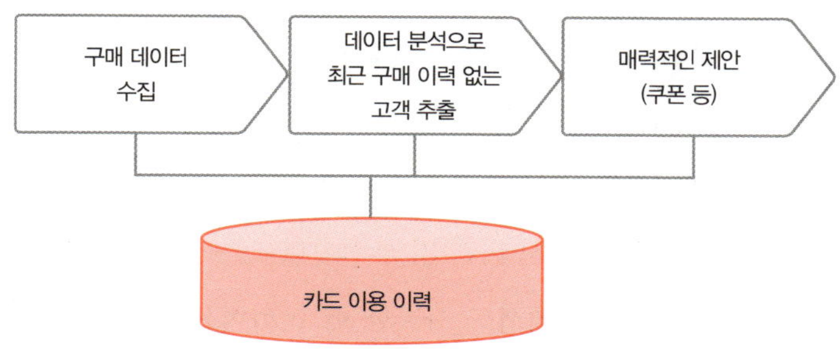

조합해서 함께 쓸 수 있는 프레임워크

파레토 분석(ABC 분석) (p.257)

RFM 분석은 보통 5단계로 등급을 나누지만(p.267), **파레토 분석(ABC 분석)**을 활용해 빈도(Frequency)와 구매 금액(Monetary)에 대해서 3단계로 간단하게 분류하는 방법도 효과적이다. 이렇게 하면 분류가 단순해지고 이해하기 쉬워진다. 다만 이 경우 최근 구매 시점(Recency)은 최근인지 아닌지 정도로만 구분한다.

32 로직트리

Logic Tree

Tags 정량적 데이터   다양한 상황에서 이용   혼자서 실행 가능
Origin 경영 컨설팅 회사들이 보급에 공헌

이럴 때 활용한다! ▶ 문제의 원인을 깊이 파고들 때

개요

시간과 정보가 제한된 상황에서 의사결정을 할 때, 잘못된 판단이나 불필요한 낭비를 최대한 배제한 상태에서 효율적으로 목적을 달성하는 데는 논리적 사고(logical thinking)가 매우 유용하다.

'논리'는 논리학이라는 학문 분야에서 오랜 역사 동안 연구되어 왔다. 그러나 여기서 말하는 '논리적 사고'란 경영 컨설턴트들이 활용하고 확산시킨, 시간과 정보가 제한된 상황에서도 가능한 한 논리적으로 사고하는 방법을 뜻한다. 여기서는 논리적 사고의 한 방법인 '로직트리'를 소개하겠다.

로직트리란 분석 대상의 구성 요소를 빠짐없이, 그리고 중복 없이 분해하고 정리해 문제를 찾아내거나 문제의 원인을 깊이 파악하기 위한 방법이다. 분석 결과를 '트리 구조'로 표현하기 때문에 로직트리라고 불린다. 로직트리를 활용하면 분석 대상이 복잡하고 난해하더라도 문제를 집어내고 주요 원인을 파악할 수 있다.

실행 방법

로직트리에서는 분석 대상을 MECE로 분해하고 정리한다. MECE는 'Mutually Exclusive and Collectively Exhaustive'의 약어로 '상호 배타적이며 전체를 망라함'을 의미한다. 쉽게 말해 '누락된 부분도 없고 중복된 부분도 없다'라는 뜻이다.

가령 고객을 MECE 방식으로 분해하고 정리한다고 하자. '일본인'과 '외국인'으로 구분하면 MECE에 해당한다. 그런데 여기에 '아시아인'이라는 속성이 추가되면, 누락은 없으나 일본인은 아시아인이기도 하므로 겹치는 부분이 생긴다.

또 고객을 '20대 이하' '30대' '40대' '50대' '60대 이상'으로 나누면 MECE가 되지만 '60대 이상'이 빠져 있다면 누락이 생긴다. 고객을 '수도권 거주'와 '수도권 외 거주'로 나누면 MECE에 해당하지만 '도쿄 거주'와 '간토 지역 거주'로 나누면 누락과 중복이 동시에 발생한다.

그림 | '고객'의 MECE 분류 예시

로직트리에서는 이 MECE의 개념을 활용해 분석 대상을 분류하고 정리함으로써 과제를 찾아내거나 원인을 심층적으로 파악한다.

이슈트리와 와이트리

로직트리에는 이슈트리와 와이트리라는 두 종류가 있다.

표 | 로직트리의 종류

종류	설명
이슈트리 Issue Tree	분석 대상을 MECE로 분해해 어디에 과제가 있는지 찾아내기 위한 로직트리다. 과제가 **어디(where)**에서 발생하는가 하는 관점이 특징이다.
와이트리 Why Tree	현상의 원인을 깊이 파고들기 위한 로직트리다. 분석 대상이 **왜(why)** 발생하는가 하는 관점이 특징이다.

가령 '이익 저조'라는 문제가 발생했다고 하자. 이슈 트리에서는 이를 어떻게 분해할 수 있을까? 이익은 '매출'에서 '비용'을 뺀 것이므로, 이익의 구성 요소는 '매출'과 '비용'으로 구분할 수 있다. 매출은 다시 '판매 수량'과 '판매 단가'로 나눌 수 있고, 비용은 '인건비' '원가' '판매관리비'로 나눌 수 있다.

이처럼 이슈 트리로 분해한다면, 비용에는 큰 문제가 없지만 판매 수량이 적다는 과제를 발견하게 될 수도 있다.

그렇다면 '판매 수량이 적다'라는 현상은 왜 발생하는 것일까? 이를 와이트리로 분해해 보자. 원인으로는 다음과 같은 것들을 생각할 수 있다.

- 상품이 매력적이지 않다
- 가격이 높다
- 상품과 가격 외에 원인이 있다

'상품이 매력적이지 않다'의 원인으로 다음과 같은 것들을 생각할 수 있다.

- 상품 기능의 매력이 약하다

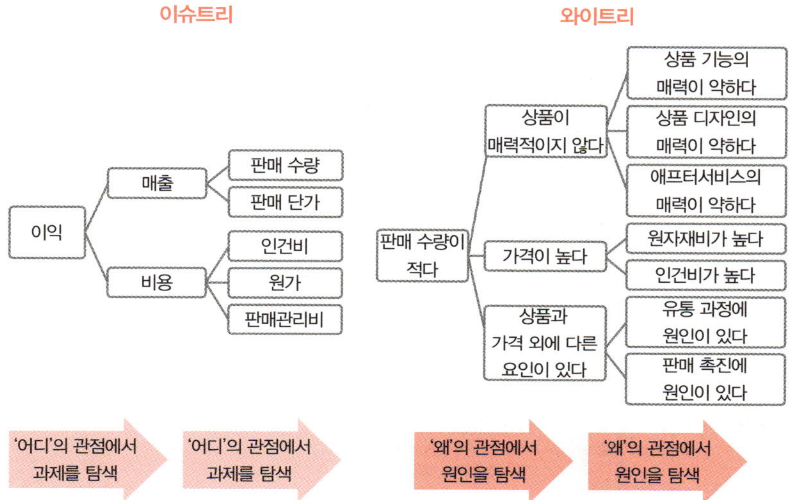

- 상품 디자인의 매력이 약하다

- 애프터서비스의 매력이 약하다

'가격이 높다'는 다음과 같은 요인에서 비롯될 수 있다.

- 원자재비가 높다

- 인건비가 높다

로직트리로 분석 대상을 분해할 때 중요한 점은 'MECE로 분해하는 일은 목적이 아니라 수단'이라는 인식을 갖는 것이다.

예시로 보았듯 MECE로 나누는 관점은 다양하며, 유일한 정답은 없다. 분류 기준이 너무 크면 과제나 원인을 정확히 좁히기 어렵고, 반대로 너무 세분화되면 분석 자체가 어려워진다. 시행착오를 거치며 더 나은 분류 기준을 찾아가는 것이 중요하다.

표 | MECE로 분해할 때의 주된 관점

관점의 종류	주된 분류 · 정리의 관점	
고객 속성으로 나눈다	인구통계적 변수	• 남성/여성/그 외 • 20세 미만/20대/30대/40대/50대/60세 이상 • 학생/회사원 · 공무원/시간제/아르바이트/주부/무직 · 퇴직자 • 독신/기혼(자녀 없음)/기혼(자녀 있음)
	행동 변수	• 기존 고객/신규 고객 • 아침 이용 고객/낮 이용 고객/저녁 이용 고객/심야 이용 고객 • 논유저/라이트 유저/미들 유저/헤비 유저
	심리적 변수	• 고관여 고객/저관여 고객 • 상품에 대해 모름/앎/지식 있음/관심 있음/욕구 있음/구매 의사 있음
상품 · 유통 채널로 나눈다	상품 카테고리	• 기존 상품/신제품 • 음료/과자류/가벼운 식사/그 외
	유통 채널	• 국내 매장/해외 매장 • 수도권 채널/수도권 외 채널 • 실제 매장/온라인 매장
대립 항목으로 나눈다	• 특정 대상/그 외 모든 것 • 기존 상품/신제품 • 상품/서비스	
수식으로 나눈다	• 이익 = 매출 − 비용 • 이번 달 술자리 비용 = 1회당 평균 비용 × 술자리 횟수 • 고객 전체 매출 = 고객 1인당 평균 단가 × 고객 수 • 고객 1인 매출 = 1회당 구매 금액 × 구매 횟수 • 매장 매출 = 방문자 수 × 구매율 × 1인당 평균 단가	
과정으로 나눈다	• 아침/낮/저녁/밤/심야 • 과거/현재/미래 • 가치사슬 • AIDMA(주목/흥미/욕구/기억/행동)	
분석 툴로 나눈다	• 인적 자원/물적 자원/금융 자원/정보 • 4P(상품/가격/유통/촉진) • QCD(품질/비용/납기) • 3C(고객/자사/경쟁사)	

조합해서 함께 쓸 수 있는 프레임워크

설문조사(p.190)

설문조사를 실행해서 로직트리에 필요한 적절한 데이터를 수집할 수 있다.

📖 **참고문헌 · 참고자료**

사이토 요시노리 저 《맥킨지식 사고와 기술》 (거름)

33 페르미 추정

정보가 부족할수록 사고의 힘이 드러난다

Fermi Estimate

Tags 정량적 데이터　경영 환경의 이해　혼자서 실행 가능
Origin 노벨물리학상을 수상한 물리학자 엔리코 페르미의 이름에서 유래

이럴 때 활용한다! ▶ 존재하지 않는 시장 데이터를 추산할 때

개요

사업에 착수할 때는 그 사업이 대상으로 삼을 시장 규모에 맞춰, 회사 역량에 적합한 전략과 마케팅을 실행해야 한다. 가령 수십 명을 대상으로 진행하는 이벤트와 수만 명 규모 이벤트는 내용과 활동이 크게 다르다. 마찬가지로 기대 매출이 1천만 엔인 사업과 1천억 엔인 사업은 추진해야 할 전략과 마케팅이 크게 다르다.

그러나 새로운 사업의 경우 시장 규모나 고객 선호도 등 관련 데이터를 충분히 확보하지 못하는 경우가 많다. 이러한 상황에서 유용한 것이 '페르미 추정'이다. 페르미 추정을 활용하면 존재하지 않는 시장 데이터를 대략적으로 산출할 수 있다. 계산식과 몇 가지 단서(가정 또는 상수)를 바탕으로 수치와 비율을 조합해 값을 추정한다.

MEMO 노벨 물리학상을 받은 물리학자 엔리코 페르미는 실험이나 조사를 통해 정확한 데이터를 얻기 어려운 상황에서도 논리적 추론으로 대략적인 수치를 산출하는 데 뛰어났다.

페르미 추정에서는 다음과 같은 3단계로 분석을 진행한다.

그림 | 페르미 추정의 진행 방식

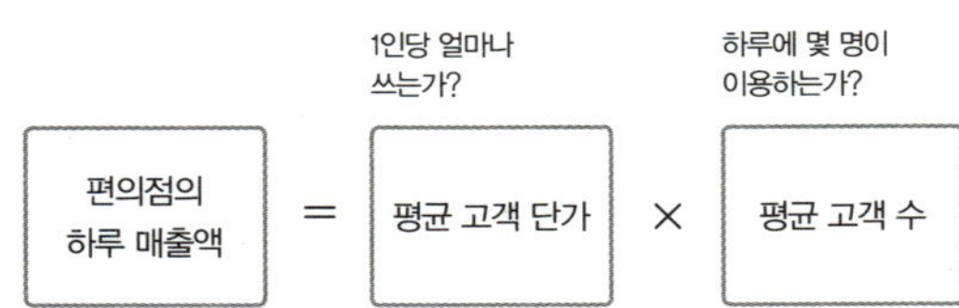

여기서는 편의점 시장 규모를 예로 들어 페르미 추정의 실행 방법을 살펴보겠다. 편의점 한 곳의 하루 평균 매출액은 어느 정도일까? 만약 그 정보를 확인하기 어려운 상황이라면 어떻게 추정할 수 있을까? 페르미 추정을 이용해 매출액을 대략 계산해 보자.

① 몇 가지 요소로 분해해 계산식을 만든다

먼저 추정하고자 하는 수치를 몇 가지 요소로 나눠 계산식을 만든다. 요소는 다양하지만, 시장 규모를 추정할 때는 **평균 고객 단가**와 **평균 고객 수**를 자주 활용한다. 편의점 한 곳의 하루 평균 매출액을 추정한다면 계산식은 다음과 같다.

그림 | 편의점 하루 평균 매출액을 페르미 추정으로 구하는 관점

여기서 평균 고객 단가는 고객 한 명이 한 번 구매할 때 지불하는 금액이고, 평균 고객 수는 하루에 편의점을 이용하는 고객 수의 평균값이다.

② 각 요소의 수치나 비율을 설정한다

다음으로 계산식에 들어갈 수치나 비율의 **구체적인 값**을 설정한다. 이미 알려진 수치나 비율은 활용하고, 정확히 알기 어려운 값은 자신의 경험이나 논리를 바탕으로 가정해 설정한다.

이미 알려진 수치나 비율의 예로는 **인구 수, 가구 수** 등 국민 생활과 관련된 거시 통계, **매장 수나 시장 점유율** 등 기업 활동 전반에 관한 통계가 있다.

반면 특정 상품이나 서비스의 평균 고객 단가, 가동률처럼 **미시적인 소비** 행동과 관련된 값은 정확히 파악하기 어렵다. 또 출시 전 상품처럼 시장 데이터 자체가 존재하지 않는 경우도 있다.

편의점의 **평균 고객 단가**는 업계 자료가 있다면 조사해 구할 수 있지만, 그런 정보가 없을 때는 어떤 근거로 수치를 정해야 한다. 참고할 단서는 여러 가지가 있다. 그중 하나로, 본인이나 주변인이 편의점에서 구매할 때의 평균 결제 금액을 떠올려 보는 방법이 있다. 점심 식사를 위해 편의점을 이용한다면 자주 사는 상품을 떠올려 보자. 가령 다음 그림과 같이 분해할 수 있다.

그림 | 평균 고객 단가의 설정

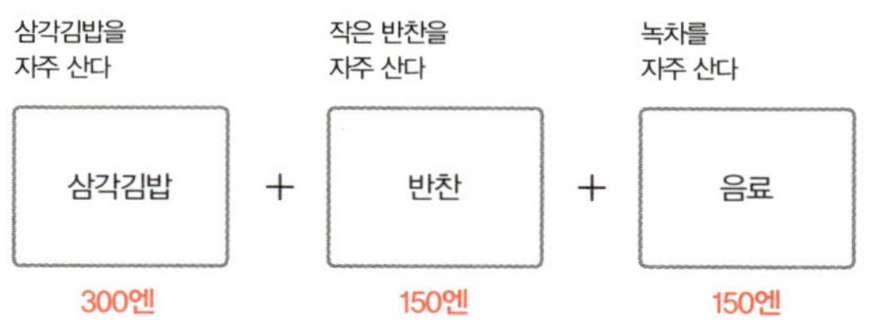

여기서는 삼각김밥 1개, 반찬 1개, 음료 1개를 구매한다고 가정해 평균

고객 단가를 600엔으로 설정할 수 있다. 자신의 경험만을 바탕으로 한 설정은 근거가 다소 거칠 수 있지만, 빠르게 값을 잡아야 할 때는 유용하다. 더 정밀하게 설정하고 싶다면 설문조사(p.190) 등을 실시해야 한다.

마찬가지로 **평균 고객 수**에 대해서도 어떤 단서를 바탕으로 생각해 보자. 평균 고객 수를 추정할 단서는 여러 가지가 있지만, 여기서는 '고객 응대 시간'에 주목해 값을 설정해 본다.

1인당 응대 시간은 몇 분 정도일까? 계산 시점의 응대(결제 처리)만 기준으로 잡으면 1~3분 정도면 고객 한 사람을 응대할 수 있을 것이다. 여기서는 2분으로 설정하겠다. 24시간 영업하는 편의점이라면 영업시간은 1,440분(24시간 × 60분)이다. 다만 하루 종일 손님이 끊기지 않는 것은 아니므로, 실제로 고객을 응대하는 시간 비율(가동률)을 40%로 가정한다. 계산대는 2대로 설정한다. 그 결과 평균 고객 수는 1,440분 ÷ 2분 × 40% × 2 = 576명으로 추정할 수 있다.

그림 | 평균 고객 수의 설정

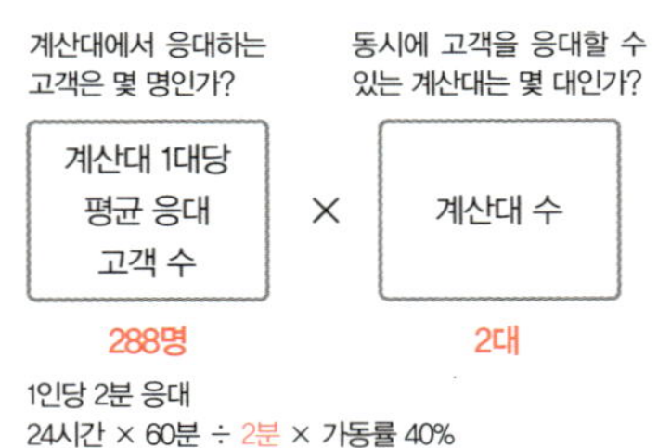

③ 계산식과 수치 또는 비율을 이용해서 추정한다

편의점 매출액을 구하는 데 필요한 수치를 설정했다. 이제 그 수치를 계산식에 대입해 보자.

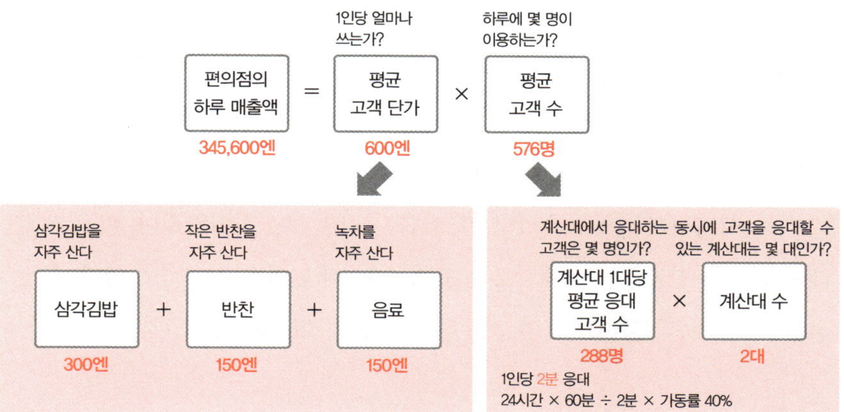

평균 고객 단가는 600엔, 평균 고객 수는 576명이다. 이 둘을 곱하면 편의점 한 곳의 하루 매출액은 345,600엔으로 추정할 수 있다. 페르미 추정에서는 이렇게 요소로 분해한 뒤, 어느 정도 알려진 수치와 가정한 수치를 대입해 대략적인 금액을 추정한다.

주의할 점

앞서 설명했듯 페르미 추정에 사용하는 식이나 수치는 작성자에 따라 크게 달라진다. 따라서 활용할 때 몇 가지 주의할 점이 있다.

사후에 대조하고 확인한다

페르미 추정은 어디까지나 추산한 값이므로, 추정한 값과 실제 수치를 사후에 대조해 확인하는 것이 중요하다.

편의점 한 곳의 하루 매출액은 기업별·입지별로 차이가 있으나, 공개된 자료를 보면 대략 50만~70만 엔 수준으로 제시된다. 반면 앞에서 실행한 페르미 추정에서는 약 34만 엔으로, 실제 수치와 비교해 15만~35만 엔 정도 차이가 발생했다.

여기서 중요한 것은 차이가 발생한 원인을 생각하는 일이다. 어떤 가정으로 산출하느냐에 따라 도출되는 수치는 크게 달라진다. 추정치와 실적치 간 차이가 발생한 이유를 고민하는 과정에서 시장에 대한 이해가 깊어진다.

이 사례에서는 가동률을 40%로 잡은 가정이 보수적이었거나, 피크 시간대에 계산이 집중되면서 체감보다 고객 수가 더 많았을 가능성이 있다. 추정은 어디까지나 추정이므로 가능한 한 실제 값과 대조해 점검하자.

상한값과 하한값을 확인한다

페르미 추정을 활용해 시장 규모를 추정할 때는 정확성을 지나치게 따지기보다, 가능한 범위 안에서 상한값과 하한값을 확인한다는 태도로 접근하는 것이 좋다. 완벽한 추정은 불가능하므로 최대값이 어느 정도인지, 혹은 최소값이 어느 정도인지 가늠하는 일이 중요하다.

이때는 여러 시나리오로 나눠 페르미 추정을 실행하는 것이 바람직하다. 또한 다양한 정보원과 산정 방법을 조합해 시장 규모를 다각도로 추정하는 것이 바람직하다.

조합해서 함께 쓸 수 있는 프레임워크

설문조사(p.190), **파레토 분석(ABC 분석)** (p.257), **RFM 분석**(p.264)

페르미 추정에 적용할 수치는 **설문조사, 파레토 분석(ABC 분석), RFM 분석**으로 얻은 데이터를 활용하면 더 정밀해진다.

시나리오 플래닝(p.119)

페르미 추정에서는 여러 추정 패턴을 미리 검토하는 것이 효과적이다. 이때 **시나리오 플래닝**으로 도출한 시나리오를 활용할 수 있다.

Column

취업에도 도움이 되는 페르미 추정

페르미 추정은 논리적 사고법 중 하나이기 때문에 취업 면접 등에서도 매우 유용하다. 가령 취업 면접에서 "맥주 시장 규모는 어느 정도라고 생각합니까?" 혹은 "미용실 시장 규모는 어느 정도라고 생각합니까?"와 같은 질문을 받을 때가 있다. 그럴 때 논리적으로 답변하는 방법으로 페르미 추정을 활용할 수 있다.

📖 참고문헌 · 참고자료

니시카와 히데히코, 히로타 아키미쓰 편저 《1からの商品企画(1부터 시작하는 상품 기획)》, 2012년

될 만한 것부터, 효과가 큰 것부터

효과×실현성 분석

Effect-Feasibility Analysis

Tags 정보의 기록·정리   사업 기획   조직 단위로 실행 가능
Origin 노무라종합연구소에서 저자가 도출

이럴 때 활용한다! ▶ 전략의 우선순위를 정할 때

개요

효과×실현성 분석이란 계획의 효과와 실현성을 9칸 매트릭스로 나타내서 각 계획의 우선순위를 검토하는 분석 기법이다. 신규 사업이나 신제품 아이디어의 우선순위를 검토할 때 활용할 수 있다.

그림 | 계획의 우선순위 매기기

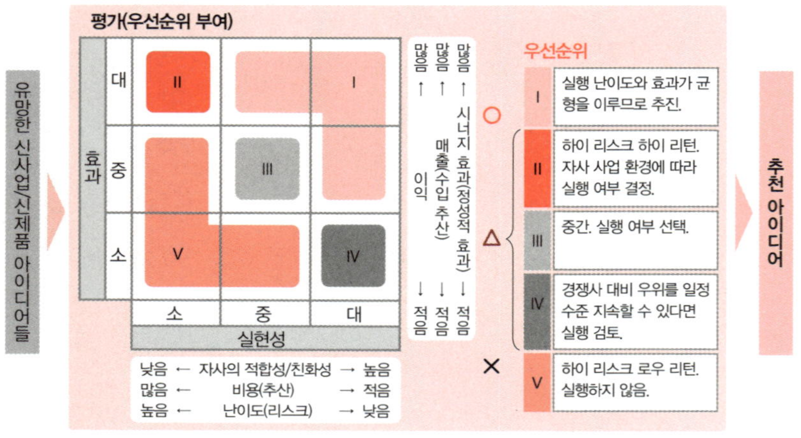

- 세로축: 효과(매출, 이익, 시너지 효과 등)

- 가로축: 실현성(난이도, 비용, 친화성 등)

계획의 우선순위는 그림의 9칸에서 우측 상단일수록 높고, 좌측 하단일수록 낮다. 즉 '실현성 높음, 효과 큼'인 계획일수록 우선순위가 높다. 다만 이 그림은 상대적 평가다. 경험상 가장 우측 상단에 배치되는 계획은 이미 최우선으로 인식돼 굳이 우선순위를 매기지 않는 경우가 많다. 그래서 대부분은 다른 칸에 배치된다. 이때는 우측 상단에 가까운 3개 칸(I 영역)을 같은 우선순위 그룹으로 묶기도 한다.

마찬가지로 가장 좌측 하단에 배치되는 계획도 이미 우선순위에서 가장 밀려난 것으로 인식되는 경우가 많아, 좌측 하단에 가까운 3개 칸(V 영역)을 같은 분류로 묶기도 한다.

다음으로 II, III, IV 영역을 살펴보자. 사람들은 계획을 세울 때 많은 항목을 III 영역(중앙)에 배치하는 경향이 있다. 따라서 II, III, IV 영역에 포함된 항목은 '효과가 큰 것'을 기준으로 다시 구분해 우선순위를 정한다. 그 결과 우선순위는 II → III → IV 순이 되며, 전체적으로는 I → II → III → IV → V 순으로 정리된다.

MEMO 효과×실현성 분석 매트릭스는 4×4나 5×5로 확장할 수도 있다. 다만 이 분석은 **정성적인 정보를 정량화하는 기법**이므로, 칸이 지나치게 많아지면 구분이 흐려진다. 따라서 칸 수를 늘린다면 각 칸의 기준을 명확히 정하는 것이 중요하다.

실행 방법

효과×실현성 분석은 다음 순서대로 실행한다.

① 각 계획을 매트릭스에 배치한다

신규 사업, 신제품 아이디어, 사업 내용 등 각 계획을 9개 칸 중 하나에 배치한다. 효과×실현성 분석은 계획의 우선순위를 평가하기 위한 것이다. 절대적인 위치를 정할 필요는 없고, 계획들을 비교해 가며 상대적 위치를 정하면 된다.

다음 그림에서 ●(빨간 점)은 하나의 계획을 뜻한다. 좌측 하단에는 3개의 계획이, 우측 상단에는 7개의 계획이 배치되어 있다.

그림 | 각 계획을 매트릭스에 배치한다

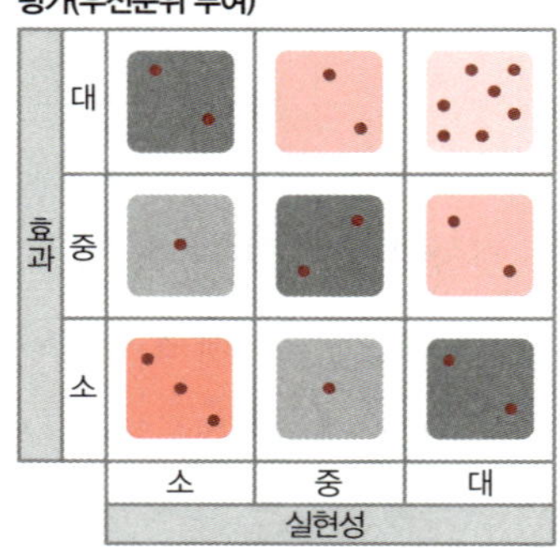

② 우선순위를 평가한다

각 계획의 배치가 어느 정도 분산되고, 각 칸의 분류에도 수긍할 만한 상태가 되면 평가로 넘어간다. 우선순위는 우측 상단일수록 높고 좌측 하단일수록 낮지만, 우선순위 부여는 상대적 판단으로 충분하다.

③ 실행 가능성을 조사한다

우선순위가 높은 계획에 경영 자원을 집중 투입하고, 실현 가능성 조사를 상세히 진행한다.

[케이스스터디] 신용카드 회사의 '신규 사업 검토'

신용카드 업계는 이미 성숙 단계에 접어들었고 경쟁 업체도 많다. 최근에는 전자화폐 사업자의 진입도 늘어나면서, 기존의 신용카드 회사들은 **신용카드 외의 신규 사업**을 추진해 새로운 수익원을 마련해야 하는 상황이 되었다.

이런 배경에서 한 회사가 직원들에게 신규 사업 아이디어를 모집했다. 그 결과 100개가 넘는 아이디어가 제안돼 어디서부터 시작해야 할지 난감했다. 그래서 명백히 실행이 어려운 아이디어와 사업으로 성립하지 않는 아이디어를 제외한 뒤, 나머지 아이디어에 대해 효과×실현성 분석을 실행했다.

분석 결과, 우선순위가 높은 계획으로 온라인 쇼핑 연계, 상속 관련 사업, 선불카드, 시니어 비즈니스, 교육 비즈니스, 공유 경제 등 여러 사업 아이디어가 배치되었다. 실제로 이 결과를 바탕으로 우선순위가 높은 계획부터 차례로 구체화를 검토했다.

그림 | 신용카드 회사의 신규 사업 분석

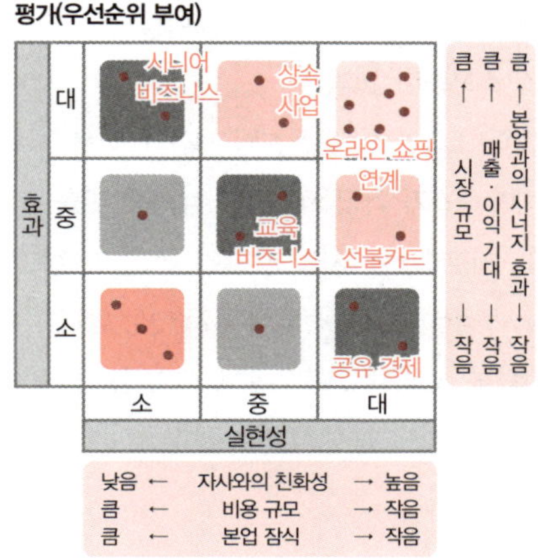

키 니즈법(p.300)

효과×실현성 분석은 효과와 실현성이 높은 아이디어나 사업 기획을 추려내는 데 그친다. 하지만 실제 상품 기획에서는 그 아이디어만으로 독보적인 상품이 되지 않는 경우가 많다. 따라서 우선순위가 높은 아이디어나 사업 기획은 **키 니즈법**을 활용해 독창성을 더 높이는 작업이 필요하다.

📖 참고문헌 · 참고자료

이시카와 아키라, 쓰지모토 아쓰시, 야스오카 히로미치 외 저 《新製品・新事業開発の創造的マーケティング―開発情報探索のマネジメント(신제품·신사업 개발의 창조적 마케팅 — 개발 정보 탐색의 매니지먼트)》, 2006년
데이비드 A. 아커 저 《브랜드 전략》(21세기북스)

Column

GE 비즈니스 스크린

효과×실현성 분석과 유사한 기법으로, GE(제너럴일렉트릭)와 맥킨지가 공동 개발한 **GE 비즈니스 스크린**이 있다.
GE 비즈니스 스크린은 BCG(보스턴컨설팅그룹)의 PPM(프로덕트 포트폴리오 매니지먼트) 2×2 매트릭스가 가진 사업 평가상의 한계를 보완하기 위해 고안된 3×3 매트릭스다. 세로축에는 '**사업 지위**(경쟁력)', 가로축에는 '**시장 매력도**'를 두고, 각 칸에 '투자/성장(강화)', '선택적 투자(현상 유지)', '수확/철수(이익 회수)'라는 세 가지 전략을 설정한다. 이 가운데 좌측 상단의 '높음×높음'과 그에 가까운 칸을 우선시하는 의사결정 방식을 취한다.

그림 | GE 비즈니스 스크린

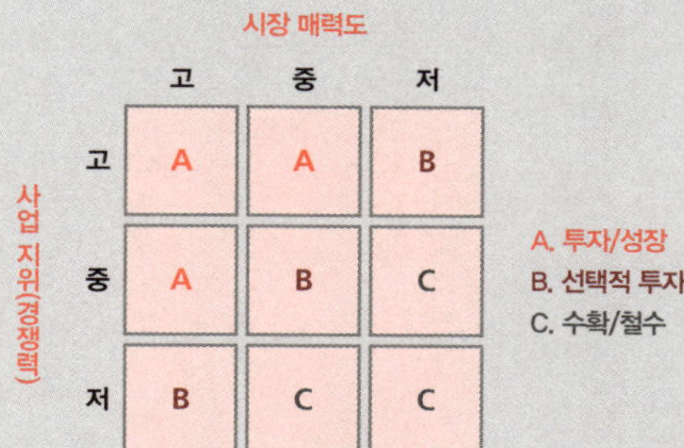

가로축의 '**시장 매력도**'는 시장 규모, 성장률, 고객 만족도 수준, 경쟁, 가격 수준, 수익성, 기술, 정부 규제, 경제 동향 등에 대한 민감도를 기준으로 상대적으로 위치시킨다.

세로축의 '**사업 지위(경쟁력)**'는 사업 규모, 성장 가능성, 세그먼트별 점유율, 고객 충성도, 마진, 유통망, 기술, 특허, 마케팅 역량, 유연성, 조직 등을 기준으로 상대적으로 위치시킨다.

이처럼 상대적인 평가를 내린다는 점에서, 앞에서 소개한 효과×실현성 분석과 유사하다.

이 장에서는 제품·서비스나 사업을 기획할 때 필요한 여러 프레임워크를 소개하겠다. 기획을 검토할 때 중요한 점은 '고객의 니즈를 충족시킬 수 있는가'와 '경쟁사와 차별화할 수 있는가'라는 두 가지다.

요즘처럼 고객의 라이프스타일과 취향이 다양해지는 상황에서는 경쟁사가 없는 공백 영역을 찾아 그곳에 고객의 잠재적 니즈가 어느 정도 있는지 검토하는 등, **독창적인 비즈니스를 설계하는 것**이 중요하다. 또한 **고객 니즈를 재확인하고 개선할 필요**도 있다.

이 장에서 소개할 각 프레임워크를 활용하면 자사의 자원과 강점을 파악한 뒤, 고객 및 경쟁사와의 관계를 이해할 수 있다.

먹히는 기획에는 공식이 있다

여기서는 시장 조사, 고객 조사, 경쟁사 데이터를 정리해 제품·서비스 및 사업을 구체적으로 기획할 때 유용한 아홉 가지 프레임워크를 소개하겠다.

실제로 각 프레임워크를 활용할 때에는 '기획의 목적'이 다음 항목 중 어디에 해당하는지 확인하고 시작하는 것이 좋다.

	고객 니즈를 출발점으로	경쟁사 분석을 출발점으로	자사 강점을 출발점으로
새로운 제품, 서비스, 사업 **창출**			
기존 제품, 서비스, 사업 **혁신**			

미국의 한 창업가가 제시한 '린 스타트업'은 고객 니즈를 출발점으로 삼아, 지금까지 없던 제품·서비스나 사업을 만들어 가는 프레임워크다.

신제품 창출과 기존 제품 혁신 모두에 활용할 수 있는 프레임워크로는 '키니즈법'이 있다. 이 프레임워크에는 '고객 니즈'에 따라 제품 기능을 좁혀 가는 접근법과 '기술 시드(씨앗)'에서 출발해 제품을 개발하는 접근법이 있다.

'가치 제안 캔버스'는 고객이 가진 '현재의 과제'와, 그 과제를 해결했을 때 생기는 '고객도 예상하지 못했던 획득 가치'에 집중해 제품을 만들어 내는 프레임워크다.

경쟁사와의 차별화를 중심축으로 삼는 제품·서비스 기획에서는 자사와 경쟁사를 모두 분석해야 한다. 블루오션 전략에서 제안된 'ERRC 그리드'는 기존 시장의 제품이 제공하지 못한 점을 찾아내 새로운 가치를 창출한다.

'앤소프 매트릭스'는 기존 시장과 신규 시장이라는 두 가지 시장에서 자사의 현재 제품·서비스를 어떻게 혁신해 나갈지 검토할 때 유용하다.

'경쟁 전략 수립'은 경영학 분야에서 친숙한 포터의 본원적 전략과 코틀러 및 켈러의 경쟁 지위 전략을 결합한 프레임워크다. 자사와 경쟁사의 차이를 분석한 뒤, 자사가 시장에서 맡을 역할과 입장을 명확히 해 전략을 수립한다. 이러한 차별화 프레임워크는 이미 경쟁자가 존재하는 시장에서 활용하면 좋다.

'비즈니스 모델 캔버스' '전략 모델 캔버스' '수익 모델'은 제품·서비스 기획 과 병행해 자원의 활용 방식과 협력 파트너 등 운영 측면, 그리고 고객으로부 터 어떻게 수익을 창출할지에 관한 '수익 구조'를 시각화하는 프레임워크다.

그림 | 제품·서비스 기획, 사업 기획 프레임워크 위치

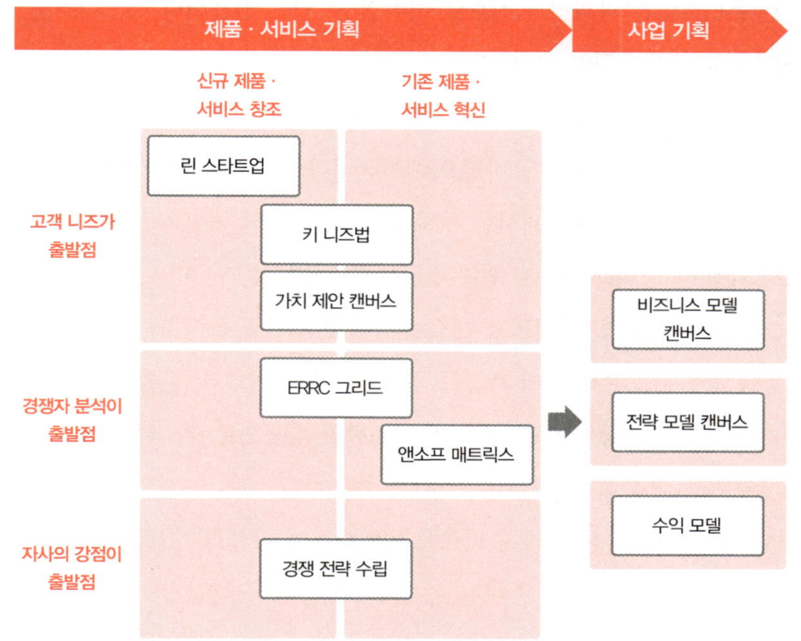

35 린 스타트업

The Lean Startup

Tags 정량적 데이터　사업 기획　팀 단위로 실행 가능
Origin 미국의 창업가 에릭 리스가 2008년 제시

이럴 때 활용한다! ▶ 파괴적 혁신을 실현하고자 할 때

개요

린 스타트업은 파괴적 혁신으로 이어질 수 있는 상품이나 비즈니스 모델을 창출하기 위한 경영 기법이다.

린 스타트업의 '린lean'은 '낭비가 없고 효율적'이라는 뜻이다. 이 용어는 도요타 자동차의 생산 방식을 바탕으로 만들어진 '린 생산 방식'에서 비롯되었다. 린 스타트업을 처음 제시한 에릭 리스는 "파괴적 혁신을 실현하는 과정에서 가장 큰 낭비는 아무도 원하지 않는 것을 만드는 일"이라고 주장했다.

기존의 상품 개발은 기획과 개발에 충분한 기간을 들여 완성품에 가까운 상품을 만든 뒤, 고객 앞에 내놓는 방식이 일반적이었다. 반면 린 스타트업은 처음부터 완성품을 만드는 대신, 최소한의 비용으로 최소한의 필요 사항을 충족하는 제품 A를 만들어 고객에게 제공한다. 그리고 제품 A에 대한 긍정적·부정적 반응 등 다양한 피드백 데이터를 수집한 뒤, 그 내용을 바탕으로 개선한 제품 B를 만들어 다시 고객에게 제공한다. 이렇게 고객 반응을 데이터로 수집해 다음 제품 개발에 반영하는 피드백 사이클을 신속하게 반복하며, 고객이 원하는 제품을 개발하는 것이다.

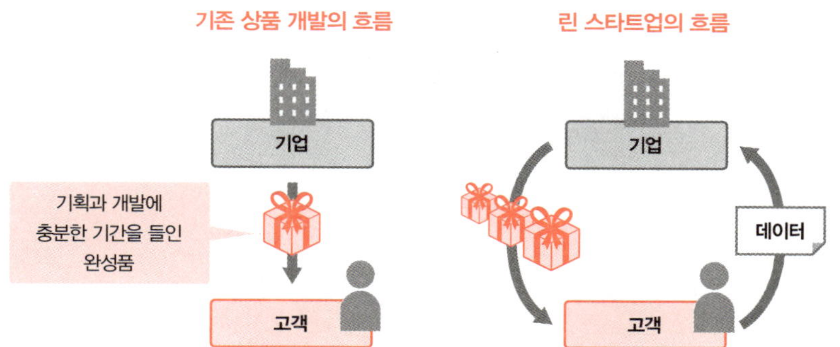

여기가
포인트!

린 스타트업의 가장 큰 특징은 고객으로부터 얻은 데이터를 바탕으로 개선을 반복해, 고객이 원하는 상품을 개발한다는 점이다

실행 방법

린 스타트업의 구체적인 진행 방법을 살펴보자. 린 스타트업에는 세 가지 산출물과 세 가지 활동이 있다.

① 아이디어 창출

린 스타트업의 출발점이 되는 산출물은 '아이디어'다. 아이디어는 새로운 상품이나 비즈니스 모델을 만들어 내는 근간이 된다. 고객의 과제를 깊이 이해하거나 기존 요소를 새롭게 조합하는 등 다양한 방법으로 아이디어를 창출하자.

초기 아이디어에는 아직 검증되지 않은 추정, 즉 '가설'이 많이 포함되는데 그래도 괜찮다. 린 스타트업은 최초 아이디어의 타당성을 검증하는 활동

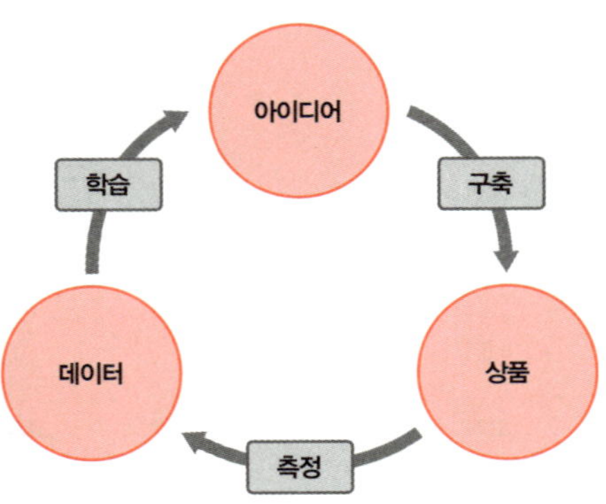

[출처] 에릭 리스(2012)

이므로, 검증 결과를 바탕으로 학습해 나가는 것이 중요하다. 어느 정도 비약적인 아이디어라도 검증은 가능하므로, 파괴적 혁신으로 이어질 만한 신선한 아이디어를 내놓는 것을 목표로 삼자.

> **여기가 포인트!** | **초기 아이디어는 추정이 많아도 괜찮다**

② 상품 구축

아이디어를 바탕으로 실제 '상품'을 만드는 활동에 착수한다. 이때 중요한 점은 처음부터 완성품을 만들지 않는다는 것이다.

린 스타트업에서 만드는 것은 아이디어에 담긴 가설을 검증하기 위한 '최소한의 필요 사항을 충족하는 상품'이다. 이를 'MVP Minimum Viable Product'라고 부른다.

MVP의 형태는 다양하다. 프로토타입(시제품)처럼 실제로 작동하는 것을 만들 수도 있고, 시스템화하지 않은 채 사람이 수작업으로 서비스를 제공하며 고객에게 가치를 전달할 수도 있다. 고객이 가치를 느낄지 확인하기 위해 상품 이미지, 홍보 영상, 웹사이트만 만드는 경우도 있다. 어떤 형태든 비용을 적게 들이고 쉽게 만들 수 있으며, 가설을 검증할 수 있어야 한다.

> **여기가 포인트!** | **처음부터 완성품을 만들면 안 된다**

③ 반응 측정 및 데이터 수집

상품을 만든 뒤에는 고객이 사용하게 하고, 고객 반응을 측정해 데이터를 수집한다.

고객에게서는 긍정적 반응뿐 아니라 부정적 반응, 예상치 못한 반응 등 다양한 피드백이 나온다. 이를 모두 데이터로 수집한다. 특히 초기 단계에서는 정량 데이터뿐 아니라 인터뷰 등으로 얻는 정성 데이터도 중요하므로 적극적으로 수집하자.

④ 학습과 아이디어 창출

수집한 데이터를 바탕으로 가설을 검증하고 새로운 인사이트를 얻는 등, 상품과 비즈니스 모델에 대해 학습한 뒤 다음 상품이나 비즈니스 모델의 아이디어를 창출한다.

검증 결과 최초 가설이 틀렸다고 해도 낙담할 필요는 없다. 결과를 진지하게 받아들이고, 신속하게 다음 아이디어로 방향을 전환하는 것이 중요하다.

이 사이클을 반복하며 파괴적 혁신을 실현할 수 있는 상품 창출을 목표로 하는 것이 린 스타트업이다. 다시 말해 린 스타트업은 파괴적 혁신 실현을 위한 PDCA 사이클과 같다.

린 스타트업은 아이디어의 방향 전환 가능성이 있으므로, 보유 자금으로 어느 정도까지 방향 전환이 가능한지 사전에 검토하는 것이 중요하다. 제약

범위 내에서 비용과 시간을 많이 들이지 않고 신속하게 린 스타트업 활동에 임할 필요가 있다.

린 캔버스

린 캔버스는 린 스타트업을 통해 비즈니스 모델을 탐색하는 데 특화된 프레임워크다. 아홉 가지 항목을 정리하고 검토하면 린 스타트업을 보다 효율적으로 실행할 수 있다.

린 캔버스와 비즈니스 모델 캔버스(p.343)는 비슷한 점도 있지만, 린 캔버스는 보다 새롭고 혁신적인 비즈니스 모델 탐색에 더 초점을 맞춘다는 점에서 차이가 있다.

예를 들어 '주요 지표'는 린 캔버스의 특징적인 항목이다. 주요 지표는 새

그림 | 린 캔버스

②과제 고객이 느끼는 과제는 무엇인가?	④새로운 해결책 고객의 과제를 해결할 새로운 해결책은 무엇인가	③독자적 가치 제안 해결책을 통해서만 가능한 가치 제안은 무엇인가?	⑨압도적 우위성 타사가 모방하기 힘든 압도적 우위성은 무엇인가?	①고객 세그먼트 누가 타깃인가?
②' 기존의 해결책 고객이 이용하는 기존 해결책은 무엇인가?	⑧주요 지표(metrics) 어떤 수치가 높아야 고객에 대한 접근이나 과제 해결이 성공했다고 판단하는가?		⑤채널 타깃에 어떻게 접근할 것인가?	①' 초기 이용자 최초 고객은 누구인가?
⑦비용 구조 주요 비용에는 무엇이 있는가?		⑥수익 흐름 무엇으로부터 어떻게 해서 수익을 얻을 것인가?		

[출처] 애쉬 모리아(2012)

로운 해결책이나 가치 제안이 고객에게 전달되어 문제 해결로 이어지고 있는지 확인하기 위한 항목이다. 반면 비즈니스 모델 캔버스는 비즈니스 모델 전체의 특징을 포괄적으로 표현하는 데 강점이 있다. 이처럼 각각의 특징이 있으므로, 이를 이해한 뒤 목적에 맞게 구분해 사용해야 한다.

[케이스스터디 ①] 유튜브

린 스타트업의 사례로 유튜브의 비즈니스 모델 창조 과정을 살펴보자.

채드 헐리, 스티브 첸, 자베드 카림이라는 세 명의 창업자는 'Tune in Hook Up'이라는 새로운 서비스를 개발했다. 초기 아이디어는 '자신이 어떤 사람을 만나고 싶은지' 설명하는 자기소개 영상을 업로드하는 데이트 매칭 서비스였다. 자기소개 영상을 통해 기존 매칭 서비스보다 상대가 어떤 사람인지 더 잘 알 수 있게 함으로써, 더 나은 매칭으로 이어지게 하려는 목적이었다.

Tune in Hook Up을 출시했지만 영상은 거의 업로드되지 않았다. 그래

그림 | 린 스타트업을 통한 유튜브의 탄생

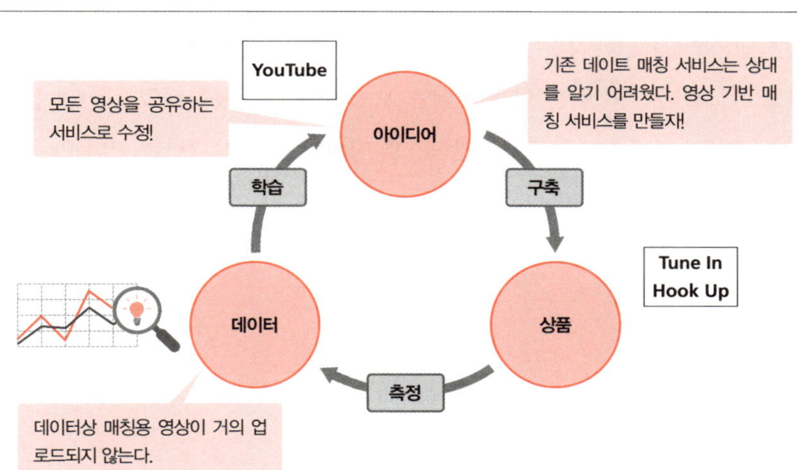

서 창업자들은 비디오 기반 매칭 서비스가 아니라, 모든 종류의 동영상을 올릴 수 있는 동영상 공유 서비스 '유튜브'로 방향을 전환했다. 그 결과 단기간에 하루 방문자 수 3만 명 이상을 기록하는 서비스로 성장했다.

유튜브는 서비스 운영 과정에서 얻은 데이터를 바탕으로 아이디어를 수정하며, 초기 매칭 서비스와는 전혀 다른 동영상 공유 서비스로 변화했다.

[케이스 스터디 ②] 드롭박스

린 캔버스로 '드롭박스' 사례를 정리해 보겠다.

드롭박스는 인터넷에 파일을 저장할 수 있는 온라인 스토리지 서비스다. PC나 스마트폰 등 여러 기기에 흩어져 있는 데이터를 동기화해, 어느 기기에서든 쉽게 접속할 수 있다.

드롭박스의 창업자 드류 휴스턴은 이 아이디어를 떠올렸을 때, 사람들이 정말로 이 서비스를 원할지 확신이 없었다. 그래서 개발에 착수하기 전에 드롭박스의 가치를 쉽게 전달하는 동영상을 만들어 '해커 뉴스'라는 온라인 미디어에 공개하고 사전 예약을 받았다.

사전 예약자 수는 동영상 공개 전 5,000명이었지만, 공개 후 7만 5,000명으로 늘었다. 휴스턴은 이 데이터를 보고 수요가 충분하다고 판단해 드롭박스 개발에 착수했다. 이를 린 캔버스로 정리하면 다음 그림과 같다.

그림 ｜ 린 스타트업을 통한 드롭박스의 탄생

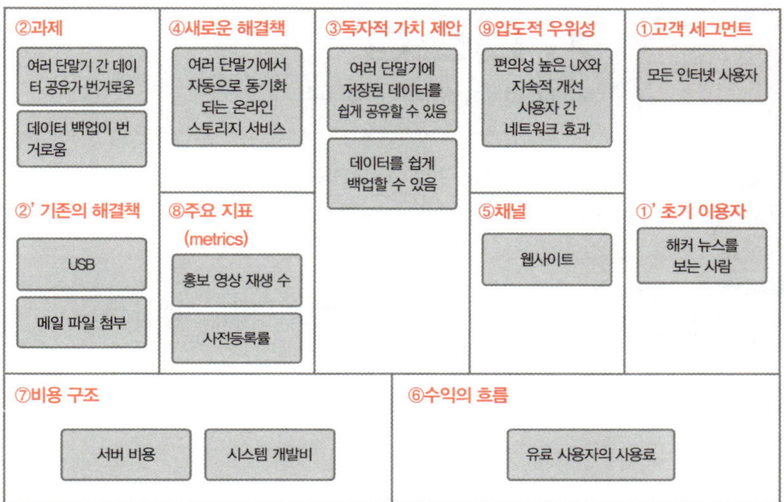

조합해서 함께 쓸 수 있는 프레임워크

JTBD 이론(p.164)

린 스타트업의 출발점인 아이디어를 창출할 때는 **JTBD 이론**이 도움이 된다. 고객이 해내고자 하는 일과 그 가치를 검토함으로써 최초 아이디어를 만들어 낼 수 있다.

UX 리서치(p.200)

린 스타트업에서 아이디어를 창출하고 상품에 대한 고객 반응을 측정할 때는 **UX 리서치**가 유용하다.

📖 **참고문헌 · 참고자료**

에릭 리스 저 《린 스타트업 ― 지속적 혁신을 실현하는 창업의 과학》 (인사이트)
Ash Maurya 《Running Lean, 3rd Edition》

고객이 정말 원하는 단 하나를 찾아라

키 니즈법

Modified Key-Needs Methods

Tags 정성적 데이터 제품·서비스 기획 팀 단위로 실행 가능
Origin 1969년 마케팅 컨설턴트 우메자와 노부요시가 고안

이럴 때 활용한다! ▶ 고객 니즈와 우리 기술을 연결해 상품을 기획할 때

개요

신제품을 기획할 때는 다음 두 가지를 가시화하는 것이 중요하다.

- 소비자 니즈를 인풋으로 삼아 절차를 만드는 '니즈 접근법'
- 기술 시드(seed, 씨앗)를 인풋으로 삼아 절차를 만드는 '시드 접근법'

여기서 소개하는 키 니즈법은 이 두 가지 접근법을 모두 고려한 분석 기법이다. 키 니즈법을 활용하면 소비자 니즈가 높으면서도 새로운 기술을 적용한 참신한 상품을 기획할 수 있다.

구매의 요인

상품이나 서비스의 구매는 주로 다음과 같은 세 가지 요인에 따라 결정된다.

① 상품이나 서비스의 힘(아이디어 등)

② 판매력(판매처의 영업력, 가격의 매력도 등)

③ 광고력(인지도 확대부터 사용 유도까지)

그중 ①에 대해 생각해 보겠다.

소비자가 어떤 상품을 '갖고 싶다'고 느낄 때, 그것은 단순히 '그 상품 자체

가 갖고 싶다'가 아니라 '그 상품이 제공하는 행위를 원한다'고 볼 수 있다.

가령 티슈를 원하는 사람은 티슈 자체를 원하는 것이 아니라 '젖은 곳을 쉽게 닦을 수 있고, 바로 버릴 수 있으며, 저렴한 것'을 원한다고 볼 수 있다. 그러므로 반드시 티슈일 필요는 없다. 일회용이고 저렴한 얇은 수건이 있다면 그쪽이 더 나을지도 모른다. 더 깊이 들어가면 소비자는 '젖은 곳을 닦아 깨끗하게 하고, 상쾌한 상태로 만들고 싶다'고 할 수 있다. 이것이 소비자가 가진 '본질적인 니즈'다.

키 니즈법은 '본질적인 니즈'를 포착해 상품 기획으로 발전시키는 방법이다. 여기서는 핵심만 소개하겠다.

키 니즈법

키 니즈법은 선스타에서 마케팅, 존슨에서 신제품 기획 등을 담당한 우메자와 노부요시가 1969년 심리학자 고지마 소토히로의 지도를 받아, 생활공학적 접근을 통해 창시한 상품 기획 아이디어 도출 방법이다.

키 니즈법은 쉽게 말해 소비자의 잠재적이고 본질적인 니즈를 제공자의 시각에서 발굴하는 방법이다. 좀 더 구체적으로는 '고객 니즈'에서 '진정한 고객 니즈'를 추출하고, 거기서 상품·서비스 아이디어를 도출한 뒤 그 아이디어가 충분히 참신해질 때까지 개선을 반복하는 것이다.

키 니즈법의 가장 큰 특징은 고객 니즈를 출발점으로 삼아, 거기서 반드시 새로운 아이디어를 이끌어낸다는 점이다. 여러 관점을 한꺼번에 도입하면 상품 아이디어를 도출하기 어려워지므로, 검토 대상을 '고객 니즈'로 한정하는 접근은 생각을 집중시키는 데 유리하다.

> **여기가 포인트!** | **'고객 니즈'에만 집중한다**

키 니즈법에서는 다음 ①~④ 단계를 반복해, 니즈에서 도출한 아이디어를 진정한 고객 니즈가 될 때까지 다듬는다.

① 니즈를 나열한다

② 새로움의 유무를 검토한다

③ 대체 상품의 단점을 찾는다

④ 반대 방향 니즈를 찾아낸다

그림 | ①~④단계의 순서

욕구	○/X	새로움(그러나 기존 제품의 단점이 존재)	○/X
①	○	② 그러나 ③	X
①			
NEW ①	○	②	○

④ (반복)

천재

[출처] 우메자와 노부요시의 각종 자료를 바탕으로 저자가 작성

① 기본 니즈를 나열한다

어떤 상품이나 서비스의 용도에 대해 소비자 입장에서 '무엇을 원할까' '무엇이 있으면 편리할까' 같은 기본 니즈를 발굴해 나열한다. 그다음 실제로 니즈가 많다고 판단하면 ○, 많지 않다고 판단하면 ×로 표시한다.

> **여기가 포인트!** | **기본적인 니즈를 발굴해서 나열한다**

Column

새로운 니즈를 발견하는 방법

요즘은 상품과 서비스가 많아 완전히 새로운 니즈를 찾기 어려울 수 있다. 니즈가 좀처럼 떠오르지 않는다면, 다음처럼 서로 다른 분야나 상품을 결합해 보자. 하이브리드형 상품 기획으로 이어질 수 있다.

- 전혀 관계없는 분야를 결합해 새로운 니즈를 떠올린다.
- 한 상품의 특징과 전혀 다른 상품의 특징을 결합해 새로운 니즈를 떠올린다.

② 새로움의 유무를 검토한다

①에서 나열한 니즈의 새로움 유무를 검증하고, 대체 가능한 상품이 있는지도 검토한다. 그 결과 새로움이 있으면 ○, 없으면 ×를 적는다.

○로 표시된 니즈는 '지금까지 원해도 가질 수 없었던 새로운 것'이 된다. 반면 ×로 표시된 니즈는 새로움이 없으므로, 대체 상품이 존재하는 니즈로 볼 수 있다.

③ 대체 상품의 단점을 찾는다

②에서 새로움이 ×로 표시된 니즈(대체 상품이 존재하는 니즈)에 대해, 그 대체 상품의 단점을 깊이 파고들어 살펴본다. 대체 상품의 단점을 보완할 수 있다면 새로움으로 이어질 수 있다.

④ 반대 방향 니즈를 찾아낸다

③에서 파악한 단점의 '반대 방향 니즈'를 검토해 NEW ①에 적는다. 반대 방향 니즈란 '단점을 보완하는 것'이다.

이렇게 ①~④ 단계를 여러 번 반복한다. 모든 니즈의 새로움(②)이 ○가

될 때까지 계속한다.

'형편없는 사람'과 '천재'

키 니즈법에서는 ②에서 ○로 표시된 니즈를 '천재'라고 부른다. 키 니즈법은 ①~④ 과정을 반복하며 '평범한 사람'(니즈는 있지만 새로움은 없는 것)에서 '천재'(니즈와 새로움이 모두 있는 것)를 찾아내는 작업이라고 할 수 있다.

한편 '괴짜'(새로움은 있지만 니즈가 없음)나 '형편없는 사람'(새로움도 없고 니즈도 없음)은 애초에 니즈가 없으므로 ①~④단계에 포함되지 않는다.

그림 | 니즈의 구분

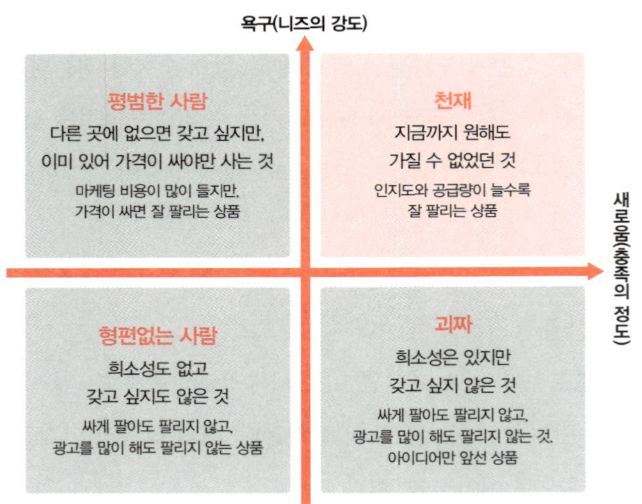

[출처] 우메자와 노부요시의 각종 자료를 바탕으로 저자가 작성

[케이스 스터디 ①] 좁은 공간에서 사용하는 덕트형 책상

키 니즈법을 활용해 '좁은 공간에서도 사용할 수 있는 덕트형(전선 정리) 책상'이라는 상품 기획 아이디어를 도출하는 과정을 소개하겠다. 컴퓨터, 모니터, 이어폰, 마이크 등 각종 배선을 간편하고 깔끔하게 정리하는 책상을 떠올려 보자.

그림 | 덕트형 책상의 예

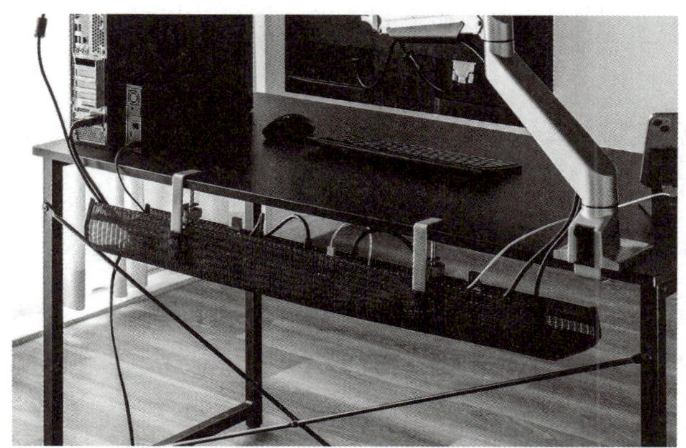

[출처] 산와다이렉트 본점 '케이블 트레이 폭 90cm' (https://direct.sanwa.co.jp/ItemPage/200-CT004BK)

| ① 기본 니즈를 나열한다

코로나 사태를 계기로 재택근무가 급증했다. 이런 상황에서 새롭게 생긴 니즈를 나열한다. 그중 '모니터, 이어폰, 마이크 등 컴퓨터 본체 외의 IT 가전제품이 늘어나 배선이 많아졌다. 이를 깔끔하게 정리하고 싶다'라는 니즈가 발견되었다.

| ② 새로움의 유무를 검토한다

이 니즈의 새로움을 검토한다. 조사해 보니 이 니즈를 충족하는 상품이 이미 사무용품 제조사에서 출시되어 있음을 확인했다. 예를 들어 고쿠요Kokuyo 같은 기업에 몇 가지 상품이 존재한다. 따라서 현시점에서 이 니즈에는 새로움이 없다고 판단할 수 있다.

| ③ 대체 상품의 단점을 찾는다

대체 상품의 단점을 찾는다. 그 결과 '기존 상품은 대부분 사무실용이어서 집 등의 좁은 공간에서는 사용할 수 없다'라는 단점이 발견되었다.

| ④ 반대 방향 니즈를 찾아낸다

그렇다면 단점을 보완하는 반대 방향 니즈를 찾아본다. 여기서는 '좁은 공간에서도 사용할 수 있는 덕트형 책상'이 반대 방향 니즈가 된다.

그림 | 새로운 책상 아이디어의 검토 단계

욕구	○/×	새로움(그러나 기존 제품의 단점이 존재)	○/×
①IT 가전제품의 배선을 깔끔하게 정리하고 싶다	○	②고쿠요의 오피스 라인 그러나 ③좁은 공간에서 쓸 수 없다	×
①…			
①좁은 공간에서도 쓸 수 있으면서 배선을 깔끔히 정리하고 싶다	○	②그런 물건은 없다	○

이 순서로 검토하면 니즈와 새로움을 모두 갖춘 새로운 상품 기획을 찾아낼 수 있다. 여기서는 이미 존재하는 상품을 예로 들었지만, 같은 순서로 신제품 기획도 검토할 수 있다.

[케이스스터디 ②] 자판기 구독 서비스 '에브리 패스'

JR 동일본의 자회사가 2019년 10월 출시한 자판기 구독 서비스 '에브리 패스(Every Pass)'를 소개하겠다. 이 서비스는 월 980엔으로 하루 1개까지 음료를 구매할 수 있다. 대상 자판기는 수도권 역 구내에 설치된 약 400대 뿐이다. 전용 앱 '아큐어 패스(Acure Pass)'를 자판기에 가져다 대면 음료를 구매할 수 있다.

수도권에서 전철로 출퇴근하며 매일 역을 이용하는 사람들에게는 '출퇴근길에 부담 없이 저렴한 음료를 마시고 싶다'라는 니즈가 있다. 그러나 이것만으로는 새로움이 없기 때문에, 이 회사는 다른 회사에는 없는 '이노베이션 자판기'를 활용한 구독 서비스를 검토했다. 계속 구독하는 사람에게 할인을 제공하는 등의 가치를 제안한다.

그림 | 자판기 구독 서비스의 검토 단계

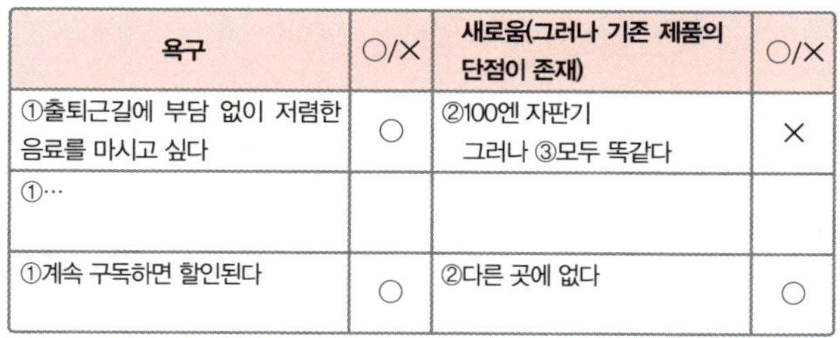

욕구	○/×	새로움(그러나 기존 제품의 단점이 존재)	○/×
①출퇴근길에 부담 없이 저렴한 음료를 마시고 싶다	○	②100엔 자판기 그러나 ③모두 똑같다	×
①…			
①계속 구독하면 할인된다	○	②다른 곳에 없다	○

 상품 기획 등 아이디어 발상법에는 키 니즈법 외에도 다음과 같은 방법이 있다.

- 짧은 시간에 많은 발상을 내는 '초점 발상법'

- 상식을 부정하고 독창적 발상을 하는 '아날로지 사고'(p.81)를 발전시킨 발상법

- 종이에 쓰면서 발상하는 '브레인라이팅' 등

효과 × 실현성 분석(p.282)

효과×실현성 분석을 수행하면 다수의 아이디어에 우선순위를 매겨 압축할 수 있다. 이렇게 압축한 아이디어를 바탕으로 상품 기획을 검토할 때 키 니즈법을 결합하면 유일무이한 상품 기획을 찾아낼 수 있다.

📖 참고문헌 · 참고자료

우메자와 노부요시 저 《히트상품을 만드는 특별한 비밀》 (시대의창)
우메자와 노부요시 저 《ロングヒット商品開発者が教える　今ない知恵を生み出すしなやかな発想法(롱히트 상품 개발자가 가르치는, 지금 없는 지혜를 만들어내는 유연한 발상법)》, 2018년
우메자와 노부요시 저 《「梅澤式」だと、なぜ超ヒット商品がこんなに作れるのか('우메자와식'이라면 왜 초히트 상품을 이렇게 많이 만들 수 있는가)》, 2020년
이시카와 아키라, 쓰지모토 아쓰시, 야스오카 히로미치 외 저 《新製品・新事業開発の創造的マーケティング—開発情報探索のマネジメント(신제품·신사업 개발의 창조적 마케팅 — 개발 정보 탐색의 매니지먼트)》, 2006년

<table>
<tr><td>37</td><td>고객의 문제에 맞는 해답을 제안하라
가치 제안 캔버스
Value Proposition Canvas</td></tr>
</table>

Tags 정성적 데이터 제품·서비스 기획 팀 단위로 실행 가능

Origin 컨설팅 회사 Strategyzer의 알렉산더 오스터왈더와 스위스 로잔대학교 교수 예스 피그누어가 제시

이럴 때 활용한다! ▶ 고객이 진짜 원하는 가치를 찾을 때

개요

가치 제안 캔버스는 '자사의 사업 또는 제품의 가치 제안'과 '고객의 니즈'가 잘 맞는지 검증하는 프레임워크다.

그림 | 가치 제안 캔버스

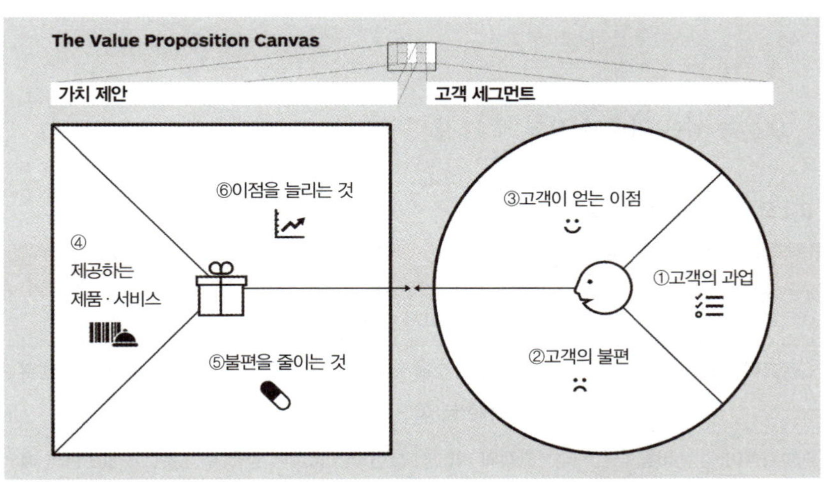

[출처] Strategyzer의 그림을 참고해 저자가 작성

가치 제안 캔버스는 그림처럼 원과 사각형으로 구성되어 있다. 왼쪽 사각형에는 '자사가 제공하는 제품의 구성 요소'를, 오른쪽 원에는 '고객의 니즈 및 정보'를 적는다.

가치 제안 캔버스는 새로운 제품·서비스·사업을 구상할 때뿐 아니라, 기존 제품이나 서비스를 재검토할 때도 활용할 수 있다.

실행 방법

가치 제안 캔버스의 각 항목을 기입해 보자. 작성 순서에 정해진 규칙은 없다. 객관적인 정보를 바탕으로, 기입하기 쉬운 부분부터 채우면 된다.

① 고객 세그먼트

오른쪽 상단에 고객 세그먼트를 적는다. 고객 세그먼트란 고객을 나이, 성별, 거주지, 직업 등으로 분류한 그룹이다. 가치 제안 캔버스에서는 제품이나 서비스를 사용하는 고객 그룹을 정의한다.

② 오른쪽 원

오른쪽 원은 다음과 같이 세 가지 영역으로 나뉜다.

표 | 오른쪽 원의 구성 요소

요소	설명
① 고객의 과업	**고객이 이루고자 하는 것**을 적는다.
② 고객의 불편	'고객의 과업'을 달성할 때 **번거롭거나, 목적 달성을 위한 행위를 방해하는 것**을 적는다.
③ 고객이 얻는 이점	'고객의 과업'이 실현되면 동시에 얻을 수 있는, **고객이 원래 예상하지 못했던 이익**을 적는다.

세 가지 내용은 모두 객관적인 근거를 바탕으로 해야 한다. 이 프레임워크는 비즈니스 모델의 핵심인 '가치 제안'이 '고객의 니즈'와 어긋나지 않았는지 상세히 검증하기 위한 것이므로, 정확한 정보를 파악할 필요가 있다. 사전에 고객 설문조사 등으로 데이터를 수집해 두면 좋다.

> **여기가 포인트!** | **오른쪽 원에는 객관적인 근거를 바탕으로 내용을 적는다**

③ 왼쪽 사각형

왼쪽 사각형은 다음과 같은 세 가지 영역으로 나뉜다.

표 | 왼쪽 사각형의 구성 요소

요소	설명
④ 제공하는 제품·서비스	오른쪽의 '고객의 과업'을 달성하는 **구체적인 제품**을 적는다.
⑤ 불편을 줄이는 것	고객의 목적 달성을 방해하는 것을 **어떻게 해소할지** 적는다.
⑥ 이점을 늘리는 것	고객이 목적을 달성하면 얻을 수 있는, **고객도 예상하지 못한 이**득을 적는다

각 항목을 기입할 때는 오른쪽 원에 기입한 항목과 대응되도록 신경을 쓴다. 다만 오른쪽과 왼쪽 내용에 차이가 있더라도, 억지로 거기에 맞춰 수정할 필요는 없다.

이 프레임워크는 '자사 사업이나 제품의 가치 제안'과 '고객의 니즈'가 잘 맞는지 검증하기 위한 것이다. 따라서 차이가 있다면, 어떻게 그 간극을 메울지 검토하면 된다.

> **여기가 포인트!** | **왼쪽 사각형에 기입하는 내용은 오른쪽 원에 기입한 항목과 대응되도록 한다**

④ 가치 제안

각 항목을 기입한 뒤에는 다시 한번 '고객에게 제공하는 가치는 무엇인가'를 검토하고, 그림의 왼쪽 상단 '가치 제안'에 그 내용을 적는다. 그다음 '자사 제품의 가치 제안'과 '고객의 니즈'가 일치하는지 확인하고, 나아가 고객조차 예상하지 못한 이득을 제공할 수 있는지도 검토한다.

여기서 검토하는 '가치 제안'과 '고객 세그먼트'는 오스터왈더 등이 만든 비즈니스 모델 캔버스(p.343)의 항목에 대응한다.

[케이스스터디 ①] 필립모리스 '아이코스'

2015년 9월 출시된 전자담배 '아이코스'는 출시 약 6개월 만에 일본 내에서만 100만 대 이상 판매된 히트 상품이다.

아이코스의 특징은 불을 사용하지 않아 연기와 재가 발생하지 않는다는 점이다. 따라서 비흡연자가 꺼리는 담배 냄새도 덜하고, 간접흡연에 대한 걱정도 크게 줄일 수 있다.

아이코스의 가치 제안을 가치 제안 캔버스로 정리하면 다음과 같다.

| 고객의 니즈 및 정보

필립모리스가 아이코스를 개발한 배경에는 건강에 대한 우려와 타인에게 피해를 준다는 문제로 흡연자 수가 지속적으로 감소한 점이 있다. 담배로 인한 건강 문제는 연기에 포함된 유해 물질을 흡입하는 데서 비롯된다. 또한 연기 냄새가 옷이나 실내에 배는 것은 비흡연자에게 불쾌감을 주고, 흡연자 역시 이를 신경 쓰게 된다(② 고객의 불편).

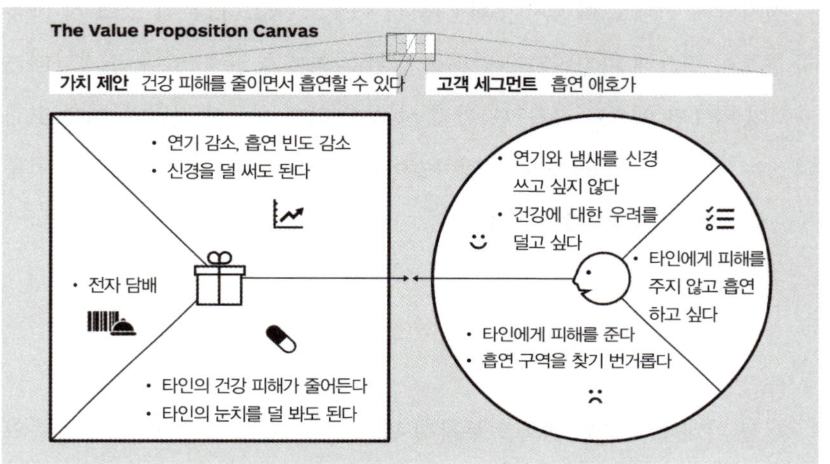

[출처] Strategyzer의 그림을 참고해 저자가 작성

한편 흡연자에게 담배는 기분 전환과 스트레스 해소 효과도 있으므로, 주변에 피해를 주지 않고 흡연할 수 있다면 제품을 통해 얻는 가치를 높일 수 있다(① 고객의 과업·③ 고객이 얻는 이점).

자사가 제공하는 제품의 구성 요소

개발비 약 18억 달러를 투자한 전자 담배 아이코스(④ 제공하는 제품·서비스)는 어느 정도 유해물질을 배출하지만, 일반 궐련 담배에 비해 연기와 냄새를 줄일 수 있다(⑤ 불편 감소).

또 한번 가열해 점화한 뒤 다시 피우려면 5~6분을 기다려야 하므로, 흡연을 연달아 하는 것을 억제할 수 있다(⑥ 이점 증가).

가치 제안

이와 같이 흡연자는 주변의 눈치를 덜 보게 되고, 주변 사람과 흡연자 본인 모두 연기 흡입이 줄어 건강 피해에 대한 우려도 낮출 수 있다(가치 제안).

전자담배 판매로 예상치 못한 사회적 이점도 생겼다. 본체 구매 시 사용자 등록이 필요해 미성년자가 담배를 접할 기회를 줄일 수 있다. 전자담배는 가격이 약 1만 엔으로 고가였지만 출시 직후 히트 제품이 되었다. 이는 고객 니즈와 제품의 가치 제공이 잘 맞아떨어져, 담배라는 제품에 새로운 가치를 창출할 수 있었기 때문일 것이다.

[케이스스터디 ②] 고마쓰 산업 'KOMTRAX'

건설 기계에 차량용 센서를 부착해 위치 정보, 가동 시간, 연료 정보 등의 데이터를 원격으로 수집할 수 있는 고마쓰의 'KOMTRAX'는 2011년 출시 이후 전 세계에 도입되고 있다.

KOMTRAX의 가치 제안을 정리하면 다음과 같다.

고객의 니즈 및 정보

KOMTRAX 개발은 1990년대 후반 일본에서, 도난당한 건설 기계로 ATM을 파괴하는 사건이 여러 차례 발생한 것이 계기였다.

건설 기계를 보유한 고객에게는 자산을 안전하게 지키고 싶은 니즈가 있다(① 고객의 과업). 또한 자사의 건설 기계가 범죄에 사용되는 일은 사업체의 신뢰 문제와도 직결된다(② 고객의 불편).

자사가 제공하는 제품의 구성 요소

고마쓰의 직원들은 고객의 불안을 해소하기 위해 논의한 끝에, 건설 기계에 GPS를 장착해 원격으로, 야간에도 데이터를 관리할 수 있다는 아이디어를 제시했다(⑤ 불편 감소).

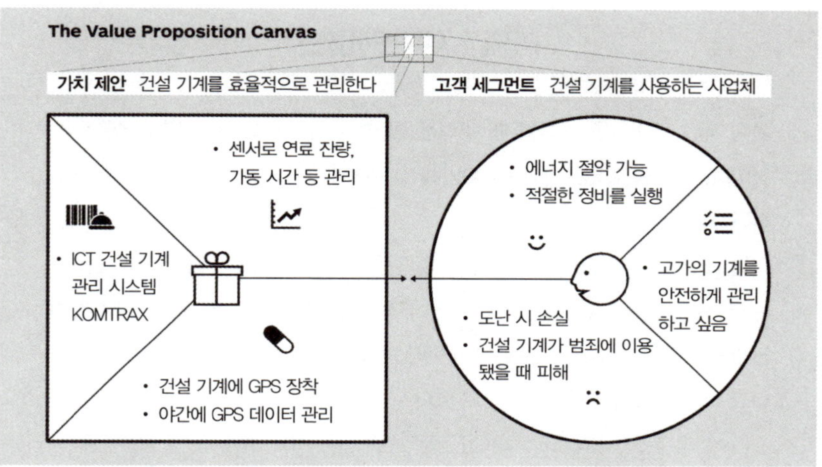

[출처] Strategyzer의 그림을 참고해 저자가 작성

나아가 GPS 외에도 다양한 차량용 센서를 설치해 가동 시간과 연료 잔량 등의 데이터를 ICT로 수집할 수 있는 건설 기계 관리 시스템 KOMTRAX를 개발했다(④ 제품·서비스).

'건설 기계 도난과 범죄 이용 위험을 낮추는 동시에, 건설 기계를 더 효율적으로 활용할 수 있게 한다'는 고객이 예상하지 못한 이점을 만들어 낸 것이다(③ 고객의 이점·⑥ 이점 증가).

| 가치 제안

건설 기계에 GPS를 장착하는 데서 출발한 KOMTRAX는 혁신을 거듭하며 정비, 부품 교체, 에너지 절약 등 '건설 기계를 효율적으로 운영하는 솔루션 사업'이라는 새로운 비즈니스 모델로 발전했다(가치 제안).

공감 지도 캔버스

가치 제안 캔버스를 활용할 때 어려운 점 중 하나는 '**고객의 과업**'을 설정하는 것이다. 고객의 과업은 사실에 기반해 설정해야 하므로 마케팅 리서치가 필요하다.

이럴 때 유용한 것이 고객의 행동과 생각을 기록할 수 있는 '**공감 지도 캔버스**(Empathy Map Canvas)'다. 여기서는 미국의 디자인 컨설팅 회사 XPLANE이 제안한 공감 지도 캔버스 사례를 소개한다. 이 그림은 IDEO 멤버들이 스탠퍼드 대학교 디자인 스쿨에서도 활용하고 있다.

그림 | XPLANE의 공감 지도 캔버스

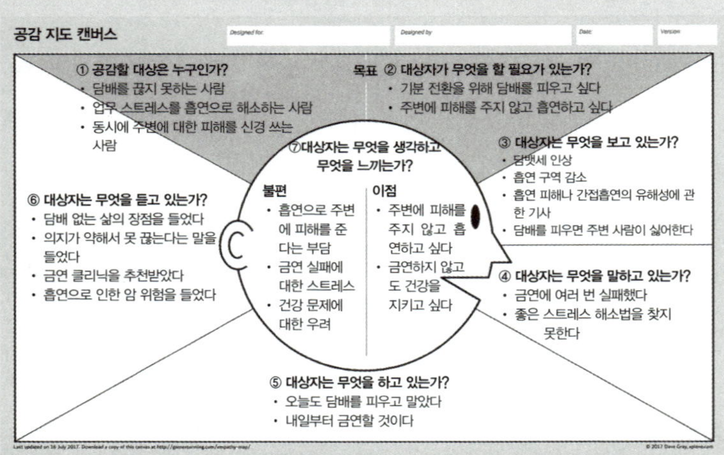

[출처] Dave Gray(2017).XPLANE의 그림을 참고해 저자가 작성

공감 지도 캔버스는 오른쪽을 바라보는 사람의 얼굴을 중심으로 구성되어 있다. 얼굴 바깥에는 '**관찰 대상자가 외부 자극에서 받아들이는 정보**'를 적는다. 눈, 입, 귀는 각각 보는 것, 말하는 것, 듣는 것에 대응한다.

한편 얼굴 안쪽에는 '**대상자가 머릿속에서 무엇을 생각하는지**'를 불편과 이점으로 나누어 정리한다.

공감 지도 캔버스는 다음 순서대로 채워 나간다.

① 공감할 대상은 누구인가?

우선 에스노그라피(p.146) 등을 통해 관찰 대상자를 구체적으로 정한다. 그 사람이 어떤 사람인지, 어떤 상황에 놓여 있는지 정리한다.

- 이해할 대상은 누구인가?
- 대상자는 어떤 상황에 놓여 있는가?
- 그 상황에서 대상자의 역할은 무엇인가?

② 대상자는 무엇을 할 필요가 있는가?

다음으로 대상자가 제품·서비스 또는 고객 경험을 통해 달성하고자 하는 목적(수행해야 할 과업)이 무엇인지, 그리고 그 목적과 관련해 어떤 의사결정을 내리는지 적는다.

- 대상자는 어떤 다른 행동을 할 필요가 있는가?
- 대상자가 수행해야 할 과업은 무엇인가?
- 대상자는 어떤 의사결정을 내리는가?
- 어떤 상황이 되면 대상자가 목적을 달성한 것으로 간주되는가?

③ 대상자는 무엇을 보고 있는가?

'눈' 항목에 해당하는 부분이다. 대상자가 시장에서 무엇을 보고, 읽으며, 어떤 정보를 접하는지 정리한다.

- 대상자는 시장에서 무엇을 보고 있는가?
- 대상자는 현재 환경에서 무엇을 보고 있는가?
- 대상자는 다른 사람의 행동이나 말 중 무엇을 보고 있는가?
- 대상자는 무엇을 시청하거나 읽고 있는가?

④ 대상자는 무엇을 말하고 있는가?

'입' 항목에는 인터뷰 등에서 대상자가 제품이나 서비스에 대해 말한 내용을 정리한다.

- 대상자는 우리에게 무엇을 말하고 있는가?
- 대상자가 말하는 내용을 구체적으로 상상할 수 있는가?

⑤ 대상자는 무엇을 하고 있는가?

관찰 조사 시 대상자가 제품 또는 서비스와 관련해 어떤 행동을 했는지 정리한다.

- 대상자는 오늘 무엇을 했는가?
- 대상자의 행동에서 무엇을 관찰할 수 있었는가?
- 대상자가 하고 있는 일을 구체적으로 상상할 수 있는가?

⑥ 대상자는 무엇을 듣고 있는가?

'귀' 항목에는 대상자가 다른 사람이나 미디어에서 듣는 정보를 정리한다.

- 다른 사람이 말하는 어떤 이야기를 듣고 있는가?
- 친구가 말하는 어떤 이야기를 듣고 있는가?
- 동료가 말하는 어떤 이야기를 듣고 있는가?
- 간접적으로 어떤 이야기를 듣고 있는가?

⑦ 대상자는 무엇을 생각하고 무엇을 느끼는가?

⑥까지 관찰 데이터를 정리한 뒤, 자신이 대상자가 되었다고 가정한다. 같은 행동을 하거나 정보를 보고 듣는 상황에서 어떤 생각이 들고 어떤 감정을 느낄지 상상한다. 그리고 떠오른 생각과 감정을 '머리' 항목에 정리한다. 이때 불안, 불만, 걱정은 '불편'에 기입하고, 고객이 바라는 것과 니즈는 '이점'에 적는다.

공감 지도 캔버스 중앙 하단에는 '불편이나 이점으로 분류할 수 없지만, 대상자의 행동을 촉발하는 생각이나 감정'을 기록한다. 이 부분에는 분석자가 대상자의 상황을 상상하며 같은 행동이나 사고를 재현했을 때 느낀 감정을 기입하도록 권한다.

공감 지도 캔버스의 사례

전자담배를 구매하는 대상자의 공감 지도 캔버스를 작성하는 사례를 살펴보자. 대상자는 흡연을 통해 스트레스를 해소하는 이득을 얻는다. 그러나 동시에 주변의 눈치를 보느라 스트레스를 느끼고, 담배를 피우기 어려운 환경에 놓여 있다. 미디어를 통해 흡연의 문제점을 자주 접하기도 한다.

또 '금연하고 싶다'고 생각하면서도 좀처럼 성공하지 못하는 딜레마를 안고 있을 가능성도 있다.

이처럼 고객을 관찰해 얻은 데이터를 공감 지도 캔버스에 기록하면 p.316의 그림과 같다. 고객 니즈에는 명시적 니즈와 잠재적 니즈가 공존함을 알 수 있다. 이 공감 지도 캔버스에서 도출한 내용을 바탕으로 가치 제안 캔버스를 작성할 때는 명시적 니즈를 '고객의 불편'에, 잠재적 니즈를 '고객이 얻는 이점'에 기록한다.

조합해서 함께 쓸 수 있는 프레임워크

에스노그라피(p.146), UX 리서치(p.200)

가치 제안 캔버스와 **에스노그래피** 또는 **UX 리서치**를 결합하면 ① 고객의 과업과 ② 고객의 불편을 객관적으로 검토할 수 있다.

비즈니스 모델 캔버스(p.343)

가치 제안 캔버스는 **비즈니스 모델 캔버스**의 한 요소인 '가치 제안'을 고객 관점에서 설정하기 위해 만들어진 프레임워크다. 가치 제안을 비즈니스 모델 캔버스에 적용하고, 사업 수행에 필요한 다른 요소까지 함께 검토하면 시장 니즈에 부합하는 비즈니스 모델을 구상할 수 있다.

📖 **참고문헌 · 참고자료**

A. Osterwalder, Y. Pigneur, G. Bernarda, A. Smith 《Value Proposition Design: How to Create Products and Services Customers Want》

38 ERRC 그리드

ERRC Grid

Tags 의견 내기　사업 기획　팀 단위로 실행 가능
Origin 비즈니스 스쿨 INSEAD의 교수 김위찬과 르네 마보안이 제시

이럴 때 활용한다! ▶ 기존 제품, 서비스와의 차별점을 만들 때

개요

ERRC 그리드는 가치 혁신에 주안점을 둔 제품·서비스·비즈니스 모델을 검증하기 위한 프레임워크다. 기존 제품이나 서비스에서 제거해야 할 과도한 요소와 새롭게 추가할 요소를 검토해 새로운 가치를 창출한다.

구체적으로는 다음 네 가지 항목을 통해 기존 제품·서비스와의 차이를 명확히 하고, 새롭게 취해야 할 전략을 시각화한다(각 항목의 머리글자를 나열하면 ERRC가 된다).

표 | ERRC 그리드의 4가지 항목

항목	설명
제거(Eliminate)	업계가 당연하게 여겨 온 요소 중 제거해야 할 것
절감(Reduce)	업계 표준과 비교해 과감하게 줄여야 할 요소
증가(Raise)	업계 표준과 비교해 과감하게 늘려야 할 요소
창조(Create)	업계에서 한 번도 제공되지 않은, 새롭게 창조할 요소

[출처] 김위찬, 르네 마보안(2015)을 참고해 저자가 작성

ERRC 그리드는 시장을 바꾸지 않은 채 전략의 축을 전환해 새로운 가치를 제공할 가능성을 검토할 때 유용하다. 후발 제품이나 서비스를 시장에 내놓을 때도 ERRC 그리드를 활용하면 기존 제품과 다른 가치를 제안할 수 있다.

실행 방법

ERRC 그리드는 매우 간단한 프레임워크다.

왼쪽에는 제거(Eliminate)와 절감(Reduce)에 해당하는 내용을 항목별로 적는다.

오른쪽에는 증가(Raise)와 창조(Create)에 해당하는 내용을 항목별로 적는다.

그림 | ERRC 그리드

제거(Eliminate)	증가(Raise)
절감(Reduce)	창조(Create)

[출처] 김위찬, 르네 마보안(2015)

ERRC 그리드를 활용할 때 먼저 파악해야 할 것은 '업계 표준이 무엇인가'다. 처음부터 자사 제품이나 서비스에만 집중하기보다, 업계 표준으로 여겨지는 기능이나 서비스 가운데 무엇을 제거하고 무엇을 줄일지 결정하는 것이 좋다.

또 각 항목을 기입할 때는 고객 조사 등으로 얻은 마케팅 데이터를 바탕으로, 현재 제품·서비스의 강점과 부족한 점을 목록화하면 효과적이다.

후발 제품을 기획·개발할 때는 경쟁 상대인 기존 제품을 분석한 뒤 '줄여야 할 기능은 무엇인가', '추가하면 고객 편익을 높일 수 있는 것은 무엇인가'를 적는다. 이때 '제거'와 '절감' 항목은 고객이 불만을 느끼는 사항을 근거로 삼는다.

[케이스스터디 ①] 레어잡

최저 월 4,980엔에 온라인 영어회화 수업이 가능한 '레어잡'은 기존 영어회화 학원의 상식을 뒤엎고, 최초로 온라인 학습 서비스를 제공했다.

일본 내 회원 수는 약 100만 명이며, 개인 회원뿐 아니라 대기업 법인 고객들도 이용한다. 2007년 스카이프를 이용한 영어회화 레슨을 제공하기 시작한 이후 회원 수를 꾸준히 늘려 2014년 도쿄증권거래소 상장까지 이뤄냈다.

레어잡이 새롭게 제공한 가치는 기존 영어회화 학원에 필수였던 수업 장소와 시간의 제약을 없앤 점(제거)이다. 실제 교실을 운영할 필요가 없으므로 강사의 교통비와 임대료 등의 비용을 절감할 수 있었고, 고객에게 저렴한 가격으로 수업을 제공할 수 있게 되었다. 가격이 낮아지면서 고객이 수강할 수 있는 횟수도 늘어났다.

또 기존 영어회화 학원은 강사가 출근해야 하므로 수업 개설 시간에 제약이 있지만, 온라인 수업은 출근이 필요 없어 수업 시간대의 자유도가 높다. 레어잡은 현재 아침 6시부터 새벽 1시까지 레슨을 운영한다.

레어잡은 원활한 서비스 제공을 위해 수업 전용 통신 서비스도 개발했다. 이 서비스에는 영어회화 학습에 도움이 되는 교재나 기사 배포 기능도 포함되어 있다(창조).

그림 | 레어잡의 ERRC 그리드

제거(Eliminate)	증가(Raise)
• 학원 통학 및 출근	• 1인당 대화량(그룹 수업이 아닌 개인 수업 제공) • 수업 시간대 확대(아침 6시~새벽 1시) • 직전 예약·직전 취소 가능
절감(Reduce)	창조(Create)
• 수업료를 저렴하게 설정 • 그룹 수업 커리큘럼	• 온라인 영어회화 전용 플랫폼

[케이스스터디 ②] 무인양품

일본이 버블 경제로 들썩이던 1980년, 슈퍼마켓 세이유의 프라이빗 브랜드로 탄생한 '무인양품'은 독특한 개성을 강조한 고가 제품이 인기를 끌던 시기에 '브랜드'라는 경쟁 축을 성공적으로 바꾸었다.

일상용품과 의류 등 다양한 제품을 디자이너 이름을 드러내지 않고, 단기 유행을 따르지 않는 콘셉트로 제작했다(제거, 절감). 대신 질리지 않는 디자인과 고품질 소재의 제품을, 일상 속에 자연스럽게 녹아드는 스토리로 소비자에게 어필하는 것이 특징이다(창조). 또한 정규 제품만으로 라인업을 구성해 같은 제품을 오래 사용할 수 있다는 편익도 높였다(증가).

그림 | 무인양품의 ERRC 그리드

<table>
<tr><td>

제거(Eliminate)
- 브랜드 가치
- 트렌드

</td><td>

증가(Raise)
- 오래 쓸 수 있음

</td></tr>
<tr><td>

절감(Reduce)
- 개성

</td><td>

창조(Create)
- 철저히 단순화한 디자인
- 생활 속의 스토리

</td></tr>
</table>

📖 참고문헌 · 참고자료

김위찬, 르네 마보안 저 《블루오션 전략》 (교보문고)
김위찬, 르네 마보안 저 《블루오션 시프트》 (비즈니스북스)

39

지금 시장에서 더 팔 것인가, 새로운 시장으로 갈 것인가

앤소프 매트릭스

Ansoff Matrix

Tags 정보의 기록·정리 사업 기획 조직 단위로 실행 가능
Origin 경영 컨설턴트 이고르 앤소프가 고안

이럴 때 활용한다! 사업이나 제품을 진화시키고 싶을 때

개요

앤소프 매트릭스는 향후 성장을 위해 사업과 제품을 어떻게 발전시켜 나
갈지 검토하는 프레임워크다. 자사의 제품이나 사업이 현재 어디에 있고, 앞
으로 어떤 영역으로 이동해야 하는지 전략을 수립할 때 도움이 된다.

그림 | 앤소프 매트릭스

제품 \ 시장		시장	
		기존	신규
제품	기존	① 시장 침투	② 시장 개발
	신규	③ 제품 개발	④ 다각화

[출처] Ansoff(1957)를 바탕으로 저자가 작성

이 프레임워크는 '제품'과 '시장' 두 축으로 구성되며, 각각을 '기존'과 '신규'로 구분한 4개 칸으로 표현된다.

표 | 앤소프 매트릭스의 요소

분류		설명
① 시장 침투	기존 시장 × 기존 제품	• 기존 전략을 유지하며 매출을 높인다. • 기존 고객의 구매를 늘리거나, 기존 제품을 신규 고객에게 판매한다.
② 시장 개발	신규 시장 × 기존 제품	• 기존 제품을 유지하되, 필요하면 특성에 변화를 줘 새로운 가치 제안에 맞춘다. • 예: 항공사가 여객기를 화물 운송용으로 활용·판매하는 경우.
③ 제품 개발	기존 시장 × 신규 제품	• 현재의 가치 제안을 유지하며 성과를 높인다. • 또는 새로운 특성을 가진 제품을 개발한다.
④ 다각화	신규 시장 × 신규 제품	• 최후의 수단이다. • 기존 제품 라인과 기존 시장 구조에서 동시에 벗어나는 전략이다.

[출처] Ansoff(1957)를 인용해 저자가 작성

앤소프 매트릭스의 전형적인 사례로 자주 언급되는 기업이 미국의 월트 디즈니다. 디즈니는 애니메이션 영화를 성공시킨 뒤(① 시장 침투) 전 세계로 시장을 확장했다(② 시장 개발). 이후 영상 콘텐츠뿐 아니라 캐릭터 상품 개발과 매장 운영을 추진하며(③ 제품 개발) 테마파크 운영으로 사업을 다각화했다(④ 다각화).

> **여기가 포인트!** | **다각화는 기존 제품 라인과 시장 구조에서 동시에 벗어나는 전략이므로 리스크가 크다**

Column

시장 개발과 다각화는 어렵다

앤소프가 하버드 비즈니스 리뷰에 발표한 '다각화 전략론'의 첫머리에는 《이상한 나라의 앨리스》에 등장하는 붉은 여왕의 대사가 인용되어 있다.

같은 자리에 머무르려면 있는 힘껏 달려야만 한다.
다른 곳으로 가고자 한다면, 최소한 지금의 두 배 속도로 달려야만 한다.

(Ansoff, 1957)

앤소프가 인용한 말처럼 새로운 시장 개발이나 다각화는 결코 쉬운 일이 아니다. 특히 '신제품×신시장' 조합은 네 가지 전략 중에서도 가장 위험도가 높다고 알려져 있다.

실행 방법

앤소프 매트릭스는 사업이나 제품을 향후 성장에 맞춰 어떻게 발전시킬지에 대한 전략을 검토하는 프레임워크다. 이런 성장 전략을 세우려면 **자사 사업의 핵심 역량을 파악**하는 것이 중요하다.

그래서 우선 ① **시장 침투** 항목에는 현재 자사가 유지하고 있는 기존 사업과 제품을 적는다. 여기에 적은 성공 제품을 통해 자사의 **강점**(기술력, 디자인, 고객 기반 등)을 확인하면 좋다.

가령 강점이 우수한 기술력이라면, 그 기술을 핵심으로 삼아 새로운 시장에서도 받아들여질 제품을 만들 수 있을지 검토한다(② **시장 개발**). 동시에 성공한 제품이 특정 고객 기반을 보유하고 있다면, 그 고객층에 새 제품을 제공할

327

수 있는지도 검토한다(③ 제품 개발). 이때 ②와 ③은 함께 고려할 필요가 있다.

④ 다각화는 현재의 제품 라인과 시장 구조에서 동시에 벗어나는 전략이다. 즉 자사가 지금까지 만들어 본 적 없는 제품을 만들고, 경험해 본 적 없는 시장에 진입하는 일이다. 리스크가 매우 크므로 기본적으로는 실행하지 않으며, 어디까지나 최후의 수단으로만 기억해 두어야 한다.

> **여기가 포인트!** | **성장 전략을 검토하려면 자사 사업의 핵심 역량을 파악하는 것이 중요하다**

 앤소프는 "**새로운 시장이나 제품 개발을 검토할 때는 자사의 핵심 역량뿐 아니라 장기적인 트렌드도 고려해야 한다**"라고 말했다. 여기서 장기적인 트렌드란 향후 경제·정치 동향, 업계 동향(제도나 업계 표준 변화 등), 제조비용의 동향 등을 말한다.

[케이스스터디 ①] 후지필름

후지필름은 본업의 어려움을 극복하고 역전 성장에 성공한 대표적인 사례 중 하나다. 1999년 니콘이 일본 제조사 최초로 디지털카메라를 출시한 이후, 필름 카메라와 촬영용 필름 수요는 급격히 하락했다. 이후 후지필름은 주력 사업의 핵심 역량을 명확히 파악하고, 그 역량을 다른 시장과 다른 제품으로 전환하는 전략을 실행했다.

| ① 시장 침투

우선 기존 시장의 주력 제품으로는 폴라로이드 카메라, 고성능 렌즈, 사무용 복합기 등이 있었다.

| ② 시장 개발

후지필름은 기존 제품의 고성능 촬영 기술을 의료 전용 카메라에 적용했다. 이는 ② 시장 개발(신규 시장×기존 제품) 전략에 해당한다.

또한 후지필름은 1930년대부터 엑스레이 필름을 제작해 왔기 때문에 의료 업계에 필요한 영상 지식이 축적돼 있었다. 이를 바탕으로 엑스레이 영상을 디지털화하고 의료용 디지털 내시경 카메라를 개발했으며, 디지털 영상 데이터를 관리하는 시스템까지 새롭게 제공하는 등 제품을 진화시켰다.

| ③ 제품 개발

③ 제품 개발(기존 시장×신규 제품)의 성공 사례로는, 촬영 장비를 제작하는 과정에서 만들어지는 소재를 활용해 개발한 신제품이 있다.

예를 들어 사진을 현상할 때 사용하는 '포토레지스트'라는 액체는 스마트폰 등에 내장되는 반도체용 전자 소재로 새롭게 제품화되었다. 또 기존 카메라에 내장되던 소형 액정 패널을 대형화하면서 디지털 사이니지 광고와 안내 패널이 탄생했다.

| ④ 다각화

2007년 후지필름이 출시해 화제가 된 화장품 '아스타리프트'는 필름 제조 기술을 활용해 개발된 제품으로, ④ 다각화(신규 시장×신규 제품)의 성공 사례다.

이 화장품은 자외선으로부터 피부를 보호하고 콜라겐 성분의 열화를 억제하는 안티에이징 효과가 있다. 사진 필름의 주성분이 콜라겐이기 때문에, 후지필름이 축적해 온 기술과 성분을 화장품에 적용해 새로운 제품 라인과 시장을 개척한 것이다.

현재는 콜라겐 건강보조제 제품군으로도 라인을 확장하고 있다.

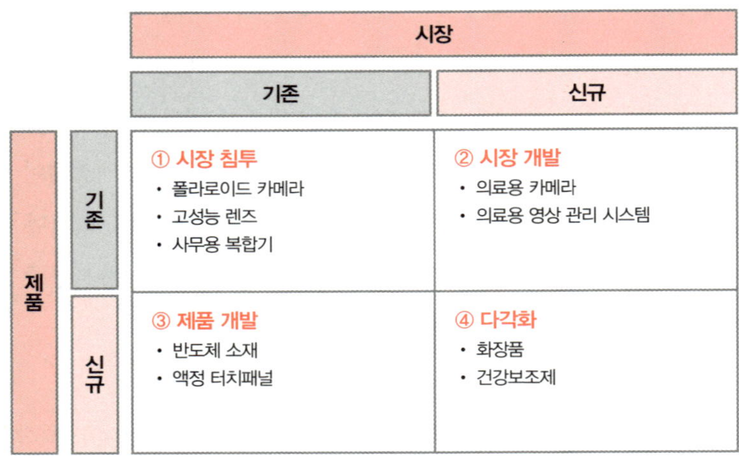

[출처] 후지필름홀딩스 《2021년도 통합보고서》 p.12를 참고해 저자가 작성

다음 그림은 2022년도 후지필름의 사업 포트폴리오다.

그림 | 후지필름의 사업 포트폴리오(2022년도 세그먼트별 매출)

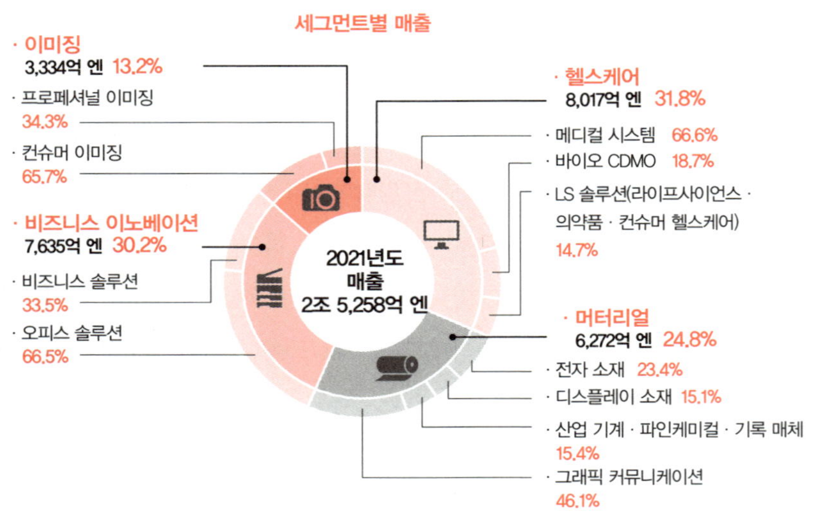

[출처] 후지필름홀딩스 《2022년도 통합보고서》 p.11

① 시장 침투에 해당하는 기존 필름·카메라 사업(이미징)은 연결 매출의 13.2%를 차지한다.

② 시장 개발이나 ③ 제품 개발에 해당하는 '머터리얼'과 '비즈니스 이노베이션' 부문은 합계로 전체 매출의 55%까지 성장했다.

④ 다각화에 해당하는 '헬스케어' 부문은 전체의 31.8%로 성장했다.

[케이스스터디 ②] 워크맨

워크맨은 건설 현장 등에서 착용하는 작업복을 전문적으로 제조하는 기업으로, 최근 신규 고객 확보와 신제품 개발을 통해 지속적으로 성장하고 있다.

매장 매출 합계는 2017년 3월기 742억 9,100만 엔에서 2021년 3월기 1,466억 5,300만 엔으로 4년 동안 50.7% 성장했다. 그 배경에는 외부 환경에 맞춰 새로운 시장에 제품을 제공한 일과, 기존 시장에서의 지속적인 신

그림 | 워크맨의 제품 전략 및 시장 전략

		시장	
		기존	신규
제품	기존	① 시장 침투 • 건설현장용 작업복 (튼튼하고 저렴함)	② 시장 개발 • 아웃도어 의류 • 스포츠 의류 • 레인웨어(새 브랜드: 워크맨 플러스)
	신규	③ 제품 개발 • 건설현장용 작업복 (기능성이 높고 쾌적함)	④ 다각화 • 정장

[출처] 저자 작성

제품 개발 전략이 자리하고 있다.

워크맨의 전문 분야는 거친 작업 환경에서도 잘 찢어지지 않는 튼튼하고 저렴한 작업복이었다(① 시장 침투).

이런 내구성이 오토바이 애호가와 아웃도어 마니아 사이에서 주목받았고, 이들이 SNS 등에서 워크맨 제품을 소개하면서 일반 고객에게도 인지도가 높아져 판매가 증가했다. 작업복을 일상복으로 활용하는 여성 고객이 '워크맨 여자'로 화제가 되는 현상도 나타났다. 워크맨은 이런 니즈를 반영해 아웃도어 및 스포츠 전문 브랜드를 새로 론칭했다(② 시장 개발).

한편 기존 전문 시장에서는 선풍기를 내장한 작업복 등 기능성을 강화한 신제품을 지속적으로 개발하고 있다(③ 제품 개발). 2021년에는 전문 작업복과는 완전히 다른 제품인 정장도 출시했다(④ 다각화).

성공 요인

워크맨의 성공 요인은 '튼튼한 옷'과 '저가'라는 자사의 핵심 역량에 철저히 집중하고, 고객의 목소리를 신속히 반영해 제품 전략과 시장 전략을 수립해 온 데 있다.

기존 전문점(663개 매장)과 워크맨 플러스(222개 매장)에 더해, SNS에서 여성 고객에게 얻은 관심을 바탕으로 2020년 10월에는 '#워크맨 여자' 콘셉트 스토어도 열었다.

고객이 주도하는 유행은 기업 입장에서 예상치 못한 경우가 많고 채택이 어려울 때도 있다. 그럼에도 예기치 않은 현상이 발생했을 때 앤소프 매트릭스로 검토해 보는 것은 유용하다고 할 수 있다.

조합해서 함께 쓸 수 있는 프레임워크

디지털 에스노그라피(p.154)

디지털 에스노그라피를 통해 자사 제품·서비스 관련 검색어를 조사·분석하면, 고객 니즈와 행동 변화의 흐름을 기획과 개발에 반영할 수 있다.

📖 참고문헌 · 참고자료

H. 이고르 앤소프 저 《이고르 앤소프의 전략경영》(비즈니스맵)

쓰치야 데쓰오 저 《ワークマン式「しない経営」 ― 4000億円の空白市場を切り拓いた秘密(워크맨식 '하지 않는 경영' ― 4,000억 엔의 공백 시장을 개척한 비밀)》, 2020년

Ansoff, H.I. (1957). "Strategies for diversification." Harvard Business Review, 35(5), 113-124

Tags	정보의 기록·정리　사업 기획　조직 단위로 실행 가능
Origin	하버드 대학교의 마이클 포터, 미국의 경영학자 필립 코틀러와 케빈 레인 켈러가 제시

이럴 때 활용한다! ▶ 경쟁사에 대응할 전략을 정할 때

개요

여기서는 경영학에서 널리 알려진 두 가지 경영 전략 프레임워크를 활용해, 신규 사업이나 신제품을 창출·고안할 때 시장에서 자사의 위치를 파악하고 경쟁 우위를 확보하는 방법을 소개하겠다.

포터의 본원적 전략

첫 번째는 하버드 대학교의 마이클 포터가 제시한 본원적 전략이다. 본원적 전략에는 원가 우위 전략, 차별화 전략, 집중화 전략 세 가지가 있다.

자사가 경쟁 우위를 확보하기 위해 취해야 할 전략은 자사의 강점과 시장 환경에 따라 달라진다. 따라서 경쟁 전략을 검토할 때는 업계 내 경쟁자와 비교하며 자사의 포지션을 명확히 하는 것이 중요하다.

경쟁 우위의 축

	저비용	차별화
시장 전체(넓음)	**• 원가 우위 전략** • 제품·서비스 가격을 경쟁사보다 낮춰 경쟁 우위를 확보한다. • 이를 위해 고정비·간접비를 효율화하고, 업무 효율을 높여 저비용 구조를 만든다.	**• 차별화 전략** • 타사와 뚜렷이 구별되는 독창적 제품·서비스로 독자적 위치를 구축한다. • 기능, 품질·기술력, 브랜드 이미지 등에서 경쟁사와 차별화해야 한다.
특정 시장(좁음)	**• 집중화 전략** • 시장 전체는 아니더라도 특정 시장에서 원가 우위나 차별화를 달성한다. **원가 집중화** • 특정 시장에 집중해 원가 우위 전략을 실행한다.	**차별적 집중화** • 특정 시장에서만 통하는 제품·서비스의 기능과 브랜드 이미지를 구축한다.

시장의 범위

코틀러 & 켈러의 경쟁 지위별 전략

두 번째는 필립 코틀러와 케빈 레인 켈러가 제안한 경쟁 지위별 전략이다. 경영자원을 양적 경영자원과 질적 경영자원으로 나눈다.

표 | 경영자원의 종류

항목	설명
양적 경영자원	자금, 거점 수, 직원 수, 생산 규모, 능력 등
질적 경영자원	기술개발 능력, 마케팅 능력, 브랜드 등

그리고 **시장 점유율 규모**를 기준으로 기업을 네 가지 경쟁 지위로 분류하고, 각 지위별로 취해야 할 전략을 수립했다.

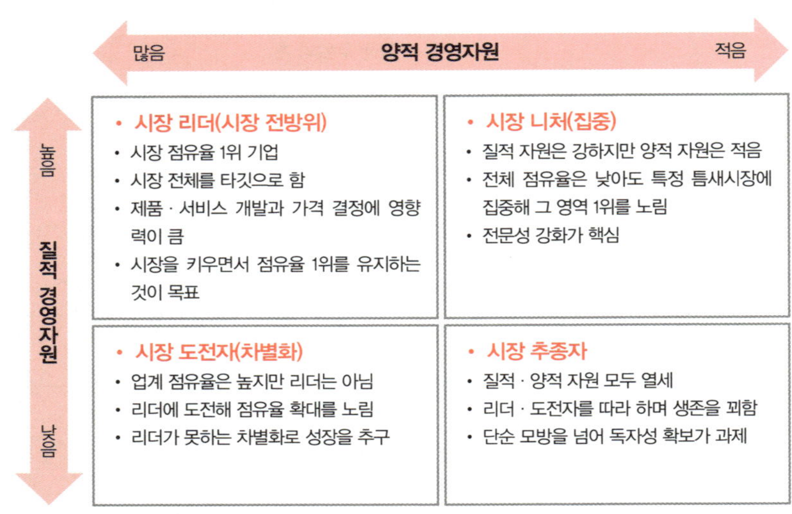

[출처] 필립 코틀러 & 케빈 레인 켈러(2014)를 참고해 저자가 작성

> **여기가 포인트!** 어떤 프레임워크든 기업 정보와 시장 데이터 등 객관적 자료를 바탕으로 정확성을 확보하는 것이 중요하다

일본 햄버거 업계의 사례

이 두 프레임워크를 사용할 때는 먼저 포터의 본원적 전략을 검토해 자사의 시장 내 포지션을 명확히 한다. 그다음 코틀러와 켈러의 경쟁 지위별 전략을 활용해 동종 업계에서 경쟁사와 자사를 양적·질적 경영자원 기준으로 분류하고, 자사의 중기 경쟁 전략을 구체적으로 검토한다.

여기서는 **일본 햄버거 업계**를 예로 들어 포터의 비용 우위 전략으로 계속 성장하고 있는 1위 업체 맥도날드, 2위 업체 모스버거, 그리고 롯데리아, 퍼스키친, 럭키 피에로, 쿠아 아이나를 살펴보겠다.

본원적 전략: 원가 우위 전략

맥도날드는 1971년 도쿄 긴자에 1호점을 출점했고 이후 꾸준히 매장을 늘려 왔다. 2022년 말 기준으로 매장 2,965곳, 매출 3,523억 엔, 영업이익 338억 엔에 달한다.

비즈니스 모델은 전형적인 패스트푸드점이다. 도시 중심가, 터미널 앞 등 좋은 입지에 대형 매장을 둬 다수의 고객을 확보함으로써 저렴한 가격으로 많은 수량을 판다. 특히 맥도날드는 제조 준비, 미리 만들어 두는 제품 수, 계산대 운영 등 매장 운영을 세밀하게 다듬어 단시간 내 고객에게 제품을 전달하는, 타사가 모방하기 어려운 시스템을 구축했다.

포터의 본원적 전략 관점에서 맥도날드의 전략은 **원가 우위 전략**에 해당한다.

본원적 전략: 차별화 전략

2위 업체인 **모스버거**는 2022년 말 기준 매장 1,249곳, 매출 720억 엔, 영업이익 14억 2천만 엔으로 1위 맥도날드와 큰 차이가 있다.

모스버거는 맥도날드와 달리 **차별화** 전략을 철저히 시행하고 있다. 예를 들어 역에서 조금 떨어진 위치나 큰길에서 벗어난 눈에 띄지 않는 곳에 출점해 비용을 절감한다.

대신 특정 농가와 계약을 맺고 재료를 공급받는 등 철저히 고품질에 집중한다. 또 주문을 받은 후 제조하는 메이크 투 오더(Make-to-Order) 비즈니스 모델을 고수한다. 이 때문에 고객이 제품을 받는 데 시간이 걸리지만, 미리 만들어 두지 않는다는 점이 제공 가치가 된다.

본원적 전략: 원가 집중화

다음으로 햄버거 업계에서 집중화 전략을 취하는 플레이어를 살펴보자.

럭키 피에로는 2023년 기준 매장이 17곳이다. 시장을 홋카이도의 삿포로와 하코다테 지역으로 제한하고 저비용 체인점을 운영하고 있다. 특정 시장에 집중하는 원가 집중화 전략이다.

지역에 특화했기 때문에 전국 판매가 어려운 제품을 내놓고, 소규모 경영을 통한 저비용·저가격으로 시장 리더와 직접 경쟁하지 않으면서도 독자성을 확보한다.

본원적 전략: 차별적 집중화

쿠아 아이나는 도쿄를 중심으로 하와이풍 햄버거 매장을 운영하며 **차별적 집중화** 전략을 펼치고 있다.

1975년 창업한 쿠아 아이나는 메뉴뿐 아니라 인테리어까지 하와이에 있

그림 | 쿠아 아이나 매장

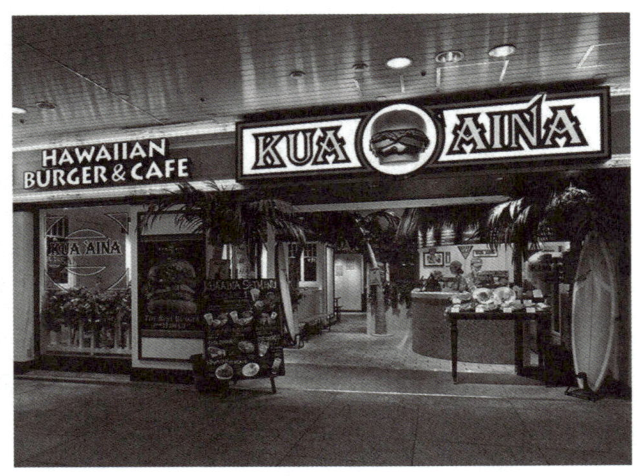

[출처] '쿠아 아이나 이케부쿠로 선샤인시티점' (https://www.kua-aina.com/shop/801.html)

는 듯한 분위기를 내세운다. 주요 타깃은 여성이다. 일본 내 매장 수는 2023년 기준 35곳으로 규모는 작지만, 여성 유동인구가 많은 쇼핑몰과 패션 빌딩을 중심으로 출점한다.

메뉴에 하프 사이즈 햄버거를 추가하는 등 특정 고객에게 제공하는 가치를 특화해, 세트 메뉴 가격이 1,000엔을 넘는 고가격대임에도 고객을 안정적으로 확보하고 있다.

그림 | 햄버거 업계의 본원적 전략

경쟁 우위의 축

시장의 범위	저비용	차별화
시장 전체(넓음)	• 원가 우위 전략 **맥도날드** • 매장 규모로 규모의 경제를 확보 • 전 매장을 표준화해 신속 · 저비용 운영 • 저가격을 추구	• 차별화 전략 **모스버거** • 엄선한 재료로 주문 후 조리하는 차별화 서비스 • 시장 리더보다 규모는 작고 가격은 높은 편
특정 시장(좁음)	• 원가 집중화 **럭키 피에로** • 삿포로 · 하코다테에만 출점 • 소규모 경영으로 저비용 · 저가격 실현 • 지역 특화 메뉴로 독자성 확보	• 차별적 집중화 **쿠아 아이나** • 도쿄 도심 중심으로 출점 • 하와이 콘셉트로 차별화, 여성 고객이 핵심 타깃 • 하프 사이즈 등 여성 니즈에 맞춘 메뉴 제공

[출처] 저자 작성

이어서 코틀러와 켈러의 경쟁 지위별 전략으로 햄버거 업계를 분석해 보겠다.

<table>
<tr><td colspan="2"></td><td>많음</td><td align="center">양적 경영자원</td><td align="right">적음</td></tr>
<tr><td rowspan="2">질적 경영자원</td><td>높음</td><td colspan="2">
• 시장 리더(시장 전방위)
맥도날드
• 역 앞 · 번화가 등 핵심 입지에 출점
• 대량 조달 · 운영 매뉴얼화로 저비용 · 저가격 실현
• 대규모 광고로 대형 캠페인을 전개
</td><td>
• 시장 니처(집중)
쿠아 아이나
• 하와이 콘셉트로 여성 타깃을 명확히 함
• 하프 사이즈 등 여성 니즈에 맞춘 메뉴 구성
• 단가는 높은 편
</td></tr>
<tr><td>낮음</td><td colspan="2">
• 시장 도전자(차별화)
모스버거
• 역에서 떨어진 곳에 출점
• 산지 조달 · 비건 등 안전 · 건강 중심 메뉴
• 주문 후 조리로 가치를 제공해 시간이 걸리며, 단가는 높은 편
</td><td>
• 시장 추종자
롯데리아, 퍼스트키친
• 시장 리더처럼 핵심 입지에 출점
• 단가가 낮아 리더의 가격 변화에 영향받기 쉬움
• 독자성을 강화하면 가격이 올라 수익성 확보가 과제
</td></tr>
</table>

경쟁 지위별 분석: 시장 리더

맥도날드는 일본 전국에서 어린아이부터 노인까지 전 시장을 타깃으로 삼으며, 매장 수에서도 다른 기업을 크게 앞서고 있다. TV 광고와 옥외광고를 활용한 대규모 캠페인으로 인지도도 높아, 모르는 사람이 없다고 해도 과언이 아니다.

맥도날드는 시장 리더로서 시장 자체를 키우면서 최대 점유율을 유지하고 있다. 최근에는 커피와 케이크를 강화한 카페 분야에도 진출해 사업을 확장하고 있다.

경쟁 지위별 분석: 시장 도전자

일본 시장 2위인 모스버거는 리더에 맞서는 시장 도전자다. 포터의 본원적 전략에서 본 것처럼 '엄선한 재료'와 '갓 만든 제품' 등 차별화를 실행하고

있으며, 최근에는 비건을 위한 햄버거를 출시하는 등 제품 개발에 힘을 쏟아 단골 고객 확보에 성공하고 있다.

경쟁 지위별 분석: 시장 니처

쿠아 아이나는 매장 수는 적지만 매장의 분위기와 메뉴에 공을 들여 일정한 팬층을 확보하고 있어 **시장 니처**라고 할 수 있다. 양적 경영 자원인 '매장 수'는 시장 리더의 100분의 1에 불과하지만, 타사에는 없는 브랜드력과 독자성을 확립하고 있다.

시장 니처는 좁은 영역에서 선도자가 됨으로써 경쟁 우위를 유지할 수 있다. 참고로 이 세그먼트에는 미국 햄버거 브랜드 '쉐이크쉑'처럼 독자성이 강한 기업도 진입하고 있어, 독자적인 브랜드로 고객과 얼마나 강한 관계를 구축하느냐가 생존의 열쇠가 될 것이다.

경쟁 지위별 분석: 시장 추종자

햄버거 시장의 **추종자**는 맥도날드처럼 좋은 입지에 많은 매장을 출점하는 **롯데리아와 퍼스트키친**이다.

추종자의 전략은 업계 1위인 맥도날드에 굳이 도전하지 않고 타깃, 메뉴 구성, 가격대를 리더와 거의 동일하게 맞춰 개발 비용을 낮추고 생존을 도모하는 것이다. 추종자가 생존하려면 독자성이 높은 제품이나 서비스를 개발해 차별화를 꾀할 필요가 있다는 의견도 있지만, 수익 증가 폭을 고려해 개발 투자 비용이 적절한지 신중히 검토해야 한다.

이처럼 두 가지 프레임워크로 분석하면 자사의 시장 범위와 경쟁사 대비 독자성, 더 나아가 질적·양적 경영 자원에 따른 시장 내 위치를 가시화할 수 있다. 그 결과 비즈니스에서 무엇에 집중해야 할지가 명확해진다.

PEST + 5F 분석 (p.210)

포터의 기본 전략을 검토할 때는 먼저 **PEST+5F 분석** 프레임워크로 비즈니스의 외부 환경(정치·경제·사회·기술)을 파악하는 것이 좋다. 자사 비즈니스가 놓인 환경을 이해하면 대상 시장과 포지셔닝이 드러난다.

비즈니스 모델 캔버스 (p.343)

포터의 기본 전략으로 정리한 시장과 타깃 고객, 그리고 경쟁 지위 분석으로 파악한 자사를 **비즈니스 모델 캔버스**에 기입해 나가면 실현 가능성이 높은 비즈니스 플랜을 만들 수 있다.

📖 참고문헌 · 참고자료

마이클 포터 저 《마이클 포터의 경쟁전략》 (프로제)
필립 코틀러, 케빈 레인 켈러 저 《마케팅관리》 (Pearson)

41 비즈니스 모델 캔버스

사업이 돌아가는 구조를 한눈에 그린다

Business Model Canvas

Tags   정보의 기록·정리   사업 기획   조직 단위로 실행 가능
Origin   경영 컨설턴트 알렉산더 오스터왈더와 경영학자 예스 피그누어가 개발

이럴 때 활용한다!   새로운 비즈니스 모델을 설계할 때

개요

비즈니스 모델 캔버스는 비즈니스 모델의 구성 요소를 9개의 블록으로 나누고, 그 내용을 하나의 캔버스에 정리해 비즈니스 모델의 특징과 요소 간 관계를 보여준다. 이 프레임워크를 활용하면 기존 비즈니스 모델을 이해하거나 새로운 비즈니스 모델을 구상할 수 있다. 편의성과 범용성이 높아 전 세계에서 비즈니스 모델을 분석·구상하며 소통할 때 널리 활용된다.

비즈니스 모델은 사업의 구조와 요소를 추상화한 개념 모델로, 사업의 전체적인 모습을 나타낸다. 9개의 블록으로 비즈니스 모델을 표현하며 ①에서 ⑨ 순서로 기입하면 비교적 작성하기 쉽다.

비즈니스 모델은 사업 전체를 다루는 개념이므로, 논의 과정에서 개별 요소를 지나치게 깊이 파고들면 전체적으로 바라보지 못할 우려가 있다. 따라서 비즈니스 모델 캔버스 같은 프레임워크를 활용해 전체 모습을 한눈에 볼 필요가 있다.

⑧ 핵심 파트너	⑦ 핵심 활동	② 가치 제안	④ 고객 관계	① 고객 세그먼트
	⑥ 핵심 자원		③ 채널	
⑨ 비용 구조		⑤ 수익 흐름		

[출처] Strategyzer

비즈니스 모델 캔버스의 활용 방법

우선 비즈니스 모델 캔버스는 기존 비즈니스 모델을 이해하는 데 활용할 수 있다. 성장 중인 사업에는 뛰어난 비즈니스 모델이 갖춰져 있는 경우가 많다. 이해하고자 하는 사업의 정보를 수집해 비즈니스 모델 캔버스 관점에서 정리하면, 그 사업이 성장하는 이유를 파악하기 쉬울 것이다.

비즈니스 모델 캔버스는 새로운 비즈니스 모델을 구상하는 데에도 활용할 수 있다. 예를 들어 자사의 특정 사업에서 수행 중인 주요 업무나 활용 중인 핵심 경영 자원을 바탕으로 새로운 가치 제안을 설계해, 새로운 고객을 확보하는 방법을 검토할 수 있다. 또는 기존 고객 세그먼트에 다른 가치를 제안하는 방법을 검토할 수도 있다. 하나의 캔버스로 비즈니스 모델 전체를 표현할 수 있어 팀 내 의사소통을 촉진하는 공통 언어로도 활용된다.

이처럼 비즈니스 모델 캔버스는 비즈니스 모델의 큰 그림을 파악하고 요소 간 관계를 드러내는 데 효과적이다. 다만 비즈니스 모델의 외부 환경이나 각 요소의 세부 내용까지는 담기 어렵다.

> **여기가 포인트!** 비즈니스 모델 캔버스로 외부 환경이나 각 요소의 세부 내용까지는 표현할 수 없다

표 | 비즈니스 모델 캔버스를 구성하는 9개의 블록

구성 요소	설명
① 고객 세그먼트 Customer Segments	**타깃(고객층)**이다. 예를 들어 '대중 시장', '특정 틈새시장' 등이 있다. 플랫폼형 비즈니스처럼 고객층이 하나가 아닌 경우도 있다.
② 가치 제안 Value Propositions	상품·서비스가 **고객에게 제공하는 가치**다. 예를 들어 높은 기능성이 가치인지, 기분 좋은 감정을 제공하는 것이 가치인지 등이다.
③ 채널 Channels	**가치 제안을 고객에게 알리고 전달하는 경로**다. 예를 들어 광고로 인지시킨 뒤 자사 웹사이트에서 구매하도록 하는지, 또는 소매점 등을 통해 전달하는지 등이다.
④ 고객 관계 Customer Relationships	**고객과의 관계에서 지속성과 깊이**다. 예를 들어 셀프서비스처럼 사람을 매개하지 않는 관계인지, 또는 담당자가 직접 대응하는 관계인지 등이다.
⑤ 수익 흐름 Revenue Streams	**고객에게 대가를 얻는 방법**이다. 예를 들어 일회성 판매인지, 대여인지, 구독인지 등이다.
⑥ 핵심 자원 Key Resources	가치 제안을 창출하기 위해 필요한 **핵심 경영자원**이다. 예를 들어 공장 같은 물리적 자원, 특허권·브랜드 같은 지적 자산, 인재 등이다.
⑦ 핵심 활동 Key Activities	가치 제안을 창출하기 위해 필요한 **핵심 활동**이다. 예를 들어 제품 제조, 서비스 제공을 위한 인재 육성, 지식경영 등이다.
⑧ 핵심 파트너 Key Partners	자사의 주된 **협력 대상**이다. 예를 들어 핵심 경영자원을 조달하는 곳, 업무를 아웃소싱하는 업체, 공동 파트너 등이다.
⑨ 비용 구조 Cost Structure	가치 제안을 실현하는 데 필요한 **주요 비용**이다. 예를 들어 설비 자금, 고정비, 변동비 등이다.

[출처] Osterwalder & Pigneur (2012)

실행 방법

비즈니스 모델 캔버스는 다음과 같이 크게 좌우 두 영역으로 나눠 생각할 수 있다(가운데의 가치 제안은 고객에게 자사가 제안하는 가치이며, 여기서 고객과 자사가 만난다).

오른쪽: 고객과의 관계를 정리하는 영역

왼쪽: 가치를 창출하기 위한 자사의 활동을 정리하는 영역

고객과 자사에 관한 정보를 수집하거나 가설을 검토한 뒤, 그 내용을 캔버스에 정리하자.

'비즈니스 모델 캔버스에는 경쟁사 관점이 포함되어 있지 않다'라는 지적이 있지만, 실제로 경쟁사 관점이 없는 것은 아니다. 경쟁사나 기존 해결책과의

그림 | 비즈니스 모델 캔버스에서 각 블록의 상대적 위치

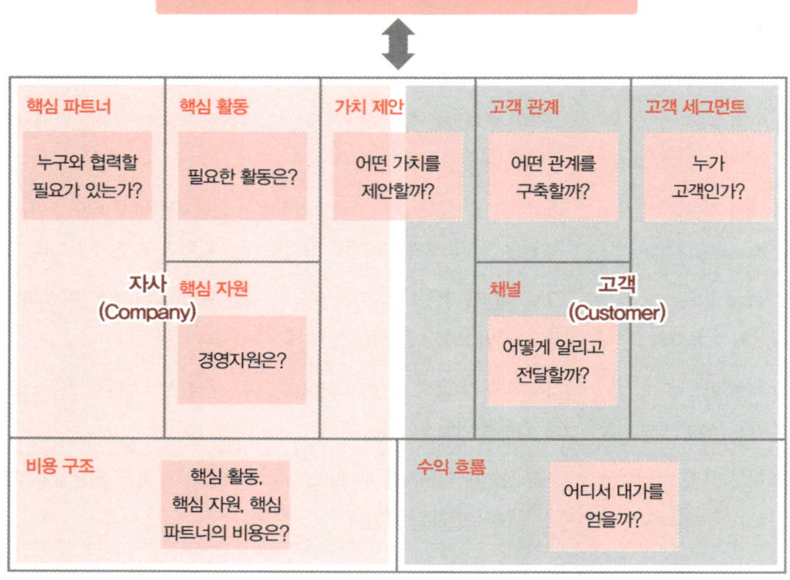

차이를 의식하며 작성하는 것이 올바른 방법이다. 새로움을 가진 비즈니스 모델이라면 경쟁사나 기존 해결책과 차별화되는 요소가 반드시 있을 것이다. 비즈니스 모델 캔버스는 바로 그 부분에 주목한다.

비즈니스 모델 캔버스를 작성할 때 9개 블록 모두에 반드시 새로운 요소가 들어가야 한다고 느낄 수도 있다. 그러나 모든 블록에 새로운 요소가 있을 필요는 없다. 경쟁사나 기존 해결책과 차이가 있는 부분을 의식하며 비즈니스 모델을 표현하면 된다.

[케이스스터디 ①] **편의점**

우리에게 익숙한 소매 업태인 **편의점**을 비즈니스 모델 캔버스로 표현해 보자. 편의점은 다른 소매 업태와 어떤 점에서 차이가 있을까? 완성된 비즈니스 모델 캔버스는 아래 그림과 같다.

그림 | 편의점의 비즈니스 모델 캔버스

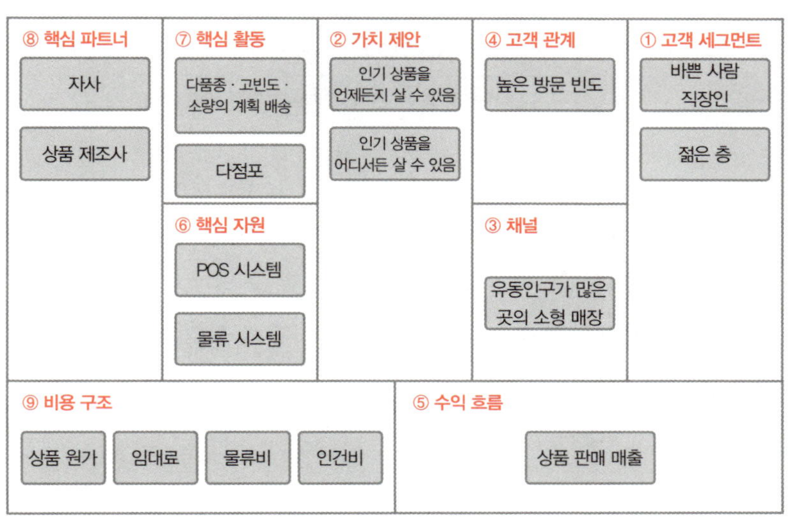

각 블록의 상세한 설명은 다음과 같다. 참고로 편의점은 프랜차이즈 시스템으로 운영되는 경우가 많지만, 여기서는 직영점을 가정했다.

표 | 편의점의 비즈니스 모델

구성 요소	설명
① 고객 세그먼트	• 주된 고객층은 **바쁜 직장인**과 **젊은 층**
② 가치 제안	• 위 고객층에 대한 가치 제안은 '**인기 상품을 언제 어디서든 구매할 수 있음**'이다. • 이 가치 제안은 아래의 핵심 자원과 핵심 활동을 통해 실현
③ 채널	• 매장의 특징은 '**유동인구가 많은 지역의 소형 매장**'
④ 고객 관계	• 다른 소매 업태보다 '**방문 빈도가 높다**'는 점이 특징
⑤ 수익 흐름	• **상품 판매 매출**이 수익
⑥ 핵심 자원	• 상품 판매 동향을 파악하기 위한 **POS 시스템** • 상품을 각 매장에 전달하기 위한 **물류 시스템**
⑦ 핵심 활동	• 소형 매장 품절 방지를 위한 POS·물류 연동 '**다품종·고빈도·소량 계획 배송**' • '언제·어디서나 구매' 실현을 위한 '**다점포 운영**'
⑧ 핵심 파트너	• 다양한 상품 조달을 위한 '**중개업체**' 연계 • 도시락 등 매일 입고되는 식품 공급을 위한 '**식품 제조업체**' 협력
⑨ 비용 구조	• 주된 비용은 상품 '**원가**' '**임대료**' '**물류비**' '**인건비**'

이처럼 비즈니스 모델 캔버스를 활용하면 편의점 비즈니스 모델이 다른 소매 업태와 차별화되는 특징을 간결하게 표현할 수 있다. 편의점은 계속 진화하므로 세부사항은 달라지겠지만, 추상화해 전체 특징을 한눈에 파악할 수 있다는 점이 핵심이다.

[케이스스터디 ②] 스포티파이

비즈니스 모델 중에는 여러 고객 세그먼트에 각기 다른 가치를 제안하는 모델이 있다. 예를 들어 미디어 비즈니스는 열람자에게는 유용한 정보를 제공하고, 광고주에게는 광고 게재를 통한 홍보를 지원한다.

비즈니스 모델 캔버스를 작성할 때 고객 세그먼트와 가치 제안이 여러 개인 경우에도 색상을 구분하는 식으로 쉽게 표현할 수 있다. 음악 스트리밍 서비스인 스포티파이를 예로 들어 이런 표현 방법을 살펴보겠다.

스포티파이의 비즈니스 모델은 아래 그림과 같다.

그림 | 스포티파이의 비즈니스 모델

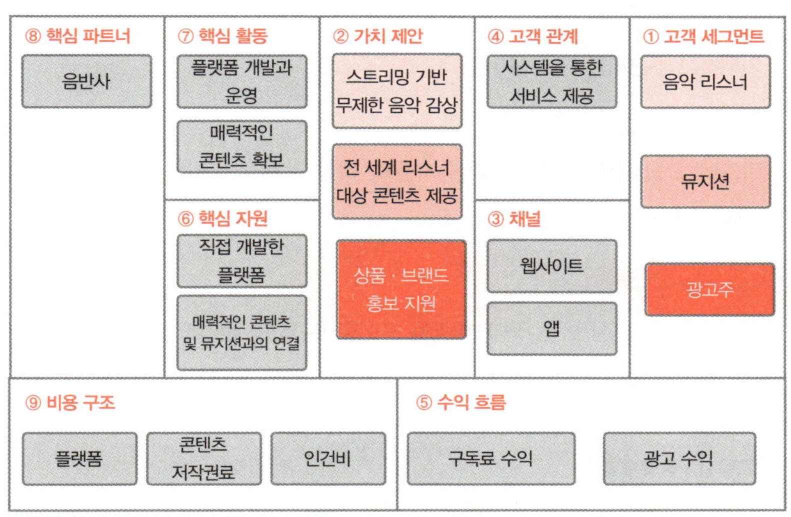

스포티파이의 주요 고객은 3종류이며, 각 고객 세그먼트에 서로 다른 가치를 제안한다.

첫 번째 고객 세그먼트는 음악 리스너다. 음악 리스너에 대한 가치 제안은

'스트리밍을 통한 다양한 장르의 음악 무제한 감상'이다.

두 번째 고객 세그먼트는 뮤지션이다. 뮤지션에 대한 가치 제안은 '전 세계 음악 리스너에게 콘텐츠 제공'이다.

세 번째 고객 세그먼트는 광고주다. 광고주에 대한 가치 제안은 스포티파이 광고를 통한 '상품 및 브랜드의 홍보 지원'이다.

이처럼 서로 다른 고객 세그먼트와 가치 제안이 있는 경우, 이 그림처럼 색상 구분 등을 활용해 표현하면 이해하기 쉽다.

조합해서 함께 쓸 수 있는 프레임워크

가치 제안 캔버스(p.309)

가치 제안 캔버스는 비즈니스 모델 캔버스를 보완하기 위해 개발된 프레임워크다. 고객 세그먼트와 가치 제안을 더 깊이 있게 표현할 수 있어, 비즈니스 모델을 이해하고 구상하는 데 도움이 된다.

가치사슬×VRIO 분석(p.217)

비즈니스 모델에서 중요한 핵심 자원과 핵심 활동을 정리할 때는 **가치사슬×VRIO 분석**이 유용하다.

PEST + 5F 분석(p.210)

비즈니스 모델 캔버스는 외부 환경을 표현할 수 없으므로 **PEST + 5F 분석**을 통해 사업의 외부 환경을 정리하는 것이 바람직하다.

📖 참고문헌 · 참고자료

알렉산더 오스터왈더, 예스 피그누어 저 《비즈니스 모델의 탄생 — 상상과 혁신, 가능성이 폭발하는 비즈니스 모델 캔버스 활용》 (비즈니스북스)

42

전략 모델 캔버스
Strategic Model Canvas

Tags 정보의 기록·정리　사업 기획　조직 단위로 실행 가능
Origin 와세다대학 비즈니스 스쿨의 네고로 다쓰유키가 고안

이럴 때 활용한다! ▶ 경쟁자를 고려한 비즈니스 모델을 설계할 때

개요

전략 모델 캔버스는 신규 사업을 구상하거나 기존 사업을 재검토할 때, 경쟁자와 비교해 차별화 요소를 확인하고 정리하는 프레임워크다.

왼쪽에는 자사의 사업을 구성하는 자원·활동·제품을, 오른쪽에는 경쟁자 관련 내용을 기입해 시장의 경쟁 환경을 검토하며 비즈니스 모델을 구상할 수 있다.

캔버스를 채울 때 핵심은 경쟁자와의 차별화다. 차별화에는 가격, 타깃, 니

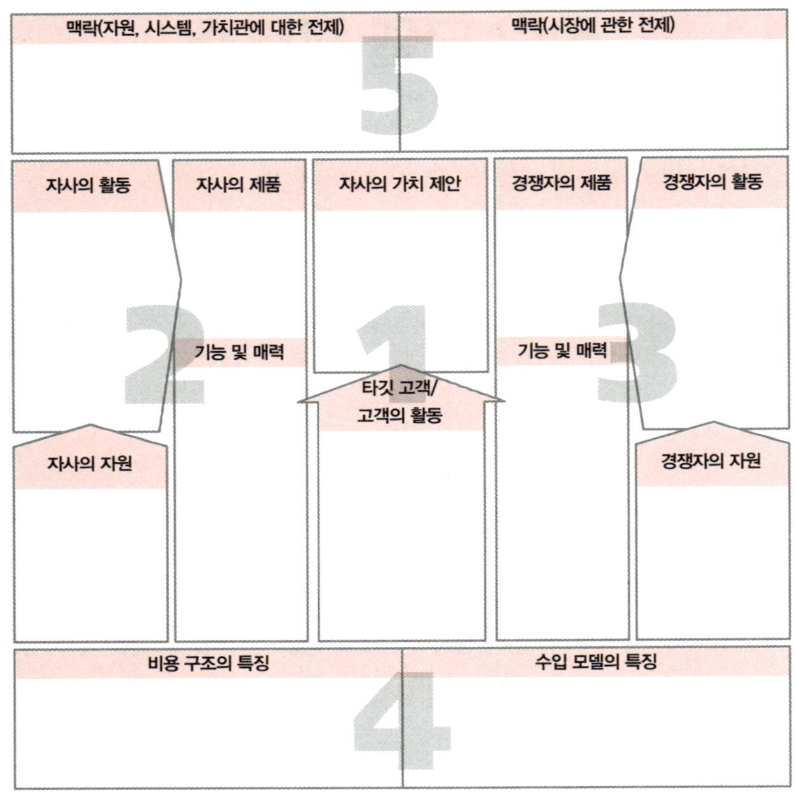

[출처] 네고로·토가시·아지로(2020)

즈 등 다양한 항목이 있지만, 전략 모델 캔버스가 특히 보여 주는 것은 '자사가 가진 자원과 이를 활용한 활동의 조합이 얼마나 독창적인가'이다. 이 조합이 독창적일수록 모방 장벽이 높아지고 경쟁자와의 차별화도 가능해진다.

실행 방법

전략 모델을 이용할 때는 아래의 순서에 따라 각 항목을 기입해 나간다.

① '타깃 고객/고객의 활동'과 '자사의 가치 제안'

가장 먼저 '타깃 고객/고객의 활동'과 '자사의 가치 제안'을 명확히 적는다. 이 내용은 '비즈니스 모델 캔버스'(p.343)와 동일하므로 그 부분을 함께 확인하기 바란다.

표 | '타깃 고객/고객의 활동'과 '자사의 가치 제안'

항목	내용
타깃 고객/고객의 활동	검토 대상 사업의 고객을 적는다. 이어서 **고객의 니즈**와, 그 니즈를 충족하기 위해 고객이 취할 수 있는 **행동** 또는 **선택**을 적는다.
자사의 가치 제안	고객의 니즈를 충족하기 위해 **어떤 가치를 제공할 것인지** 적는다.

② 자사의 자원, 활동, 제품과 기능 및 매력

가치 제안을 위해 '자사의 자원'과 '자사의 활동'을 검토해서 적는다.

표 | '자사의 자원'과 '자사의 활동'

항목	내용
자사의 자원	자사가 활용할 수 있는 **자원**을 적는다. 자원은 인적 자원, 물적 자원, 금융 자원, 정보를 기준으로 정리한다.
자사의 활동	자원을 활용해서 수행하는 **활동 내용**을 적는다. 활동에는 파트너와의 협력도 포함된다.

그리고 자원과 활동에서 창출되는 '자사의 제품'과 고객에게 제공되는 '기능 및 매력'을 적는다.

표 | '자사의 제품'과 '기능 및 매력'

항목	내용
자사의 제품	자원과 활동에서 창출되는 **자사의 제품이나 서비스**를 적는다.

기능 및 매력	**기능**이란 자사가 제품이나 서비스를 통해 고객에게 제공하는 **'무언가'**이며, 고객이 제품이나 서비스를 구매하는 기본적인 니즈에 대응한다. **매력**이란 고객이 제품이나 서비스를 구매할 때 경쟁사가 아닌 자사를 선택하는 이유다.

③ 경쟁자의 자원, 활동, 제품과 기능 및 매력

경쟁자 또는 **대체품**의 자원, 활동, 제품, 기능 및 매력을 적는다. 경쟁자의 상품이 고객 니즈에 대해 제공하는 기본적인 '무언가'와 그 특징을 적는다. '기능 및 매력'에는 고객이 경쟁자나 대체품을 선택하는 이유를 적는다.

④ '비용 구조의 특징'과 '수익 모델의 특징'

비즈니스 모델을 실현하기 위한 '비용 구조의 특징'과 '수익 모델의 특징'을 검토한다. 비용 구조는 고정비와 변동비를 나누어 기입하는 것이 좋다.

⑤ 맥락

맥락이란 비즈니스 모델의 '실현 가능성'과 '시장 니즈와의 정합성'을 검토하는 것이다. 구상한 내용이 비즈니스로서 성립할 수 있는지 객관적으로 확인한다.

캔버스의 좌측 상단에 있는 '맥락(자원, 시스템, 가치관에 대한 전제)'에서 실현 가능성을 검증한다. ②에서 기입한 자사의 자원과 활동으로 제품이나 서비스를 제공하기 위한 운영이 가능한지, 그리고 그 비즈니스가 자사의 이념에 부합하는지 검토한다.

우측 상단에 있는 '맥락(시장에 관한 전제)'에는 구상한 비즈니스 모델을 실현했을 때 실제로 구매해 줄 고객 규모를 검증하기 위한 항목을 적는다. 예를 들어 기존 제품의 시장 규모 데이터나 자사의 마케팅 데이터에서 고객의 구매 의향 관련 항목을 참고한다.

[케이스스터디 ①] 우버이츠와 데마에칸

미국의 승차 공유 서비스 우버의 **우버이츠**(Uber Eats)는 스마트폰으로 간단히 주문하면 근처 식당의 메뉴를 집까지 배달해 주는 서비스다. 일본에서의 배달 요금은 건당 350엔(2023년 기준)부터 시작하며, 주변에서 대기하던 배달원이 곧바로 식당으로 이동해 음식을 픽업해 온다.

그림 | 우버이츠 관점에서 본 전략 모델 캔버스

맥락(자원, 시스템, 가치관에 대한 전제)	맥락(시장에 관한 전제)
• 우버의 앱 시스템을 기반으로 전용 앱 개발 가능 • 지도 데이터 보유(우버 앱의 자원) • 성과제로 운영돼 원하는 시간에 일하는 배달원을 폭넓게 확보 가능	• 배달로 매출을 늘리고자 하는 식당 수요가 있음 • 배달 대행으로 식당 인건비를 절감할 수 있음 • 직장·가정에서 식당 음식을 먹고자 하는 수요가 있음

우버이츠 / 데마에칸

자사의 활동	자사의 제품	자사의 가치 제안	경쟁자의 제품	경쟁자의 활동
[식당] • 주문 접수·배달원 매칭을 대행 [배달원] • 수수료 지불 [고객] • 주문 전달	• 배달 주문 전용 앱	• 외식·조리의 수고 절감 • 신속한 배달 • 다양한 메뉴 선택 • 저렴한 배달 수수료	• 배달 주문 전용 앱	[식당] • 주문 접수·배달원 매칭을 대행 [배달원] • 수수료 지불 [고객] • 주문 전달

자사의 자원	기능 및 매력	타깃 고객/ 고객의 활동	기능 및 매력	경쟁자의 자원
• 성과제 계약 배달원 • 지역별 식당 제휴 • 시스템·앱 개발 역량	• 배달 주문 전용 앱의 높은 이용 편의성 • 경쟁자 대비 저렴한 배달 수수료 • 다양한 결제 방식	[타깃 고객] • 직장·자택에서 식당 음식을 먹고 싶은 고객 [고객의 활동] • 식사 준비의 수고를 줄이기 • 다양한 메뉴에서 선택하기	• 배달 주문 전용 앱의 높은 이용 편의성 • 식당 직원의 직접 배달 선택 가능 • 배달원 가동의 안정성	• 성과제 계약 배달원 • 지역별 식당 제휴 • 시스템·앱 개발 역량

비용 구조의 특징	수입 모델의 특징
[고정비] • 시스템 개발비, 통신비, 마케팅 비용, 결제 수수료 [변동비] • 배달원 수수료 지급	• 제휴 매장 결제 수수료 • 고객 배달 수수료 • 배달원 전용 물품(백팩 등) 구매 비용

[출처] 네고로·토가시·아지로(2020)를 참고해 저자가 작성

한편 배달원 시스템이 등록제로 운영되기 때문에 시간대나 날씨 등에 따라 인근 배달원 수가 바뀌어 주문이 불가능한 경우가 생긴다는 약점도 있다.

반면 일본 시장의 경쟁자인 **데마에칸**은 배달원 보수가 성과제인 우버이츠와 달리 시급제의 전업 형태로 운영된다. 이를 통해 '원하는 시간에 언제든 주문할 수 있다'라는 가치로 차별화하고 있다.

또 식당 측에는 배달원이 아니라 식당 직원이 직접 배달하는 방식도 선택지로 제공해, 가게의 인적 자원 상황에 맞춘 운영을 선택할 수 있다는 점을 가치 제안으로 내세운다.

[케이스스터디 ②] 히로시마 도요 카프

야구팀 **히로시마 도요 카프**(이하 히로시마 카프)는 기존 스포츠 팬 외의 고객을 끌어들이는 전략으로 2010년부터 2019년까지 9년간 매출을 크게 늘렸다. 기존 야구 리그는 남성 팬이나 스포츠 경험자를 주요 고객으로 삼았지만, 히로시마 카프는 '카프 여자'로 불리는 여성 팬과 초등학생부터 중학생까지의 아이 및 그 부모를 타깃으로 삼았다. 이들이 가진 기존 고객과 다른 니즈는 '야구 규칙을 잘 몰라도 경기를 즐기고 싶다'는 것이었다.

히로시마 카프는 이 니즈를 충족하기 위해 선수들의 개성을 공식 웹사이트에서 소개하고, 매력 있는 선수를 응원하는 일을 가치 제안 중 하나로 삼았다. 또 구단 캐릭터와 선수를 모티브로 한 응원 굿즈를 개발해 응원하는 즐거움을 제안했다. 응원 굿즈의 종류는 600종 이상에 달한다. 홈구장인 마쓰다 스타디움을 푸드코트화(29개 매장 입점)해, 경기장에서 보내는 즐거운 시간 자체도 가치 제안으로 삼았다.

이러한 정책을 통해 '시즌별 경기'나 승리를 이어가는 데서 오는 '강함에 대한 만족' 등 기존 구단의 가치 제안과 차별화를 이루고, '비록 이기지 못하더라

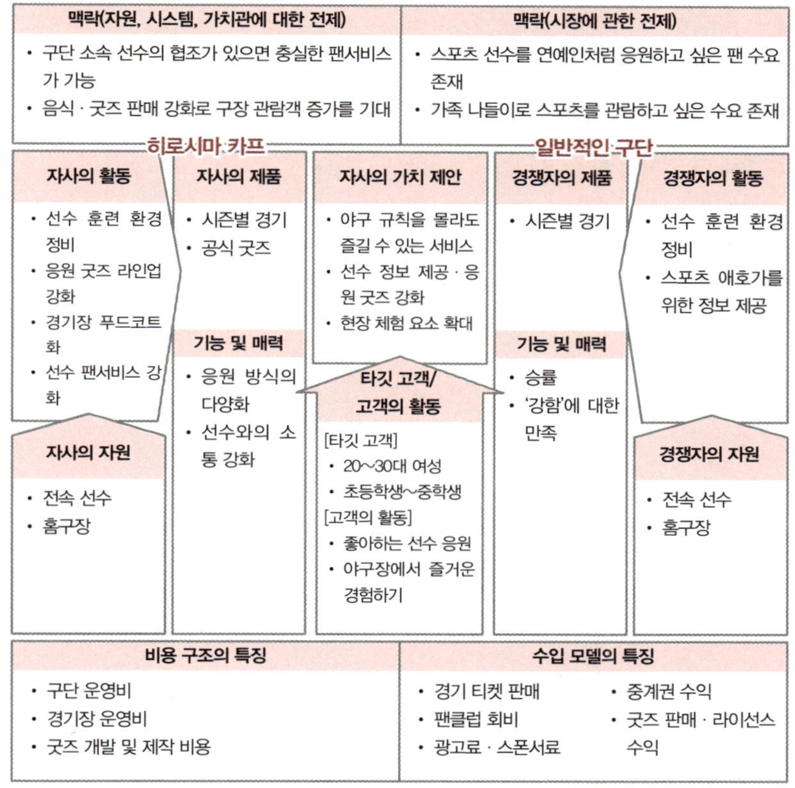

[출처] 네고로·토가시·아지로(2020)를 참고해 저자가 작성

도 관중석이 가득 차는 구단'을 실현했다.

응원하는 즐거움이라는 독창성은 외부 지역 팬 확보로도 이어져, 다른 구장에서의 관중 동원과 티켓 판매에서도 성과를 거두었다.

가치 제안 캔버스(p.309)

가치 제안 캔버스를 활용하면 전략 모델 캔버스에서 가장 먼저 검토하는 '자사의 가치 제안'을 고객 관점에서 '고객의 니즈'와 '니즈 충족을 방해하는 요인'까지 포함해 더 명확히 할 수 있다.

📖 참고문헌 · 참고자료

네고로 다쓰유키, 도가시 가오리, 아지로 사토시 저 《この 1 冊で全てわかるビジネスモデル(이 한 권으로 모두 알 수 있는 비즈니스 모델)》, 2020년

어디서 무엇으로 돈을 벌 것인가

43 수익 모델

Profit Model

Tags 의견 내기　사업 기획　팀 단위로 실행 가능
Origin –

이럴 때
활용한다! ▶　돈 버는 구조를 명확히 할 때

개요

수익 모델이란 사업 활동에서 매출을 확보하는 방법과 비용 구조를 말한다. 바꾸어 말하면 다음과 같이 표현할 수도 있다.

- 해당 제품 · 서비스로 돈을 버는 구조
- 해당 제품 · 서비스를 제공하기 위해 필요한 지출

여기서 소개할 수익 모델을 활용하면 이러한 내용을 정리하고 언어화할 수 있다.

새로운 사업의 수익 모델을 검토할 때는 '매출 확보 방법'부터 시작하는 것이 좋다. 구독제(정액제), 성과 보수, 솔루션 제공 등 다양한 유형을 검토하는 것이다.

실행 방법

수익 모델을 검토할 때는 다음 항목을 정리한다.

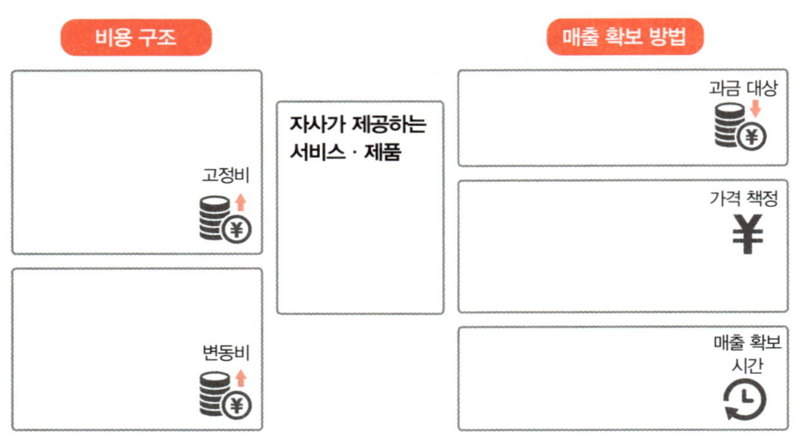

표 | 수익 모델을 검토할 때 정리해야 할 항목

항목	항목	설명
매출 확보 방법	과금 대상	고객이 대가를 지불하는 대상(제품, 서비스 등)
	가격 책정	자사 입장에서 이익이 나면서도 고객이 수용할 수 있는 가격인지 여부
	매출 확보 시간	정액제는 월·연 등 '기간 단위'로 청구, 일회성 판매는 '1회(1건) 단위'로 청구 등
비용 구조	고정비	사무실 임대료, 인건비, 설비비 등 매달 정해진 지출
	변동비	광고비, 마케팅비 등 필요에 따라 발생하는 지출

기존 비즈니스의 혁신을 검토할 때는 마케팅 데이터 등을 바탕으로 '시장 니즈의 변화'와 '경쟁사의 사업 변화 동향'을 분석하고, 자사의 자원을 어떻게 전환할지 사실 기반으로 검토하는 것이 중요하다.

한편 아이디어 기반의 새로운 수익 모델을 검토할 때는 리프레이밍(p.73)을 활용해 매출 확보 방법을 모색하는 것도 효과적이다.

신규 사업 창출을 검토할 때는 마케팅 조사를 바탕으로 대체품의 매출 확보 방법과 가격을 참고한 뒤, '잠재 고객은 어떤 가치에 돈을 지불할 것인가', '적정 가격은 어느 정도인가' 등을 검토하는 것이 좋다.

[케이스스터디 ①] 소니 '플레이스테이션'

소니의 플레이스테이션은 1994년 1세대 모델이 출시되었고, 그로부터 26년이 지난 2020년 11월에는 5세대 모델이 출시되었다. 기존 플레이스테이션의 수익 모델은 가정용 게임기를 판매한 뒤 여러 게임 소프트웨어를 판매하는 '소모품 모델'이었다.

그림 | 기존 플레이스테이션의 수익 모델

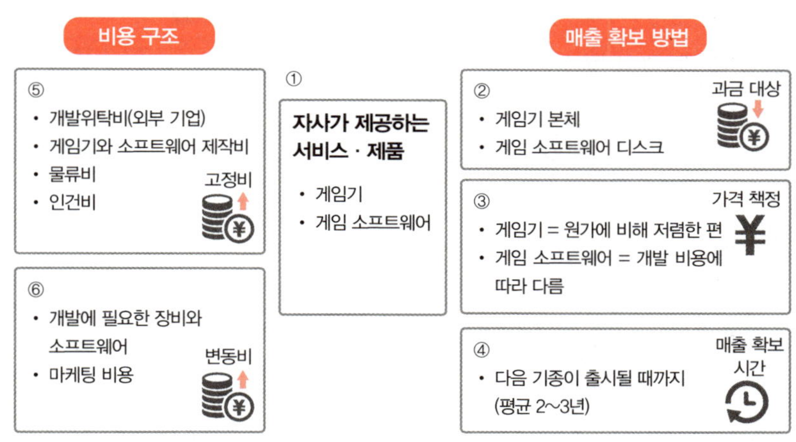

그러나 스마트폰 게임 시장이 세계적으로 확대되면서, 소모품 모델의 핵심인 게임기 판매량이 유럽과 미국을 중심으로 계속 감소했다.

이에 소니는 게임기 및 소프트웨어와 연동된 온라인 서비스 '플레이스테이션 플러스'를 2010년 6월에 시작하고, 정액 과금으로 매출을 확보하는 '구독 플랜'을 기존 수익 모델에 추가했다. 아래 그림의 ★ 표시 항목이 플레이스테이션 플러스에서 새로 추가된 내용이다. 2023년 플레이스테이션 플러스의 정액 요금은 가장 기본적인 '에센셜' 플랜 기준으로 1개월 850엔, 3개월 2,150엔, 12개월 6,800엔이다.

그림 | 플레이스테이션에 추가된 수익 모델

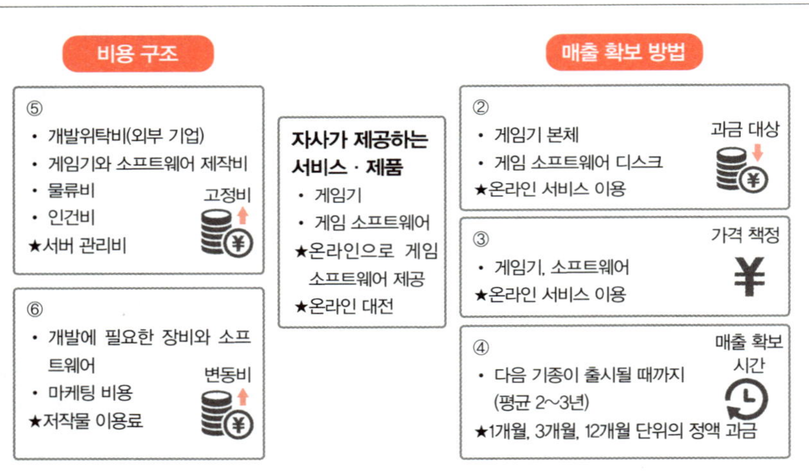

고객이 플레이스테이션 플러스에 가입하면 기존 게임 소프트웨어 외에도 전 세계 플레이어와 온라인 대전이 가능한 '온라인 멀티플레이' 기능과 온라인으로 제공되는 게임 타이틀을 즐길 수 있게 된다(①).

'과금 대상'에는 온라인 게임 이용이 추가된다(②). 새로운 서비스의 '가격 책정'은 게임 타이틀과 기기 기능 이용을 포함한 온라인 서비스 이용료가 된다(③). '매출 확보 시간'은 1개월, 3개월, 12개월 단위의 정액 과금이다(④).

비용 구조도 달라진다. 온라인 서비스를 제공하기 위한 '고정비'로 서버 관리 비용이 추가되며(⑤), '변동비'로는 게임 제작자에게 지급하는 저작물 이용료가 예상된다(⑥).

플레이스테이션 사례처럼 신기술로 인한 시장 파괴나 고객 행동 변화에 직면할 때는, 자사의 수익 모델을 늘 언어화해 정리하고 재검토하는 것이 중요하다.

Column

소모품 모델

게임 회사의 기존 비즈니스 모델에서는 게임기 본체를 원가 대비 저렴하게 설정하는 한편, 게임 소프트웨어는 개발비, 인건비, 장비비 등 원가를 바탕으로 가격을 책정하는 방식이 흔히 쓰인다. 게임기 본체를 저렴하게 설정해 많이 판매하면 보완재인 게임 소프트웨어 판매가 늘기 때문이다. 이런 수익 모델을 '**소모품 모델**'이라고 한다. 대표 사례로는 면도기 본체와 면도날, 잉크젯 프린터와 교체용 잉크 등이 있다.

[케이스스터디 ②] 화상 회의 서비스 '줌'

전 세계적인 원격 근무 확산과 함께 급성장한 **줌**은 기본 기능은 무료로 제공하고, 더 편리한 기능은 유료로 제공하는 '프리미엄Freemium' 수익 모델을 채택하고 있다.

무료 플랜으로 고객에게 제공하는 것은 온라인 회의 서비스다(①). 가격은 무료지만 이용 시간과 이용 인원에 제한이 있다(③).

유료 플랜에서는 장시간 온라인 회의 이용과 500명 이상의 온라인 세미나 개최 서비스를 제공한다(①의 ★ 표시).

'가격 책정'은 서비스 이용에 대해 구독 플랜으로 여러 종류가 준비되어 있다(③의 ★ 표시). 예를 들어 1회 참석자 100명 미만, 최대 30시간 이상 회의가 가능한 프로 플랜은 연간 20,100엔, 1회 참가자 300명까지 가능한 비즈니스 플랜은 연간 26,900엔이다. 더 상위에는 2023년 기준으로 연간 31,250엔의 비즈니스 플러스 플랜도 제공된다.

프리미엄

프리미엄(Freemium)은 'Free(무료)'와 'Premium(프리미엄)'을 조합한 신조어다. 프리미엄 모델은 기본 기능을 무료로 제공해 많은 사용자를 모으고, 더 고급 기능을 원하는 일부 유료 사용자를 모아 전체 수익을 확보한다.

그림 | 줌의 수익 모델

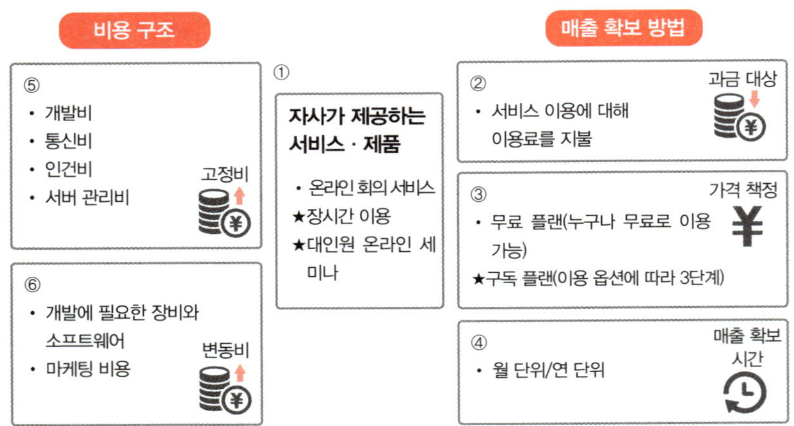

조합해서 함께 쓸 수 있는 프레임워크

비즈니스 모델 캔버스(p.343), 전략 모델 캔버스(p.351)

비즈니스 모델 캔버스와 **전략 모델 캔버스**에는 수익 모델 관련 항목이 마련되어 있다. 신규 사업을 검토할 때는 이들 프레임워크를 활용하면서 수익 모델도 함께 검토하는 것이 좋다.

📖 **참고문헌 · 참고자료**

마크 W. 존슨 저 《화이트 스페이스 전략》 (21세기북스)
곤도 데쓰로 저 《한 장으로 끝내는 비즈니스 모델 100》 (청림출판)
에이드리언 슬라이워츠키 저 《프로핏 레슨》 (다산북스)
Oliver Gassmann, Michaela Csik, Karolin Frankenberger 저 《The Business Model Navigator: 55 Models That Will Revolutionise Your Business》
알렉산더 오스터왈더, 예스 피그누어 저 《비즈니스 모델의 탄생 — 상상과 혁신, 가능성이 폭발하는 비즈니스 모델 캔버스 활용》 (비즈니스북스)
C. 앤더슨 저 《Free 프리 — 비트 경제와 공짜 가격이 만드는 혁명적 미래》 (랜덤하우스코리아)

이 장에서는 프레젠테이션을 하는 데 유용한 기법을 소개한다.

기획 내용이 아무리 뛰어나도 설득력 있게 전달하지 못하면 실현하기 어렵다.

설득력을 가지려면 '상대에게 어떤 변화를 일으키고 싶은가', '상대가 어떤 행동을 하길 바라는가'를 사전에 검토해 둘 필요가 있다.

목적을 명확히 한 뒤, 주장과 근거를 갖춘 프레젠테이션을 하기 위해 이 책에서 소개하는 기법을 활용해 보자.

좋은 기획은 결국 설득이다

이 장에서 소개할 프레임워크

■ 프레젠테이션 준비

프레젠테이션은 사전에 면밀한 준비가 필요하다.

'프레젠테이션 스토리'는 프레젠테이션 준비 과정을 6단계로 나누어 설명한다. 이 흐름에 따라 프레젠테이션이 목표로 하는 바와 담아야 할 내용을 명확히 할 수 있다.

'협상술'은 무난하게 합의를 이끌어내기 위한 5단계 협상 절차를 설명한다. 갑작스럽게 협상에 임하기보다, 이 흐름에 따라 사전에 협상을 준비해 두면 침착하게 대응할 수 있다.

■ 프레젠테이션의 설득력 향상

프레젠테이션을 논리적으로 만들기 위해 활용할 수 있는 기법으로 '피라미드 구조'가 있다. 자신의 주장에 대한 이유와 근거를 정리하고 검토하는 방법이다. 가장 하고 싶은 이야기(주장)를 꼭대기에 두고, 그것을 뒷받침하는 이유와 근거를 아래에 배치하는 구조이기 때문에 이렇게 불린다.

상대가 내 기획을 채택하게 하려면 프레젠테이션이 단순히 논리적이기만 해서는 부족하다. 프레젠테이션 내용이 다른 제안보다 뛰어나며 독자적인 부가가치가 있음을 보여줄 필요가 있다. 이때 유용한 방법이 'GISOV'다.

실무에서는 프레젠테이션 시간이 제한된 경우가 많다. 그럴 때는 '엘리베이터 피치'가 유용하다. 엘리베이터를 타는 짧은 시간 안에 핵심 주장과 근거를 압축해서 전달하는 방식이다.

'크리에이티브 콘셉트 작성법'은 사람들 기억에 남는 강한 문장을 만드는 방법이다. 이 방법을 활용해 인상적인 문구를 만드는 구체적인 방법 여덟 가지를 소개할 것이다.

이 장에서 해설할 프레젠테이션 프레임워크들의 상대적 위치는 다음 그림과 같다. 이 강력한 기법들을 활용해, 더 효과적이고 효율적인 프레젠테이션을 실현해 보자.

그림 | 프레젠테이션 프레임워크의 상대적 위치

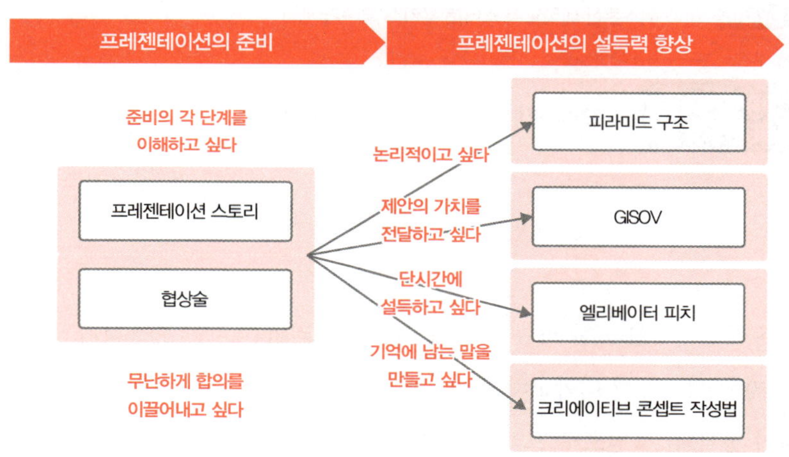

44 프레젠테이션 스토리

Presentation Story

Tags 정보의 기록·정리 사업 운영 혼자서 실행 가능
Origin 미국 위스콘신 대학교의 스티븐 루카스 교수가 제안

> 이럴 때 활용한다! ▶ 프레젠테이션 내용을 구조화할 때

개요

프레젠테이션을 할 때는 사전에 내용을 정리하는 것이 중요하다. 여기서는 미국 위스콘신 대학교의 스티븐 E. 루카스Stephen E. Lucas가 집필한《스피치의 정석》을 바탕으로, 프레젠테이션 스토리를 구성하는 방법을 설명하겠다. 이 책은 하버드 대학교, 뉴욕 대학교 등에서 교재로 사용되고 있다.

실행 방법

프레젠테이션을 하기 전에 준비해야 할 내용은 여섯 가지 항목이다. 각 항목을 하나씩 따로 정리하며 생각해 보자.

그림 | 프레젠테이션 전에 준비할 내용

| ① 주제를 정한다 | ② 대략적인 목적을 정한다 | ③ 목표를 정한다 | ④ 요약 문장을 만든다 | ⑤ 주요 논점을 선택한다 | ⑥ 근거를 제시한다 |

[출처] 스티븐 E. 루카스 《스피치의 정석》을 바탕으로 저자가 작성

① 주제와 ② 대략적인 목적을 정한다

우선 프레젠테이션의 주제와 대략적인 목적을 정한다.

대략적인 목적이란 '정보를 전달한다'와 '설득한다' 중 하나다. 예를 들어 정보를 전달하는 것은 무언가를 설명하거나, 보고하거나, 시연한다는 뜻이다. 한편 설득한다는 것은 무언가를 판매하거나, 추천하거나, 옹호한다는 뜻이다. 경우에 따라서는 '정보를 전달한다'와 '설득한다'가 동시에 해당될 수도 있다.

③ 목표를 정한다

프레젠테이션의 목표를 정한다. 목표란 '프레젠테이션을 통해 반드시 달성하고 싶은 것'이다. 여기서 중요한 점은 **목표를 하나로 좁히는 것**이다.

주제 안에 달성하고 싶은 요소가 여러 가지 포함되어 있더라도, 그중 가장 중요한 것 하나를 정해 반드시 '○○한다'라는 형태로 정리해야 한다. 가령 '듣는 사람에게 ○○에 관한 정보를 전달한다', '듣는 사람이 ○○하도록 설득한다'처럼 기술하는 것이다.

목표를 설정할 때는 프레젠테이션의 취지와 청중의 유형, 관심사 등을 고려해야 한다. 또 반드시 정해진 발표 시간 안에 목적을 달성할 수 있도록 정리해야 한다.

④ 요약 문장을 만든다

목표를 정한 후에는 말하고자 하는 내용을 하나의 '요약 문장'으로 만든다. 프레젠테이션에서 절대 빠져서는 안 되는 핵심 요점을 정리하는 것이다. 요약 문장은 프레젠테이션을 할 때 '이 이야기는 꼭 해야 한다'라는 사실을 상기시켜 주는 핵심 역할을 한다.

⑤ **주요 논점을 선택한다**

요약 문장을 만든 뒤에는 주요 논점을 선택한다. 이때 설정한 목표에 대해 '왜 그런가?', '어떤 뜻인가?'라고 스스로에게 질문하며, 구체적인 사실로 정리해 나가야 한다.

주요 논점이 지나치게 많아지면 프레젠테이션의 내용이 상대방의 기억에 남기 어려워진다. 논점을 좁히기 어렵다면, 요약 문장에서 정리한 항목별로 주요 논점을 만들면 이해하기 쉽다.

⑥ **근거를 제시한다**

마지막으로 주요 논점에 대한 근거를 제시한다. 루카스는 저서에서 '주요 논점만 있으면 단순한 주장일 뿐이다'라고 말했다. 전하고자 하는 논점이 설득력을 갖추려면 반드시 사례, 데이터, 연구 결과, 전문가나 관계자의 발언, 일반적으로 인정되는 사실 등이 제시되어야 한다.

[케이스스터디] 소프트뱅크 '실적 설명회'

다음은 2021년 11월 4일에 열린 소프트뱅크 실적 설명회 내용을 바탕으로 작성한 프레젠테이션 스토리다.

실적 설명회에서는 기업의 한 해 성적에 관한 정확한 데이터를 전달하면서 '경영이 순조롭다'는 정보를 주주에게 전해야 한다. 나아가 '앞으로의 성장 전략이 얼마나 합리적인가'를 주주가 납득할 수 있도록, 근거에 기반을 둔 설득이 반드시 필요하다.

'⑤ 주요 논점을 선택한다'와 '⑥ 근거를 제시한다'의 사례는 다음과 같다.

표 | 소프트뱅크의 프레젠테이션 스토리

항목	내용
① 주제	2021년 3분기 실적을 전달한다
② 대략적인 목적	정보를 전달한다·설득한다
③ 목표	해당 분기에는 모든 세그먼트에서 매출이 증가했음을 알린다
④ 요약 문장	해당 분기에는 통신요금 인하의 영향으로 컨슈머 사업 이익이 10% 감소했지만, 법인 사업·인터넷 사업·결제 사업은 매출이 증가했으며, 연결 결산에서는 모든 세그먼트에서 매출이 증가했다.

주요 논점①: 연결 결산의 영업이익은 5,708억 엔

- 컨슈머 사업은 통신 요금 인하로 인해 이익이 10% 감소했지만, 휴대 단말기 판매 실적이 회복되어 매출이 증가했다.
- 법인 사업은 솔루션 등이 순조롭게 성장해 전년 동기 대비 매출이 10% 증가했다.
- 2021년 3월에 Z홀딩스와 라인이 경영 통합을 하면서 매출이 증가했다.
- 결제 부문에서는 페이페이 등록 사용자 수가 4,300만 명을 넘어 성장을 이어 가고 있다.

주요 논점②: 트레저데이터에 2억 2,250만 달러 추가 투자

- 투자 대상인 미국의 트레저데이터Treasure Data는 고객 데이터 플랫폼 분야에서 일본 시장 점유율 90%를 차지하고 있다.
- 야후재팬 및 라인과의 협업을 통해 향후 아시아 태평양 지역에서 사업 확장을 바라볼 수 있다.

피라미드 구조(p.382)

피라미드 구조를 활용하면 프레젠테이션에서 전달하고자 하는 내용을 체계적으로 정리할 수 있다.

📖 참고문헌 · 참고자료

스티븐 E. 루카스 《스피치의 정석 (Tenth Edition)》 (교보문고)
Stephen E. Lucas, 《The Art of Public Speaking, Twelfth Edition》 McGraw Hill, 2016

서로 납득하는 합의를 만들어라

45 협상술

Negotiation Method

Tags 정보의 기록·정리 사업 운영 혼자서 실행 가능
Origin 하버드식 협상술 등

이럴 때 활용한다! ▶ 상대방과 원만한 합의를 이끌어낼 때

개요

개인 간이든 기업 간이든 사람이 하는 협상에서 조금이라도 유리한 조건을 이끌어내기 위해서는 밀고 당기기가 필요하다. 여기서는 하버드식 협상술을 통해 협상의 핵심을 알기 쉽게 정리하겠다.

하버드식 협상술에서는 다음과 같은 '협상에 임하는 마음가짐'이 중요하다.

- 적극적으로 준비한다

- 목표를 높게 설정한다

- 상대방의 이야기에 귀를 기울인다

- 성실하게 임한다

또한, 협상에서 기존 이익을 단순히 나눠 갖는 데서 끝내지 말고, 서로의 필요를 반영해 새로운 가치를 만들어 파이를 키우는 방식으로 접근하는 것도 중요하다(목표를 높게 설정한다).

아울러 협상 전략을 세울 때는 현재 상황을 분석하는 일이 매우 중요하다. 상대의 말을 경청하고 주변을 통해 정보를 수집해, 상대 자체와 상대의 전략을 파악하는 것이 핵심이다(상대의 이야기에 귀를 기울인다).

나아가 협상에서는 성실함을 잊지 말아야 한다. 상대의 합의를 얻으려면 신뢰를 얻는 것이 무엇보다 중요하다(성실하게 임한다).

덧붙여, 끝까지 포기하지 않는 것이 매우 중요한 대전제다.

실행 방법

하버드식 협상술을 기반으로 합의를 원활히 진행하기 위한 5단계를 설명하겠다.

① 자신을 컨트롤한다

상대의 비협조적 태도에 일일이 반응하지 않고, 심리적 균형을 유지하며, 자신이 의도하는 합의 결과에 초점을 맞춰 논의를 진행한다.

실제 협상에 들어가기 전 준비 단계에서는 밀고 당길 상황을 가정해 게임

표 | 협상의 5단계

단계	설명
① 자신을 컨트롤한다	• 상대의 태도에 일일이 반응하지 않는다 • 자신의 감정에 좌우되지 않는다
② 상대의 무장을 해제한다	• 상대의 부정적 감정을 누그러뜨린다
③ 게임의 방식을 바꾼다	• 상대의 기존 전략을 무력화한다 • 관점을 바꿔 자신의 무대로 끌어온다
④ 상대가 'Yes'라고 말하기 쉽게 한다	• 상대가 이겼다고 느끼게 한다 • 얻을 수 있는 파이를 키워 양쪽이 모두 이길 수 있는 상황을 만든다
⑤ 상대가 'No'라고 말하기 어렵게 한다	• 상대가 적이 되지 않도록 한다

이론을 활용한 시뮬레이션을 해 볼 수도 있다. 상대가 어떻게 나올지 여러 경우를 미리 시뮬레이션해 두면, 실제 협상 상황에서 예상치 못한 일이 발생하더라도 당황하지 않고 자신을 컨트롤할 수 있다.

Column

게임 이론

게임 이론은 상대의 행동을 합리적으로 예측하면서, 서로의 행동 간 의존 관계와 그 결과를 분석하는 것이다. 예를 들어 "상대가 어떤 행동을 취하면 나는 어떻게 행동할 것인가?", "내가 어떤 행동을 취하면 상대는 어떻게 대응할 것인가?" 등을 분석할 수 있다.

게임 이론을 활용한 시뮬레이션의 한 예로, '내년도 매출 증가가 예상되는 상황에서 할인 판매를 결정하는 밀고 당기기'에 대해 설명해 보겠다.

그림 | 게임 이론의 예

나 \\ 상대		상대	
		현상 유지	할인 판매
나	현상 유지	패턴① 나: A 상대: X	패턴③ 나: C=A+B 상대: X
	할인 판매	패턴② 나: A 상대: Z=X+Y	패턴④ 나: C=A+B 상대: Z=X+Y

밀고 당기기가 가장 원만하게 해결되는 경우는 자신과 상대 모두 **현상 유지 패턴①**일 때이다. 이 경우에는 할인 판매를 하지 않더라도 양쪽의 몫(매출)이 증가한다. 요컨대 증가분을 나눌 수 있다.

한편 **내가 현상 유지(생산량 A)**를 선택했을 때 **상대가 할인 판매**를 실행하면, 상대 쪽 가격이 더 매력적이므로 증가분은 모두 상대가 가져가게 된다(패턴②).

반대로 **내가 할인 판매**를 실행하고 상대가 **현상 유지**(생산량 X)를 선택하면 증가분은 모두 내가 가져갈 수 있다(패턴③).

나와 상대 모두가 할인 판매(C와 Z)를 실행하면 증가분을 나누어 가질 수 있다(패턴④).

위 내용에서 알 수 있듯이 내가 현상 유지(A)를 선택하면 최악의 경우(패턴②)가 발생할 가능성이 생기므로, 나는 리스크를 고려해 할인 판매(C)를 실행해서 패턴③ 또는 패턴④(지배 전략)를 목표로 삼게 된다. 이 점은 상대에게도 동일하게 적용되므로, 결과적으로 양쪽이 모두 할인 판매를 선택하는 패턴④(내시균형)가 될 가능성이 높다.

② 상대의 무장을 해제한다

상대의 무장을 해제하자. 상대의 심리적 균형이 정상 상태를 유지하도록 함으로써 상대의 부정적 감정(자기방어, 두려움, 회의 등)을 완화한다. 상대를 부정하는 개인적 공격은 백해무익이다.

상대의 무장을 해제하려면 상대를 알아야 한다. 기원전 500년경에 쓰인 『손자병법』에는 '지피지기 백전불태知彼知己 百戰不殆'라는 말이 있다. 적을 알고 나를 알면 백 번 싸워도 위태롭지 않다는 뜻이다. 상대에게 관심을 가지고 가능한 한 많은 정보를 조사하도록 하자.

③ 게임의 방식을 바꾼다

사람은 한번 자신의 입장을 표명하면 이에 얽매여, 자신의 주장을 관철하려고 드는 경우가 있다. 내 쪽뿐 아니라 상대도 마찬가지다. 그러므로 상대가 끝까지 관철하려는 의견이 있다면, 게임의 방식을 바꿈으로써 그 의견을 무력화할 필요가 있다.

이를 위해서는 한발 물러서서 양쪽을 넓게 바라보는 시각이 필요하다. 고집을 부리는 상대의 전략적 구속에서 벗어나 새로운 협상을 제안할 수 있어야 한다.

참고로 게임의 방식을 바꿀 때 상대의 무대에서 싸우면 불리해지므로, 자신의 무대로 끌어와 싸우도록 하자.

④ 상대가 'Yes'라고 말하기 쉽게 한다

새로운 관점에서 협상이 가능해지면, 다음 단계는 서로가 만족할 수 있는 합의 형성을 목표로 한다. 이때는 상대와 자신의 이익 격차를 줄여 나가야 한다. 상대의 체면을 지키면서, 상대가 어느 정도 이겼다고 느끼도록 협상을 진행하는 것이 중요하다. 이렇게 하면 상대가 Yes라고 말하기 쉬운 환경을 만들 수 있다.

물론 상대가 이기기만 한다면 협상할 의미가 없다. 전체 파이를 넓히는 등, 양쪽이 모두 이겼다고 느낄 수 있는 상황을 만드는 것이 중요하다.

또 심리적 동기에 따라 같은 상황에서도 다른 결론이나 행동으로 이어질 수 있음을 주의해야 한다. 가령 상대가 **한쪽의 가치를 높이는 것은 다른 쪽의 가치를 낮추는 일**이라고 믿을 수 있다. 이런 상황을 염두에 두고 대응하자.

파이에는 상한선을 둘 필요가 없다. 상대가 이 점을 이해하면 협상 상대가 협력자로 바뀌는 경우도 있다. 상대가 협력자가 되면 자신의 주장을 전달하고 감정을 이입시키는 스토리텔링도 효과적으로 사용할 수 있다.

⑤ 상대가 'No'라고 말하기 어렵게 한다

세상에는 강경한 협상 상대도 존재한다. 그중에는 자신이 일방적으로 이길 수 있다고 믿는 사람도 많다. 이런 경우 나와 상대 두 사람만으로 협상하는 데에는 한계가 있다. 제3자, 예컨대 전문가나 상사, 고객 등을 참여시키고, 사전에 조율해 내 의도를 이해시키면서 상대가 No라고 말하기 어려운 환경을 만드는 것도 중요하다.

또 이 과정에서 다음과 같은 관점을 포함해 상대에게 경고할 필요도 있다.

- 우리가 합의하지 못하면 어떻게 되는가, 주변에 미치는 영향
- 당신에게 동의하지 못한 나는 어떻게 하겠는가, 불합의로 인한 협상 결렬
- 당신이라면 어떻게 하겠는가, 상대를 배려하는 마음

단 경고를 할 때는 상대가 적이 되지 않도록 주의해야 한다. 궁지에 몰린 쥐가 고양이를 무는 상태가 되면 오히려 강하게 반발할 수 있다. 그러므로 단계 ④와 적절히 조합하는 등의 방법으로 협상을 진행하도록 한다.

[케이스스터디] 경매를 저지한 합의 협상

개인적으로 겪은 협상 사례를 소개하겠다. 중소기업이 금융기관에서 대출을 받을 때, 경영자 개인이 기업의 연대보증인이 되는 경우가 있다. 이 경우 기업이 파산해 대출을 상환할 수 없게 되면, 경영자가 개인적으로 상환 책임을 지게 된다. 나의 경우, 집안이 운영하던 기업이 폐업하면서, 기업이 소유한 소규모 빌딩과 본가 집 등이 보증채무로 압류되고 말았다. 이때 본가의 집을 되찾기 위해 은행과 협상한 과정을 소개한다.

우선 집을 압류한 은행의 대출 책임자는 모든 부동산을 경매로 처리할 것을 요구했다. 이때 나는 행정사가 제시한 당시 시세보다 약간 낮은 가격으로 구매하겠다 제안하며, "만약 경매에서 이것보다 낮은 가격으로 팔리면, 그 시간적 손실과 금전적 손실에 대한 책임을 질 수 있으십니까?"라고 은행장 앞에서 직접 담판을 지었다. 이 자리에서는 법률 용어도 제시하며 상대의 지식을 확인했다. 이렇게 함으로써 경매 진행이 당연하다는 은행장의 고정관념을 바꾸고, 전문가라면 알아야 할 지식을 언급함으로써 모른다고 말할 수 없

도록 유도했다.

결과적으로 법원에서 시장 가격이 타당하다는 판단이 나오면서, 합의를 통한 조기 해결이 이루어졌다. 제시한 가격보다 약간 높은, 시장 가격 수준으로 구매가 이뤄졌다. 은행 측은 가격을 약간 올림으로써 체면을 유지할 수 있었고, 우리 쪽도 시장 가격으로 집을 되찾을 수 있었다.

표 | 경매를 저지한 합의 협상

단계	설명
① 자신을 컨트롤한다	가족 일이지만 감정적으로 대응하지 않았다
② 상대의 무장을 해제한다	행정사가 제시한 시장 가격에 근접한 객관적 금액으로 구매하고자 했다
③ 게임의 방식을 바꾼다	관례대로 경매를 고집했다가 정상적으로 판매되지 않으면 시간적·금전적 손실 책임이 발생할 수 있음을 인식시키고, 경매 외의 방법을 생각하게 했다
④ 상대가 'Yes'라고 말하기 쉽게 한다	제시 가격보다 약간 올림으로써 시장 가격에 맞추고, 상대가 체면을 유지하게 했다
⑤ 상대가 'No'라고 말하기 어렵게 한다	법원이라는 제3자가 제시한 합의안으로 유도해 상대가 거부하기 어렵게 만들었다

조합해서 함께 쓸 수 있는 프레임워크

리프레이밍(p.73)

게임의 방식을 바꿀 때 **리프레이밍** 기법을 활용하면 새로운 시각에서 협상을 진행할 수 있는 가능성이 생긴다.

참고문헌 · 참고자료

윌리엄 유리 저 《윌리엄 유리 하버드 협상법》 (트로이목마)
미타라이 쇼지, 아키사와 신야 저 《ハーバード流交渉戦略(하버드식 협상 전략)》, 2013년
Gerry Spence 《How to Argue and Win Every Time》, 1995

<table>
<tr><td>**46**</td><td>전달하고 싶은 메시지를 근거로 뒷받침하라
피라미드 구조
Pyramid Structure</td></tr>
</table>

Tags 정보의 기록·정리 사업 운영 혼자서 실행 가능
Origin 맥킨지의 경영 컨설턴트 바바라 민토가 고안

이럴 때 활용한다! ▶ 정보를 알기 쉽게 정리할 때

개요

피라미드 구조는 정보를 알기 쉽게 정리하고 설명하기 위한 프레임워크다. 1960년대 무렵 맥킨지에서 경영 컨설턴트로 일하던 바바라 민토는 많은 컨설턴트가 매일 대량의 보고서를 작성하면서도 보고서 작성 방법론이 체계화되어 있지 않다는 점을 발견하고 피라미드 구조를 고안했다.

그림 | 피라미드 구조의 틀

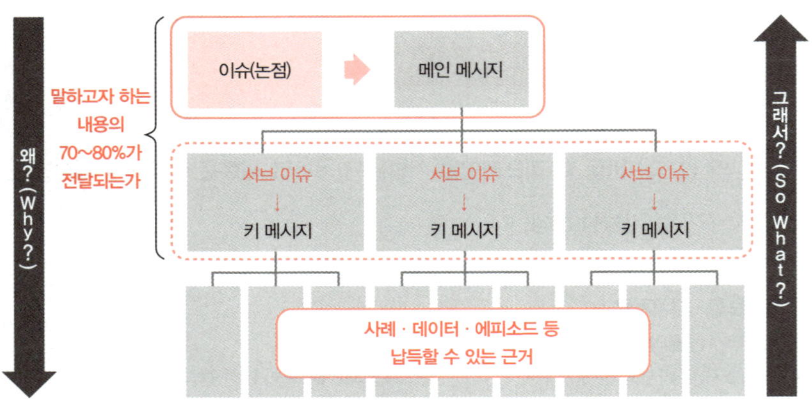

피라미드 구조에서는 가장 전달하고 싶은 내용인 메인 메시지를 정점에 두고, 이를 뒷받침하는 근거를 그 아래에 배치한다.

또한 아래로 갈수록 상위 계층의 주장에 대한 근거(Why? 왜 그런가?)가 배치된다. 반대로 위로 갈수록 근거를 종합한 **주장과 결론**(So what? 그래서 어떻다고 할 수 있는가?)이 자리한다. 이런 구조로 정보를 정리하면 이해하기 쉽고 설득력 있는 스토리를 만들 수 있다. 피라미드의 상하 구조는 논리적 추론 방식인 연역법과 귀납법을 의식하며 구성하는 것이 중요하다.

피라미드 구조를 활용하면 정보를 논리적으로 정리해 전달 오류와 듣는 이의 부담을 줄일 수 있다. 또 이를 그대로 슬라이드로 옮기면 전달력 높은 발표 자료가 된다.

실행 방법

'아르바이트 지원자 수가 부족하다'라는 문제를 가진 매장에서 직원이 점장에게 해결책을 제안한다고 가정하고, 피라미드 구조 예시를 통해 활용 방법을 살펴보겠다.

① 메인 메시지를 배치한다

피라미드 구조에서는 최상위에 '메인 메시지'를 배치한다. 이때 메인 메시지는 이슈에 대해 자신이 주장하고 싶은 내용이다.

아르바이트 지원자가 부족한 매장에서 점장의 이슈는 '아르바이트 지원자를 늘리기 위해 우리는 무엇을 해야 하는가?'다. 이에 대한 메인 메시지는 '아르바이트 지원을 늘리려면 지원 장벽을 낮추고 근무 조건을 개선해야 한다.'로 정하겠다.

② 서브 이슈와 키 메시지를 검토한다

다음으로 메인 메시지에 설득력을 부여하기 위해 '서브 이슈'와 '키 메시지'를 검토한다.

서브 이슈를 나눌 때는 MECE(누락 없음, 중복 없음) 원칙을 따르는 것이 바람직하다.

그 후 서브 이슈마다 키 메시지를 생각한다. 메인 메시지와 키 메시지만으로도 자신의 주장 중 70~80% 정도를 전달할 수 있다면 이상적이다. 여기서는 아르바이트 지원자가 지원을 결정할 때 고려하는 기준으로 '채용 기준(복장·외모 기준 등)' '급여 조건' '근무시간·근무 형태'가 있다고 가정하겠다.

먼저 '채용 기준(복장·외모 기준 등)'을 보자. 아르바이트 지원층은 고등학생, 대학생이 많은데, '염색 불가' 기준이 있다면 유행에 민감한 이들에게 장

그림 | 아르바이트 관련 제안의 피라미드 구조

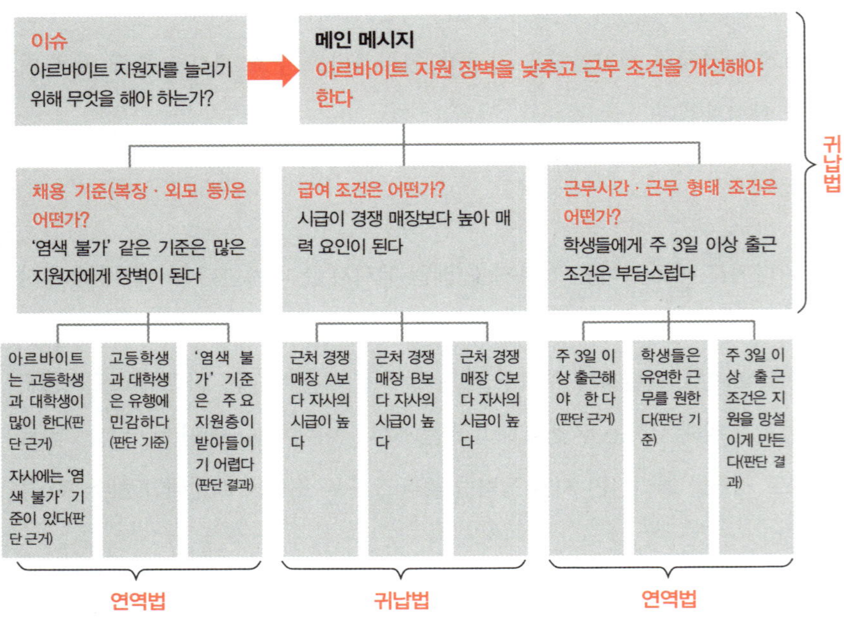

벽이 될 수 있다. 따라서 '염색 불가 기준은 많은 지원자에게 부담이다'라고 주장할 수 있다.

다음으로 '급여 조건'을 보자. 시급이 근처 경쟁 매장 A·B·C보다 높다면 '급여는 충분한 매력 요인이다'라고 말할 수 있다.

마지막으로 '근무시간·근무 형태 조건'을 보자. 매장이 주 3일 이상 출근을 요구하고, 학생들이 유연한 근무를 원한다면 '주 3일 이상 출근 조건은 부담이다'라는 결론에 이른다.

같은 주장을 하더라도 이런 식으로 근거를 구조화해 제시하면, 메인 메시지인 '지원 확대를 위해 채용 기준과 근무시간 조건을 완화해야 한다'의 설득력이 높아진다.

피라미드 구조 작성 시 주의점

피라미드 구조를 만들 때는 다음과 같은 점을 주의한다.

① 듣는 사람의 이슈를 명확히 한다

피라미드 구조에서 가장 중요한 것은 듣는 사람의 이슈를 명확히 하는 일이다. 듣는 사람의 이슈와 맞지 않는 메인 메시지는 의미가 없다.

② 메인 메시지를 미리 정한다

메인 메시지는 이슈에 대해 의미 있는 내용이어야 하며, 쉬운 언어로 표현되어야 한다. 30~60자 정도로 간결하게 전달하는 것이 바람직하다.

③ 이슈를 서브 이슈로 나눈다

메인 메시지의 이유를 정리하기 위해 이슈를 서브 이슈로 나눈다. 서브 이슈는 3~5개 정도가 바람직하다. 너무 많으면 듣는 사람이 정보가 과하다고 느낄 수 있다. 또 분류 기준은 상대에게 의미 있어야 하며, MECE(누락 없음, 중복 없음)를 지키는 것이 중요하다.

| ④ 연역법 · 귀납법으로 논리를 점검한다

피라미드 구조의 상하 전개가 **연역법**과 **귀납법** 관점에서 대체로 타당한지 확인한다. 연역법과 귀납법은 다음 표에서 설명하겠다. 논리가 맞지 않으면 근거가 약해지므로 충분히 검토해야 한다.

표 | 연역법과 귀납법

종류	설명
연역법	특정 사건의 결론을 얻기 위해 일반적·보편적 전제를 판단 기준으로 삼는 추론 방식이다. 예를 들어 'A는 단것을 많이 먹는다'라는 근거와 '단것을 많이 먹으면 체중이 증가한다'라는 기준이 있다면 'A는 체중이 증가할 것이다'라는 결론을 도출할 수 있다.
귀납법	여러 사실이나 사례의 공통점을 모아 결론을 도출하는 추론 방식이다. 예를 들어 'A는 케이크를 좋아한다' 'A는 아이스크림을 좋아한다' 'A는 단 과자를 좋아한다'라는 사실이 있다면 'A는 단 음식을 좋아한다'라는 결론을 도출할 수 있다.

조합해서 함께 쓸 수 있는 프레임워크

프레젠테이션 스토리(p.370)

피라미드 구조의 메인 메시지를 검토할 때 **프레젠테이션 스토리**의 절차를 따라 검토하면 준비를 원활하게 할 수 있다.

📖 **참고문헌 · 참고자료**

바바라 민토 저 《바바라 민토 논리의 기술》 (더난출판사)
데루야 하나코 저 《로지컬 라이팅 — 맥킨지식 논리적 글쓰기의 기술》 (비즈니스북스)

47

5가지 관점에서 제안자의 부가가치를 생각한다

GISOV

Goal, Issue, Solutions, Operation, Value

Tags 정보의 기록·정리　사업 운영　혼자서 실행 가능

Origin 노무라종합연구소의 컨설턴트들에게 전승됨

이럴 때 활용한다! ▶ 제안 내용을 다듬고자 할 때

개요

GISOV는 자신의 제안을 다른 제안보다 더 낫게 만들기 위해, '내가 제공하는 부가가치'를 생각하도록 돕는 프레임워크다.

GISOV는 다음 다섯 가지 항목의 머리글자를 딴 것이다.

- 목적·목표(Goal)

- 과제(Issue)

- 해결책(Solution)

- 실행 계획(Operation)

- 제안자의 부가가치(Value)

일반적으로 과제나 해결책은 겉으로 드러나 있기 때문에 깊이 고민한다. 하지만 근본적인 목적·목표에 대한 검토는 소홀해지기 쉽다. 또한 제안자가 가진 부가가치도 간과하기 쉽다. GISOV를 사용하면 자신의 제안에 대한 목적·목표와 부가가치까지 빠짐없이 검토할 수 있으므로 좋다.

GISOV 프레임워크를 활용한 제안은 다음과 같은 순서로 실행한다.

그림 | GISOV의 프레임워크를 활용한 제안

목적·목표 (Goal)	진정으로 달성해야 할 목적과 목표를 전달한다
과제 (Issue)	목적과 목표를 달성하기 위해 해결해야 할 과제를 전달한다
해결책 (Solution)	확인한 과제를 해결하기 위한 방법을 전달한다
실행 계획 (Operation)	해결책의 구체적인 실행 방법과 실행 계획을 전달한다
제안자의 부가가치 (Value)	자신이 그 제안을 어떻게 실현할 수 있는지, 그 과정에서 어떤 부가가치가 창출되는지 전달한다

제안을 받길 원하는 쪽은 이미 "해결해야 할 과제가 있다"고 느끼고 있다. 다만 중요한 점은, 제안을 받는 쪽이 생각하는 과제나 목적·목표가 항상 정확한 건 아니라는 것이다.

가령 제안을 받는 측이 "영업력이 약해졌다"는 걸 과제로 보고, "영업력을 높여 매출 목표를 달성하자"를 목적·목표로 잡았다고 하자.

그런데 막상 조사해 보니, 영업 문제가 아니라 상품 품질이 낮아서 고객이 만족하지 못하는 상황일 수도 있다. 먼저 해결해야 할 진짜 목적·목표는 '영업력 향상'이 아니라 '상품 품질 개선'인 것이다. 그래서 제안을 시작할 때는, 상대가 말하는 과제와 목적·목표를 그대로 받아들이기보다 "이게 정말 맞는 진짜 문제인가?"를 먼저 비판적으로 점검하는 것부터 출발해야 한다.

과제에 대한 답이 해결책이며, 해결책을 실행하기 위해서는 구체적인 실행 계획이 필요하다. 해결책은 하나일 수도 있지만, 여러 선택지가 존재하는 경우도 많다. 이때는 명확한 판단 기준과 충분한 근거를 바탕으로 의사결정을 내리는 것이 중요하다.

실행 계획은 가능한 한 구체적이고 현실적으로 검토해야 한다. 예산과 세부 활동 계획을 점검하고, 예상되는 리스크와 그에 대한 대응 방안까지 함께 고려할 필요가 있다.

이 단계까지 정리하면 제안의 뼈대는 대체로 완성된다. 마지막으로 GISOV의 핵심 요소 중 하나인 '제안자의 부가가치'를 점검한다.

제안 내용이 아무리 좋아도, 상대가 "굳이 이 제안자를 통해 해결해야 한다"는 필요성을 느끼지 못하면 프로젝트를 수주하지 못할 수 있다. 그래서 '자사가 이 제안을 어떻게 실현할 수 있는지', '어떤 부가가치를 창출할 수 있는지'를 명확히 밝혀야 한다. 만약 이 부분을 명확히 설명하기 어렵다면, 목적·목표나 과제부터 다시 점검할 필요가 있다.

> **여기가 포인트!** | **제안자의 부가가치를 명확히 할수록 프로젝트 수주가 쉽다**

[케이스스터디] 메가네슈퍼 '신규 고객 확보 플랜'

안경 소매기업 메가네슈퍼는 2008년부터 8기 연속 적자를 기록했고, 다음 해까지 흑자로 전환하지 못하면 상장 폐지 위기에 놓여 있었다. 당시 메가네슈퍼는 신규 고객 확보가 어려웠고, 광고를 집행할 여력도 없었다. 그래서 비용을 최소화하면서도 신규 고객을 늘릴 방법이 필요했다.

이때 노무라종합연구소 출신 직원이 GISOV 프레임워크를 활용해 새로운 제안을 내놓았다. 멤버십 제도가 있는 기업과 제휴해 신규 고객을 확보하는 시스템을 구축하자는 내용이었다. 메가네슈퍼는 실제로 이 제안을 승인했다.

이 제안이 채택된 이유는, 제안자인 노무라종합연구소 출신 직원이 과거 JAL 카드와 멤버십 제도 관련 협상을 진행한 경험이라는 부가가치를 갖고 있었고, 실현 가능성이 높은 계획을 제시할 수 있었기 때문이다.

그림 | 메가네슈퍼에 대한 GISOV 제안

목적 · 목표 (Goal)	1. 매장과 상품을 개선하는 것 외의 방식으로 매출을 높일 수 있는 시스템을 구축한다. 2. 기존 고객의 재방문은 충분히 이루어지고 있으므로, 비용을 최소화하면서 신규 고객을 확보한다.
과제 (Issue)	홍보비를 충분히 쓰기 어려운 상황에서 어떤 방법으로 신규 고객을 확보할 것인가?
해결책 (Solution)	멤버십 제도가 있는 기업과 제휴해 자사로 고객이 유입되는 시스템을 구축한다.
실행 계획 (Operation)	JAL 카드를 포함해 약 10곳을 제휴 기업 후보로 선정하고, 안정적인 운용 방식을 검토한다.
제안자의 부가가치 (Value)	자사의 비전과 고객층에 적합한 JAL 카드와 제휴한다. 또한 제안자가 과거 JAL 카드와의 협상 경험을 통해 현장 실무를 잘 알고 있다는 점 역시 중요한 부가가치다.

조합해서 함께 쓸 수 있는 프레임워크

프레젠테이션 스토리(p.370)

GISOV를 활용한 제안을 검토할 때는 **프레젠테이션 스토리**의 흐름에 따라 점검하면 훨씬 수월하게 진행할 수 있다.

피라미드 구조(p.382)

피라미드 구조를 활용해 제안 내용의 논리성을 높이면, 더 설득력 있는 제안을 만들기 쉬워진다.

📖 **참고문헌 · 참고자료**

무라이 요스케 저 《どんな会社でも結果を出せる! 最強の「仕事の型」(어떤 회사에서도 결과를 낼 수 있다! 최강의 '업무 프레임워크')》, 2018년

48 엘리베이터 피치

Elevator Pitch

Tags	정보의 기록·정리　사업 운영　혼자서 실행 가능
Origin	미국 실리콘밸리가 발상지로 추정됨

이럴 때 활용한다! ▶ 의사결정권자에게 핵심 메시지를 60초로 전달할 때

개요

엘리베이터 피치란 자사의 비즈니스나 자기 자신을 대략 30초에서 1분 안에 요약해 전달하는 방법이다. 주로 의사결정권자에게 핵심을 빠르게 설명할 때 활용된다.

원래는 벤처기업이 사업 계획을 간결하게 설명해 자금을 조달하기 위해 고안된 것으로 알려져 있다. 하지만 이런 요약 전달 능력은 다양한 비즈니스 현장에서 폭넓게 요구된다.

실행 방법

프레젠테이션은 짧은 시간 안에 강렬한 인상을 남기고, 특정 문장이나 콘셉트를 기억하게 해 다음 미팅으로 이어지게 해야 한다. 그래서 엘리베이터를 타는 정도의 짧은 시간 안에 핵심을 담은 내용을 제시해야 하며, 이를 위해 다음과 같은 순서로 미리 준비해 완성해 두어야 한다.

그림 | 엘리베이터 피치 작성법

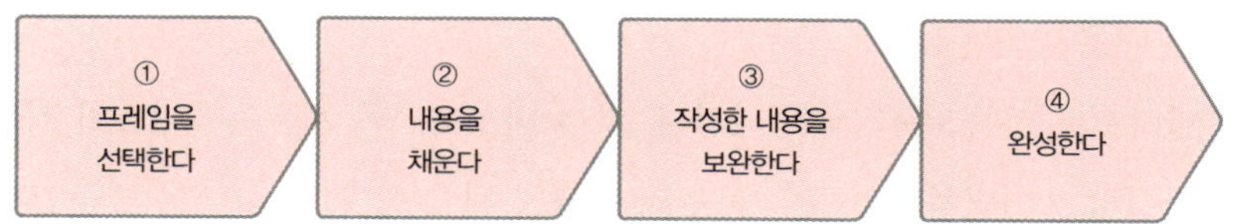

① 프레임을 선택한다

엘리베이터 피치의 전체적인 **프레임**을 선택한다. 다음 두 가지 프레임이 기본이다. 프레젠테이션에 익숙하지 않다면 이 중 하나를 선택하는 것이 좋다.

| 프레임 ①

다음과 같은 다섯 가지를 설정한다. 다섯 가지 항목을 말로 풀면 오른쪽과 같은 문장이 된다.

A. 시장 분류	어떤 A. 시장에 대해
B. 자사의 가치/특징	B. 자사의 가치나 특징은
C. 고객 니즈	C. 이런 고객 니즈가 필요한
D. 타깃 고객층	D. 이런 타깃 고객층에게
E. 결과/이점	E. 이런 결과나 이점을 가져다준다.

다음과 같은 세 가지를 설정한다. 세 가지 항목을 말로 풀면 오른쪽과 같은 문장이 된다.

a. 누가(Who)	제가 a. 귀사의 입장이라면
b. 무엇을(What)	b. 이러한 상품·서비스를 제공함으로써
c. 왜(Why)	c. 이러한 결과나 이점을 얻을 것이다.

② 내용을 채운다

말하고자 하는 바를 채워 나간다. 자사 비즈니스나 제품·서비스의 가치를 간결하게 전달하려면 목적을 먼저 분명히 해야 한다. 또 고객이 누구인지, 무엇을 필요로 하는지, 자사가 어떻게 그 니즈를 충족할지를 중심으로 내용을 정리한다.

30초에서 60초 동안 말할 수 있는 분량은 150자에서 350자 정도다. 담을 수 있는 내용이 많지 않으므로 꼭 필요한 단어만 골라 빈칸을 채워야 한다.

③ 작성한 내용을 보완한다

②에서 채운 내용을 다시 검토하면서 프레젠테이션의 근거, 설명, 사례 등을 보충해 내용을 더 탄탄하게 만든다. 구체적으로는 '왜냐하면' '좀 더 설명하면' '예를 들어' 같은 설명을 덧붙이는 것이다. 이런 정보는 프레젠테이션 시간이 충분할 때 추가로 전달하면 발표 내용이 더 풍부해지고 설득력도 높아진다.

④ 완성한다

엘리베이터 피치는 내용을 가능한 한 간결하게 전달할 수 있도록 여러 번 수정하며 완성도를 높여 나간다. 완성도를 높이려면 일정 시간을 두고 문장을 반복해서 확인하고 연습하는 것이 좋다. 또 그 과정에서 스스로 점검하는 데 그치지 말고, 다른 사람에게 "왜 그런가?"라는 질문을 여러 번 받아보는 것도 중요하다.

또 갑작스럽게 프레젠테이션 기회가 왔을 때 아무 말도 떠오르지 않는 일이 없도록, 내용을 늘 머릿속 한 구석에 담아 두는 것도 필요하다.

Column

훌륭한 엘리베이터 피치란

엘리베이터 피치가 훌륭한지 아닌지는 상황에 따라 달라진다. 그래서 우선은 정석적인 내용을 완성해 두는 것이 좋다. 또한 사람에 대한 첫인상은 처음 6~7초 안에 결정된다. 따라서 첫마디는 분명하고 씩씩하게, 상대를 끌어당겨야 한다.

그림 | 엘리베이터 스피치의 좋은 예

> 저희 회사는 귀사의 고객층을, 광고비가 거의 없이 빠르게 끌어오는 솔루션을 갖고 있습니다. 귀사는 개발 시간을 크게 들이지 않고 기본 서비스에 저희 기술을 붙이기만 하면 됩니다. 신규 고객 유입이 바로 일어나고, 경쟁사들이 따라오기 전에 시장 1위 자리를 굳힐 수 있습니다.

[케이스스터디] 빵집 사장의 거래처 영업

빵집은 유명 기업을 제외하면 대부분 동네의 작은 가게다. 매장에서 직접 빵을 팔기도 하지만, 인근 카페나 마트에 제품이 납품되면 판이 완전히 달라진다. 가령 납품 매장이 50개라면 100엔짜리 상품이 매장당 하루 10개만

팔려도 하루 매출은 5만 엔이 된다. 한 달이면 150만 엔, 1년이면 1,800만 엔이다. 작은 가게 입장에서는 충분히 사업의 방향을 바꿀 수 있는 규모다.

만약 여러분이 영업 미팅을 하러 갔다가 우연히 카페 프랜차이즈의 대표를 엘리베이터에서 만난다면 어떨까. 곧 만날 실무 담당자만 떠올리며 가만히 서 있기에는, 그 30초가 너무 아깝다. 짧은 순간이라도 대표의 관심을 끌 수 있다면 이후 미팅의 흐름은 크게 달라진다. 예를 들어 빵집 사장은 이렇게 말할 수 있다.

"대표님! 이 제품은 SNS에 올리기 좋게 만든 빵입니다. 컷팅했을 때 단면이 확 살아서 인증샷을 찍게 만들었어요. 매장명이 같이 노출되면 광고 없이도 자연 유입이 생길 겁니다."

이어서 대표에게 돌아갈 직접적인 이점을 한두 가지 더 덧붙인다. 엘리베이터에서 말이 끊기더라도, 오히려 더 듣고 싶게 만드는 효과를 남길 수 있다.

의사결정권자는 언제 어디서 만날지 알 수 없다. 실무 담당자를 만나러 가는 상황이라면, 그 상사인 대표에게 핵심을 간결하게 전달하는 편이 훨씬 효과적이다. 그래서 엘리베이터 피치는 평소에 준비해 두어야 한다.

조합해서 함께 쓸 수 있는 프레임워크

프레젠테이션 스토리(p.370)

엘리베이터 피치보다 조금 더 긴 프레젠테이션을 할 수 있다면, **프레젠테이션 스토리** 기법을 활용해 발표 내용을 더 효과적으로 다듬을 수 있다.

GISOV(p.387)

GISOV를 활용하면 엘리베이터 피치의 내용을 한층 더 매력적으로 끌어올릴 수 있다.

좋은 카피에는 공식이 있다

49 크리에이티브 콘셉트 작성법

Creative Concept Making Method

Tags 의견 내기　사업 운영　혼자서 실행 가능
Origin 카피라이터 사사키 케이이치가 고안

이럴 때 활용한다! ▶ 사람들의 마음에 남을 메시지를 만들 때

개요

크리에이티브 콘셉트 작성법이란, 간단히 말해 강렬한 문구나 명언을 만들어 내는 방법이다. 이 방법을 활용하면 상대의 마음에 오래 남는, 인상을 분명히 남기는 문장을 만들 수 있다. 크리에이티브 콘셉트 작성법은 사사키 게이이치의 책 《전달의 기술》과 《인생이 바뀌는 말습관》에서 소개되었다.

실행 방법

강렬한 문구나 명언을 만드는 여덟 가지 방법을 소개하겠다. 표의 ①부터 ⑤까지는 《전달의 기술》, ⑥부터 ⑧까지는 《인생이 바뀌는 말습관》에서 소개된 방법이다. 실제로 명언이라 여겨지는 말들을 다시 살펴보면, 이 가운데 하나에 해당하는 경우가 많다는 것을 알게 될 것이다.

방법	개요	예
① 대조법	**서로 반대되는 말**을 조합하면 강렬한 문구가 된다	• 위기는 즐겁다(야구 선수의 말) • 소년이여, 야망을 가져라!(격언)
② 반복법	하나의 단어 또는 서로 비슷한 단어를 **반복**하면 기억에 남는다	• 웃어, 웃어, 스마일, 스마일 (노래 가사)
③ 놀람법	처음에 **놀라움**을 나타내면 관심을 끌 수 있다	• 이건 말도 안 되는 이야기입니다!
④ 보여주기법	**있는 그대로** 표현하면 생생하게 전달된다	• 오븐에서 꺼낸 지 10분, 따끈따끈 김이 올라옵니다
⑤ 클라이맥스법	처음부터 **클라이맥스** 같은 표현을 하면 그다음 이야기에 관심을 갖게 된다	• 이것만은 잊지 마 • 아무한테도 말하지 마 • 이 이야기를 들은 당신은 행운아입니다
⑥ 숫자법	말을 **숫자**로 바꾸면 설득력이 생긴다	• 매출을 150% 성장시킨 방법입니다
⑦ 정상법	**최고**라고 말하면 주목을 받는다	• 이 영화는 올해 가장 위험한 작품이다
⑧ 합체법	단어들을 **서로 붙이면** 유행어가 된다	• 소확행 (소소하지만 + 확실한 + 행복)

① 대조법

서로 반대되는 의미를 지닌 두 말을 결합하면, 그 차이에서 강렬한 문구가 만들어진다. 예를 들어 "소년이여, 야망을 가져라"라는 말에서 '소년'은 작고 '야망'은 크다. 작은 존재가 거대한 무언가를 품는다는 격차가 강한 인상을 준다.

② 반복법

인간은 쉽게 잊지만, 같은 말을 여러 번 들으면 인상에 남기 마련이다. 또 사람은 말을 소리로도 인식하기 때문에, 처음 말한 단어와 비슷한 소리를 가진 단어도 기억에 남기 쉽다. 예를 들어 "바나나 먹으면 나한테 반하나?"처럼 의미는 다르지만 발음이 비슷한 단어를 이어 붙이면 쉽게 각인된다.

③ 놀람법

처음에 놀라움을 던지면 상대는 반사적으로 "어, 뭐지?"라고 생각해 관심을 갖기 쉽다. 가령 대화를 시작하며 "이건 말도 안 되는 이야기입니다!"라고 먼저 말하면 상대의 시선이 그 지점에 멈추고, 이어지는 이야기도 더 집중해 듣게 될 가능성이 높아진다.

④ 보여주기법

있는 그대로 표현하면 상대가 그 장면을 생생하게 떠올리기 쉬워 전달력이 높아진다. 즉, 글로 읽기보다 이미지로 보는 것처럼 이해하게 된다.

사람은 글보다 형태로, 흑백 글씨보다 컬러 그림으로 더 많은 정보를 한번에 받아들인다. 그래서 가능한 한 상황을 눈앞에 그려지듯 표현하면 이해가 쉬워진다. 자신에게 쉽게 투영할 수 있는 장면이라면 더 좋다.

⑤ 클라이맥스법

"당신만을 위해"처럼 상대가 가장 중요하다는 뜻을 담은 표현을 쓰면, 상대는 "이 말은 나에게만 하는 건가?"라고 느끼며 더 강하게 기억하기 쉽다. 또 "이것밖에 없다"처럼 선택지를 제한하는 표현을 넣어도 클라이맥스 효과를 낼 수 있다.

⑥ 숫자법

말을 숫자로 바꾸면 설득력이 높아진다. 이는 컨설팅에서 고객을 설득할 때도 자주 쓰는 방법이다. 특히 큰 숫자를 사용하면 인상에 남고, 의미가 명확해 이해도 쉽다.

⑦ 정상법

정점을 나타내는 표현인 최고, 최강, MAX 등을 사용해 최고임을 강조하면 주목받기 쉽다. 무엇이든 '최고'는 특별하므로, 작은 영역에서라도 최고임을 분명히 내세우면 관심을 끌 수 있다.

⑧ 합체법

세상에는 이미 뛰어난 캐치프레이즈가 많기 때문에 완전히 새로운 말을 만들어 내기는 쉽지 않다. 이럴 때 활용할 수 있는 방법이 합체법이다.

합체법이란 여러 단어를 서로 붙여 하나의 표현을 만드는 방식이다. 합체법을 쓰면 유행어가 될 가능성이 높아진다.

[케이스스터디] 사람을 끌어들이는 강연

"저는 어릴 때 말주변이 없었지만 지금은 아나운서가 되었습니다. 그 방법이 뭘까요?"

이런 강연 도입부가 있으면 누구나 한 번쯤 들어 보고 싶어질 것이다.

이 문장은 저자가 한 프리랜서 아나운서에게 대학 강연을 부탁했을 때 그가 실제로 사용한 말이다. 그의 강의는 많은 학생의 마음을 사로잡아 큰 인기를 얻었고, 이후 몇 년간 계속 강연을 부탁하는 계기가 되었다.

이 문장은 대조법에 해당한다. "어릴 때는 말주변이 없었다"와, 말을 직업으로 삼는 "아나운서가 되었다" 사이의 격차가 크기 때문이다. 그 결과 "어떻게 그렇게 되었을까?" "그 과정에는 어떤 일이 있었을까?" "변화를 이끈 계기가 있었을까?" 같은 호기심이 자연스럽게 생긴다.

이 아나운서는 다양한 경험을 쌓아 아나운서가 되었고, 프리랜서로 전향한 뒤에는 독립 회사 대표로도 활동하고 있다. 하지만 이런 과정을 '고생담'으로만 풀면, 아나운서라는 직업에 관심이 없는 사람에게는 남의 이야기로 느껴질 수 있다. 그래서 '말을 못하던 사람이 말을 업으로 삼게 됐다'는 큰 격차를 먼저 제시해, 직업과 무관하게 누구나 "어떻게?"라는 질문을 품게 만든 것이다.

조합해서 함께 쓸 수 있는 프레임워크

프레젠테이션 스토리(P.370)

프레젠테이션 스토리를 활용해 발표를 준비하는 과정에서, 강렬한 말의 원천이 될 소재를 찾아낼 수도 있다.

엘리베이터 피치(P.392)

엘리베이터 피치에서 만든 문장을 바탕으로 강렬한 한마디를 만들어 낼 수도 있다.

📖 참고문헌 · 참고자료

사사키 케이이치 저 《전달의 기술》 (한국경제신문사)
사사키 케이이치 저 《인생이 바뀌는 말습관》 (한국경제신문사)
가가타 히로유키 저 《영업은 대본이 9할》 (지상사)

이 장에서는 계획한 전략이나 기획한 상품, 사업을 실제로 실행하고, 상황에 맞게 개선하는 데 도움이 되는 방법을 소개하겠다.

경영진 앞에서 프레젠테이션해 계획이 채택됐다고 끝나는 것은 아니다. **실행으로 옮겨야 비로소 의미가 생긴다.**

실행 단계에서는 지금 어디까지 왔는지 점검하고, 중간 과정을 관리해야 한다. 하다 보면 계획 단계에서는 보이지 않던 문제도 새로 드러날 수 있다. 이 장에서 소개할 방법들은 실행과 개선 과정에서 마주치는 다양한 상황에 대응하는 데 도움이 될 것이다.

실행 속에서 개선한다

■ 전체적인 진행 방법

이 장의 프레임워크는 전체적으로 PDCA 사이클로 진행한다. 원래 생산·품질관리 분야에서 고안된 프레임워크지만, 현재는 전략 실행과 경영 관리 등 폭넓은 분야에서 활용된다.

■ 원활한 실행과 평가를 위한 방법

계획을 실행할 때는 회사 내부뿐만 아니라 외부의 다양한 이해관계자까지 함께 고려할 필요가 있다. 이때 이해관계자 분석이 유용하다.

전략을 실행하려면 부서별로 어떤 활동을 할지, 무엇을 기준으로 평가할지 명확히 해야 한다. **전략맵**을 활용하면 전략 목표 간 인과관계를 정리하고, 전략 실행에 필요한 활동을 한눈에 조망할 수 있다.

간트 차트는 프로젝트의 진행을 원활하게 관리하는 방법이다. 프로젝트 전체를 정리해 시각화할 수 있어, 일정의 실현 가능성을 판단하거나 현실적인 일정으로 조정하는 데 도움이 된다.

■ 원활한 개선을 위한 방법

계획을 실행하다 보면 이해관계자 간에 대립이 생기는 경우가 적지 않다. **대립해소도**는 대립의 전제가 되는 가정을 찾아내고, 그 가정을 뒤집는 해결책을 검토함으로써 대립 관계를 풀어가는 방법이다.

또 계획을 실행하는 과정에서는 처음에는 인식하지 못했던 과제가 새로 발생하는 경우가 많다. **피쉬본 차트**는 발생한 과제에 영향을 미치는 요인을 찾아 원인을 파악하는 방법으로, 현재 상황을 가시화하고, 과제 개선 활동으로 연결할 수 있다.

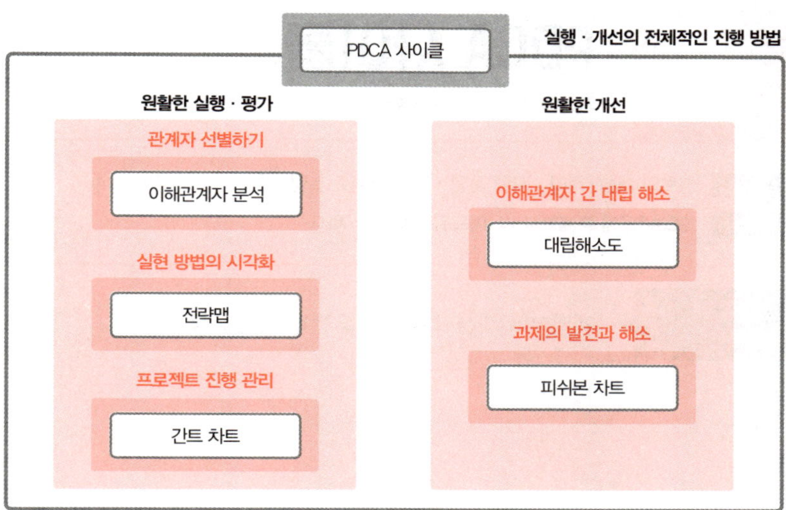
PDCA 사이클
실행·개선의 전체적인 진행 방법
원활한 실행·평가
원활한 개선
관계자 선별하기
이해관계자 분석
실현 방법의 시각화
전략맵
프로젝트 진행 관리
간트 차트
이해관계자 간 대립 해소
대립해소도
과제의 발견과 해소
피쉬본 차트

PDCA 사이클

Plan-Do-Check-Act Cycle

Tags 정보의 개선·정리   사업 운영   조직 단위로 실행 가능

Origin 1950년대에 통계학자 W. 에드워즈 데밍이 제시

이럴 때 활용한다! ▶ 계획부터 개선까지 과정을 반복 관리할 때

개요

PDCA 사이클은 계획, 실행, 점검, 개선이라는 네 가지 과정을 반복하면서 업무 프로세스에서 개선이 필요한 부분을 찾아내고, 지속적으로 점검·보완해 나가는 프레임워크다.

원래 생산 및 품질 관리 모델에서 유래했지만, 현재는 전략 실행과 경영 관리뿐 아니라 조달, 생산, 영업 등 다양한 업무 영역에서도 폭넓게 활용되고 있다.

그림 | PDCA 사이클의 흐름

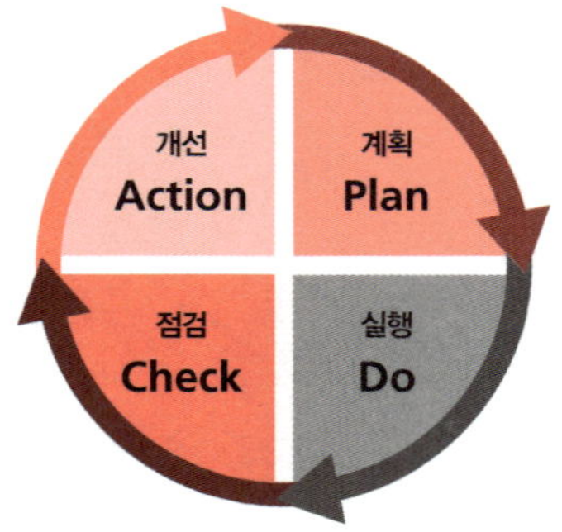

PDCA 사이클은 지속적으로 실행할 때 효과를 발휘한다. 실행한 계획에 대해 검토 시점을 분명히 정하고, PDCA 사이클을 반복해 돌리는 것이 중요하다.

<h2 style="text-align:center">실행 방법</h2>

PDCA 사이클은 다음 순서로 실행한다.

① 계획(Plan)

우선 목적과 목표를 설정하고 실행 계획을 수립한다. 실행 계획을 세울 때는 내용을 비판적으로 검토할 필요가 있다. "이 목표를 설정한 이유는 무엇인가?" "목표 달성에 정말 필요한 활동은 무엇인가?"라는 관점에서, 가능한 한 선입견을 배제하고 다시 점검한다.

또 계획 실행에는 많은 사람이 참여할 수 있으므로, 논리와 설득력이 중요하다. 목적, 목표, 실행 계획은 PDCA 사이클의 **시작점**이므로, 숫자로 확인할 수 있는 지표를 적극적으로 활용해 가능한 한 구체적이고 정량적으로 설정해야 한다.

② 실행(Do)

실행 단계에서는 계획이 제대로 작동하는지 점검하고, 필요하다면 유연하게 실행 방법을 조정하는 것이 중요하다. 계획 단계에서는 미처 예상하지 못했던 환경 변화나 문제가 발생할 수 있고, 실행 과정에서 더 나은 방법을 발견할 수도 있다. 다만 실행 방법을 바꿀 때는 혼란이 생길 수 있으므로 신중하게 판단해야 한다.

이후 활동으로 이어질 수 있도록 **결과와 진행 상황**을 기록해 두는 것도 중요하다. 이때는 가능한 한 정량적이고 객관적인 데이터를 남기자.

③ 점검(Check)

점검 단계에서는 실행한 계획을 평가한다. 이때는 목표를 얼마나 달성했는지를 정량적으로 측정하고 평가하는 것이 중요하다. 단순히 '**목표를 달성했다**'거나 '**달성하지 못했다**'고 판단하는 것만으로는, 이후 개선 단계에서 적절한 대책을 세우기 어렵다.

만약 목표를 달성하지 못했거나 계획대로 실행되지 않았다면, 그 원인을 분석할 필요가 있다. 원인 분석이 충분하지 않으면 개선 단계에서 잘못된 대책이 마련될 수 있고, 그 결과 PDCA 사이클이 제대로 작동하지 않게 된다.

④ 개선(Action)

개선 단계에서는 **점검** 단계에서 얻은 결과를 바탕으로, 앞으로 어떤 대책이나 개선을 실행할지 검토한다. 점검 단계에서 목표 달성 수준을 잘못 파악하거나, 달성하지 못한 원인을 충분히 분석하지 않으면 잘못된 개선책이 수립돼 오히려 개선이 어려워질 수 있으므로 주의해야 한다.

수립한 개선책은 다음 계획에 반영한다. PDCA 사이클은 지속적으로 되돌아보며 보완해 가는 피드백 루프이므로, 계획부터 개선까지를 하나의 세트로 보고 각 단계의 활동을 제대로 수행한 뒤 유기적으로 연결하는 것이 중요하다.

조합해서 함께 쓸 수 있는 프레임워크

전략맵(p.414)

전략 실행 방법을 시각화할 수 있는 **전략맵**을 활용하면 PDCA 사이클에서 계획 수립과 점검을 효과적이고 효율적으로 수행할 수 있다.

피쉬본 차트(p.430)

점검 단계에서 **피쉬본 차트**를 활용하면 목표 달성 실패나 계획대로 실행되지 않은 활동의 원인을 파악하기 쉬워진다.

📖 참고문헌 · 참고자료

이나다 마사토 저 《경영 전략가의 일》 (예문아카이브)

51 이해관계자 분석

Stakeholder Analysis

Tags 정보의 기록·정리　사업 운영　팀 단위로 실행 가능
Origin 주로 공공정책 분야의 연구자들이 제시

이럴 때 활용한다! ▶ 프로젝트에 영향을 미치는 사람을 파악할 때

개요

이해관계자 분석이란 프로젝트와 관련된 사람들의 중요도와 관심도를 분석해, 프로젝트를 원활하게 진행하기 위한 접근 방법을 검토하는 기법이다. 주요 이해관계자를 사내와 사외로 분류하면 다음과 같다.

표 | 주요 이해관계자

분류	주요 이해관계자
사내	경영진, 부문장, 프로젝트 멤버
사외	주주, 고객, 거래처, 행정기관, 언론

프로젝트를 성공시키려면 계획 단계와 실행 단계에서 이해관계자의 지원과 협력을 확보해 긍정적 효과를 키우고, 저항이나 반대로 생기는 부정적 효과는 줄여야 한다.

이를 위해 이해관계자 분석으로 각 이해관계자의 영향력, 관심도, 프로젝트에 대한 입장을 점검하고 필요한 대책을 마련하는 것이 좋다. 또 진행 상

황에 따라 이해관계자의 입장이 달라질 수 있으므로 정기적으로 분석을 반복할 필요가 있다.

실행 방법

이해관계자 분석은 다음과 같은 순서로 실행한다.

① 중요한 이해관계자를 식별한다

프로젝트와 관련된 주요 이해관계자를 식별한다. 중요한 이해관계자는 사내뿐 아니라 사외에도 있을 수 있으므로 폭넓게 확인해야 한다. 직접적인 이해관계자뿐 아니라 간접적인 이해관계자 중에도 핵심 인물이 있을 수 있다.

또 프로젝트 담당자가 아직 파악하지 못한 숨은 이해관계자가 존재할 수도 있다. 이미 식별한 이해관계자에게 인터뷰를 진행해 이런 숨은 이해관계자를 찾아내는 것도 중요하다.

② 각 이해관계자를 분석한다

중요한 이해관계자 각각의 **영향력, 관심사, 현재 프로젝트에 대한 입장**을 파악한다. 그다음 이들이 어떤 행동을 하길 원하는지 정리하고, 그에 맞춰 대책 방침을 수립한다.

분석할 때는 이해관계자 분석 매트릭스를 활용한다. 이해관계자가 많다면 영향력과 프로젝트에 대한 태도를 기준으로 우선순위를 정하는 것이 중요하다.

③ 대책 실행과 반응 평가

중요한 이해관계자의 지원으로 긍정적 효과를 높이고, 저항으로 인한 부정적 효과를 줄이기 위해 우선순위가 높은 이해관계자부터 대책을 실행한다. 이후 각 이해관계자의 반응을 평가하고, 효과가 충분하지 않다면 필요에 따라 대책을 재검토한다.

표 | 이해관계자 분석 매트릭스

이해관계자	영향력	관심사	프로젝트에 대한 입장	내가 원하는 행동	향후 대책 방침
임원 A	대	사업의 추가 성장	지도	현상 유지	책임자의 정기적인 현황 보고
경영기획 부문장 B	중	프로젝트의 원활한 추진	지원	현상 유지	책임자의 정기적인 현황 보고
영업 부문장 C	중	영업 부문 실적 향상	저항	저항 완화	책임자의 협상
기술 부문장 D	소	연구개발 리소스 확보	중립	협조	담당자의 사전 설명
프로젝트 멤버 E	소	새로운 도전 기회 획득	지원	현상 유지	특별히 없음
거래처 F	중	지속적인 수주	모름	협조	담당자의 사전 설명

조합해서 함께 쓸 수 있는 프레임워크

피쉬본 차트(p.430)

피쉬본 차트를 활용하면 이해관계자가 프로젝트에 저항하는 원인을 이해하기 쉬워지므로 대책 검토에 도움이 된다.

대립해소도(p.426)

이해관계자 분석 결과, 이해관계자 간에 대립 구조가 존재하는 것이 확인되면 **대립해소도**를 활용해서 문제 해결 방안을 검토한다.

📖 참고문헌 · 참고자료

R. Edward Freeman. Jeffrey S. Harrison. Andrew C. Wicks 《Managing for Stakeholders: Survival, Reputation, and Success》
주식회사 TRADECREATE, 이프로젝트, 마에다 가즈야 저 《プロジェクトマネジメントの基本がこれ1冊でしっかり身につく本(프로젝트 관리 기본을 이 한 권으로 완전히 익히는 책)》, 2022

52 전략맵

Strategy Maps

Tags	정보의 기록·정리 사업 운영 조직 단위로 실행 가능
Origin	전략맵의 기원인 균형성과표는 로버트 S. 캐플란과 데이비드 노턴이 개발

이럴 때 활용한다! ▶ 사업 전략을 구조화해 시각화할 때

개요

전략맵은 기업의 전략, 특히 사업 전략을 이해하기 쉽게 시각화하는 방법이다. 전략맵에서는 해결해야 할 전략 과제를 다음 네 가지 관점에서 정리한다.

- 재무
- 고객
- 업무 프로세스
- 학습과 성장

그다음 각 전략 과제 간의 인과관계를 화살표로 연결해 사업 전략을 시각적으로 표현한다. 이렇게 도식화하면 자사의 전략이 정리되고, 요소 간의 관계를 한눈에 확인할 수 있다. 경영자는 전략을 한눈에 보기 위해, 실무자는 사업이 전체 전략과 고객 가치에 어떻게 기여하는지 정리하고 공유하기 위해 전략맵을 활용한다.

인과관계 나타내기

전략맵은 조직의 전략 과제들이 서로 어떤 인과관계로 연결되는지를 화살표로 나타낸다. 즉, 어떤 활동이 어떤 결과로 이어지는지를 화살표로 연결해 전략이 어떻게 성과로 이어지는지를 보여준다.

예를 들어, 직원 교육 투자 → 업무 개선 → 매출 증가 → 비용 감소 → 이익 증가라는 일련의 인과관계를 한눈에 보여준다. 직원 교육처럼 겉보기에는 이익과 직접 연결되지 않는 활동도 결국은 이익 증가로 이어진다는 점을 설명하는 것이다.

전략맵과 균형성과표

전략맵의 관점은 균형성과표(Balanced Scorecard, BSC)에서 유래한다. 균형성과표는 각 전략 과제에서 달성해야 할 핵심 성과 지표를 명확히 설정하고, 실제 성과를 통해 이를 검증하는 방법이다. 이처럼 전략맵과 균형성과표는 서로 밀접하게 연결돼 있으므로, 전략을 실행할 때 균형성과표를 검증 도구로 함께 활용할 수 있다.

실행 방법

전략맵은 다음 네 가지 관점을 가지고 인과관계를 밝힌다.

표 | 네 가지 관점

관점	설명
재무	기업에게는 **이익 창출**이 큰 목표이므로, 이를 달성하기 위해 **'매출 증가'**와 **'비용 절감'** 같은 과제를 설정한다. 이때 매출이나 비용을 세부 항목으로 나눌 수 있다면 가능한 한 분해한다. 예를 들어 A 제품 매출과 B 서비스 매출, 원가와 판매관리비 등으로 나누는 방식이다.
고객	매출을 늘리거나 비용을 줄이기 위해 **'영업에서 고객과 접할 기회를 늘리기'**와 같은 과제를 설정한다.
업무	고객을 대상으로 한 활동을 실현하기 위해 **'업무 프로세스를 효율적으로 설계하기'**와 같은 과제를 설정한다.
학습	위와 같은 일을 실현하기 위해 **'직원들에게 영업 방법과 업무 설계 기술을 교육하기'**와 같은 과제를 설정한다.

과제를 정리한 뒤에는 서로 관련된 과제들을 화살표로 연결한다. 예를 들어 '학습' 항목의 과제에서 '업무' 항목의 과제로, 이어서 '고객' 항목과 '재무' 영역의 과제로 흐름이 이어지도록 연결한다. 이렇게 과제들을 잇고 인과관계를 설명할 수 있게 되면 전략맵이 완성된다.

 전략맵은 어디까지나 전략을 한눈에 보여 주는 그림이므로, 세부 내용을 지나치게 많이 넣으면 네 가지 관점 간의 관계를 검토하기 어려워진다. 더 세부적으로 정리하고 싶다면 관점별로 종이를 나눠 작성하는 등, 관점마다 따로 정리하는 것이 좋다.

정량적 수치 추가하기

전략맵의 빈칸에 작성하는 과제는 대체로 정성적인 내용이지만, 옆에 정량적인 수치인 KPI를 함께 적어 두기를 권장한다. 수치를 명확히 해 두면 실행 과정에서 달성 정도를 숫자로 확인할 수 있고, 상위 KPI와의 관계도 검증하기 쉽다.

가령 '기존 사용자의 만족도 향상'이라는 과제 옆에 '클레임 발생률 5퍼센트 이하'처럼 KPI를 함께 적는 식이다. 경쟁사 수치를 확보할 수 있다면 자사 목표 KPI 옆에 참고용으로 함께 기재해 비교 분석에 활용할 수도 있다.

그림 | 정량적인 수치를 추가한다

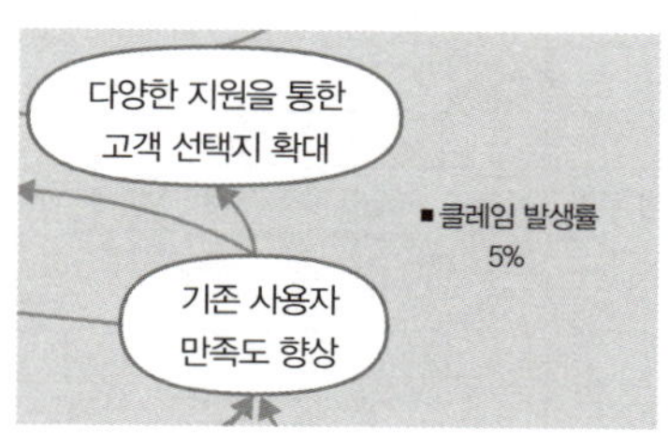

부문별로 나눠 작성한다

전략맵을 사내 부문별로 나눠 작성하는 것도 효과적이다. 부문별로 작성하면 그것이 곧 각 부문이 해결해야 할 과제가 된다.

가령 경영기획 부문은 무엇을 할지, 영업 부문은 무엇을 할지, 제조·생산 부문은 무엇을 할지 등을 정리한다. 각 부문의 과제 달성은 결과적으로 기업이나 사업 전체의 이익 증가로 이어진다. 또한 이런 방식으로 부문 간 전략을 정리하는 것도 가능하다.

[케이스스터디 ①] 인쇄 제조업체

인쇄 제조업체의 최종 목표는 이익 창출이다. 따라서 '재무' 관점의 과제는

그림 | 전략맵(부문별)

'매출 증가'와 '비용 절감'이 된다.

다음으로 '고객' 관점에서는 매출을 늘리기 위한 방안으로 '영업 기회 확대'를 설정할 수 있다. 비용 절감 측면에서는 '클레임 감소를 통한 품질·고객 서비스 향상'과 '납기 최적화로 불필요한 업무를 줄이는 것'이 과제가 된다. 이는 제조업의 생산 관리에서 중요한 QCD, 즉 품질·비용·납기 개선과도 맞닿아 있다.

'업무' 관점의 과제는 인쇄 제조업의 특성을 반영해 생산 계획, 제판, 인쇄, 후공정, 검사, 출하로 이어지는 업무 흐름 가운데 어디에 해당하는지 기준으로 정리한다. 특히 원가 절감, 가동률 향상, 인건비 절감과 직결되는 요소를 중심으로, 업무를 효율화할 수 있는 과제를 기재한다.

마지막으로 '학습' 관점에서는 상황 공유, 업무 표준화, 기술 향상, 예방 보전, 설비 배치 개선 같은 활동이 필요하다.

전략맵에서는 이처럼 관점별로 과제를 작성한 뒤, 그 관계를 화살표로 연

그림 | 인쇄 제조업체의 전략맵

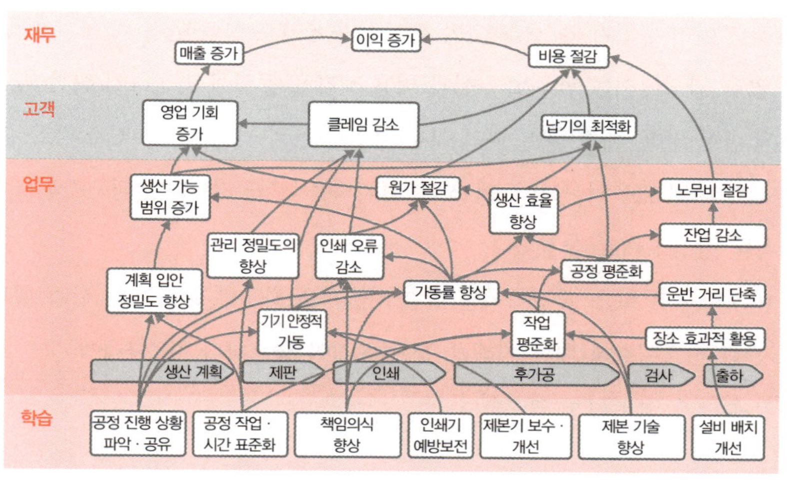

결한다. 이때 과제를 반드시 위 관점에서 아래 관점 순서로 작성할 필요는 없다. 중간 관점에서 떠오른 과제가 있다면 먼저 적어 두고, 이후에 전체 흐름을 보며 정리해도 무방하다.

[케이스스터디 ②] 애프터서비스 업체

애프터서비스 업체는 유지보수와 수리를 담당하거나, 전자제품의 사후 관리와 보증을 제공하는 사업체를 말한다.

'재무' 관점에서는 다른 기업과 마찬가지로 '매출 증가'와 '비용 절감'이 기본 과제다. 여기에 본업의 영업이익을 높이기 위한 방안으로 '가입자 증가'와 '해약자 감소'를 추가할 수 있으므로, 이 사례에서는 이 항목들도 재무 관점에 포함했다. 또한 비용 절감 방안으로는 '지원 비용의 적정화'를 설정했다. 정량적 지표로는 '매출 성장률 ○퍼센트', '업무 개선액 ○엔' 등을 KPI로 설정했다.

'고객' 관점에서는 브랜드 이미지와 종합 CS, 즉 고객 만족도를 높이고 다양한 지원을 제공해 고객의 선택 폭을 넓이는 것을 목표로 한다. 이를 위해 '브랜드 이미지 평가'와 '클레임 발생률' 등을 KPI로 설정했다.

'업무' 관점에서는 만족도 향상과 비용 절감을 동시에 달성하기 위한 과제가 중심이 된다. 예를 들면 수리 리드타임 단축, 수리 후 후속 조치 강화, 고객 셀프 지원 교육의 정착 등이 있다. 여기서는 '평균 리드타임'과 '고객 교육 정착률' 등을 KPI로 설정했다.

마지막으로 '학습' 관점에서는 점검 기술과 노하우를 축적하고, 사업 영역과 관련 비즈니스에 대한 이해를 높이는 것이 중요하다. 이 사례에서는 '자격증 취득 수'를 KPI로 설정했다.

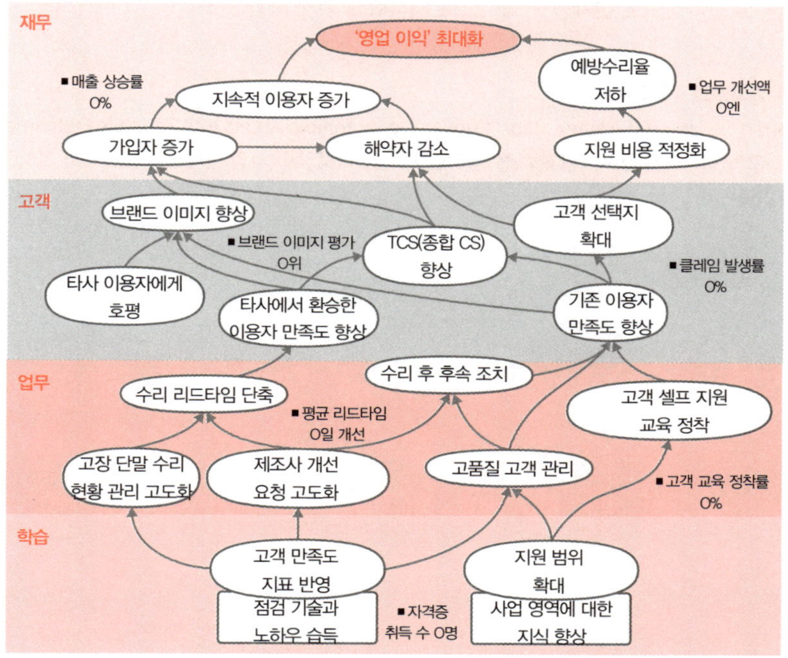

조합해서 함께 쓸 수 있는 프레임워크

PEST+5F 분석(p.210), 가치사슬×VRIO 분석(p.217)

PEST+5F 분석이나 가치사슬×VRIO 분석을 활용하면 전략맵 각 과제의 요소를 정리할 수 있다.

크로스 SWOT 분석(p.224)

크로스 SWOT 분석을 활용하면 시장 환경을 분석하고 전략상의 과제를 도출하는 방식의 3C 분석(고객, 경쟁, 자사) 등을 기반으로 전략의 방향성을 도출할 수 있다.

사업 전략을 수립하는 가장 간단한 방법은 다음과 같다.

① PEST+5F 분석 또는 가치사슬×VRIO 분석으로 과제를 정리

② (3C 분석 기반) 크로스 SWOT 분석으로 전략 방향성을 도출

③ 전략맵으로 전략을 구체적으로 시각화해 전체 모습을 조망

📖 참고문헌 · 참고자료

Robert S. Kaplan 《Strategy Maps: Converting Intangible Assets Into Tangible Outcomes》
야스오카 히로미치 감수, 《事業戦略－策定の手引き 〈第3版〉(사업 전략－수립 안내서 제3판)》,
2019년

무엇을 언제까지 할지 시간 위에 그리다

53 간트 차트

Gantt Chart

Tags	정보의 기록·정리　사업 운영　팀 단위로 실행 가능
Origin	1910년대 미국의 기계공학자 겸 경영 컨설턴트 헨리 간트가 고안

이럴 때 활용한다! ▶ 프로젝트 진행 상황을 한눈에 확인할 때

개요

간트 차트는 프로젝트의 진행 상황을 시간 순서로 보여주는 띠 모양의 그래프다. 세로축에 작업을, 가로축에 시간을 배치하고, 각 작업의 시작일과 완료일을 띠로 표시한다. 또한 프로젝트의 진행 상황이나 성과를 점검하기 위한 중요한 이정표로 보고나 회의 등의 마일스톤을 함께 표시한다.

그림 | 간트 차트의 예

작업	담당자	8월					9월			
		1일~	8일~	15일~	22일~	29일~	5일~	12일~	19일~	26일~
마일스톤										
경영진에 대한 전략 보고	사업부문장	★ 킥오프						★ 사전보고		★ 최종보고
사무국 회의	사무국 직원	★	★		★	★	★	★	★	★
집중 작업	사무국 직원						★			
사업계획서 작성										
사업의 현 상태 파악	담당자 A	▬								
내부 환경 조사	담당자 B	▬▬								
외부 환경 조사	담당자 C	▬▬								
사업 전략/비즈니스 모델 검토	사무국 직원			▬▬▬▬						
비즈니스 모델 검증	담당자 A·B·C				▬▬▬					
사업 계획서 작성	사무국 직원							▬▬▬▬		

간트 차트의 기본 항목은 **작업, 담당자, 일정, 마일스톤**이다.

표 | 간트 차트의 기본 항목

항목	내용
작업	프로젝트를 완수하는 데 필요한 작업
담당자	각 작업을 수행하는 사람이나 책임자
일정	각 작업을 언제 어떤 절차로 실행할지 계획
마일스톤	진척이나 성과를 평가하는 데 중요한 이정표

간트 차트로 프로젝트 전체를 시각화하면 실현 가능성을 판단하거나, 현실적인 일정으로 수정할 수 있다. 또 프로젝트 진행 중에 간트 차트를 활용하면 여러 인원이 서로의 작업 진행 상황을 쉽게 추적할 수 있다.

실행 방법

간트 차트는 다음과 같은 순서로 작성한다.

① 작업 목록을 만든다.

모든 작업의 목록을 만든다. 간트 차트를 작성할 때 흔한 실수는 작업을 누락하는 것이다. 프로젝트 전체에서 필요한 작업을 빠짐없이 파악해 정리해야 한다.

그다음, 간트 차트의 세로축에 작업을 적는다.

② 기간을 파악하고 담당자를 결정한다

각 작업에 필요한 기간을 계산하고, 가로축에 작업 시작일과 완료일을 적는다.

모든 작업과 기간을 기입한 뒤에는 가로축을 주의 깊게 보면서 일정이 겹치는 작업과 동시에 진행할 수 없는 작업을 확인한다. 작업 간 의존 관계를 고려해 필요하면 일정을 조정한다.

일정이 확정되면 담당자를 배정한다. 이때 담당자별 업무량이 한쪽으로 쏠리지 않는지 확인하고, 필요하면 조정한다.

마지막으로 프로젝트의 진행 상황이나 성과를 점검하기 위한 이정표로 보고나 회의 등의 마일스톤도 기재한다.

③ 필요한 작업이 모두 포함되었는지 확인한다

간트 차트를 작성한 뒤에는 필요한 작업이 모두 포함됐는지 마지막으로 다시 확인한다. 이때 일정이 현실적으로 실행 가능한지도 꼼꼼히 점검해야 한다.

📖 참고문헌 · 참고자료

시바모토 히데노리 저 《誰も教えてくれない 計画するスキル(아무도 가르쳐주지 않는 계획하는 기술)》, 2017년

54 대립해소도
Conflict Resolution Diagram

Tags 정보의 기록·정리   사업 운영   팀 단위로 실행 가능
Origin 물리학자 엘리 골드렛의 제약조건 이론을 바탕으로 개발

이럴 때 활용한다! ▶ 이해관계 간의 갈등을 풀어야 할 때

개요

대립해소도는 서로 대립하는 생각이나 행동의 바탕에 있는 '제약'을 찾아내고, 이를 해소하기 위한 프레임워크다. 시스템 전체의 제약이나 이해관계자 간 대립에 주목해 문제를 풀어 나가면 프로젝트의 생산성을 높일 수 있다.

대립해소도에서는 '한다 ⇔ 하지 않는다' '간다 ⇔ 가지 않는다' '지지한다 ⇔ 지지하지 않는다'처럼 동시에 선택할 수 없는 요소를 도식으로 정리한다. 또는 '하기 싫지만 어쩔 수 없이 해야 하는 행동 ⇔ 원래 하고 싶었던 행동'처럼 서로 충돌하는 요소를 대비시키기도 한다. 그리고 '대립의 배경에는 항상 어떤 전제가 있다'는 관점에서 그 전제를 점검해 해결책을 찾는다.

실행 방법

회사원의 이직 고민을 예로 들어 대립해소도의 활용 방법을 설명하겠다.

① 서로 대립하는 요소를 찾아낸다

대립해소도에서는 먼저 서로 대립하는 요소를 도출하고, 그것들이 실제로 대립 관계에 있는지 확인한다. 대립하는 요소는 다음 두 형태 중 하나여야 한다.

- 둘 다 할 수는 있지만 동시에 할 수는 없는 경우
- 하기 싫지만 어쩔 수 없이 해야 하는 행동과, 원래 하고 싶었던 행동인 경우

가령 어떤 회사원이 다른 회사로 이직하고 싶지만 어떤 사정 때문에 현재 회사에서 계속 근무해야 한다면 이 두 가지는 서로 대립하는 요소라고 할 수 있다.

그림 | 서로 대립하는 요소 확인

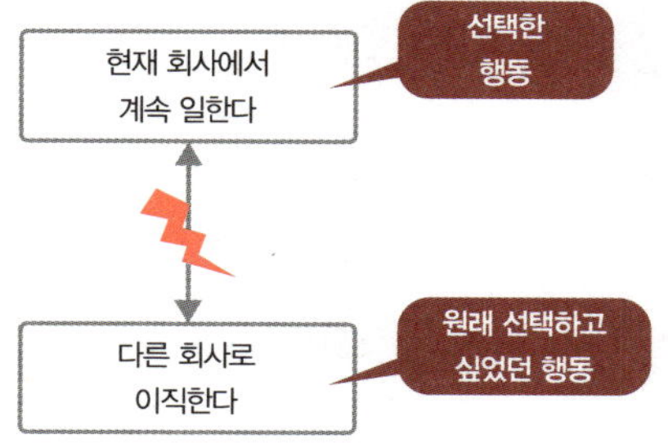

② 각 요소가 달성하고자 하는 목적을 명확히 한다

그다음에는 서로 대립하는 각 요소가 무엇을 달성하려는지 검토한다. 이때는 대립의 배경에 있는 목적을 확인하기 위해 "왜 그렇게 하고 싶은가?" "왜 그런 일이 발생하는가?" 같은 질문을 반복하며 이유와 근본 목적을 끝까지 파고드는 것이 중요하다.

예를 들어 '현재 회사에 남는다'와 '이직한다'의 근본 목적을 생각해 보자. 현재 회사에 남고 싶은 이유가 "신뢰할 수 있는 동료들과 즐겁게 일하기 때

문"이라고 가정하겠다. 반면 이직하고 싶은 이유는 "현재 회사에서는 자신의 능력을 살리지 못해서"라고 가정하겠다. 이 두 가지의 근본 목적은 결국 "보람을 느끼며 일하고 싶다"라고 볼 수 있다. 이 관계를 나타내면 다음 그림과 같다.

그림 | 각 요소가 달성하고자 하는 목적

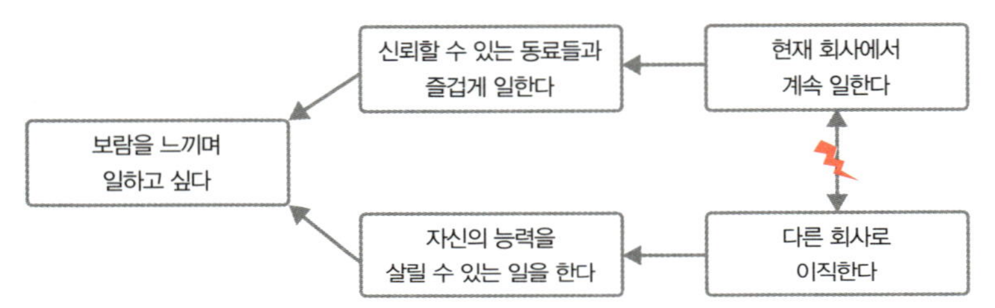

③ 해결책을 검토한다

마지막으로 근본적인 목적을 달성할 수 있는 방식으로, 각 요소의 대립을 어떻게 해소할지 검토한다. 예를 들어 현재 회사에 남는 것과 자신의 능력을 충분히 발휘하는 일은 대립되는 선택처럼 보이지만, '이직하지 않고도 능

그림 | 해결책의 검토

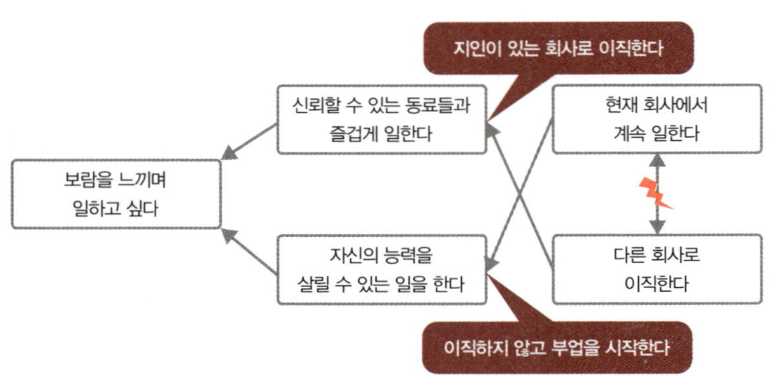

력을 살릴 수 있는 부업을 시작하는 것'으로 해결할 수 있을지도 모른다. 또 이직과 신뢰할 수 있는 동료들과 함께 일하는 것 역시 상충하는 듯 보이지만, '지인이 있는 회사로 이직하는 것'이라는 선택지로 풀 수 있을 가능성도 있다.

📖 **참고문헌 · 참고자료**
엘리 골드렛 저 《더 골》 (동양북스)
엘리 골드렛 저 《더 골 2》 (동양북스)

문제의 뿌리를 찾아가라

피쉬본 차트

Fishbone Diagram

Tags 정성적 데이터　사업 운영　조직 단위로 실행 가능
Origin 1960년대 화학공학자 이시카와 가오루가 개발

이럴 때 활용한다! ▶ 문제의 원인을 체계적으로 찾을 때

개요

피쉬본 차트는 특정한 결과와 그에 영향을 미치는 원인의 관계를 유기적으로 정리한 도표다. 도표의 모양이 물고기 뼈를 닮아 이런 이름이 붙었다.

피쉬본 차트를 활용하면 현재 문제가 되는 결과에 어떤 원인들이 영향을 미쳤는지를 구조적으로 파악할 수 있다. 그래서 원인이 복합적으로 얽힌 문제나 과제를 시각화하고, 개선 방향을 검토할 때 주로 사용된다.

피쉬본 차트를 사용할 때의 장점은 다음 네 가지다.

장점 ① 결과와 원인이 한눈에 보이도록 정리되기 때문에 문제나 과제를 구성원 모두가 쉽게 공유할 수 있다.

장점 ② 곧바로 해결책을 찾기보다 문제와 과제를 먼저 명확히 한 뒤 원인을 분석하므로, 피상적이거나 본질에서 벗어난 해결책을 피할 수 있다.

장점 ③ 문제 해결을 위한 방법론으로 이미 확립돼 있어, 이를 활용하면 분석과 개선의 품질을 일정하게 유지할 수 있다.

장점 ④ 반복해서 사용하다 보면 원인을 체계적으로 분해하는 사고 방식과 노하우가 자연스럽게 축적된다.

실행 방법

피쉬본 차트에서는 먼저 개선하려는 제품이나 서비스에서 어떤 문제가 발생했는지 밝힌 뒤, 그 문제의 원인을 큰 범주에서 시작해 점점 더 작은 항목으로 나누어 가며 분석한다.

원인을 나눌 때의 6가지 관점

원인을 나누어 분석할 때 자주 사용하는 관점으로 '5M+1E'가 있다. 5M+1E 는 다음 머리글자를 딴 것이다.

그림 | 피쉬본 차트와 5M+1E

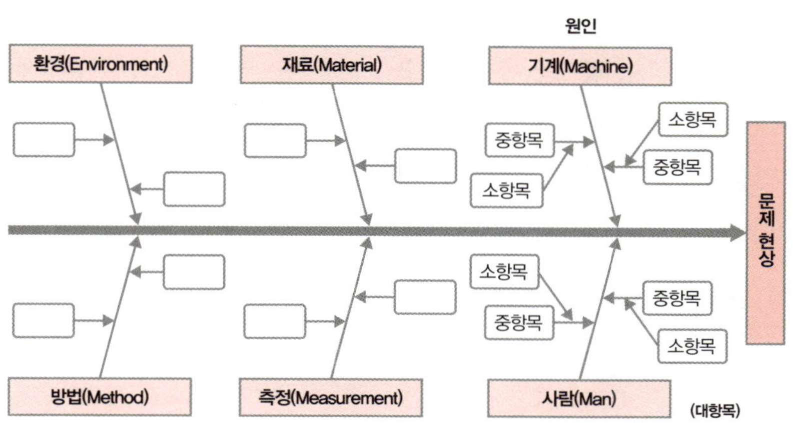

표 | 5M+1E

관점	내용
기계(Machine)	기계나 설비의 품질, 정밀도에서 발생하는 편차
방법(Method)	작업 방법이나 절차의 편차
재료(Material)	원료나 자재, 부품의 편차 및 불량

사람(Man)	작업자의 숙련도와 능력 차이에 따른 편차
측정(Measurement)	측정 기기의 정밀도, 측정 조건과 방법, 측정자의 검사 능력에서 발생하는 편차
환경(Environment)	작업 중 온도, 습도, 기압 등 작업 환경의 편차나 영향

여기서는 부품 제조업에서 발생하는 흠집 불량 개선을 예로 들어, 피쉬본 차트의 작성 방법을 설명하겠다.

① 문제 현상을 도출하고 대항목을 적는다

피쉬본 차트에서는 먼저 문제나 과제가 되는 바를 찾아내야 한다.

우선 팀원들이 함께 브레인스토밍을 통해 문제 현상을 도출한 뒤, 해당 상황에 영향을 주는 주요 요인을 대항목, 즉 큰 뼈로 적는다. 예를 들어 부품 '불량이 많다'라는 문제가 있다면, '왜 그런 문제가 발생하는가'를 규명해야 한다. 그리고 찾아낸 요인을 피쉬본 차트에 하나씩 기입해 나간다.

작성할 때는 5M+1E 관점을 바탕으로, 현장 근로자도 이해하기 쉬운 용

그림 | 문제 현상을 도출하고 대항목을 적는다

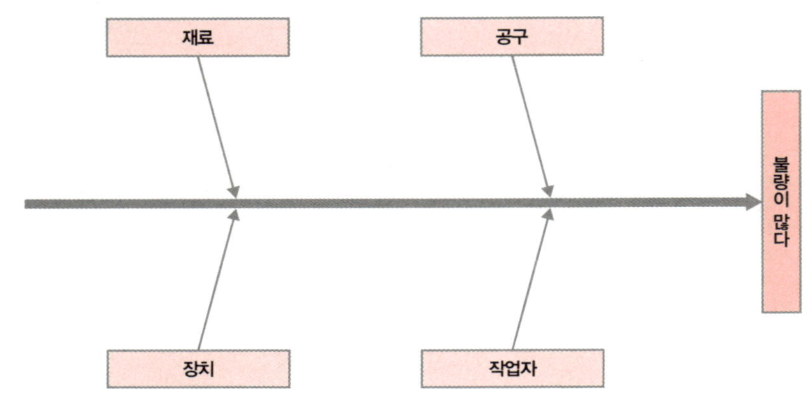

432

어를 쓰는 것이 좋다. 이 예에서는 기계는 '공구', 사람은 '작업자'로 적는다.

 **MEMO** 부품 제조업에서 '부품'은 최종 제품이다. 이 제품에 불량이 있으면 반품이나 클레임으로 이어진다. 따라서 불량이 발생했을 때는 피쉬본 차트를 활용해 요인을 추적하고, 그에 맞는 대책을 세울 필요가 있다.

② 중항목, 소항목을 적는다

대항목, 즉 큰 뼈에 해당 문제가 왜 발생하는지 요인을 생각하고, 그 요인을 중항목, 중간 뼈로 삼아 대항목을 향하는 화살표로 적는다.

다음으로 중항목의 특성이 왜 발생하는지 다시 요인을 생각하고, 이를 소항목, 작은 뼈로 삼아 중항목을 향하도록 적는다.

중요한 요인에 대해서는 "왜"라는 질문을 반복해 던지며, 소소항목이나 소소소항목까지 내려가 요인을 최대한 구체화한다.

그림 | 중항목, 소항목을 적는다

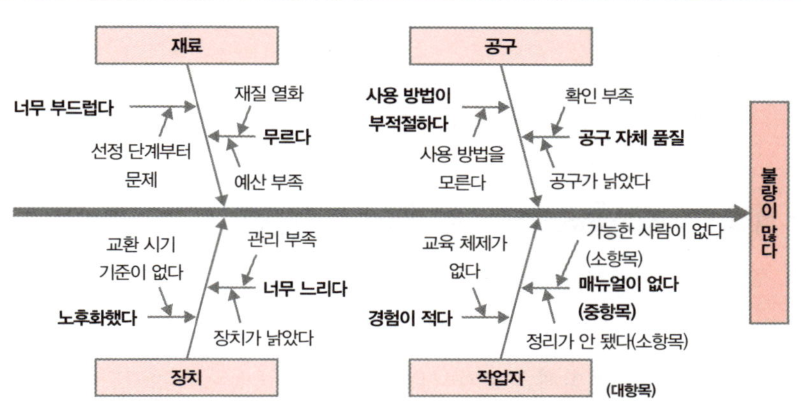

'왜'를 파고들 때는 인터뷰 등 현장 조사를 병행하며, 해당 특성이 발생하는 요인, 즉 반드시 존재하는 요인을 찾아내도록 한다. 존재하지 않거나 불명확한 요인은 이 단계에서는 검토하지 않는다.

③ 누락이 없는지 확인하고 중요한 요인에 표시한다

각 항목에 누락이 없는지 확인한 뒤, 중요한 요인에는 빨간색 등으로 표시한다. 이 과정을 거쳐 피쉬본 차트가 완성되면, 해당 요인을 제거하기 위한 대책을 검토하고 실행해 나간다.

그림 | 누락이 없는지 확인하고 중요한 요인에 표시한다

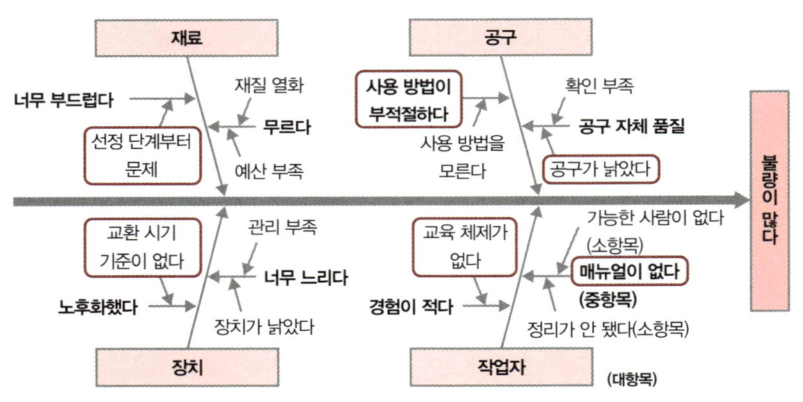

사용 시 주의점

피쉬본 차트를 소소소항목까지 작성하는 과정에서 더 큰 요인이 드러나면, 항목을 한 단계씩 승격시켜야 한다. 소소항목은 소항목으로, 소항목은 중항목으로, 중항목은 대항목으로 올려 뼈대를 실제 원인에 맞게 재구성하는 것이다. 이렇게 해야 전체 구조가 '진정한 요인'을 중심으로 정리된다.

가령 대항목 '공구'에서 중항목으로 '노후화'를 적었는데, 조사 결과 그것이 사실 다른 대항목인 '장치'의 요인으로 밝혀졌다고 하자. 이 경우 대항목에 '장치'를 새로 추가하고, 그 중항목으로 '노후화'를 옮겨 적는다.

조합해서 함께 쓸 수 있는 프레임워크

브레인스토밍(p.18), KJ법(p.32)

브레인스토밍과 **KJ법**은 피쉬본 차트의 특성이나 요인을 찾아낼 때 활용할 수 있다.

에스노그라피(p.146)

에스노그라피 관찰을 통해 피쉬본 차트의 요인을 발견할 수 있다. 그리고 이 과정에서 인터뷰를 병행하면, 대상자로부터 구체적이고 본질적인 요인을 찾아낼 수도 있다.

📖 참고문헌 · 참고자료

TAC 중소기업진단사 강좌 저 《中小企業診斷士本中小企業診斷士 最速合格のための スピード テキスト (3) 運營管理 2021年度(중소기업진단사 본 중소기업진단사 가장 빠른 합격을 위한 스피드 텍스트 (3) 운영관리 2021년도)》, 2020년

Column

'관리용'과 '분석용' 피쉬본 차트

생산 준비 단계에서 QC 공정표, 즉 품질 관리 간트 차트를 작성하고, 생산 공정에서 발생할 수 있는 현장 관리의 위험 요인을 정리해야 한다. 이때 우려되는 요인을 누락이나 중복 없이 체계적으로 정리할 필요가 있다. 이를 위해 '관리용' 피쉬본 차트와 '분석용' 피쉬본 차트를 활용한다.

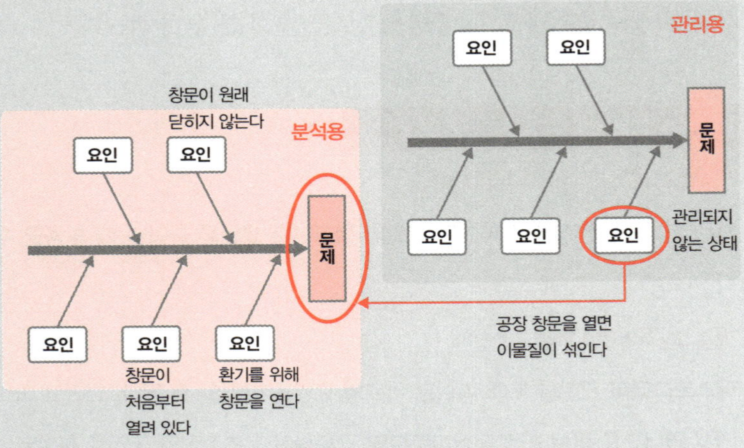

먼저 관리용 피쉬본 차트를 만들 때는 다양한 관점에서 가능한 한 많은 요인을 적어 넣는다. 예를 들어 문제가 '제품에 이물질이 혼입되는 것'이라면 '왜 이물질이 섞이는가'를 묻기보다 '이렇게 하면 이물질이 섞인다'라는 식으로 생각해 본다. 예컨대 '공장 창문을 열면 이물질이 섞인다'처럼 일부러 문제가 발생할 수 있는 상황을 떠올리며 생각해 보면 여러 요인이 드러난다. 이렇게 품질 관리가 필요한 요인들을 정리한 뒤, 그중에서 현재 제대로 관리되지 않고 있는 요인을 찾아낸다.

다음으로, 관리용 피쉬본 차트에서 찾은 요인을 바탕으로 분석용 피쉬본 차트를 만든다. 여기서는 예를 들어 '창문을 열면 이물질이 섞인다'라는 항목에 대해 '왜 창문을 여는가'라는 질문을 던지며 원인을 더 깊이 파고든다. 예를 들어 '환기를 위해 창문을 연다', '창문이 원래 제대로 닫히지 않는다', '처음부터 창문이 열려 있다' 같은 이유가 있을 수 있다.

이처럼 원인을 단계적으로 분석한 뒤에는 그 요인을 없애기 위해 어떤 대책을 세울 수 있는지 검토해 나간다.

QC 7가지 도구

작은 회사가 품질 향상을 추진하려면 현장에서 쓰기 쉬운 방법이 필요하다. 대표적인 것이 제조업 현장에서 사용하는 'QC 7가지 도구'다. 앞에서 설명한 피쉬본 차트도 그중 하나다.

① 피쉬본 차트: 결과와 원인의 관계를 정리

② 파레토 차트: 발생 빈도와 누계로 중요 관리 항목 파악

③ 히스토그램: 그래프로 데이터의 분포 파악

④ 그래프: 데이터를 도식화해 차이와 추이 파악

⑤ 관리도: 실측값 그래프로 이상 발생 여부 파악

⑥ 산점도: 관측값을 점으로 표시해 관계 파악

⑦ 체크시트: 관리 점검표로 업무 누락 파악

한편 기획, 설계, 판매, 애프터서비스, 간접 부문이나 소매 · 서비스업 등에서는 정성 정보가 많아 이를 다룰 수 있는 방법이 필요하다. 대표적인 것이 '신 QC 7가지 도구'다.

① 친화도법: 문제와 과제를 관련성별로 정리

② 연관도법: 요인을 심층적으로 분석해 인과관계 정리

③ 계통도법: 목적과 수단을 트리 구조로 정리

④ 매트릭스 도법: 요소 간 관계를 표로 정리

⑤ 애로우 다이어그램: 작업 순서를 화살표로 연결

⑥ PDPC법: 과정별 위험과 대책을 정리

⑦ 매트릭스 데이터 해석법: 수치 간 상관관계를 이차원으로 분석

이 책을 한창 기획하던 2023년은 인간이 생성형 AI를 어떻게 활용해야 하는지가 큰 화두가 된 해였습니다. 구글과 마이크로소프트 등 빅테크 기업을 중심으로, 생성형 AI와 축적된 데이터를 활용해 업무를 크게 변화시키는 기업도 늘어나고 있습니다. 이러한 시대에서는 소비자, 즉 인간의 니즈를 관찰하고 다양한 정보를 조합해 해결책을 만들어내는 창의성이 더욱 중요해지고 있습니다.

창의성은 뜬구름 잡는 말처럼 느껴질 수도 있습니다. 하지만 프레임워크를 활용해 사실과 논리를 결합하고, 기존에 없던 아이디어를 도출하고 이해하는 일은 새로움을 만드는 데 큰 도움이 됩니다.

예를 들어 이 책에서 다룬 이발소 QB하우스는 '블루오션 전략'으로도 소개된 유명한 사례입니다. 기존의 '기술'이나 '감각'이라는 고객 니즈 외에, 이발에 걸리는 '시간'이라는 축이 있음을 발견했습니다. 또한 전자담배 아이코스는 연기를 없앰으로써 기존 제품에서 당연하게 여겨졌던 개념을 뒤집었습니다.

이 책에서 소개한 55가지 프레임워크는 기획과 사업을 다양한 시각에서 검토하고 고정관념을 벗어나는 힌트를 독자 여러분에게 제공할 것입니다.

우선 본인의 목적에 맞는 프레임에 업무를 적용해 내용을 정리하고 이해해 본 뒤, 그다음에는 프레임을 벗어나 검토하는 방식으로 이 책을 활용하시기 바랍니다.

이 책은 일본마케팅학회의 'AI×5G 시대의 비즈니스 모델'을 주제로 한 리서치 프로젝트 멤버들이 공동 집필한 책입니다. 55가지 프레임워크를 선정한 이유는 '아이디어 창출, 시장 분석, 기획 제안, 개선'이라는 라이프사이클을 폭넓게 포괄하기 위해서입니다.

생성형 AI가 다양한 산업 분야와 업무 분야에 빠르게 확산되는 현재, 새로운 기술을 어떻게 활용하고 무엇을 혁신할 것인지 고민하며 창조적 활동을 수행하는 주체는 여러분 같은 실무자입니다. 역사 속에서 축적된 55가지 지혜를 활용해, 날마다 새로운 기술과 가치관이 등장하는 시대를 개척해 나가시기를 기대합니다.

이 책의 공동 저자
도가시 가오리

야스오카 히로미치安岡寛道

메이세이대학교 경영학부 교수다. 전문 분야는 사업 전략, 고객 전략, 디지털 비즈니스로 관련 저서를 다수 집필했다. 게이오대학교 이공학부를 졸업하고, 동 대학원 이공학연구과 석사 과정을 수료했다. 이후 동 대학원 시스템디자인·매니지먼트연구과 박사 과정을 취득했다.

과거 노무라종합연구소(NRI)에 근무했으며, 스퀘어(현 스퀘어에닉스) 온라인 사업부 책임자, 아서앤더슨(현 PwC컨설팅) 매니저를 거쳤다. 이후 NRI에 재입사해 컨설팅사업본부 책임자로 일하다가 다시 퇴사해 현재에 이르렀다.

그 외 내각관방, 총무성, 경제산업성, 농림수산성, 고치현, 사가미하라시 위원을 역임했다. 또한 도쿄대학교 대학원 정보학환, 게이오대학교 문학부, 고마자와대학교 경영학부, 제1공업대학 공학부, 요코하마상과대학교 상학부, 가나자와 식품매니지먼트 전문대학에서 시간강사로 활동했고, 리츠메이칸대학교 대학원 경영관리연구과 객원교수를 지냈다. 현재는 야스오카 경영컨설팅 사무소 대표직을 겸임하고 있다.

[책에서 담당한 부분]

08, 17, 24, 25, 26, 27, 28, 30, 31, 34, 36, 45, 48, 49, 52, 55

서문, 3장 도입부 설명, 전체 문장 통일

도가시 가오리富樫佳織

교토세이카대학교 미디어표현학부 준교수다. 와세다대학교 상학연구과 MBA 과정을 수료했다. NHK, WOWOW 등의 방송사에서 프로듀서로 일했으며 2021년부터는 미디어 기업과 콘텐츠 기업을 대상으로 컨설팅을 진행하고 있다.

전문 분야는 비즈니스 모델, 플랫폼 전략, 콘텐츠 비즈니스이며 팬과 커뮤니티 형성, UX 전략을 반영한 비즈니스 모델의 검토와 실행을 담당한다.

[책에서 담당한 부분]

01, 13, 14, 15, 16, 18, 20, 21, 22, 23, 37, 38, 39, 40, 42, 43, 44

2장 도입부 설명, 4장 도입부 설명, 집필 후기

이토 도모히사伊藤智久

메이세이대학교 경영학부 준교수이자 일본 MIT벤처포럼 이사다. 도쿄대학교 대학원 졸업 후 NRI에서 기업 및 공공기관의 경영 컨설팅을 담당했다. 시가대학교 비즈니스 이노베이션 스쿨을 설립하고 원장으로서 기업가 정신을 교육하기도 했다. 현재는 창업가 멘토링, 기업 경영 자문, 컨설팅을 하고 있다.

[책에서 담당한 부분]

19, 29, 32, 33, 35, 41, 46, 47, 50, 51, 53, 54

서문, 5장 도입부 설명, 6장 도입부 설명

오가타 다카히사小片隆久

일본 덴쓰 주식회사 소속 네트워크 엔지니어다. 고객용 네트워크 구축을 담당하여 엔지니어로서 경험을 쌓은 뒤 신규 비즈니스 모델 창출 업무를 맡았다. 이 책에서도 다양한 프레임워크를 활용해 새로운 아이디어와 콘셉트를 만들어내고 있다. 현재는 네트워크 엔지니어로 복귀해 고객의 문제 해결에 힘쓰고 있다. 고양이를 좋아한다.

[책에서 담당한 부분]

02, 03, 04, 05, 06, 07, 09, 10, 11, 12

1장 도입부 설명

집필 협력

호리바 구미코堀場久美子

Hakuhodo Consulting Asia Pacific Head Market Intelligence

[협력한 프레임워크]

13, 16, 17, 18, 19, 20, 22

감사의 말

이 책은 일본마케팅학회 'AI×5G 시대의 비즈니스 모델' 리서치 프로젝트 멤버들의 자발적 참여로 집필되었다. 멤버 호리바 구미코 씨는 집필 초기부터 초안 작성까지 큰 도움을 주셨기에 깊이 감사드린다. 또한 같은 멤버인 후쿠시마 켄고 씨와 간다 하루히코 씨에게도 리서치 프로젝트 발표 등 여러 협력에 대해 감사의 뜻을 전한다.

옮긴이 **이정미**

연세대학교 경제학과를 졸업하고 이화여자대학교 통역번역대학원에서 번역학 석사학위를 취득했으며 같은 대학원에서 번역을 강의하고 있다. 2022 대산문화재단 외국문학 번역지원 일본어부문에 선정되었다. 현재 번역 에이전시 엔터스코리아 출판기획 및 일본어 전문 번역가로 활동하고 있다. 주요 역서로는 『스토리로 배우는 경영전략 대백과』, 『주식은 멘탈이다』, 『가격 경제학』, 『줄서는 미술관의 SNS 마케팅 비법』, 『하버드 스탠퍼드 생각수업』 등이 있다.

최소한의 기획 공식

: 기획자, 마케터를 지름길로 안내하는 초간단 프레임워크

1판 1쇄 인쇄 2026년 3월 30일
1판 1쇄 발행 2026년 4월 13일

지은이 야스오카 히로미치, 도가시 가오리, 이토 도모히사, 오가타 다카히사
옮긴이 이정미

발행인 양원석 **편집장** 권오준 **책임편집** 이건진
디자인 강소정, 김미선 **영업마케팅** 조아라, 박소정, 김유진, 원하경, 정민지
해외저작권 임이안, 안효주

펴낸 곳 ㈜알에이치코리아
주소 서울시 금천구 가산디지털2로 53, 20층 (가산동, 한라시그마밸리)
편집문의 02-6443-8931 **도서문의** 02-6443-8800
홈페이지 http://rhk.co.kr
등록 2004년 1월 15일 제2-3726호

ISBN 978-89-255-6947-5 (03320)